北京民族教育丛书

夏铸

夏铸：藏族，原教育部民族教育司司长、国家副总督学，现中国少数民族教育学会副会长兼秘书长。

北京民族教育丛书

民族教育政策法规选编

司永成　主编

民族出版社

北京市人民代表大会常务委员会

《北京民族教育丛书》编委会全体同志：

值《北京民族教育丛书》出版之际，谨表示热烈的祝贺！向参加过丛书编写工作的每一位同志致以崇高的敬意！

《北京民族教育丛书》是对多年来首都民族教育事业的发展，首都发挥民族教育的窗口作用和辐射作用的全面总结与理论提升。

祝贺《北京民族教育丛书》的出版，相信这部书一定会为首都民族教育整体水平的提高提供强有力的理论支持，并为巩固和发展平等、团结、互助、和谐的社会主义民族关系，维护民族团结，促进各民族的共同繁荣与发展发挥出重要作用。

国 家 总 督 学 顾 问
联合国教科文组织协会世界联合会副主席
亚太地区联合国教科文组织协会联合会名誉主席
中 国 民 办 教 育 协 会 会 长
中 国 教 育 学 会 副 会 长

2009 年 11 月 16 号

《民族教育政策法规选编》
编写组成员

主　编：司永成

编　委：（按姓氏笔画排序）

于洪武　　陆小红　　柴克俭　　詹　瞻

黄　维

努力开创首都民族教育工作新局面
（代总序）

　　民族教育是整个教育事业的重要组成部分,也是党和国家民族工作的重要内容。北京是全国政治、文化和国际交往的中心,是我国56个民族的首都,也是多民族散杂居的地方。首都民族教育工作关系到少数民族群众的根本利益,关系到首都乃至全国的稳定,关系到民族团结和国家的统一。

　　为全面落实国务院《关于深化改革加快发展民族教育的决定》(以下简称《决定》)和第五次全国民族教育工作会议精神,北京市教育委员会、北京市民族事务委员会于2002年就共同提出应从以下八个方面加速推进首都民族教育的改革与发展。

一、提高认识,加强对民族教育工作的领导

　　民族教育是整个教育事业的重要组成部分,也是党和国家民族工作的重要内容。北京是全国政治、文化和国际交往的中心,是我国56个民族的首都,也是多民族散杂居的地方。首都民族教育工作关系到少数民族群众的根本利益,关系到首都乃至全国的稳定,关系到民族团结和国家的统一。各级领导要从讲政治的高度、从大局和战略的高度,提高对民族教育工作重要性的认识,把民族教育工作摆到重要位置来抓。要认真学习、领会第五次全国民族教育工作会议精神,学好《决定》,结合实际,认真总结民族教育工作的基本经验,分析民族教育发展中遇到的新情况、新问题,提出新形势下做好民族教育工作的新思路。要进一步贯彻落实《北京市少数民族权益保障条例》和有关的民族政策,把发展民族教育纳入法制轨道。

　　要切实加强对民族教育工作的领导,树立民族教育优先发展的观点,将民族教育事业的发展纳入教育发展的整体规划之中,将民族学校的建设纳入基础设施建设计划,给予优先安排。要在部署、总结年度工作时把民族教育工作作为一项重要内容,把民族教育工作开展情况列入教育督导检查项目,并建立通报制度。各区县要有相应的机构和人

员负责民族教育工作,确保民族教育工作的政策、措施落到实处。

二、优化资源配置,办好每一所民族学校、幼儿园

根据经济和社会发展需要及人口和生源变化情况,进一步加强民族学校的规划与建设,合理调整民族学校布局,促进教育资源的优化配置。对于一些生源少、办学规模过小,继续办学较为困难的民族学校可采取与相邻办学条件较好的学校合并的方式进行调整,调整后仍可保留民族学校的牌子。布局调整后保留的民族学校要依据新的办学条件标准加强建设,要建设一所,达标一所。凡撤并、置换民族学校,需做好当地少数民族群众的工作,并征得区县民族工作部门同意后分别报市教委、市民委备案。要加强民族职业学校和回民中学示范高中建设,适当发展寄宿制学校,满足少数民族群众多层次的教育需求。

要积极发展少数民族学前教育,在少数民族聚居区,至少要办好一所市颁标准的民族幼儿园。

三、加强队伍建设,提高干部、教师的素质和水平

要把干部、教师队伍建设摆在民族教育发展的优先位置。采取倾斜政策,优先为民族学校(幼儿园)配备优秀师资,优先考虑民族学校(幼儿园)骨干教师的培养。2003年起,市教委、市民委通过依托有关部门举办民族学校骨干校长、教师研修班;适时选派优秀干部、教师国内考察,出国培训;组织北京市城区学校与郊区县民族学校对口支援等多种形式,提高民族学校干部、教师的能力和素质,培养一批民族教育骨干教师和学科带头人。要继续组织好"民族教育烛光杯奖"评选表彰活动,激励民族教育工作者立志民族教育工作,无私奉献,扎实工作,勇于创新。各区县也要从实际出发,紧密结合教学改革对教师教学思想、业务知识、教学能力提出的新要求,做好民族学校教师培养、继续教育和培训的工作。加强民族学校校长队伍建设,提高校长依法治校和科学管理的意识、能力和水平。

四、深化教育教学改革,增强办学活力

从少数民族群众需求出发,积极探索与民族经济和社会发展相适应的民族学校办学模式。抓住当前基础教育课程改革的契机,从课程设置、教学内容、教学组织形式、管理方式、教试制度等方面深化改革,办出少数民族教育的特色,使民族教育切实为提高少数民族人口素质服务,为民族地区经济和社会发展服务。

要积极引导各级各类民族学校深化办学体制、管理体制改革,通过改革提高自身发展能力。进一步调动社会各界关心民族教育,支持民族教育的积极性,鼓励和支持社会

力量办学,形成以各级政府办学为主,多渠道办学的格局。

加强民族教育的教科研工作,发挥民族教育研究会的作用,以课题研究的方式,运用科研成果提高全市民族教育的水平。

五、广泛深入开展民族团结教育活动,搞好民族团结教育

要将民族团结教育列为中小学教育工作的重要内容。充分利用相关学科的社会实践基地,课外、校外民族传统活动等灵活多样的方式,有重点、分层次、有针对性地在中小学生中开展民族团结教育。要将民族团结教育列为爱国主义教育、公民道德教育的重要内容,重点加强马克思主义民族观、宗教观和党的民族、宗教政策的教育,加强我国各族人民为中华民族统一多民族国家的形成而浴血奋斗的历史教育,加强各民族人民在党的领导下建设社会主义伟大国家的教育,使各族师生进一步增强"汉族离不开少数民族,少数民族离不开汉族,少数民族之间也相互离不开"的思想,牢固树立自觉维护国家统一、反对民族分裂的思想意识,增强学生的社会主义法制观念、道德观念。

六、加大投入,进一步增强对民族教育的扶持力度

市教委将继续在市级教育费附加中设立民族教育专项经费,用于支持民族学校改善办学条件。全市组织实施的示范高中建设、农村中小学建设、教育信息化建设等项工程也要对民族学校给予倾斜。

各区县在安排教育资金时应当考虑对民族学校的扶持。已经设立专项经费的,要充分发挥资金的使用效益。还未设立专项经费的,要按照国务院的文件要求尽快设立,用于帮助民族学校和民族托幼园(所)加强教师队伍建设,改善办学条件,提高教育质量,解决贫困民族学生就学困难。区县要在分年度实施公用经费达标计划时,保障民族学校优于普通学校率先达到新修订的《北京市普通教育事业公用经费定额标准(试行)》。

七、加快教育信息化建设,为民族教育发展构建现代化技术支撑平台

根据北京市提出的"十五"期间中小学教育信息化建设目标要求,大力推进民族学校办学手段现代化。充分发挥现代化信息技术特有的优势,为民族学校的教学及教师培训服务,推动办学形式、教学模式、学习方式等方面的变革。民族中小学应优先建成校园网,实现校校通;优先做到小学、初中学生平均每十人拥有一台计算机,高中学生平均每八人拥有一台计算机。加强对民族学校信息技术骨干教师的培养,促进信息技术在教育教学和管理中的广泛应用。努力提高干部教师应用信息技术的能力和对优质教育资源的共享能力,提高教育管理的现代化程度。

八、继续做好对口支援西部工作，办好北京西藏中学和潞河中学新疆高中班

要按照中共中央、国务院《关于推动东西部地区学校对口支援工作的通知》精神，发挥北京教育资源优势，加大对口支援西部教育的力度。积极开展教育系统与西部地区的合作，扩大在西部地区的招生规模，为西部地区经济社会发展培养急需人才。进一步落实北京与内蒙古教育对口支援、合作项目，提高对口支援的效益。

下力气办好北京西藏中学和潞河中学新疆高中班。要注意总结办校、办班工作的经验，解决办学、招生中遇到的新问题，进一步完善有关管理办法。在资金投入、硬件设施配置、师资配备等方面继续给予政策倾斜。努力把西藏中学、潞河中学新疆高中班建设成为办学条件、管理水平处于全国领先地位的一流的民族教育示范窗口。

近年来，北京市的民族教育有了长足的发展，取得了可喜的成绩。正是在这种背景下，我们组织编写了《北京民族教育丛书》。丛书选编了北京市民族学校进行民族团结教育教学、科研的经验总结，编写了民族体育、民族文学、民族工艺、民族舞蹈、民族歌曲等方面的教学读本，也对各民族学校开展民族团结学科渗透教育的创新教学方式进行了总结。在编写中，从中小学教师教学、科研的需要出发，力争使每一本书都对提高中小学教师科研、教学的素质和水平有所助益，力争为教师们进行民族团结教育提供一些材料，从而更好地推广民族团结教育工作。

本次编写出版工作得到北京市教委、各民族学校的大力支持。相信在大家的共同努力下，本套丛书的顺利付梓出版，将为推动民族团结教育的进一步发展！

《北京民族教育丛书》编委会
2009 年 8 月

前　言

　　北京市市教委、市民委在《关于贯彻落实第五次全国民族教育工作会议精神的意见》中指出：民族教育是整个教育事业的重要组成部分，也是党和国家民族工作的重要内容。北京是全国政治、文化和国际交往的中心，是我国 56 个民族的首都，也是各民族散杂居的地方。首都民族教育工作关系到少数民族群众的根本利益，关系到首都乃至全国的稳定，关系到民族团结和国家的统一。各级领导要从讲政治的高度、从大局和战略的高度，提高对民族教育工作重要性的认识，把民族教育工作摆到重要位置来抓。要认真学习、领会第五次全国民族教育工作会议精神，学好《决定》，结合实际，认真总结民族教育工作的基本经验，分析民族教育发展中遇到的新情况、新问题，提出新形势下做好民族教育工作的新思路。要进一步贯彻落实《北京市少数民族权益保障条例》和有关民族政策，把发展民族教育纳入法制轨迹。

　　我们编辑了《民族教育政策法规选编》，选编了自新中国成立以来，党和国家为了做好民族教育工作制定的一系列民族教育政策法规。其中许多是有关基础教育方面的政策法规，还有北京市有关民族教育的文件。这些政策法规的贯彻落实，极大地促进了我市民族教育事业的发展，也因此进一步形成了具有中国特色的民族教育政策法规体系。

　　我们希望选编的这本书能成为落实党和民族教育政策的依据，指导办好民族教育的教材，成为推动民族教育发展的动力。

《民族教育政策法规选编》

编辑组

2010 年 1 月

目　录

（一）

中央文件汇编

筹办中央民族学院试行方案

（1952 年 11 月 24 日政务院第六十次政务会议批准）

一、中央民族学院的任务：

1. 为国内各少数民族实行区域自治以及发展政策、经济、文化建设培养高级和中级的干部。

2. 研究中国少数民族问题，以及各少数民族的语言文字、历史文化、社会经济，发扬并介绍各民族的优秀历史文化。

3. 组织和领导关于少数民族方面的编辑和翻译工作。

二、目前先行设立军政干部训练班，本科政治系与语文系，必要时可附设少数民族干部子弟中小学。

1. 短期政治训练班性质的军政干部训练班，招收各民族中相当于县级科长和区长以上的各种工作人员以及军队营级以上的干部，或在县以上范围内的爱国民主人士，时间为 4 个月到 6 个月。对个别民主人士如不适于一般训练方式，可采取较为灵活的教学方法，并缩短训练期限。

2. 本科政治系以 2 年时间（水平较低者先入预科半年或一年）培养各民族的革命骨干，招收具有下列条件的学生：

（1）经过上述短期训练后志愿再学习者。

（2）已参加革命斗争和工作二年以上者。

（3）确已在初中以上学校毕业或确具有同等学力的各民族青年。

3. 语文系招收高中毕业以上的志愿作少数民族工作的汉民族学生及有相当学历的少数民族学生，专修各少数民族语文，两年毕业。

4. 附设中小学招收少数民族军政人员和干部的子弟入学，用本民族语文授课，并须学会汉文。

三、中央民族学院的教学方法：高级以授课为主，自习、讨论、课外活动为辅。低级以授课及复习为主，自习、讨论与课外活动为辅。课外活动包括社会活动、实习、参观、游览、文化娱乐等，并应列入教学计划。

四、建立研究部，研究部按民族或按几个较为接近的民族分为若干研究室，尽可能将目前各大学和国内各地研究有关上述问题的适当人才集中到民族学院。

五、中央民族学院在初办时期由中央民族事务委员会领导，一定时期后，由教育部门领导，并受民族事务委员会指导。

中央人民政府政务院关于
建立民族教育行政机构的决定

（1952 年 4 月 16 日）

为了加强对少数民族教育工作的领导，兹决定在中央人民政府以及有关的各级地方人民政府的教育行政部门内设立民族教育行政机构或设专人负责掌管少数民族教育事宜。

一、中央人民政府教育部内设民族教育司。

二、各大行政区人民政府（军政委员会）教育部或文教部（华北行政委员会为文教局）应视工作需要设民族教育处（科）或在有关处（科）内设专职人员。其编制员额，在原有编制人数内调剂。

三、各有关省（行署）、市、专署、县人民政府教育厅（处）、局、科，应根据该地区少数民族人口的多寡，民族教育工作的繁简，依照下列原则，分别设适当的行政机构或专职人员。

（一）在少数民族人口占当地总人口百分之十以上的省（行署）、市或人口虽不及百分之十而民族教育工作繁重的省（行署）、市教育厅（处）局应视其具体工作情况，设专门机构，其编制员额，在原有编制人数内调剂。少数民族人口不到当地总人口百分之十，民族教育工作比较简单的省（行署）、市教育厅（处）、局亦应在有关处、科内指定专人负责。

（二）有关的专署教育科、县人民政府教育科，均应指定专人负责。

（三）民族自治区或少数民族人口占当地总人口半数左右的地区的各级人民政府教育行政部门，其主要任务就是管理少数民族教育工作，不另设民族教育行政机构。但在多民族地区应对不同的民族教育工作的领导作适当的分工。

四、各级人民政府教育行政部门的民族教育行政机构与该部门的高等教育、中等教育、初等教育等机构可根据下列原则，实行适当的分工：

（一）关于全国统一的一般教育行政、经费、师资、学制课程、教材等事项，仍由各主管司、处、科负责处理。

（二）关于少数民族教育的行政、经费、师资、学制、课程、教材等特殊问题，由民族教育局、处、科或所设专人负责处理。

（三）与双方都有关系的问题，由各有关司、处、科和民族教育司、处、科或专设人员会商处理。

五、有关的各级人民政府教育行政部门，应依上述各项规定，积极建立机构，配备干部，并尽可能吸收少数民族干部和热心少数民族教育工作的干部参加工作。

中央人民政府政务院
关于少数民族毕业生分配工作的指示

（1952 年 11 月 9 日）

随着民族工作的开展，各少数民族地区迫切地需要干部，尤其是少数民族干部。为此今后除继续有计划地动员必要数量的汉族干部和毕业学生做少数民族工作外，应注意对少数民族毕业生作合理的分配，今后对大学、专门学院、中等技术学校、师范学校和普通中学的少数民族毕业学生（继续升学者除外）工作分配问题，应由各地区人事部门、教育部门和民族事务机构（无民族事务机构的地区由民政部门负责）共同研究，根据每个毕业生的具体条件，照顾学用一致的原则，提出意见，经大行政区人民政府（军政委员会）分配少数民族毕业学生到少数民族地区工作或有关民族事务的业务部门工作。高等学校毕业生仍由中央统一分配工作。希查照办理。

教育部关于少数民族教育
补助费使用范围的指示

（1953 年 3 月 21 日）

根据最近检查，各地对少数民族教育补助费的使用范围还不够明确，许多地区把少数民族教育补助费当作了少数民族教育事业的一般款项，代替经常费使用，举凡少数民族教育的一切费用，均从少数民族教育补助费项下开支；更有个别地区误解了补助的意义，作了非必要的花费或竟认为是一笔由地方掌握的机动费用，随意代替别种经费使用，如招待家长、平均分配给学生作糖果费以及补助教科书的地区差价等，也有的地区拖延向下拨发或在使用前没有很好地计划，应用不用以致年终剩余上缴，没有全部发挥此项补助的应有作用。这些都是与中央原设此项补助费所规定的精神相违背的，必须予以纠正。为了保证今后少数民族教育助费的正确使用，特作如下指示：

少数民族各级各类学校经常费与一般学校一样均包括于一般教育事业费之内，少数民族教育补助费为了帮助少数民族教育事业的发展，在一般教育事业费之外特设的一笔补助费用，用以补助一般教育事业费之不足。因此，不得以有此项"专款"而取消或减少其在一般教育事业费项下应有份额，更不得以此项补助费代替可以或应该在经常费即一般教育事业项下开支的任何费用之一或全部，只有在学校教育上因民族特点而产生的必需开支，超过了一般教育事业费的范围或标准时，其超过部分始得由少数民族教育补助费项下开支。其开支范围有下列几个方面：

一、少数民族中、初等学校学生在学习和生活方面必需费用的补助（包括在少数民族学校经上级领导部门批准与少数民族学生享受同等待遇之汉族学生的补助），如书籍、文具、被服、医药卫生及特设的助学金或超过一般规定比例数的人民助学金减免费等；

二、少数民族学校设备的补助，如辅助一般教育事业费解决其不能解决或不能完全解决的教学设备、校舍修建等；

三、教师待遇的补助，如根据需要为了鼓励教师在少数民族地区工作，在原工资外另加的津贴或超过一般待遇标准的超过部分等；

四、少数民族私立或群众自办学校（宗教学校除外）设备和经费补助；

五、少数民族费、牧民业余教育学习费用的补助；

六、其他在学校教育方面，因民族特点而产生的超过一般教育事业费范围或规定的直接有助于教学的必要开支。

望各地根据上述范围，本着专款专用原则和节约的精神，切实掌握，合理而正确地使用。严禁平均分配，应切实地根据需要，有重点地使用，以帮助少数民族教育事业的发展，发挥此项经费之最大作用。今后每年于动用前和年终决算时，应分别将分配情况及使用情况报告我部。

中华人民共和国国务院
关于少数民族教育事业经费问题的指示

（1956 年 9 月）

据教育部和民族事务委员会报告：1956 年省、自治区、直辖市在预算安排上，有些地区对少数民族教育事业的经费困难照顾较差，特别是小学教育，个别地区采取了与一般地区同样处理的办法，没有照顾到少数民族经济条件的困难情况，不恰当地提倡民办或一律收费，有的甚至削减或取消了应有的少数民族教育补助费，因而使民族教育事业的发展受到了影响，为了照顾民族地区的实际情况，帮助少数民族发展教育事业，使能逐步地赶上汉族地区的水平，对于民族教育事业的经费问题，特作如下指示：

一、今后一定时期内，民族地区的小学基本上仍由公办；只有在经济、文化比较发达，过去群众又有办学习惯或确实有件实行民办的地区，才可以适当地实行民办。

二、民族地区的小学学杂费的收费问题，应依据当地群众的生活情况规定。生活条件比较困难的地区，应不收费，原来有收费习惯或确实有条件实行收费的地区，也须扩大减免名额。

三、民族小学的编制定额应予适当照顾。学生每班人数最高以 45 人为限，最低 15 人左右即可开班。学校极端分散的地区，得设专职辅导员巡回辅导教师的在职学习。有寄宿生的学校得根据需要设炊事员和保育员。

四、各地每年必须保证一定数额的少数民族教育补助费,根据当地经济及教育事业发展情况,以 1955 年指标数为基础,一般应逐年适当增加,只有经济条件较好,少数民族学生数增加不大的地区,才可以保持原数,从而解决少数民族教育事业的特殊需要。

五、今后各级人民委员会在拟制预算时,应切实根据少数民族教育事业的发展需要,并照顾民族特点,本着节约的原则,实事求是,精打细算地予以合理的安排;在经费使用上应加强监督,防止积压、浪费、挪用、乱用等现象的产生,从而更好地发挥经费开支对民族教育事业发展上的保证作用。

中华人民共和国教育部
关于高等学校优先录取少数民族
学生的通知(节录)

(1962 年 8 月 2 日)

中央批转的"关于民族工作会议的报告"中提出要恢复高等学校录取少数民族学生的照顾办法,为了具体贯彻这个指示,经我们与中央民委商议,对报考统一招生的全国高等学校的少数民族学生,特规定给予以下照顾,希望各有关省、市、自治区参照执行。

一、少数民族学生报考全国重点高等学校和其他一般高等学校,仍旧恢复过去"同等成绩、优先录取"的办法,当他们的考试成绩与其他考生相等时,可以优先录取。

二、少数民族学生报考本自治区所属的高等学校,可以给予更多的照顾,当他们的考试成绩达到教育部规定的一般高等学校录取新生的最低标准时,就可以优先录取。

三、用少数民族语言进行教学的民族中学毕业生,报考高等学校文史类,今年仍旧和过去一样,免试古代汉语(已通知有关地区)。

国家民委、教育部关于印发《关于民族学院工作的基本总结和今后方针任务的报告》的通知

（1979 年 11 月 12 日）

国家民委和教育部《关于民族学院工作的基本总结和今后方针任务的报告》已经国务院批准。现将这个报告发给你们，请参照执行。

国家民委、教育部关于民族学院工作基本总结和今后方针任务的报告

（1979 年 10 月 6 日）

国务院：

我们在八月上半月召开了民族学院院长会议，在总结经验的基础上，讨论了新时期民族学院的方针任务和发展规划等重要问题，现报告如下。

一、关于民族学院工作的基本总结

民族学院是我们党和国家为解决国内民族问题，培养少数民族干部而创办的社会主义新型高等学校。建国初期，毛主席指示："要彻底解决民族问题，完全孤立民族反动派，没有大批少数民族出身的共产主义干部，是不可能的。"1950 年，政务院批准了《培养少数民族干部试行方案》和《筹办中央民族学院试行方案》。此后，全国先后开办了 10 所民族学院。各院从开始时只有民族干训班，逐步发展到设有干训、本科、专科和预科的多科高等民族院校。截至 1978 年，10 所民族学院共毕业学生 94000 多人，包括 56 个民族成分，其中绝大部分是少数民族。经过民族学院培训的少数民族干部，占全国现有少数民族干部总数的 10% 以上，不少人已担任州、县委书记和政府工作部门的领导工作。他们在少数民族地区的民主改革、社会主义改造和社会主义建设中，发挥了重大作用，为加强民族团结，巩固祖国统一、保卫边疆，建设边疆，作出了重要贡献。各民族学院在培训少数民族干部的同时，还承办了国家下达的科研任务和社

会科学调查工作，取得了显著成绩。中央民族学院从 1955 年以后的几年里，就组织了几百名师生，参加对少数民族的语言和社会历史的调查，在识别民族成分、帮助少数民族创制文字、发掘各民族的历史文化遗产、抢救社会历史资料等方面，做了大量工作，对我国民族研究工作作出了重要贡献。目前，民族学院多数已经具有相当规模。据 1978 年统计，9 所民族学院（中南民族学院尚未恢复）共有学生 9100 多人，专业教师队伍 2100 多人，还培养了一批热心于民族教育事业的教学行政干部；学校的基本建设、教学设备、图书资料等等，也有了一定基础。二十几年来，民族学院不仅在解决国内民族问题上发挥了重要作用，对国外也产生了良好的影响。

但是，在林彪、"四人帮"猖獗的 10 年里，民族学院遭受了这两个反革命阴谋集团和他们推行的极左路线的严重摧残。他们诬蔑各院校"执行了一条又粗又长的修正主义、投降主义路线"，胡说"民族问题已不存在"、"民族学院已完成历史使命"，刮起取消主义的黑风；同时在他们抛出反革命的"两个估计"后，全面否定解放后民族院校 17 年的伟大成就，诬蔑民族学院是"封、资、修的大染缸"，为实行封建法西斯专政大造反革命舆论。在他们的疯狂破坏下，全国 10 所民族学院，有 8 所先后被撤销、停办，西北民院甚至遭受到毁灭性的破坏，教职工被调光，校产被分光，资料被烧光。大批忠诚党的民族教育事业的教师，科研人员和干部，横遭他们的残酷打击和迫害，被罗织在人为地制造的许多冤案、假案和错案中。林彪、"四人帮"的反革命破坏所造成的最严重的后果是：各民族学院的事业中断达 10 年之久，少为国家培训人才 40000 人左右，从而明显地影响到各民族地区的革命和建设工作。

粉碎"四人帮"以后，中央批准为全国统战、民族、宗教工作部门摘掉了"执行投降主义、修正主义路线"的帽子，林彪、"四人帮"强加于教育战线的"两个估计"的枷锁也被砸碎。10 所民族学院中有 9 所已经恢复起来。各学院的揭批查运动取得了重大胜利，民族教育工作方面的思想是非、路线是非已经基本澄清，冤、假、错案大部分得到了平反昭雪，整顿和加强了各级领导班子，落实了党的民族政策、干部政策和知识分子政策，解放了思想，增强了团结，激发了干劲，呈现出一派迅速恢复的大好局面。但是，各民族学院还存在着许多创伤和问题，被占房屋还没有完全收回，教学力量和设备还很不足，在校学生人数还没有恢复到文化大革命以前的水平，个别民族学院至今还没有恢复。

二十多年来，民族学院在各面都取得了不少经验，主要是：

1. 一定要加强党的领导。哪个民族学院得到所在地区各级党委的重视和大力支持，它就能取得显著的成绩，得到迅速的发展；反之，在工作中就遇到困难和挫折。如有些省、区党委把民族学院的工作同整个民族工作联系起来，同民族政策再教育结合起来，与本地区其他民族学校作了明确的分工，把民族学院的方针任务、干部设备、基本建设等都列入议事日程，积极支持，具体落实，使民院得到稳步发展，少走弯路。而有的上级党委在相当一段时间内忽视民族学院，从不讨论该院的工作，只把它委之于民族、教育工作部门，不作任何督促、检查，以至形成谁都不管的严重状态，使学校工作陷于自流，问题成堆，损失较大。在学校内部，加强党的领导，并不是可以忽视行政和专家的作用，甚至形成党、政不分和党委包办一切的不正常状态，恰恰相反，党委强有力的领导同充分发挥行政领导和专家的作用正是相辅相成的。各院过去曾不同程度地发生过党政不分和轻视专家的缺点，今后应当注意避免。

2. 一定要坚持"教育必须为无产阶级政治服务，必须同生产劳动相结合"的根本方针，为党和国家各个历史时期的民族工作任务服务。民族学院创建初期，根据党在少数民族地区推行区域自治和进行民主改革的需要，大批地培养了少数民族的普通政治干部和翻译人才；在实现农牧业合作化的过程中，又开办了相应的专业和班次，培训急需的财会人员和社干；随着少数民族地区经济、文化教育事业的发展，逐步增设一些专业班次，培养师资、科学技术人才和文艺工作者等等，为胜利地完成不同时期党在少数民族地区的重大政治任务作出了贡献。有的学院忽视党和国家解决民族问题的任务，该早设的专业和班次迟迟不设，不该早设的却尽先设立起来，影响了正常发展。

3. 一定要实事求是，从实际出发，充分照顾民族特点，这是马列主义、毛泽东思想的基本原则。民族学院必须切实照顾不同民族和不同地区的特点，在办学形式、系科设置、教学内容、教学方法、政治思想工作以及生活管理等方面，采取必要的不同于一般高等院校的办法和措施。

解放后，我国各少数民族与汉族之间，各少数民族之间，存在着经济文化发展水平的不同程度的差别，有些甚至是不同社会发展阶段之间的差别。至于不同的语言之间的差别，不同的风俗习惯、宗教信仰的差别，更是长期存在的事实。基于上述情况，民族学院没有实行一般高等院校只办大专本科的办法，而是采取多种形式办学，既办干训，又办专科，既办大专，又办中专，在条件具备以后，逐步开办一些必要的本科专业班次，有的还招了研究生。有的学院对边疆文化教育基础薄弱的少数民族青少年，采取从小学、中学到大专"一条龙"的办法进行培养。有的为其他高等院校开办少数民族的大学预备班，帮助学生补习、提高汉语文水平，等等，都是卓有成效的好经验。实践是检验真理的唯一标准。凡是实践证明是正确的东西，我们就要敢于坚持；凡是实践证明是错误的东西，我们就要勇于抛弃。民族学院二十多年来的历史，充分说明，密切联系各少数民族地区的实际，采取多种形式办学方针是正确的，必须继续坚持。那种看不起民族学院，讥笑为"四不像"，甚至企图按一般综合性大学的模式，搞掉它的特点，使它一般化等等，是完全错误的。

二、关于民族学院的方针任务

民族学院是主要培养少数民族政治干部和专业技术干部的社会主义新型大学。它既有培训政治干部的部分，又有培养各种专业艺术人才的系、科。因此，它既不同于一般的少数民族政治干部学校（例如广西民族干校），又不同于一般的少数民族综合性大学（例如吉林延边大学），而是兼有这两个方面的少数民族高等学校。

民族学院自成立以来，坚持执行政务院1950年规定的以培养政治干部为主，专业技术干部为辅的方针，培养了具有不同程度共产主义觉悟的大批少数民族政治干部和一定数量的专业技术人才，也培养了一部分志愿到少数民族地区工作的汉族干部，为解决国内民族问题，为少数民族地区建设社会主义提供了骨干力量。现在，我国进入了新的历史时期，各民族学院必须把工作重点转移到社会主义现代化建设上来，坚决执行新时期党和国家对民族工作的任务，大力培养四化所需要的具有共产主义觉悟的政治干部和专业技术人才，为少数民族地区的社会主义现代化建设服务。执行这个方针，必须教育全体学员，充分认识四化建设对我国社会主义事业发展和解决国内民族问题的划时代意义，牢固地树立为社会主义四化建设服务的思想和雄心壮志，学习无产阶级民族观和党的民族政策，反对大汉族主义，也要防止和克服地方民族主义，加强各民族在四化中的团结互助，用很大力量学习四化所必需的科学技术知识和科学管理工作，努力掌握为四化服务的本领。任何政治干部都必须学习一两门技术知识，力求成为又红又专的好干部，不要做"空头政治家"。

大力培养为四化所需要的具有共产主义觉悟即无产阶级世界观的少数民族政治干部和各种专业技术人才的方针，是政务院1950年规定的民族学院的方针在新时期的继续和发展，它既继承了民族学院过去的优良传统和经验，又充分考虑了少数民族地区四化建设的需要，那种认为上述两个方针互相矛盾的看法，显然是不正确的。

林彪、"四人帮"对少数民族干部工作的破坏十分严重，以致少数民族干部在干部总数中所占的比例低于"文化大革命"前的水平。现在的情况是，少数民族人口占全国总人口的6%，而少数民族干部只占干部总数4.8%。同时，少数民族干部在其总人口中所占的比例也大大低于汉族。甚至有些少数民族的干部仅占其人口的0.2%、0.3%（汉族是1%、2%）。少数民族干部少，领导骨干尤其少，远不能适应实际的需要。现在有些自治地方，必须配备少数民族负责干部的单位，还迟迟没有配备起来，不少单位甚至没有一个少数民族干部（这当然不完全是没有适当的少数民族干部的缘故），造成了汉族干部代替包办，少数民族不满的不正常现象。有些民族干部很有感慨地说，这是"少数民族人民当家，汉族干部做主。"我们应当大力加强培养少数民族干部的工作，迅速改变这种被动局面。党的路线确定之后，干部就是决定的因素。我们贯彻实行新时期的总路线总任务，要是没有大批的有共产主义觉悟的少数民族的政治干部和专业技术干部，胜利实现少数民族地区的四化是不可能的。根据各民族地区的反映，现在不但少数民族的科学技术干部很少，政治干部也很不足，因此，既要尽可能多地培养少数民族专业技术人才，又要大力培养少数民族的政治干部。这是党和国家当前和今后解决我国民族问题的关键。不认识尽可能多地培养专业技术干部的重要性、迫切性固然是不对的，但是看不到少数民族政治干部仍然很少的事实和民族学院继续大力培养政治干部的重要性，也是不正确。培养少数民族专业技术人才，是全国各大专院校共同的任务，特别是那些被指定的院校负有更加重要的责任，大部分高级专业技术人员要靠它们来培养，各民族学院虽然只负担其中的一部分，也要高度重视，力求保质保量地胜利完成。

三、几项重要工作

为了贯彻执行以上的方针任务，把民族学院办好，必须做好下列各项重要工作。

（一）切实把教学作为学校经常的中心工作

执行高教六十条的规定，学校的一切工作都要围绕着教学这个中心来进行，都要有利于教学，而绝不能妨碍教学。学院党委要把讨论和检查教学工作、提高教学质量，作为自己经常的主要任务，深入教学第一线，了解教师教学和学生学习情况，参与制定教学计划、教学方案，建立正常的教学秩序，防止学校机关化。应当继承和发扬过去书记、院长、副院长亲自讲课、听课、参加和指导教研室活动的好传统、好作风。各系科的教学行政干部必须努力成为组织管理教学工作的内行。

（二）加强思想政治工作

政治工作是胜利完成各项业务工作的保证。这是长期的革命实践反复证明了的。我们各民族学院在"文化大革命"前的十几年中，对各民族的学生进行生动活泼的政治思想工作，取得了很好的效果，积累了丰富的经验。但各民族学院也受到"宁左勿右"、"左比右好"思潮的影响，今天仍应注意克服。当然应当注意防止和克服右的思想。

林彪、"四人帮"为了篡党夺权，竭力篡改马列主义、毛泽东思想，败坏了党的思想政治工作，造成了恶劣的影响。最近一个时期，有的院校思想政治工作有所削弱，社会上怀疑和反对三中全会精神、怀疑和反对实践是检验真理的唯一标准与四项基本原则的"左"、"右"两种错误思潮，在部分师生中也有一些影响，一度出现了不同程度的思想混乱。极少数学生中无组织、无纪律的倾向也有所滋长。有的学生只想毕业后留在大城市，不愿到工作和生活条件比较艰苦的边疆、牧区、山区工作，缺乏革命的豪情壮志和远大理想。这些应当引起我们重视，抓紧进行坚持正确的思想路线和坚持四项基本原则的教育，把党内外的思想统一到三中全会的精神上来，统一到五届人大二次会议的精神上来。

在政治思想工作中，党委要以身作则，削除派性，增强党性，用共产主义精神教育全体师生，这是做好民族学院一切工作的极其重要的条件。

对工作好、思想好、学习好的师生员工要表扬，要鼓励；对不正确的思想倾向要善于做细致的工作，善于批评引导。要做到是非分明、界线清楚。在纪律问题上应当有表扬有批评，有奖励有处罚，建立以表扬和奖励为主的制度。

（三）加强教师队伍的建设

建设一支能够胜任本职的教师队伍，是提高教学质量，完成教学任务的关键。各学院必须重视这个关键，有计划、有步骤地进行建设工作。这次院长会议上有同志提议：请教育部制定一批重点大学与各民族学院实行对口支援，选调一些骨干教师支援民族学院，并帮助他们解决培训提高现有教师。这是个好意见，教育部已允予采纳。民族学院由于学生的民族成分多，语言文字不同，文化程度差距较大，辅导任务以及生活管理任务很重要等原因，要求教职工和学生的比例稍高于一般学校，也是应当允许的。

要积极为教师创设必要的工作条件，除继续切实落实党对知识分子的政策和平反各种冤假错案外，党组织要关心教师的政治生活，积极做好在教师当中发展党员的工作。党和行政领导要保证教师有六分之五的时间用于教学和科学工作。要建立教师的工作量制度、定期考核制度、晋升制度。要关心教师的物质生活，帮助他们解除后顾之忧。

（四）积极开展科学研究工作

民族学院的科学研究，除上级领导机关交给的任务以外，一般应该为教学服务，结合教学，以保证提高教学质量为前提，不能脱离教学实际。科研的计划必须搞扎实，定期检查执行情况。科研的成果应当及时应用到教学中去，讲课和科研互相促进。我们每一所民族学院所面向的地区，都有十几个多至几十个少数民族，他们的历史、社会经济、语言文字、风俗习惯、民族文化艺术、民族医学以及宗教等方面，都有各自不同的情况和特点，科学研究的对象和资料丰富多彩，是一批巨大的社会科学宝藏，在这些方面进行科学的调查研究，大有可为。开展无产阶级民族学和民族问题方面的科学研究，中央民族学院应当起带头作用。各民族学院之间，民族学院同民族研究机构和其他院校之间，应当互相配合，协同作战，搞出出成果来，为教学服务，为党和国家的民族工作服务。

（五）搞好学校的基本建设

由于林彪、"四人帮"的破坏，各民族学院的校舍建设和图书资料、教学器材、实验设备、生活设施等，都遭受到了程度不同的损失，困难很多。现在，各民族学院校舍严重不足，有的被占用尚未归还，多数学院的在校学生已达到或接近学校容量的饱和点。各学院的教学设备，一般也很简陋，大体只相当于中专的水平。扩建校舍，充实教学设备，是恢复和发展民族学院的当务之急，希望国务院有关部委和有关省、市、自治区党和委和政府，对于民族学院在这方面的困难和需要，给予更多的关心，采取切实有效措施加以解决。如果不能抓紧解决这两个问题，民族学院的发展是不可能的。

（六）拟订积极可行的发展规划

民族学院的发展规划，应当贯彻治行党中央关于要尽一切力量使各少数民族地区经济文化得到迅速恢复和发展的指示，围绕着新时期党和国家在民族工作方面的任务来制定。规划应当是民族学院方针的具体体现。

根据当前培养少数民族干部工作的实际和四化对少数民族干部的需要，民族学院最近三年应当坚决执行"调整、改革、整顿、提高"八字方针，在调整中，恢复过去的规模，并力求有所发展，为以后较大幅度的发展打下基础。我们应当积极努力工作，加快民族学院恢复速度，争取9所民族学院，明年基本上恢复到"文化大革命"前在校学生人数为12000人的水平。在三年调整以后，即八年规划的后四年，在国民经济按比例地高速度发展的情况下，各民族学院应有适当的较大幅度的发展。现在，除应抓紧中南民族学院的恢复工作，争取一、两年内开学外，东北的同志要求建立东北民族学院，新疆区党委也提出建立新疆民族学院，我们认为都是必要的，建议国务院予以批准。在会议期间，我们着重审议了中央、西北、西南三所民族学院的规划（已另报），各省、区民族学院的规划，请各省、区审定。

最后，我们希望有关省、市、自治区人民政府加强对民族学院的领导，定期听取民族学院的汇报，给予指导和支持。对各学院迫切需要解决的基本建设问题，请指定专门单位大力帮助解决。民族学院也应经常主动地向当地人民政府报告工作，反映情况，争取人民政府的领导和帮助。

以上报告，如无不妥，请批转有关省、市、自治区人民政府参照执行。

教育部关于 1980 年在部分
全国重点高等学校试办
少数民族班的通知

（1980 年 5 月 26 日）

建国以后，民族教育事业取得很大成绩。但是，由于林彪、"四人帮"的破坏，使少数民族地区教育事业大倒退，中小学教育质量严重下降，拉大了这些地区同内地的差距。近几年来，一些重点高等学校招生时对少数民族考生降低分数线录取，但由于学生文化水平太低，跟班上课有困难，效果不很好。为了更好地为少数民族培养人才，除地方人民政府应在各民族地区采取有力措施办好民族中小学，特别是办好重点中小学外，决定从 1980 年开始，有计划、有重点地在部分全国重点高等学校举办民族班，以后视情况逐步扩大。这是为发展少数民族教育而采取的一项特殊措施。希望各有关高等学校和省、自治区大力支持。

一、高等学校举办少数民族班，今年除北京大学民族班是本科外，都是预科班。主要补习高中课程，特别是数理化，并提高汉语听课的能力。各校要派得力教师授课，使学生能扎扎实实地学到高中文化科学基础知识。

二、招生对象和入学条件。民族班招生从今年参加高考的少数民族考生中择优录取。除北京大学仍按全国重点高等学校最低录取分数线录取外，其他预科班招生如在全国重点高等学校最低录取分数线上的考生不足计划招生数时，可适当降低录取分数线，但以降低总分 30 分为限。年龄最好在 20 岁以下。由办班院校直接到各省、区选拔。各省、区教育部门要会同民委给予大力协助。要注意吸收少数民族山区、牧区学生。严禁"走后门"。

三、少数民族预科班学生经过一年或两年的补习，合格者根据少数民族地区的需要，直接升入本校有关专业学习。一般不单独编班。所有民族班学员大专毕业后一般回本地区工作。在学习期间因身体或其他原因不适合继续学习者，可送回原省、区安排。

四、关于赴校旅费和学习生活费用。民族班学生赴校旅费由学生所在省、自治区负责发给，到校后向学校报销。在校学习期间一律享受人民助学金，在预科班补习期间，标准按中央民族学院预科学生同等对待，升入本科按大学生助学金最高标准发给。寒暑假期间学生回原籍探亲费自付，确有困难者，可由学校酌情给予补助，以一年一次为限。

五、1980年先在教育部所属五所重点高等院校试办少数民族班，共招生150人（在原定招生计划以外）。计有北京大学30人、清华大学30人、北京师范大学30人、大连工学院30人、陕西师范大学30人，从内蒙古、新疆、广西、云南、贵州、四川等六个省、区招生，招生名额具体分配方案见附表。

为使少数民族班招生工作顺利进行，请上述各省、区招生办公室按照我部学生管理司〔1980〕教学司字017号文的要求，将少数民族考生的统考成绩以《全国高等学校统一招生考试成绩统计表》、《全国高等学校统一招生考试成绩统计电报》的格式，及时单独统计上报。

附件：少数民族班招生名额分配方案（略）

教育部、国家民委关于加强民族教育工作的意见

（1980年10月9日）

近两年来，我们到一些少数民族地区对民族教育的情况作了调查，深深感到加强民族教育是摆在我们面前的一个重大而紧迫的任务。

解放以后，在党和国家的领导和帮助下，少数民族教育事业得到很大发展。有的少数民族地区基本上普及了小学和初中教育。在一些少数民族地区，办了一批民族中小学。特别是为边远地区、山区、牧区和其他经济文化落后的少数民族办寄宿制民族学校，实行管住、管吃、管穿、管学习，收到了良好的效果。同时，在北京和西北、中南等地办了十所民族学院，一般大专院校也注意了招收少数民族学生。通过各类学校教育，培养了相当数量的少数民族干部和一些专业人才。但是，1958年以后，民族教育事业受到了"左"倾思想的冲击，大多数民族学校被撤销或合并，民族语文教学

被取消，对民族学生的公费待遇被取消或削减。在十年浩劫中，民族教育事业更遭受严重的摧残，连十所民族学院大多数也被取消和被迫停办。粉碎"四人帮"以来，经过大力拨乱反正，落实党的民族政策，民族教育开始有所恢复和发展。特别是今年四月，中央转发了西藏工作座谈会纪要之后，各有关省、自治区党委在认真研究解决政治、经济方面问题的同时，对发展民族教育给予一定重视，并采取了一些措施。

目前的基本情况是，一部分少数民族文化教育同汉族的水平相当，而大多数少数民族，尤其是边境地区、牧区、高寒山区的少数民族，文化教育十分落后。在不少民族地区，至今在青少年中还有大量文盲。有的高大百分之八九十。有些少数民族地区的中小学教育，虚假现象和形式主义十分严重，报表上办了多少学校、学生入学率多高，实际上读到毕业的很少，合格的更少；还有不少是无校舍、无桌椅、无公办教师的"三无"学校。每年中专和大专院校招生，尽管对少数民族考生有所照顾，但升学的比例仍然很低。从全国来看，中专和大专在校学生中少数民族所占的比例逐年下降。这种严重的情况，必须大力扭转，绝不能再任其发展下去了。

少数民族地区的四化建设和繁荣发展，需要大批建设人才，必须发展各类学校教育。靠文盲半文盲是不可能进行现代化建设的。解放初期，毛泽东同志指出："要彻底解决民族问题，完全孤立民族反动派，没有大批从少数民族出身的共产主义干部，是不可能的"。建国以来，我们确实成功地培养了一批从少数民族出身的政治干部（虽然还很不够，还必须大力培养，以适应民族区域自治和其他工作的需要），但是比较起来，我们培养的少数民族的科学技术人才和管理人才极少，远远不能适应建设各民族自治地方的需要。这是培养少数民族干部方面一个十分突出的问题。没有大批从少数民族出身的坚持社会主义道路和党的领导的、有专业知识和能力的干部，特别是大批的科学技术人才和管理人才，要逐步消除民族间事实上的不平等，彻底解决我国的民族问题，显然是不可能的。我们大力帮助少数民族，最有远见的办法，就是要从办好教育、大力培养人才做起。应当看到，我国 2100 公里的陆地边防线上，大多是少数民族聚居区，还有二三十个民族跨境而居，发展民族教育具有重大的战略意义。我们决不可认为，现在少数民族很穷，国家资金有限，教育顾不上。我们宁肯把用到少数民族方面的钱在别的方面少花一点，也要把少数民族教育搞上去。"百年树人"，现在着手抓起，也要到 10 年以后才能见效，现在再不抓，就更要贻误大事。

根据 30 年的经验教训，发展民族教育，必须认真贯彻执行党的民族政策，切实尊重和充分保障少数民族在政治上、经济上、文化教育上的民族平等权利和民族自治权利；必须从各民族的实际出发，不能照搬汉族地区的做法，也不能在各个少数民族之间搞一刀切。同时，国家应采取特殊措施，重点扶持民族教育，逐步建立适合少数民族地区特点的民族教育体系。当前，少数民族教育也要认真贯彻执行"调整、改革、整顿、提高"的方针，并在尽快恢复和进行必要调整的基础上，积极稳步地加以发展。为此，我们认为应当实行如下的方针和政策。

一、切实抓好中小学教育

中小学是教育的基础，必须按照各民族的不同情况，切实抓好。普及小学教育仍然是一个艰巨任务，应根据民族地区实际情况，制定切实可行的发展规划，逐步实现。当前，少数民族的中小学教育应注意抓质量，抓重点，讲究实效，反对形式主义。对于文化教育水平较高的民族地区，应继续普及小学教育，发展中学教育和技术、职业教育，力求早出人才、多出人才。对于大多数文化教育十分落后的民族，特别是对于边远地区、山区的民族，必须采取特殊的办法，在相当的时期内，集中力量，办好一批公办的民族中小学，给予较多的助学金，特别要大力办好一批寄宿制学校，采取由国家管住、管吃、管穿的办法。对这些民族中小学，在经费上要给予必要的照顾，调配较好的教师，校舍和教学设备也要好一些，把这批民族中小学办好了，就可以确保出一批人才，奠定进一步发展的基础。同时，还可以发挥各方面的积极性，实行多种形式办学。要注意抓好成人（特别是中青年和干部）的扫盲教育，逐步改变大多数成年人甚至基层大多数民族干部是文盲这种落后的状况。

发展民族中小学教育，一定要在教育体制、教学内容和教学方法等方面，适合少数民族的特点。最重要的是，凡有本民族语言文字的民族，应使用本民族的语文教学，学好本民族语文、同时兼学汉语汉文。为此，必须加强民族文字教材的编译出版工作。民族文字教材内容一定要注意民族特点和地区特点，要适应多种形式办学的实际需要。没有本民族文字而有独特语言的民族，也应以本民族语言辅助教学。其他如学制长短、学生入学年龄等，也要按照实际情况办事，采取灵活的办法。

二、发展少数民族的中等专业教育和高等教育

培养少数民族四化建设所需要的多方面的人才，特别是各类科学技术人才，应采取多种途径和多种方法：第一，首先要办好和发展民族学院。第二，加强设在民族自治地方的大专和中专校。第三，根据国务院批转的1980年高等学校招生工作的规定，全国重点高等院校和少数民族人口较多的省的一般高等院校，要积极举办民族班。第四，在少数民族地区也要积极发展各类业余大学。这就要为少数民族学生进入这些院校积极创造条件。高考招生，应对少数民族学生实行择优录取和规定比例适当照顾相结合的办法，在各民族自治地方，少数民族学生的录取的比例应力争不低于少数民族人口比例。设在民族自治地方和少数民族较多的省内的汉族的重点中学，应当积极为少数民族学生举办高考补习班，还应尽可能地办一些民族班。国家要采取积极措施，

选派少数民族留学生出国深造，有计划地为少数民族培养高级的科技人才。

三、大力发展民族师范教育，培养一支合格的民族教师队伍

师范教育是教育之母。现在民族教育中最薄弱的环节就是缺少一支比较合格的民族教师队伍。所以大力加强和发展民族师范教育已成为当务之急。各自治区和各少数民族较多的省，一定要建立并办好一批民族师范院校。这些民族师范院校均应主要招收少数民族学生和少数有志为少数民族教育服务的汉族学生。民族师范院校的招生和毕业生的分配，都要注意照顾教育基础差的广大农牧区和山区，招生条件要放宽，学制、课程设置、教学内容等，都要从实际出发，切不可生搬汉族地区一般师范院校的经验和做法。一般的师范学院和师范也应设民族师范班，招收少数民族学生入学。

在发展民族师范教育的同时，必须采取多种形式大力培训、提高在职的民族教师。内地有关省、市和高等学校要积极支援，并采取派专家、教授定期讲学，接受在职教师进修、代培等办法，为少数民族地区培养提高大专和中专师资。

在少数民族地区的中小学教师中，民办教师约占 60% ~ 70%。这是当前少数民族中小学教育落后的一个重要原因。应在 3 ~ 5 年内，逐步安排劳动指标，把经过考核合格的民办教师转为公办教师。使少数民族地区的公办教师考核合格的民办教师转为公办教师。使少数民族地区的公办教师达到 70% 以上。少数民族地区根据实际需要，教职工编制应适当增加。

四、解决民族教育必需的经费

少数民族地区情况特殊，发展民族教育需要较多的经费。如办一所同等规模的小学，在牧区所需资金要比农区、城镇高 3 ~ 4 倍。牧区供一名住校小学生的家长负担，相当于在城市供一名大学生。因此，除了正常的教育经费外，还必须给以特殊的补贴。最好在财政上设立少数民族教育专项补助费。此外，建议从支援经济不发达地区发展资金、边境地区事业补助费、边境地区基建补助费中划出适当比例，作为发展民族教育之用。国家拨给的民族教育经费，一定要用在少数民族身上，绝对不克扣挪用，包括那种有了补助费就少给或不给正常经费的做法。少数民族地区教育事业所需的物资、设备，如教育专用运输车等应认真予以解决。

五、保证自治地方在教育事业上的自主权

过去，在民族教育工作中不顾民族特点，强行搬用汉族地区的一些作法，管得过多，统得过死，民族自治地方没有多少自主权可言，这是少数民族区教育事业落后的一个重要原因。今后，必须遵照党中央真正实行民族区域自治，在中央统一领导下充

分行使民族区域自治权利的精神，保证民族自治地方在教育事业上的自主权。在国家统一的教育方针指导下，教育规划、学校管理体制、办学形式、学制、教材建设、教学内容、人员编制、教师任用和招聘、经费的管理和使用等，都应由自治地方根据实际情况决定，各民族自治地方要加强民族教育立法工作。

六、恢复民族教育行政机

1952年政务院作出建立民族教育行政机构的决定，其后从教育部到各有关省、地、县都设立了机构或专人。1958年以后，有些地区在取消民族学校的同时，削弱甚至取消了民族教育机构。十年浩劫中，更把民族教育机构一扫而光。我们认为，有必要重申1952年政务院的决定，各民族自治地方的教育机构应把发展民族教育作为主要任务；少数民族人口较多的省、地、县，应在教育行政部门内设置民族教育机构，调配热心为少数民族教育事业服务的同志，专司其事。

教育部、国家民委关于高等招生是否按少数民族人口比例录取少数民族学生问题的复函

（1981 年 7 月 13 日）

关于今年高等学校招生是否按少数民族人口比例录取少数民族学生问题的来电已收悉。经我们研究，认为第三次全国民族教育工作会议关于"高考招生，应对少数民族学生实行择优录取和规定比例适当照顾相结合的办法，在各民族自治地方，少数民族学生的录取比例应力争不低于少数民族人口比例"的意见，是正确的。但在执行中因各地经济、文化水平不一致，所以不能要求今年高等学校招生就要一律按少数民族的人口比例来录取少数民族学生。要根据不同的实际情况，坚持德智体全面考核、择优录取的原则与适当照顾相结合的精神，有的民族地区中学基础较好，可能达到这个要求，有的民族地区中小学教育基础较差，则应采取特殊措施，逐步做到高等学校录取少数民族学生的人数，不低于少数民族人口的比例。

总之，在培养和造就少数民族的建设人才方面，既要采取积极有效措施，不断提

高普通教育的质量，力争使高等学校录取新生中的少数民族学生的比例逐年有所增加，又要从实际出发，才能达到培养少数民族高级专门人才的目的。关于少数民族预科班或民族班，有关省、自治区所属高等学校，要从实际出发，积极创造条件举办。

文化部、国家民委、教育部
关于印发《关于加强民族艺术
教育工作的意见》的通知

（1981 年 12 月 28 日）

在 10 月 7 日至 15 日全国民族艺术教育工作座谈会上，讨论了《关于加强民族艺术教育工作的意见》，其中有关经费方面，已征得财政部原则同意。现将这个意见发给你们，请合结合本地区的实际情况，贯彻执行。在执行中有什么问题，望及时告诉我们。

文化部、国家民委、教育部关于加强
民族艺术教育工作的意见（节录）

（1981 年 12 月 25 日）

一、我国是统一的多民族的社会主义国家。各少数民族都有悠久的历史和丰富的文化遗产，对整个中华民族的文化发展做出过重大的贡献。社会主义时期，发展和繁荣少数民族的文艺，对于贯彻党的民族政策，增强民族团结，提高民族文化，实现民族平等，丰富各族人民的精神生活，建设国防，发展国际文化交流，都具有极为重要的意义。因此发展少数民族文艺，是社会主义现代化建设时期民族工作任务中的一项重要内容。

少数民族文艺的发展，与民族艺术教育事业的发展，加强民族艺术人才的培养，壮大民族文艺队伍，有着极其密切的关系。没有一批具有社会主义觉悟的、有业务专长的少数民族自己的文艺领导干部和专业人才，要继承和发展少数民族文艺是难以实现的。因此，加强和发展民族艺术教育事业，培养和造就民族艺术人才，是发展民族文艺事业的关键，也是提高民族文化教育水平的重要方面。《关于建国以来党的若干历史问题的决议》指出："要切实帮助少数民族地区发展经济文化，努力培养和提拔少数民族干部。"各民族自治区和有关部门，要根据决议的精神，从战略的观点来加强对少数民族艺术教育的领导，并给以大力扶持。

二、（略）。

三、在国家处于重大历史转折的新形势下，党中央提出在经济上实行进一步调整，政治上实现进一步安定的方针。1981 年 1 月 16 日文化部、教育部在《关于当前艺术教育事业若干问题的意见》中提出："为贯彻中央调整、改革、整顿、提高的方针，对艺术教育事业，应切实加强领导，做好全面规划，进行调整整顿，促进协作，稳步发展，着重提高教育质量。"还提出："要加强和发展少数民族的艺术教育。首先，应办好现有少数民族地区的文艺院校，在师资、校舍、设备等方面要给予支持，并根据民族地区的实际情况有计划有步骤地发展。"少数民族艺术教育工作要在党的方针政策指导下，并根据文化部、教育部文件的精神，从民族的特点和地区的特点出发，在着重于调整整顿的基础上，实事求是，积极稳妥地加以发展。

目前，全国各民族自治区都建立起中等艺术学校，还有一所高等艺术学校，有的州（盟）也建立了中等艺术学校，这是培养民族艺术人才的重要基地，必须充分重视，加强领导，充实力量，认真办好。同时，还应根据民族地区的需要和可能，经自治区批准，适当发展一些中等艺术学校，个别条件较好的民族地区的中等艺术学校，具备了师资、校舍、设备等基本条件，并经自治区人民政府同意，报请国务院批准，可改为高等艺术院校。民族地区高等艺术院校最好办成多种科性的艺术学校，培养艺术创作、理论、研究、导演、表演等艺术人才，普通教育艺术师资和文艺普及工作干部。同时还应有自己的精干的研究、实验机构，以利于搜集整理民族民间文艺遗产，编写教材和进行创作实验工作，使其成为以教学为主的教学、创作（演出）、研究相结合的中心。但要根据需要与可能，在保证质量的前提下，逐步增设专业和机构。

四、民族地区的艺术院校应以招收、培养民族学生为主。除本地区人口较多的少数民族以外，对于人口较少的少数民族，尤应予以照顾。同时招收部分志愿从事少数民族文艺的汉族学生。少数民族人口较多的省的艺术院校，也要充分重视为本地区少数民族培养艺术人才。招收少数民族学生，实行择优录取和适当照顾相结合的原则。

五、各民族地区发展少数民族艺术教育，在教育体制、教学内容和教学方法等方面，要适合少数民族的特点，尤其要保持并发展民族文艺的特点、风格和独特的艺术品种，切勿照抄照搬一般艺术院校的做法。要根据民族教学的实际情况确定学制，制定各自的教学方案、教学大纲和教学计划。民族艺术专业教材，应在搜集研究民族文艺的基础上，学习借鉴各民族的艺术成果，组织自己的力量编写。

民族地区艺术院校，应要求所有学生学习和掌握本地区主要少数民族的语言文字和汉语汉文；对未用本民族文字进行教学的少数民族学生，应以本民族语言辅导教学。有条件的艺术院校，还应逐步增设外国语课。

要加强艺术实践，组织师生深入民族集居地区生活，密切与民族群众的联系。熟悉少数民族的艺术和风俗习惯，并行汇报演出或展览，征求意见，以改进教学工作。文艺部门对民族地区艺术院校的艺术观摩要予以特殊照顾。到外地参观学习，应有计划地安排这些艺术院校的教师参加。

六、要充实和培养提高民族地区艺术院校的师资队伍。目前这些院校的师资严重不足，教师既要担负繁重的教学任务，又要进行民族艺术的搜集、整理、研究和编写专业教材等项工作。因此，教师的编制应该比一般艺术院校的编制适当放宽。但非教学人员编制要从严控制。为保证教学质量，教学人员应力求稳定，不要随意调动。

民族区艺术院校必须重视培养和使用少数民族的教师。师资的来源，除本校选留毕业生或从外地分配毕业生外，还应从文艺单位中选择有较丰富艺术经验而又适宜担任教学工作的艺术人员到校任教。要组织当地的综合大学、民族学院、师范院校的教师兼课，支持少数民族艺术教育；聘请有艺术专长的外地教师到校作短期讲学或轮换授课若干学期；选派本校教师到其他院校进修，以培养提高在职教师。

七、要加强和改善民族艺术院校党的领导，建立民主、团结、有事业心和战斗力的领导核心。院校党委（支部）必须坚持四项基本原则，执行党的民族、文艺、教育和知识分子等各项方针政策，加强思想政治工作，运用批评和自我批评的方法，改变领导涣散软弱状态，纠正资产阶级自由化等各种错误倾向。继续清除"左"的影响，肃清林彪、"四人帮"的流毒，消除派性，增强团结。要积极培养、提拔中青年干部，特别是少数民族干部。要加强党的建设，注意在少数民族中培养和发展党员。

要充分发挥院校的党团组织、学生会组织的作用，坚持疏导方针，加强对学生的思想政治工作，解决好学生中存在的思想问题。特别要注意进行坚持四项基本部原则、热爱社会主义祖国和各民族团结互助的教育，不断提高他们的思想觉悟和共产主义道德，使他们成为德、智、体全面发展的又红又专的艺术专门人才。

八、非民族地区的艺术院校，都要把帮助培养少数民族艺术人才作为自己一项经常性的重要任务，应分别与民族地区建立对口协作关系，制订协作计划和协议，有计划分步骤地进行协作。办少数民族班，是一种行之有效的办法，各艺术院校今后应积极举办；或采取其他灵活多样的形式协作培养。提倡采取挂钩协作培养的办法。实行这个办法，首先由委托单位向有关院校的主管部门提出要求，并与有关院校协商确定后，由代培院校与委托单位共同在民族地区招生，学生毕业后，院校发给毕业证书，回委托单位分配工作。所有高等艺术院校和文化部直属中专校，代为培养的少数民族学生，均列入本校招生计划；地方管理中等艺术学校代外省（区）培养的学生，则列入委托地区的中等艺术学校招生计划。

高等艺术院校可根据少数民族学生的情况，设置一年制预科（称或预备班），然后再升入专科或本科。

文化部直属院校和条件较好的老校，除为民族地区培养本、专科生外，还应积极接受民族艺术院校的教师和业务骨干来校进修，或专门开办民族地区师资进修班，以帮助培训提高师资水平。同时要组织教师到民族艺术院校短期任教、讲学或到民族地区协助举办在职人员培训班。要继续有计划地分配毕业生到民族地区担任教学和从事专业工作。还要积极提供教材和资料，帮助总结和交流教学经验。对志愿长期支援边疆和为少数民族培养人才的学校和个人，应给予表扬和适当的物质奖励。

九、民族地区和边远地方经济基础一般都比较薄弱，发展民族艺术教育需要经费又较多，各自治区和边远省份要根据实际情况，统筹安排，适当照顾，纳入地方预算。目前民族艺术院校的经费困难，设备简陋，条件较差，有关地区应根据教育部和国家民委《关于加强民族教育工作的意见》的有关精神，从财力、物力上给予必要的照顾，扶持和补贴，以保证少数民族艺术教育事业得到切实的发展。国家拨给的民族艺术教育经费和补助费一定要用于民族艺术教育上。建议各自治区的文化、教育、财政等主管部门每年安排用于培养、培训民族艺术人才的经费要保持适当的比例，并争取逐年有所增加。

艺术院校要从实际出发，量力而行，勤俭节约，加强管理工作，充分利用现有条件把学校办好。

十、建议各自治区文化局设立专门领导管理艺术教育工作的机构，配备专职人员，切实把培养艺术人才的工作做好。

教育部、中共中央宣传部
关于在新疆高等学校和中等专业学校开设
《民族理论与民族政策》课程的批复

(1982 年 10 月 6 日)

你们 7 月 5 日关于要求你在区高等学校和中等专业学校中开设《民族理论与民族政策》课的报告已收到。同意你们在高等学校和中等专业学校中逐步开设这门课程，名称可定为《马克思主义民族理论与党的民族政策》，并为一门必修的政治理论课，列入学校教学计划。授课时间可根据各类学校的不同情况，在现有的政治课论课教学时间以外另增加 50~70 学时。

在我国少数民族比较多的省、自治区的高等学校和中等专业学校里，用马克思主义民族理论和党的民族政策教育少数民族学生和汉族学生，使他们懂得马克思主义民族理论和党的民族政策的基本观点，划清马克思主义民族观和资产阶级民族观的界限，增强执行党的民族政策的自觉性，是十分必要的。这对于巩固和发展我国社会主义的民族关系，加强民族团结、维护祖国统一、巩固国防，全面开创社会主义现代化建设的新局面，都具有重要的意义。

因此，希望你们结合本地区的实际，适当修订教学计划，编写教学大纲和教材、培训教师，把马克思主义民族理论和党的民族政策教育以及其他马克思主义理论课的教学工作做好。

国家民委编写的关于民族理论的教材，可供参考。

全国牧区、山区寄宿制民族
中小学经验交流会纪要

（1982 年 12 月 20 日教育部印发）

为在民族教育工作中更好地贯彻执行党的十二大精神，教育部于 1982 年 10 月 1—18 日，在新疆维吾尔自治区伊犁哈萨克自治州召开了全国牧区、山区寄宿制民族中、小学经验交流会。到会的有新疆、内蒙、青海、宁夏、甘肃、四川、云南、贵州、广东、广西、辽宁、吉林、黑龙江等 13 个省、自治区的代表以及新疆各州、市列席代表、工作人员等，共计 68 人，新疆维吾尔自治区副主席巴岱同志到会并讲了话。教育部民族教育司彭克同志作了总结。教育部顾问周林同志讲了话。新疆维吾尔自治区党和政府的主要领导人王恩茂等同志两次接见了代表。

会上，据内蒙、新疆、青海等 9 省、区不完全统计，现已有牧区、山区寄宿制民族中小学 1991 所，在校学生 280573 人。实践证明，在牧区、山区，一般是经济贫困，文化落后，居住分散，在此情况下办寄宿制学校，具有较大的优越性。各地在办寄宿制学校中不断积累了经验，归纳起来主要有以下几点。

一、党委和政府加强领导

党的十一届三中全会以来，各省、自治区党委和政府注意克服教育战线上"左"的思想影响，从各民族特点和地区特点出发来恢复和发展民族教育，在牧区、山区办了一批寄宿制民族中小学，有的地区如新疆、内蒙、青海、宁夏、四川都专门发了文件。并相应地拨出一定数量的经费，抽调有教育工作经验而又热心教育的干部充当学校领导。又抽调优秀教师与选派政治思想较好的干部到学校管理生活。不少党政领导深入寄宿学校了解情况，帮助解决具体问题，并在各级干部会上提出必须在牧区、山区一手抓生产，一手抓教育。各省、自治区还制订了举办牧区、山区民族中小学的近期与远期规划。

二、既要抓好教学，不断提高教学质量，又要抓好生活，创造良好的教学、生活环境

与会同志一致认为，寄宿制中小学要全面贯彻党的教育方针，不断提高教育量，关键在于教师。不但要抽调有一定业务水平、有教学经验的教师充实学校，而且要不断提高在职教师的政治思想和业务水平，特别是使用民族语文教学的能力。几年来各地在落实知识分子政策，提高教师的社会地位，加强教师政治思想教育，提高教师业务水平等方面都做了大量工作。不断调动了教师的积极性，从而提高了教育质量。这是办好寄宿制学校的中心一环，也是使寄宿制学校能在牧区和山区农民中有一定地位和影响的极为重要的因素。

三、坚持两条腿走路，实行国家办学和社队集体及个人办学相结合

寄宿制学校与一般走读学校相比，在人员编制、校舍、设备等方面花费人力、物力、财力都较多。办一所寄宿制学校，比农区、城镇办一所走读学校，经费开支要高三四倍。在当前国家教育经费尚不充裕的情况下，各地共同的经验是，采用"国家投资一点，社队集体支持一点，学生家长自筹一点，学校勤工俭学解决一点"的办法来解决经费问题。这样就必须充分调动社队集体和学生家长的积极性，使学校不断巩固和发展。

与会同志一致认为，今后办好寄宿制中小学应注意以下几个问题。

（一）必须继续提高对办好寄宿制民族中小学的认识

各省、自治区从历史实践中总结了正反两方面的经验，逐渐明确认识到在山区、牧区办学的规律。实践证明，在经济文化不太发达，居住分散、山高谷深，交通困难和长年游牧的牧区、山区，举办寄宿制中小学是这些地区普及初等教育，发展民族教育的一种好的办学形式。它有利于提高学龄儿童入学率和巩固率，有利于集中师资加强教学，提高教学质量，有利于教师的进修提高，有利于集中力量改进办学条件，开展勤工俭学活动，使学生在德智体三方面得到全面发展。同时，我国各少数民族多居住在牧区、山区，办好牧区、山区寄宿制中小学，普遍提高牧区、山区人民的文化水平，在此基础上为各少数民族培养各级各类人才，对于繁荣和发展各民族的经济文化，增强民族团结、巩固边疆、也有重大战略意义。

（二）兴办寄宿制学校态度要积极，步骤要稳妥

与会同志一致认识到：由于国家经济还不富裕，教育经费不足，集体经济和群众

的经济状况也刚刚开始好转，许多少数民族地区人民生活还比较困难，而办寄宿制学校又需要较多投资，加上教师数量不足，质量又差，所以必须从实际出发，有计划、有步骤地兴办寄宿制学校，态度要积极，步骤要稳妥，量力而行，因地制宜。一定要避免一哄而起，搞形式主义。办学较早的内蒙古自治区的经验是：由上而下地开办，无论在领导力量、教学力量、物资设备、经费开支等方面比较容易解决，也便于取得经验。这种稳妥而积极的做法，是"看起来慢，实际上快"。特别是牧区尚未完全定居，山区经济不很发达的地方，尤应注意稳步发展。

（三）牧区、山区办寄宿制学校的具体方针

各地情况不同，具体经验也各异，但办学的具体方针则应是以举办寄宿制校和全日制固定学校为主，实行多种形式办学。即以全日制固定小学和寄宿制小学为主，以流动教学、巡回教学为辅；可以有寄宿制，也可以有半寄宿制、季节寄宿制；可以有全日制，也可以有半日制，既有固定的，也允许有流动的。同时要认真总结如何充分发挥寄宿制学校的骨干作用，解决好重点校与一般学校的关系。新疆在这方面已有初步经验。如查布查尔县努力拉洪牧业寄宿学校，同时保留了 11 个一至三年级的教点，寄宿制学校对教学点（班）和流动教学点（班）担负一定的指导任务，使之保点保教。这个经验不但关系到保证寄宿制学校学生的质量问题，也关系到山区、牧区如何在一定时间内普及小学教育的大问题。因此，既要认真总结举办寄宿制学校，提高质量的经验。也要总结寄宿制学校如何指导教学班、点提高质量的经验。

（四）必须加强思想政治教育

十二大文件告诉我们，思想建设决定着精神文明的社会主义性质，而共产主义思想是社会主义精神文明的核心。在寄宿制学校中，不但要努力提高青少年的科学文化和健康水平，而且还要对他们进行共产主义的思想教育，进行爱国主义、民族团结的教育，大家认为，我们搞民族工作的，一定要贯彻执行中央领导同志在十二大报告中指出的有关进一步发展国内各民族之间平等、团结、互助的社会主义民族关系的精神，教育学生树立革命理想，有共产主义道德、有文化、守纪律，搞好民族团结，并培养他们热爱牧区、山区，愿为建设牧区、山区的社会主义两个文明而奋斗。使他们毕业后，无论参加劳动、就业或升学，都能有良好的道德、纪律和建设牧区、山区的理想。

（五）在寄宿制民族学校教学中要进行一些改革的试点工作

目的，农牧区、山区寄宿制中小学毕业生中，升入高一级学校的只是少数，绝大多数毕业后参加生产或当干部领导生产。因此，在寄宿制学校中，除利用小农场、小

牧场、林场、茶园等，使学生参加一定劳动，学习一些生产知识和技能外，教学中还应实验有关牧业、农业生产的基础知识和操作能力的内容，使学生毕业后能解决一般性的农业、牧业等方面的技术性问题。这样做，不但可以提高学生学习的兴趣，而且为今后农、牧业生产发展打好培养人才的基础，也会使社队干部、家长各方满意，更积极地送子女入学和领导好学校。

（六）必须认真加强教师队伍的整顿、培训和提高工作

会上就如何加强教师培训、进修工作交流了经验。大家认为必须重视以下三个问题：

1. 为使教师能在牧区、山区教授有关生产的基本知识，师范学校应当加授有关山区、牧区生产的基本知识。

2. 要继续落实知识分子政策，提高他们的社会地位，在可能范围内解决他们工作、生活中应解决的问题，特别是对于牧区、山区的民族教师和外地教师的困难，要尽力帮助解决，使他们安心牧区、边远山区工作。中央领导同志在十二大报告中说："各级学校教师，特别是全国农村的小学教师，他们的工作十分艰苦，又十分崇高，他们的努力将决定我们下一代公民在德、智、体各方面的成长。"我们一定要遵照这一精神关心教师，并推广这方面好的经验。

3. 为更好地解决牧区、山区教师缺少的问题，今后师范院校的招生应采取择优录取和地区照顾相结合的办法，"定向招生"，即注意招收牧区、山区的学生，毕业后仍回山区、牧区工作，逐步使教师地方化。

中共中央办公厅、国务院办公厅
转发《教育部关于正确处理少数民族地区
宗教干扰学校教育问题的意见》

（1983 年 2 月 17 日）

教育部《关于正确处理少数民族地区宗教干扰学校教育问题意见》，已经中央书记处和国务院批准。现转发你们，望结合实际情况，参照执行。

近年来，在一些少数民族地区出现宗教干预教育、冲击学校的问题，虽然是在落实党的宗教政策取得显著成绩的情况下出现的局部问题，但是，仍然需要引起各级党政领导机关的重视。望各地结合贯彻《中共中央关于印发〈关于我国社会主义时期宗教问题的基本观点和基本政策〉的通知》的精神，在充分地耐心细致地做好信教群众的思想工作，做好爱国宗教职业人员和宗教界上层人士工作的基础上，通过民主程序，制定必要的行政性法规或地方性法规，认真加以解决。对于极个别披着宗教外衣，借机进行煽动破坏社会主义教育事业和其他反活动的反革命分子，则必须坚决予以揭露和打击。

发展民族教育事业，是少数民族地区物质文明和社会主义精神文明建设的重要组成部分，也是直接关系到增强民族团结、巩固和保卫边疆各族人民利益的大事。因此，在做好少数民族地区经济建设工作的同时，必须把民族教育工作认真抓上去，争取在不长的时间内，使民族教育状况有较大改善，以逐步适应少数民族地区社会主义现代化建设的需要。

教育部关于正确处理少数民族地区
宗教干扰教育问题的意见

中共书记处、国务院：

党的十一届三中全会以来，党的宗教政策逐步得到贯彻落实，群众的正常宗教活动得到恢复，这对改善党和政府同群众的关系，增强民族团结、促进政治上的安定团结，起了重要作用。但是，据新疆、甘肃、宁夏、青海、云南、四川等省、自治区调查反映，在信奉伊斯兰教、小乘佛教和喇嘛教一些少数民族地区，近年来出现了宗教干预教育，争夺学生，冲击学校的问题；有的地方还出现了天主教、基督教干预教育的现象。这种宗教干预教育的情况，在有的地方还比较突出。有些地区把阿訇请到学校念经做礼拜，向青少年儿童灌输宗教思想，诱使他们参加宗教，有的阿訇向学生宣传"不学经文，将来死了进不了天堂"。云南楚雄自治州禄丰县一大队干部是天主教徒，他竟规定：（1）学生不信上帝不准读书；（2）上课时要读《圣经》；（3）教师不信教不准教书。新疆有个别阿訇利用宗教破坏民族团结，在青少年学生中煽动说："我们要为宗教而战，让汉人死于水中"；并诬称红领巾是"把人拉到地狱的绳索"，致使一些学生把红领巾和政治课本、汉语课本都烧了。在新疆、甘肃、宁夏等一些信仰伊斯兰教的民族地区，有人擅自开办经文学校（多设在清真寺，也有的设在宗教人士家里，还有的实行寄宿制），已有大批学龄儿童弃学念经。1981 年 3 月，甘肃临夏自治州广河县有弃学念经儿童近 6000 人，占学龄儿童总数的 38.8%。临夏全县入学儿童12000 人，入经文学校念经儿童却达 14000 人。新疆喀什地区 1981 年 3 月以后半年多时间，弃学念经儿童就从 4000 人增加到 18000 人。云南、四川、青海、甘肃等省信奉小乘佛教和喇嘛教的傣、藏族地区，大批少年儿童退学到寺里当喇嘛、当和尚。云南西双版纳自治州勐海县近两年已有 2000 名学生退学到寺里当和尚，占全县傣族在校生人数的 30%。四川甘孜藏族地区农村，有些还俗喇嘛以"私人办学"名义，招收藏族儿童教经文，甚至提出不要国家派去的教师。1958 年宗教制度改革以后和十年内乱中，有些寺院被学校占用，近年来，信教群众借口落实宗教政策强占校舍，拆校建寺，造成学校被迫停办，学生无处上课的情况也屡有发生。

所以出现上述这些情况，当然绝不能归于正确地贯彻落实宗教政策，其中有宗教影响的问题，也有我们工作上的问题。从宗教本身来说，伊斯兰教、喇嘛教和小乘佛教在一些少数民族中历史很长，影响很深，群众中存在着较浓厚的宗教信仰和宗教感情，这不能不影响宗教信徒的子女，而有些宗教职业人员，则通过宗教干预教育，违反政策规定，擅自举办经文学校等方式，借机扩大宗教影响，这是一个方面；另一方面，有些干部对宗教政策缺乏全面的认识，在落实宗教政策过程中，对出现的问题不愿管、不敢管，或者认为不好管，有些放纵自流。同时，有些少数民族地区对教育不够重视，因而教育长期落后，科学文化远没有普及，也是一个重要原因。特别是其中有些边远地区，学校少，条件差，教育质量低，群众对办好学校缺乏信心，送子女入学的积极性不高。在蒙、傣族地区，曾因受"左"的思想影响，长期不重视学习民族语文，甚至明令取消民族语文教学，至今尚未完全恢复。所以，有些群众为了使孩子学点民族语文，就把他们送到寺里念经，除上述原因外，极少数披着宗教外衣的反革命分子进行煽动破坏，也是不容忽视的原因之一。1981年新疆叶城县发生的一起利用宗教煽起的反革命事件，就有许多青少年（多是经文学校学生）被诱骗参加。

当前的问题，基本上都是属于人民内部矛盾问题，解决的办法，主要靠党的政策，靠耐心细致的思想政治工作，同时也必须制定必要的行政法规。为了正确地、全面地贯彻党的宗教政策，处理好宗教干预教育、冲击学校的问题，特提出下列几点意见：

一、必须坚持宗教与教育分离的原则。这同我国实行的宗教信仰自由政策并不矛盾。解放前，藏、傣族中的佛教寺院既是宗教机关又是那个封建社会的文化教育机关，宗教同教育是合一的。维吾尔、回等民族中，情况稍有不同，既有专设的宗教学校，也有普通学校。解放后，我们实行教育同宗教分离的原则，经过大量工作，大部分宗教学校逐步解散，一般学校中的宗教课也早已取消，这是改革旧教育的重要成果。今天，要不断巩固和完善我国的社会主义教育制度，对于宗教与教育分离的原则仍应继续坚持，不能有丝毫动摇。

二、必须坚持宗教不得干预教育的原则。这一条已正式写进党的十一届六中全会一致通过的《关于建国以来党的若干历史问题的决议》，《中华人民共和国宪法》中也作了明确规定，任何人不得利用宗教进行妨碍国家教育制度的活动。这个原则，得到广大信教群众和爱国宗教职业人员的拥护。为了避免和制止宗教干预教育、妨碍国家教育制度的情况继续发生，我们认为，除按《中共中央关于印发〈关于我国社会主义时期宗教问题的基本观点和基本政策〉的通知》（中发〔1982〕19号文件，以下简称《基本政策》）中有关政策规定举办的宗教学校外，在普通学校应当明确规定：（1）不得在学校向学生宣传宗教，灌输宗教思想；（2）学校不得停课集体进行宗教活动；（3）不得强迫学生信仰宗教，不得强迫他们当和尚、喇嘛或满拉等；（4）不得以任何形式在学校开设或讲授宗教课；（5）不得利用宗教干扰或破坏学校的正常教学秩序；（6）不得以任何形式干扰或阻挠学校向学生进行马列主义、毛泽东思想教育和科学文化教育。

三、要正确处理各地擅自开办的经文学校或经文班。现在摆在全国各族人民面前的根本任务，是把我国建设成为现代化的高度文明、高度民主的社会主义国家。全国各地，包括少数民族地区在内，要进一步发展科学文化教育事业，逐步普及小学教育，培养造就各类人才，不断提高人民的科学文化水平。上述大量开办经文学校，使大批学龄儿童弃学念经的情况，同社会主义现代化建设的艰巨任务，同建设"两个文明"的要求，是背道而驰的。这样做，对下一代的健康成长，对民族教育事业的发展，对提高少数民族的科学文化水平，十分有害。对此，绝不能放任不管。对未经政府批准擅自开办的经文校，要与有关部门协同配合，积极做好疏导工作，逐步予以解决。

四、对某些信奉伊斯兰教地区的民族中、小学要求开设阿拉伯文课的问题，不能予以同意。因为从历史上看，阿文从没有成为我国任何一个少数民族的通用文字，只是作为宗教经典文字曾在少数人中使用过。1953 年 9 月《中共中央转发中央民族事务委员会党组关于中国伊斯兰教协会成立会议的报告》中指出："阿文不是回民的民族通用文字，而是伊斯兰教的经典文字，因此在宗教方面学习或使用阿文是可以的。但把阿文当作回族全民族的文字，而企图推广使用的做法，则是非常错误的。这种作法对回族人民政治、经济、文化的发展十分不利。"因此，在学校开设阿文课是不必要的，更不能借学习阿文之名，恢复宗教课。

五、关于学校占用寺产的遗留问题，应根据有关政策规定，分不同情况，经当地政府同有关方面充分协商，妥善加以解决。今后，任何人不得强占学校，强拆校舍，毁坏设备，任何人都不得以任何理由强迫学校停课、停办。

六、党的十二大指出："普及教育是建设物质文明和精神文明的重要前提。"我们一定要按照十二大的精神，切实加强少数民族地区的中、小学教育，采取各种有力措施，吸收更多的学龄儿童入学读书。从长远来说，这是解决宗教干扰学校教育问题的一个关键。首先要加强学校的思想政治教育，应对学生进行爱国主义、民族团结的教育，还应进行生动的普及科学文化的教育。为此，要改革政治课教材，力求内容生动活泼。要努力改善办学条件，改进教学，提高教育质量，积极开展文娱、体育和各种有益的课外活动。在有民族文字的少数民族中小学中，应尽快恢复民族语文教学，使学生首先学好本民族语文，并根据需要同时学好汉文，要积极培训民族师资，加强民族文字教材建设。

七、处理好宗教冲击、干扰学校教育的问题，关键在于领导。各级党委和政府也应当通盘考虑，动员各有关部门密切配合，共同做好这项工作。为此，首先要认真学习和坚决贯彻执行《基本政策》这一重要文件，统一认识，统一政策，各有关部门应切实负起责任，敢于做干部、群众及宗教职业人员的工作，讲明政策，讲清道理，对广大信教群众和爱国的宗教职业人员进行爱国守法教育，使他们自觉维护学校教育，遵守宗教不得干预教育的原则。《基本政策》指出："使全体信教和不信教的群众联合起来，把他们的意志和力量集中到建设现代化的社会主义强国这个共同目标上来，这是我们贯彻行宗教信仰自由政策，处理一切宗教问题的根本出发点和落脚点。任何背离这个基点的言论和行动，都是错误的，都应当受到党和人民的坚决抵制和反对。"我们在处理宗教干预学校教育问题的时候，也必须切实贯彻这一基本原则。

以上意见如无不当，请批转各地参照执行。

卫生部、国家民委、教育部
关于全国重点高等医学院校培养少数民族
高级医学人才的意见

（1983 年 6 月 19 日）

为提高我国少数民族的健康水平，增强民族团结，必须加速发展少数民族地区的卫生事业，尽快改变这些地区卫生事业基础薄弱的状况。为此，要加速培养少数民族高级医学人才，使各少数民族的专业卫生队伍尽快地壮大起来。

自从 1980 年 5 月卫生部、国家民委和教育部联合发出《关于加强少数民族地区医学教育的意见》和《关于内地省、市对口支援少数民族地区发展医学教育试行方案》以来，经过各方面的努力，少数民族地区的卫生工作和医学教育工作有了一定的发展。但是，少数民族学生，尤其是藏、维吾尔、哈萨克族和边远地区人口较少的少数民族学生，由于文化水平偏低，难以升入高等医学院校，考进全国重点高等医学院校的少数民族学生则更少，如果这些地区长期没有足够的本民族的医务人员，就不可能从根本上改变少数民族地区医疗卫生落后的状况。因此必须进一步取特殊措施，适当放宽少数民族学生的入学条件，在民族学院开办医预班，同时注意改进教学内容和教学方法，以利于少数民族医学人才的培养。

加速培养少数民族医学人才，主要在于发展民族地方的医学教育事业。有关省、市、自治区的医学院校要创造条件多招收一些少数民族学生。全国重点高等医学院校也要有计划地为少数民族地区培养医学卫生骨干和师资。现对培养少数民族高级医学人才问题提出如下意见：

一、培养方法。北京、中山、四川医学院，上海第一医学院和北京中医学院，自 1984 年起，每校每年从内蒙古、广西、宁夏、新疆、西藏五个自区各招收一定数量的少数民族学生。中央、西北、西南、中南四所民族学院，从 1983 年起各办一个医预班，为上述五所医学院培养预科学生。医预班主要补授高中文化课和汉语文课。来自内蒙古、宁夏、广西等自治区的少数民族学生，医预班的学制定为一年；来自新疆、西藏的维吾尔、哈萨克等少数民族学生，医预班的学制定为二年。医预班的学生学习期满，政治表现好、考试成绩及格的，直接升入上述医学院本科学习，与汉族学生统一编班授课。医预班学生考试成绩不及格应予留级，留级一年后考试仍不及格者，送回原地区、由原省、自治区作适当安排。

招收少数民族学生的医学院校，要大力加强对少数民族学生的教学工作，采取多种方式，精心培养，尽力提高他们的业务水平。

民族学院医预班学生列入各民族学院的招生计划，享受民族学院学生待遇。五所医学院从民族学院预班招收的少数民族学生，全部按大学本科生标准享受人民助学金。要尊重少数民族风俗习惯，各医学院校在食宿上要注意提供方便。

二、医预班学生来源和招生名额分配

一九八三年招生计划

	计	北医	北中医	上一医	中山医	四川医
内蒙古	27	10	7	10		
宁 夏	28	5	8	10	5	
广 西	25	10			15	
新 疆	45	10	5	5	15	10
西 藏	40		5	10		25
计	165	35	25	35	35	35

说明：

1. 北医、北中医招收的学生由中央民院医预班培训（北医在新疆招的 10 名学生由西北民族学院医预班培训）。

2. 上一医、中山医招收的学生，由中南民院医预班培训。

3. 来自新疆维吾尔自治区的学生，由西北民院医预班培训。

4. 来自西藏自治区的学生由西南民院医预班培训。

上述招生计划列入有关民族学院 1983 年度招生计划。医预班结业转入医学院校本科时，则由医学院校列入当年的招生计划。招生工作以各医学院为主，会同各民族学院共同进行。

1984 年及以后的招生计划，视 1983 年招生情况如何再定。

三、经费开支。民族学院举办医预班及医学院从民族学院医预班招收的少数民族学生所需的经费，在主管部门核定给学校的年度预算内开支。

四、除上述培养本科学生以外，全国重点高等医学院校，应根据需要与可能，接收少数民族较多的省、区医学院校的教师进修；派出有经验的教师到自治区和少数民族较多的省医学院校兼课；或者组织讲学团去上述省、区进行短期讲学，帮助提高少数民族地区医院校师资的学术水平。

教育部关于学习贯彻
《关于加强爱国主义宣传教育的意见》
的通知（节录）

（1983 年 4 月 24 日）

在少数民族地区的学校进行爱国主义教育，要特别注意进行增强各民族团结和维护祖国统一的教育，要使各民族学生从小树立汉族和少数民族谁也离不开谁的观念。

教育部、国家民委关于加强领导和
进一步办好高等院校少数民族班的意见

（1984 年 3 月 30 日）

我国是一个统一的多民族国家，随着社会主义建设事业的发展，积极而又稳步地发展少数民族的高等教育，更多地培养少数民族地区四化建设所需要的各类人才，是目前我们面临的新形势和新任务。因此，根据教育部的决定，从 1980 年开始，在清华大学、北京大学、北京师范大学、大连工学院、华东师范大学、陕西师范大学、华中师范学院、中山大学、东北师范大学、西南师范学院等十所院校先后举办了民族班，在中央民族学院、西南民族学院举办了民族预科班。截至 1983 年止，共办了 32 个班，招收了蒙古、藏、维吾尔、哈萨克、回、锡伯、裕固、东乡、撒拉、朝鲜、壮、俄罗斯、乌孜别克、柯尔克孜、塔塔尔、毛南、仫佬、布依、苗、土家、纳西、黎、白、彝、傣等于二十多个民族的 1200 多名学生。此外，有关部、委和省、自治区的一些高等学校也举办了民族班。由于有关省、市、自治区、学校党政领导同志的重视和教师的辛勤培养，这批少数民族学生在德育、智育、体育几方面都得到了进一步发展和提高，为培养成有社会主义觉悟、有文化、体魄健全的建设人才打下了较为坚实的基础，成绩显著，效果很好。

实践证明，根据边疆民族地区的实际需要，在高等院校办民族班，是全面贯彻党的教育方针，加速民族高等教育的发展和进一步落实党的民族政策，加强民族团结的重要步骤；是为落实本世纪末和下世纪初国家建设重点转移到大西北和大西南，积极进行智力开发，培养各少数民族建设人才的有力措施。因此，当前必须认真总结经验，加强领导，有计划分步骤地把高等院校各种类型的民族班办好。

一、高等院校民族班分预科（含预科部或基础部，下同）、专科和本科三种。民族班的主要任务是：在预科班阶段，根据少数民族学生的特点，采取特殊措施，着重提高文化基础知识，加强基本技能的训练，使学生在德育、智育、体育几个方面都得到进一步发展与提高，为在高等院校本、专科进行专业学习打下良好基础；在本、专科阶段，则根据专业的培养目标和要求，采取有效措施，培养又红又专的少数民族各类专门建设人才。

高等院校民族预科班的学习时间，应根据学生的文化基础确定。学生文化程度较好的预科班，学习时间为一年；学习文化基础知识较差的预科，学习时间为两年。预科班学生入高校本、专科进行专业学习，其学制与该校本、专科学制相同。高校民族预科班学生学习期满，政治表现好，经所在学校考试成绩合格的，直接进入有关院校本、专科学习。

二、民族班招生，在坚持德、智、体全面考核，择优录取的原则下，从参加当年高考的少数民族考生中录取，可适当降分，但是，一定要按照不同类型高等学校培养目标和要求，从各地区各民族的实际出发，区别对待，降分幅度要适当。各省、自治区要积极宣传和支持民族班的招生工作，并挑选优秀学生报考民族班，以保证招生质量。

从1984年起，民族班招生主要应逐步面向边疆农村、山区和牧区，实行定向招生，定向培养，定向分配。有条件的学校应根据需要，逐步实行在文科、师范、农林、医药招生名额中划出部分名额，招收这些地区有两年或两年以上经验、具有高中毕业或学历的优秀少数民族青年入学，考生年龄可适当放宽，但以不超过28周岁为限。学生毕业后仍回原地区工作。

高校民族班本、专科招生指标，应列入当年有关省、自治区和高等学校的招生计划，由学校主管部门汇总报教育部、国家计委，纳入国家年度高等学校招生计划；预科（含民族学院预科）招生指标由学校主管部门（省、市）提出，报教育部、国家计委审批。

民族班本、专科学生的专业分配，应根据国家特别是民族地区经济建设和社会发展的需要及学生德、智、体育情况，结合学生的志愿，在预科班学习期满时，由学校同有关省、自治区教育行政部门协商确定；也可以在招生时根据上述条件，由学校同有关省、自治区教育行政部门共同研究确定，具体工作由学校掌握。专业确定后，除特殊情况外，一般不得变动。

三、为了提高民族班的教学质量，应配备足够数量的教师，并做到相对稳定。考虑到民族班教学工作的特殊性，专任教师的编制应适当放宽。要作出规划，制订措施，积极培养教师不断提高其政治和业务水平；要关心教师，充分调动他们的积极性，讲师以上的教师连续教学 3~4 年完成工作任务的，要有计划地安排他们的学术假、进行进修和学术研究，以利提高教学质量。

高等学校民族班专任教师应按高等院校有关规定评定和晋升职称。在核定民族班教师工作量定额时，除课堂教学外，还应合理折算其辅导、做实验、批改作业、编写教材等教学活动的工作量。

四、根据高等学校专业培养目标和学生的实际，教育部要组织力量，逐步制订出民族预科班的教学计划，确定课程设置。在总结经验的基础上，结合民族预科班学生特点和专业学习要求，逐步编写出具有系统性、科学性的教学大纲和主要教材以及教学参考资料，以适应教学的需要。

五、为了适应民族高等教育事业的发展，进一步办好民族班，有关高等院校应根据需要和可能，在校本部逐步设立专门机构或指定专人协调、管理民族班的工作。其人员编制按主管部门或当地政府有关规定办理，并应照顾其教学的特殊需要，适当放宽。

六、建立和健全高校民族班的思想政治工作机构，加强对民族学生的思想政治工作。举办民族班的学校，要结合学生思想实际，进行爱国主义、共产主义、马克思主义民族理论和党的民族政策教育，各民族学生要互相尊重，互相学习，共同进步，不断增强民族团结。在必要的情况下，可由民族学生多的省、自治区临时选派 1~2 名本民族的干部或教师，协助学校做好学生的思想工作和生活管理工作。

七、高等院校民族班所需的经费开支，在学校主管部门确定给学校的年度预算列支。

民族班学生的待遇，根据教育部、财政部 1983 年 7 月 11 日〔1983〕教计字 117 号《关于颁发〈普通高等学校本、专科学生人民助学金暂行办法〉和〈普通高等学校本、专科人民奖学金试行办法〉的通知》规定执行。

为了尊重少数民族的风俗习惯，有关少数民族学生生活上有特殊需要的，由学校所在省、市、自治区根据具体情况，予以解决。

八、举办高校民族班是建设具有中国特色的社会主义高等教育的组成部分，是发展民族高等教育的必要的、有效的步骤，要长期坚持下去。有关高等学校和民族学院要把办好民族班作为积极支援国家四化建设的一项光荣任务和应尽的职责。各级教育行政部门要加强对民族班的领导，各级民族工作部门要积极关心和大力支持这项工作，定期研究及时解决存在的重大问题，认真总结高校办民族班的新经验，办好民族班，开创民族高等教育工作的新局面。

国家民委、教育部
关于妥善解决归国定居青年藏胞
学习问题的通知

（1984 年 12 月 5 日）

最近，一些归国定居的青年藏胞要求入民族学院学习。由于他们归国不久，参加全国统考有困难，有关部门来函，要求给予照顾。

为了体现党的"爱国一家"和民族团结的政策，激发他们的爱国心，应妥善解决归国定居藏胞的学习问题，有关民族学院要尽可能地为他们提供就学机会。

凡回国定居、身体健康的藏族青年要求入民族学院本、专科学习，在国外高中毕业或具有同等学力，年龄在 30 岁以下者，每学期开学前，由有关省、自治区民委推荐，经学校考核，本着特殊照顾的精神，必要时适当降低条件，予以录取。学校可根据他们的学历及汉语程度，编入预科或其他专业学习。在国外大学肄业者，经学校考核，可根据他们的实际情况，编入适当专业、班级学习。

学习期间，他们的政治、生活等一切待遇与其他学生一视同仁。学校应采取措施，帮助他们学好功课，毕业时应达到毕业水平。

教育部、国家计委关于
落实中央关于在内地为西藏办学培养
人才指示的通知

（1984 年 12 月 11 日）

为落实中共中央中发〔1984〕22 号文件和中央领导同志关于在内地创建西藏学校和举办西藏班，每年招生 1300～1500 名藏族学生，着重为西藏培养中等专业技术人才的指示，在 11 月 23 日召开的全国计划会议上经与有关省市初步商定：在北京、兰州（或西安）、成都筹建三所西藏学校，力争 1986 年开始招生；在上海、天津、辽宁、河北、河南、山东、江苏、陕西、湖北、重庆、安徽、山西、湖南、浙江、江西、云南 16 个省市的中等以上城市各选条件较好的一两所中学举办西藏班，从 1985 年起招生，请各省市接到通知后，以教育厅（局）为主，会同计委及时进行研究，并于 12 月 25 日前将具体落实方案和意见报送教育部、国家计委（各 3 份）和国务院西藏经济工作咨询小组（2 份）。

附：关于在内地筹建西藏学校和举办西藏班培养人才的意见

关于在内地筹建西藏学校和举办西藏班培养人才的意见

遵照党中央和中央领导同志关于在内地创办西藏学校和举办西藏班，每年招收 1300～1500 名藏族学生，为西藏着重培养中等专业技术人才的指示，经研究，现提出以下初步意见：

一、关于筹建西藏学校问题

1. 设校地址
拟定在北京、兰州、成都各办 1 所，于 1985 年筹建，力争 1986 年开始招生。
2. 学校规模、学制

三所学校，每校 700 人左右，共 2100 人；每校 14 个班，每班 50 人；三校每年招收西藏小学毕业生 300 人。学制为初中 4 年（一年补习小学文化），高中 3 年。初中毕业后大部分升入当地和各有关省市中专和技工学校，少部分成绩优秀学生继续学习高中课程，毕业后择优升入大学本专科深造。

3. 教学用语

西藏学校要积极创造条件，初中逐步实行以藏语文教学为主，加授汉语文；高中以汉语文授课为主，加授藏语文，同时学习一门外国语。

4. 调配教师问题

西藏学校教职工的编制适当放宽，初定每校 120 人，三校共 360 人。教职工来源和生活待遇：

（1）西藏选派一部分，其待遇拿西藏原工资；

（2）从有关单位抽调，生活待遇适当高于所在地其他学校教职工的待遇；

（3）从有关大专院校择优分配一部分毕业生。

5. 领导关系

由所在市教育局与西藏教育厅双重领导，以所在市教育局为主。

二、关于在有关省市中学举办西藏班问题

1. 办西藏班的省市和名额分配

根据中央领导同志关于在内地 20 个省市为西藏培养人才的要求，除在北京、兰州、成都三地创建西藏学校外，拟在 16 个省市的中等以上城市，各选择条件好的一两所中学举办西藏班，从 1985 年起，每年从西藏招收藏族小学毕业生 1300 名，每年招生名额分配是：

上海市 100 名；天津市 100 名；辽宁省 100 名；河北省 100 名；河南省 100 名；山东省 100 名；江苏省 100 名；陕西省 100 名；湖北省 100 名；重庆市 100 名；安徽省 50 名；山西省 50 名；湖南省 50 名；浙江省 50 名；江西省 50 名；云南省 50 名。

以上省市中，上海、天津、辽宁、河北、山东、陕西、河南、江苏、湖北、浙江等省市，还要分别对口支援拉萨、日喀则、那曲、山南、昌都、阿里等地区在职中小学教师的培训提高工作。

2. 学制和教学用语

西藏学生来校后，补习小学文化 1 年，初中 3 年。初中毕业后大部分升入当地中专或技工学校，少数成绩优秀的学生分别转到北京、兰州、成都三所西藏学校入高中学习 3 年，高中毕业后择优进入大学本科学习。西藏班以汉语教学为主，也可以视情况加授藏语文和英语。

3. 师资

为西藏办班的学校，要充分挖潜，利用本校的师资力量和设备。藏语文教师要由西藏选派，每校 5 人（其中教师 3 人，行政管理人员 2 人），共 130 人，实行定期轮换，其任务除进行藏语文教学外，还要管理学生生活，进行思想工作，同时还可进修提高业务水平。

三、招生办法

目前，西藏自治区每年约有 7800 多名藏族的小学生毕业，每年招收 1600 名到内地上学是有可能的。招生的原则是：（1）完全自愿；（2）只招生藏族学生；（3）要德、智、体合格，能坚持长期学习。

如果 1985 年开始，各省市能如期招收 1300 名学生，1986 年 3 所西藏学校也能招生，那么到 1989 年在校生可达 6700 人，到 1992 年总规模可达 7300 人，这样每年就可输送 1300 人初中毕业升入中专或技校，有 300 名高中毕业生升入大学深造。从 1993 年起，每年可为西藏输送 1300 名中等专业技术人才。

四、各有关省、市要大力支援西藏，办好西藏学校和西藏班

目前，西藏自治区各方面人才奇缺，很不适应事业发展的需要。为了尽快改变这一状况，除加强西藏自治区本身的教育外，还要要内地采取集中与分散相结合的办法办学。在内地办学，帮助西藏培养人才，有很多优越性，一是内地办学有经验，师资力量强，设备条件好，能保证教育质量；二是经费用得少，见效快；三是环境条件好，世面广，有助于学生的学习。因此，希望各有关省市大力支援，为西藏快出人才、多出人才、出好人才作出贡献。

各地为西藏办的学校和班级，所需经费由西藏自治区负担，各地所办西藏班的校舍、设备，请有关省市尽可能利用现有条件，挖掘潜力解决。北京、成都、兰州三所西藏学校所需投资，请三省市本着积极支援西藏的精神，尽量在地方统筹投资内安排。

教育部关于内地十九省、市为西藏办学的几项具体规定

（1985 年 6 月 13 日）

为贯彻落实中共中央中发〔1984〕6 号、22 号文件精神和中央领导同志关于在内地创办西藏学校和举办西藏班培养人才的指示，经国家计委、教育部、西藏自治区研究并与有关省市协商，确定在北京、成都、兰州三市创办西藏学校。1985 年开始筹建，力争 1986 年秋招生，在上海、天津、辽宁、河北、河南、山东、江苏、陕西、湖北、重庆、安徽、山西、湖南、浙江、江西、云南十六省、市举办西藏班，从 1985 年 9 月起招生。现将有关办校办班的几项具体规定通知如下：

一、经常费问题

西藏学校和西藏班的开办费和每年的经常费，均由西藏自治区教育部门列入专项预算，负责解决。经常费用包括每年新生入学的装备、服装、公杂、医药，教学、学生寒暑假活动费以及每月的助学金等。开办费数额和经常费拨给标准，由西藏自治区教育厅同各有关省、市教育部门协商确定。这些费用，除零用钱发给学生个人外，其余包干给所在学校，按规定项目开支标准掌握使用。西藏自治区教育部门要在每学年年度，按分定的学生名额，将上述经费按时汇总寄至有关省、市教育厅（局），戴帽下达给学校，专款专用。

二、招生条件、办法和要求

1. 凡西藏自治区内藏族的小学毕业生（包括初中预备班学生），年龄在 11～15 周岁以内，小学阶段操行和各科成绩合格，身体健康，能坚持长期学习者，均可报考。

2. 坚持自愿、推荐和考核相结合的原则，由西藏各地市教育部门组织统一命题考试，按分定的名额择优录取。

3. 从 1985 年开始，每年 6 月 10—20 日为报名体验时间，7 月 10 日前考试录取完毕，8 月 15 日前派遣工作结束。

4. 凡考取内地藏族学校和藏族班的学生，由西藏各地市教育局负责组织派专人护送到学校。学生的路费（包括食宿费用）均由西藏自治区负责。

5. 西藏有关地市要预先与内地办学的学校联系，作好入学前的安排，协助所在学校按规定为西藏学生购置被褥和其他生活必需品等事宜。

6. 在招生工作中，一定要保证质量，坚持德、智、体全面衡量，严格把关。学生入学后一经查出问题，要追究选送单位和有关部门的责任。

7. 选送学生到内地工作量大，任务重，西藏自治区教育厅要加强对这项工作的领导，教育部门要主动取得各有关单位的积极协助支持。

三、藏语教师和教材问题

1. 在内地办西藏学校和西藏班所需的师资，除部分藏语文教师和管理工作人员由西藏选派外，其余各科教师和职工均由支援西藏办学的所在地统筹安排，自行解决。

2. 西藏选派到内地的藏语文教师和管理人员，要求选那些思想和、责任心强，有一定业务能力、藏汉语兼通的同志担任。鉴于西藏自治区目前教师缺额多，暂按每年招收一个班的学校派 3 人（藏语文教师 1 人，管理工作人员 2 人）、每年招收两个班的学校派 6 人（藏语文教师 2 人，管理工作人员 4 人）配备。

3. 被选派到内地西藏学校和西藏工作的教师（包括管理人员），可实行定期轮换制，在内地工作期间仍享受西藏的工资和其他待遇，户口、工资关系不转，只转办临时粮油关系，每月工资由原工作单位按时寄发。

4. 内地办学所需的藏语文教材，由西藏自治区教育厅按时供应到各学校，保证教学的需要。

四、西藏自治区各地市每年招生对口送往各省市、直辖市名额和选派教职工数（详见附件）

北京、成都、兰州三所西藏学校，每年招生 300 名。有关招生的具体问题，由三市和西藏自治区教育厅另行商定。

附：西藏每年招生对口送往内地学生人数及选派教职工人数表（略）

国家教委关于转发西藏自治区人民政府《关于十六省、市举办西藏班经费标准意见的报告》的通知

(1985 年 10 月 17 日)

现将西藏自治区人民政府《关于十六省、市举办西藏班的经费标准意见的报告》转发给你们，请参照执行。委托十六省、市为西藏办学培养人才，是党中央和中央领导同志的指示，对于开发西藏具有重要的意义，也是培养当地少数民族人才的一条新路子，希望各有关省、市给予大力支援，把这件事办好。

关于十六省、市举办西藏班的经费标准意见的报告

(1985 年 9 月 28 日)

国家教育委员会并国务院西藏经济工作咨询小组：

根据国家教育委员会和国务院西藏经济工作咨询小组关于内地举办西藏班经费标准的有关指示精神，我教育厅曾派员同十六省、市教育部门和有关学校就西藏班经费标准问题进行了协商，自治区政府也进行过多次研究，现将有关意见报告如下：

一、西藏班的各项经费标准：

1. 开办费。每年招一个班的省、市，拨给一次性开办费 5 万元，分两年拨给，第一年拨 3 万元，第二年拨 2 万元。每年招两个班的省、市，拨给一次性开办费 10 万元，也分两年拨给，第一年拨 6 万元，第二年拨 4 万元。

2. 装备费。入学时每生一次性装备费 120 元。我区派出的教师按应配人数进行装备，标准与学生相同。轮换时移交，此项经费不拨给本人。

3. 服装费。每生第一年 100 元，以后每年 60 元。

4. 公杂费。每生每年 50 元。

5. 医药费。每生每年 36 元。

6. 寒暑假活动费。每生每年 50 元。我区派出教师与学生同。

7. 助学金。每生每月 36 元，其中伙食费 30 元，零用金 4 元，机动 2 元。

8. 取暖和降温费。每生每年 30 元。

上述各项费用由我区负担。由于各地情况不一，难以制定一个完全符合各地实际的统一标准，如上述某些项目仍达不到有的省、市规定的标准，其差额部分请有关省、市予以解决。

二、内地教师和为西藏班服务的工作人员的工资福利待遇以及教学活动费用，由于各地和各人标准不一，且常有变动，难以由我区发给，我们意见请各省、市自己负担，作为对我区教育事业的支援。

国家教委关于 1986 年继续在部分高等院校举办少数民族班的通知

（1986 年 1 月 8 日）

为了加快发展我国边疆少数民族地区社会主义现代化建设，培养更多的少数民族合格人才，1986 年拟在部分高等院校继续举办民族班。现将有关事项通知如下：

一、1986 年在北京大学、清华大学、北京师范大学、大连工学院、中山大学、陕西师范大学、华中师范大学、华东师范大学、华北师范大学、西南师范大学继续举办少数民族班。

二、1986 年上述 10 所院校民族班招收新生 560 人，民族班招生地区仍与 1984 年相同。各校招生人数及招生名额分配方案见附件。

三、举办民族班，可先用 1～2 年时间办民族预科班，根据学生的实际情况和特点，着重加强基础知识、汉语文的教学和基本技能的训练。民族预科班学习期满后，政治表现好，经考核具备上大学本科学习条件的，即可入本校本科有关专业学习，不再参加全国统考。根据学生的学习成绩，可与其他学生混合编班，也可以单独编班。

四、民族班招生，从参加当年高考的少数民族学生中择优录取。举办民族班的院校，如属第一批录取学生的院校（依此类推）其民族班招生也在第一批录取，有关省、自治区招生部门应按规定的比例为招生院校提供考生成绩档案。有关省、自治区教育部门要积极支持并做好少数民族考生报考民族班的宣传工作，民族班录取新生的标准不得低于各有关高等院校在该省、自治区招生最低录取分数线以下80分。如符合上述标准的考生不足录取时，学校可将招生名额调剂到其他有民族班招生任务的省、自治区，按标准录取。

五、民族班学生的生活待遇，根据原教育部、财政部1983年7月11日〔1983〕教计字117号《关于颁发〈普通高等学校本、专科学生人民助学金暂行办法〉和〈普通高等学校本、专科学生人民奖学金试行办法〉的通知》精神，全部按大学生标准享受人民助学金。

六、从1980年开始在委属部分高等院校举办民族班以来，有关高等院校积极创造条件，克服各种困难，为培养少数民族的四化建设人才做了大量工作，取得了显著成绩，深受边远民族地区各少数民族人民的高度赞扬。

举办民族班是党和国家为加速发展我国边远少数民族地区社会主义现代化建设，更多地培养少数民族的各类建设人才而采取的一项特殊措施。这对于落实党的民族政策，加强民族团结，逐步缩小内地与边远少数民族地区在科学技术、文化教育等方面存在的差别，实现我国各民族的共同繁荣和发展，都具有十分重要的意义。因此，希望有关高等院校在新形势下，积极贯彻《中共中央关于教育体制改革的决定》的精神，进一步加强领导，认真总结经验，继续把民族班办好，为培养出有理想、有道德、有文化、有纪律的各少数民族合格人才作出新贡献。

附件：1986年部分高等院校少数民族班招生名额分配方案（略）

国家教委关于办高山族班的
几点意见①

（1986 年 3 月 3 日）

现将田中山等六位高山族同志要求办高山族班问题给中央有关领导同志的信转给你会，请你们研究。

信中要求在中南民族学院办高山族班，对年龄在 25～35 周岁的台湾籍高山族青年进行轮训，每期 2 年。毕业考试合格者，发给大专毕业文凭。并希望"列入对台工作的长远战略问题来考虑，采取特殊政策进行培养"。对此，我们研究认为：

一、高山族是我国台湾省主要的少数民族。为了加强同台湾省高山族同胞及其亲友的对话和联系，采取一些特殊措施，对居住在大陆的高山族青年进行培养，提高他们的科学文化水平，对于开展对台工作是十分必要的。

二、对这部分青年的培训，属成人高等教育范围。其培训方式：在商得国家民委同意后，可在中南民族学院集中办班，也可征得其他高等院校同意分散就学。

三、集中办班或分散就学，均由有关部门推荐，参加当地成人高等教育统一招生考试。在推荐与考核相结合的前提下，由有关院校德、智、体全面衡量，择优录取，对录取分数可适当照顾。

四、按成人高等教育有关规定，学员在学习期间的学费要由选送单位负担，伙食等生活费用由学员自理。

五、我委不掌握成人高等教育经费，有关办班经费（或分散就学的经费），请你会会商国家民委或向有关门申请专项解决。

以上属我委职责范围的事项，我们将积极予以协助。

---

① 此件是国家教委给中华全国台湾同胞联谊会的函。

中华人民共和国义务教育法
（节录）

（1986 年 4 月 12 日第六届全国人民代表大会第四次会议通过，
1986 年 4 月 12 日中华人民共和国主席令第 38 号公布，
1986 年 7 月 1 日起施行）

第五条　凡年满六周岁的儿童，不分性别、民族、种族，应当入学接受规定年限的义务教育。条件不具备的地区，可推迟到七周岁入学。

第六条　学校应当推广使用全国通用的普通话。

招收少数民族学生为主的学校，可以用少数民族通用的语言文字教学。

……

第十条　国家对接受义务教育的学生免收学费。

国家设立助学金，帮助贫困学生入学。

……

第十二条　……国家对经济困难地区实施义务教育的经费，予以补助。……国家在师资、财政等方面帮助少数民族地区实施义务教育。

国家教委关于继续选派
高中教师支援西藏的通知

（1986 年 4 月 8 日）

北京、天津、上海、江苏、浙江、河南、湖南、四川省（市）教育委员会、教育厅（局）、西藏自治区教育厅：

一、根据国务院国发〔1974〕37 号文件精神，从 1975—1984 年，我委先后组织选派了六批共二千八百多名高中教师支援西藏。由于有关省市的大力支援、教育部门认真选派、援藏教师的积极努力，较好地完成了每批援藏的教学任务，为增强民族团结、发展西藏的教育事业做出了贡献。

二、由于历史原因，西藏的经济基础和教育事业仍很薄弱，需要内地有关省市继续选派高中教师前去支援。根据西藏自治区教育厅提出的要求，经研究，决定继续组织选派第七批（100 名）高中教师援藏。

三、为了便于管理，1986—1988 年第七批援藏高中教师，由北京、天津、上海、江苏、浙江、河南、湖南、四川八省（市）选派（任务分配表见附件一）

四、关于具体支援办法、援藏教师待遇等，请有关省市直接与西藏自治区教育厅联系商办，并将落实后的情况报国家教育委员会民族教育司。

附件：一、第七批援藏高中教师任务分配表
　　　二、西藏自治区教育厅藏教人字（83）18 号文件（略）

附件一：第七批援藏高中教师任务分配表

单位：人

科目 数量 支援 地市	政治	语文	数学	英语	历史	地理	物理	化学	生物	生理 卫生	体育	美术	音乐	小计	对口支援 省、市
拉萨	3	12	8	6	2	2	2	2	3					40	湖南、 浙江 各15 北京、 上海 各5
昌都	2	3			1	2			2					10	四川
山南	3	8		1	1				3					17①	江苏
阿里		2		1					1	1				5	河南
那曲		5	1	1							1	1	1	10	天津
拉萨中学	1	4		2	1	1			1					10	北京
交通中学	2	2		3					1					8	上海
合计	11	36	9	14	5	6	2	2	11	1	1	1	1	100	

国家民族事务委员会
关于在中央党校举办民族工作干部
培训班的通知

（1986年5月5日）

各省、自治区、直辖市民委，各直属单位：

为了提高少数民族工作干部的马克思主义理论水平，提高贯彻执行党的路线、方针、政策的自觉性，我委拟请中共中央党校举办少数民族工作干部短期培训班。该班

---

① 资料来源为吴仕民主编：《中国民族教育》，552页，北京，长城出版社，2000年。本处小计17人按合计100人计算应无误，列合计只有16人，估计为原文某学科缺少1人。——编辑注

招收民委系统正、副司级在职党员干部，计划招生 24 人，1986 年 9 月 1 日开学，1987 年 1 月 17 日结业。该班的基础理论课教学由中央党校安排，主要学习社会主义政治经济学的基本理论，同时开设哲学、世界经济、当代国外经济学说评价等课程，并开设现代科技、领导方法等讲座（见中共中央党校第七期干部进修班进修一班教学计划要点）。该班的业务课由我委安排，主要学习马克思主义民族理论和党的民族政策。学习期满，成绩合格者，由中央党校发给单科合格证书。

为了做好学员的选送、入学组织工作，请你们严格按规定的条件，及时推荐学员。由于名额有限，每单位限推荐一名。请你们将推荐学员的登记表由省、自治区、直辖市党委组织部或我委直属单位党委（党组）签署意见后，于 5 月 20 日前寄送我委教育司。如需要推荐的学员较多或推荐不出，也请及时函告。

我委与中央党校根据各地推荐学员的情况，综合平衡后发入学通知书。学员凭入学通知书报到。

内地十六省市西藏班工作会议纪要

（1986 年 6 月 16 日国家教委、国务院西藏经济工作咨询小组转发）

经国家教委领导批准，由民族教育司主持，于 1986 年 5 月 16—20 日，在湖南岳阳市召开了内地十六个省市西藏班工作会议。参加会议的有：西藏自治区副主席图道多吉同志，国务院西藏经济工作咨询小组办公室、湖南省教育委员会、西藏自治区教育厅、岳阳市的有关领导同志，辽宁、天津、山西、陕西、山东、河北、河南、湖北、湖南、江苏、山海、浙江、安徽、江西、重庆、云南等十六个省市教育部门和西藏班所在中学的负责同志，西藏教师代表，西藏驻北京、西安、上海办事处的负责同志等，共 50 多人。

会议首先传达学习了有关中央领导同志关于发展西藏教育，办好内地西藏班，为西藏建设积极培养人才等方面的多次重要指示，着重研究了 1986 年西藏班招生、1985 年第一批西藏学生经一年补习后升初中的要求、完全不合格学生提前送回去及搞好西藏班教学等问题。会议认为，在内地举办西藏班，为西藏培养建设人才，是对西藏建设具有深远意义的一项战略性措施，是援藏工作的头等大事。大家一致认为，一定要遵照中央和中央领导同志的指示，在内地为西藏办学，以培养中等专业技术人才为主，坚持两条腿走路的方针，把搞好西藏自治区内的教育同内地办学有机地结合起来，达到互相促进，多出人才，出好人才的目的。

会议经过充分讨论，对1986年西藏班招生等几个问题的意见如下：

一、关于十六省市西藏班 1986 年的招生工作

1. 认真总结去年的招生工作，进一步改进今年的招生办法。内地十六个省市西藏班担负着为西藏培养合格人才打基础的任务。因此，首先必须抓住招生这一环节。招生工作要从西藏的实际出发，一定要按照要求，对招收的学生在德智体和年龄条件等方面严格把关，务必保证新生的质量。

2. 西藏班招收新生必须具备下列条件：年龄 12～14 周岁，有些城区上学早，可以降到 11 周岁；以藏族学生为主，可适当招收门巴、珞巴等西藏本地其他少数民族学生；必须具备西藏本地户口的小学毕业生；思想品德方面表现好；经考试，藏语、汉语、数学三门课都达到合格要求；身体健康，能到内地长期坚持学习；学生和学生家长完全自愿。

3. 在体质方面有下列情况的学生均不予录取：有肝炎、肺结核及其他传染性疾病的；有肾炎、朽病、癫痫及其他慢性疾病需长期治疗的以及在生理上有严重缺陷，如耳聋、神经不正常等。对录取新生的体检、要严格实行责任制。

4. 招生考试科目为藏语、汉语、数学三门。对藏语授课班和汉语授课班两种语文的要求，应有所不同。

5. 改变去年招生名额分到地市，由地市命题、录取的办法，从 1986 年开始，由自治区教育厅统一命题，委托地市教育部门组织考试，制定专门监考、评卷，并以地市教育部门为主地成立招生领导小组，按要求集体确定录取名单，他人无权干预。凡被录取的学生一律由地市教育局制发录取通知书，持录取通知书到内地西藏班所在学校报到。对没有录取通知书的学生学校有权不予接收。

6. 1986 年西藏班招生总人数为 1220 人，其中阿里地区 20 人，那曲地区 50 人，对其他地市可根据今年考试和生源情况，由西藏教育厅确定招生名额。今年的招生总人数中藏语授课班学生要占 70% 以上。十六个省市西藏班对口招生地区基本不变，但省市领导同志将参加会议。请与会同志向所在省市领导报告此事。根据生源情况，可作必要的调整。

7. 今年新生到校时间，辽宁、天津、山东、河北、河南、山西、陕西、云南等八省市，定为 9 月 1—5 日；湖北、湖南、江苏、上海、浙江、安徽、江西、重庆等八省市，定为 9 月 10—15 日。

8. 新生到达所在学校后，由学校按照有关招生规定进行复查，如在两个月内发现不符合要求的，可立即送回西藏去。凡被送回去的学生，一律由西藏各有关地市派人接回。

9. 根据中央"以培养中等专业技术人才为主，其中少数优秀的可以选送到高等院校深造"的指示，西藏班学生初中毕业后，多数就地送到有关中等专业学校（包括中等师范学校）学习，少数择优选送内地三所西藏中学，高中学习后再升入高等院校深造。对这一点，务必向家长和学生说清楚，做好宣传教育，真正使他们从思想上接受和服从国家的统一安排。

10. 在招生工作中一定要坚持"宁缺毋滥"的原则，不允许搞冒名顶替、或临时凑数，用各种办法硬塞不合格学生，更要坚决反对拉关系、"走后门"等不正之风。

对今年西藏班招生，应比去年搞得更好。西藏自治区教育厅可根据上述要求，制定今年招生的实施办法并下达执行，为了搞好今年的招生工作，内地十六个省市拟派人到西藏积极协助，派人去的具体要求，将另行通知。

二、西藏班学生经过一年补习后今年升初中的问题

第一批西藏班学生经过一年补习后，在德智体各方面都有不同程度的进步，学校对他们一年来的学习、思想表现等要做出全面的、实事求是的分析。根据西藏班学生入学后的摸底测验，文化基础一般都比较差，而且参差不齐，实际上很多学生并没有达到小学毕业应有的程度，这给教学带来一定的困难。这种情况与西藏整个教育水平低是分不开的，在短期内难以完全改变。同时，一年补习阶段的教学进度比较快，造成某些学生"消化不良"，加之有少数学生汉语听讲和表达能力差，也影响教学效果。因此，在研究今年升初中问题时，必须从多数学生的实际情况出发，不仅看到补习一年后的情况，还要看到今后三年，算四年的总账，再经过三年学习后，有无可能使绝大多数学生达到初中毕业生应该达到的一定要求。

为保证今年的升学质量，促进学生进一步端正学习态度，使他们在德智体各方面得到健康发展，要组织好今年的升学考试，其具体要求是：

1. 在今年7月暑假前，分别由各学校命题组织升学考试。

2. 考试科目为：藏语、汉语和数学。按照教学计划开设的政治、音乐、体育等课，主要考查平时的成绩，可不进行考试。其中藏语和汉语对藏语授课班和汉语授课班的要求应有所不同。

3. 按每个学生的考试成绩结合平时的学习和思想表现，由学校进行综合评定，考试成绩达到当地小学毕业考试的中等水平，三门主课中有两门及格的可以升学；三门主课中有两门不及格的要补考，其中有一门及格的，予以升学，两门都不及格的，不

予升学。继续补习一年。

三、按照中央领导同志关于西藏班学生中"完全不合格，不适于作培养对象的，应在做好工作后，提前送回去"的指示精神，属于下列几种情况的，应提前送回去

1. 在思想品德、品质方面有突出问题，一年来一贯表现差，屡教不改的。在这部分学生中，多数是年龄偏大，原有文化基础低，学习也很差。有些学生在西藏表现不好，根本就不应送内地学习，问题在于把关不严。对这一部分学生如再迁就，不仅对本人，而且对其他学生影响也不好。因此，要坚决送回去。

2. 有严重疾病不能坚持学习的和生理上有严重缺陷的，要经相当医院确诊，并有医生的证明。

3. 原有的文化基础很差，又不好好学习的，其中有的根本就不学习。

4. 虽然学习努力，但原有基础很差，再补习一年也达不到应有要求的。

5. 还有个别学生属特殊情况必须送回去的。

对送回去的学生，一方面必须慎重对待，切实做好思想工作，同时，送回去的学生应坚决送回去，不能迁就，更不能搞下不为例。对送回去的学生一律不当退学处理，更不是开除，他们回到西藏后仍可以继续上学。对必须送回去的学生，首先由学校提出名单，说明理由，报省市（或学校所在市）教育部门审批后，由省市教育厅、委直接通知西藏自治区教育厅，并报国家教委民族教育司备案。凡被送回去的学生，一律由西藏派人接回去，这一工作应在 6 月底以前全部结束。请西藏自治区教育厅委托地市教育部门要做好学生家长的工作。

四、关于西藏班教学方面的问题

西藏班学制是 4 年，其中补习 1 年，初中 3 年；培养目标，主要是为西藏培养中等专业技术人才，初中毕业后，多数学生要升到中专学习。根据这样一个定向培养的要求，西藏班的教学计划、课程、设置、教材、教学内容等，不仅不同于内地的普通中学，也不同于西藏本地的中学。如何根据西藏班的特点教学，需要探索，总结经验，不断完善。目前还缺少经验，因此很难提出比较完整的一套办法。可先基本上按照西藏自治区教育厅拟定的教学计划执行，在执行过程中，各地可结合教学实践作些合理的补充、修改和调整，但暂不作大的调整为宜，要进一步研究并编写一年补习阶段的汉语、数学两门课的教学大纲和教材，制定政治课的教学要求，要进一步研究修改 4 年的教学计划。以上这些问题，会议决定委托上海市回民中学、辽阳市一中、天津红光中学、沙市一中、岳阳一中分别提出方案或意见，于 8 月 15 日前报国家教委民族教育司汇总，请各有关省市教育部门予以积极支持。为进一步加强西藏班的藏语文课教学，决定由西藏自治区教育厅于近期内组织一些人到各地进行抽查，然后提出切实可行的改进方案。

此外，会议还就加强对西藏班的管理和领导，管好、用好西藏班的各项经费，加强西藏选派教师的管理等问题，提出了一些积极建议。大家认为，在内地举办西藏班（校）是一项长期的任务，而且要办好西藏班（校）又需要得到各有关部门的支持，因此建议各有关省市能够成立协调小组或领导小组，加强对西藏班（校）的管理和领导，做好各方面的协调工作。西藏和各地市教育部门应主动加强同内地有关省市教育部门和学校的联系，及时答复、处理西藏班工作中的问题，向有关学校及时提供藏语文教材和西藏班教学所需要的藏文图书报刊资料及藏语录像、录音磁带，按时汇寄西藏班所需经费。为办西藏班（校），国家、西藏和各地方都拨了专项经费，一定要把它管好、用好，建立严格的管理制度，做到专款专用。要加强对西藏选派教师的管理。去年西藏选派的第一批教师大多数表现是好的。一年来他们同当地的教师一起，为办好西藏班做了很多工作。今后选派教师人数可适当减少，要注意选派有一定教学经验和管理能力、作风正派、思想品质好、身体健康、能够基本胜任工作的教师。要经常关心和了解他们在内地的工作、学习、生活，注意帮助解决他们的实际困难。对不适于继续留在内地工作的教师，应及时调整，该调回去的应尽快调回去。建议西藏自治区教育厅，利用今年暑假可召开一次西藏教师座谈会，检查总结一年的工作，交流经验。为了及时交流西藏班的教学经验和信息，征得岳阳市有关领导同志同意，决定在岳阳市一中建立信息交流中心，所需经费3万元由西藏自治区一次性资助解决。

国家教委、财政部
关于现行普通高等学校人民助学金
制度的报告（节录）

（1986 年 7 月 8 日国务院批转执行）

为了帮助部分确有经济困难、不能部分或全部解决在校学习期间生活费用的学生，实行由中国工商银行提供低息贷款的办法。

　　每年发放学生贷款，按最高限额每人每年 300 元计算，严格控制在本专科学生人数的30% 以内。

　　使用贷款的学生毕业后，由其所在工作单位一次垫还给发放贷款的单位。见习期满后，五年之内由所在单位从其本人工资逐月扣还。

　　凡符合下列条件之一，并保证工作五年以上者，经学校和银行审查批准，可以免还所借贷款：1. 学生毕业到中等学校或初等学校任教；2. 学生毕业到边疆地区、老区、经济贫困地区、少数民族地区、山区工作；3. 学生毕业到条件比较艰苦的基层单位工作。批准免还的贷款数额，从国家核定给高等学校的事业经费预算中补偿银行贷款。

卫生部关于调整新疆
医学民族班招生学校的通知

（1987 年 2 月 6 日）

国家教育委员会、国家民族事务委员会、新疆维吾尔自治区卫生厅、西安医科大学、中山医科大学：

　　根据卫生部、教育部、国家民委（83）卫科教字第 37 号文规定，中山医科大学每年从新疆招收 15 名应届高中毕业生进西北民族学院学习，两年后成绩合格者进中山医科大学学习。几年来，新疆学生到广州学习，由于生活习惯、气候条件、语言等方面差异较大，加上路途遥远，往返路费太多，学生家庭负担过重等因素，严重影响了学生正常的学习和生活，以致每年都有个别甚至全部学生要求转学或退学。鉴于以上原因，为了切实为少数民族地区服务，根据就近培养的原则，我部经征得国家教育委员会民族教育司、国家民委教育司、新疆维吾尔自治区卫生厅以及西安医科大学、中山医科大学同意，拟从 1987 年开始，中山医科大学根据原两部一委文件在新疆的招生任务，改由西安医科大学执行。现在西北民族学院医预班学习的，毕业后拟进中山医科大学学习的新疆学生，从今年起进入西安医科大学学习。

国家教育委员会
国家民族事务委员会
关于召开内地与边远少数民族地区
高等院校支援协作会议的通知

（1987 年 7 月 13 日）

有关省、自治区、直辖市教委、高教（教育）厅、（局）、民委，国务院有关部委教育司（局），有关高等院校：

为贯彻教育改革精神，加强高等院校的横向联系，适应我国边远少数民族地区经济开发和建设需要，定于 8 月 18—22 日，在新疆维吾尔自治区乌鲁木齐市召开内地与边远少数民族地区高等院校支援协作会议，总结交流近几年来支援协作的经验，讨论支援协作中有关政策措施，研究在新形势下如何进一步加强支援协作等有关问题。请有关省、自治区、直辖市的教育部门、民委负责高教的领导同志，有关高等院校的领导，国务院有关部委教育司（局）的负责同志参加会议（代表名额分配见附件），并请按上述要求做好准备。因住宿条件、经费均有限，切勿增加与会代表名额。

请将参加会议代表的姓名、性别、年龄、民族、职务和到达乌鲁木齐市的车次（航班）及具体时间，于 8 月 17 日前电告新疆维吾尔自治区教委办公室。会议报到地点：乌鲁木齐市昆仑宾馆。

附件：代表名额分配（略）。

中华全国台湾同胞联谊会关于
请求举办台湾高山族大专班的报告

（1987 年 8 月 6 日）

　　高山族是我国台湾省主要的少数民族。居住在祖国大陆的高山族同胞有 402 户，1650 人，分布在 28 个省、自治区、直辖市。目前，老一代高山族干部多数已进入离退休年龄，由于长期受"左"的思想的影响，他们子女的文化素质比较低。随着对台工作的深入发展，党中央提出了"一国两制"的构想，实现和平统一后，台湾作为特别行政区，仍有长期的、艰巨的对台工作任务。为适应祖国统一大业需要，加强同台湾岛内高山族同胞及其亲属的对话和联系，采取特殊措施，加速培养居住在大陆的高山族青年，提高他们的政治、文化素质，是一项具有政治意义的工作。现就办班问题提出如下具体建议：

　　一、建议从 1988 年起，在中南民族学院或其他高等院校，举办高山族青年大专班，拟办 8 期，隔两年办一期，每期招生 40 名，属成人高等教育范围。

　　二、高山族青年大专班面向全国招生，主要从具有初、高中毕业文化程度或同等学力的高山族在职干部和职工中录取。年龄在 40 岁以下，有 5 年以上工龄的高山族青年，均可报名参加当地成人高等教育统一招生考试。学生录取后按国家有关规定，学习期间工资由原单位发给。

　　三、录取分数，批准予降低当地确定的最低控制分数的 30%，作为特殊照顾。考试成绩符合标准的考生，由各地台联和有关部门向中南民族学院或其他高校推荐，校方按照年度招生计划，择优录取。如符合标准的考生不足录取时，学校可将招生名额调剂，按标准录取。

　　四、学生入学后，先进预科班学习一年，根据学生的实际情况，着重加强基础知识和基本技能的训练，预科班学习期满后，政治表现好，经所在学校考试成绩合格的，直接进入本校大专班学习，不再参加全国成人统考。大专班学制两年，以培养党政、民族、经管、法律干部为目标。毕业后由原工作单位安排工作，按大专毕业生待遇。

　　五、办学经费（略）。

国家教委关于在各级注意
进行党的民族政策和加强民族
团结教育的通知

（1987 年 8 月 18 日）

据查，去年 12 月北京市某中学一高中学生书写了所谓的"中华人民共和国排藏法案"，歧视、辱骂藏族同胞，并故意将写好的字条塞给同班藏族女同学的课桌底下。事情发生后，学校领导很重视，很快查清了书写字条的动机和目的，对肇事者进行了批评教育，并以此为例，在全班进行了一次民族政策教育。云南省迪庆藏族自治州受"文革""左"的思想影响，入学的藏族学生中仍有改用汉名的，藏族中的知名人士对此提出了批评，已引起省委和自治州委的重视，开始加以纠正。此外，自去年以来，曾多次发生过某些文艺作品侮辱丑化藏族同胞的事件，这虽然不是学校教育本身的问题，但如果这些作品在学校中传播，也会污染青少年一代的思想。这些问题的发生虽属少数，如果处理不及时，也会影响安定团结。因此，应当引起各地教育部门的重视，要在各级学校学生中经常地、主动地进行党的民族政策和加强民族团结的正面教育。

1987 年 4 月 17 日中共中央、国务院批转《关于民族工作几个重要问题的报告》的通知中指出："我国是一个多民族国家，民族问题将长期存在，民族工作是党和国家整个工作的组成部分。民族平等、民族团结和各民族共同繁荣，是一个关系到国家命运的重大问题。"还指出："不断巩固和加强各民族的大团结，是顺利进行四化建设和改革的保障，是精神文明建设重要内容；建设社会主义现代化强国的共同理想，则是加强民族团结的基础。"要求各级党政领导机关，要对广大干部和群众经常地、深入地进行马列主义、毛泽东思想民族观和民族政策、民族团结的教育，进行热爱社会主义祖国、坚决维护祖国统一的教育。

我国各民族的关系，从根本上说，是平等、团结、友爱、互助的新型的社会主义民族关系。党的十一届三中全会以来，由于认真落实党的民族政策，这种民族关系得到进一步发展，各民族的团结得到进一步加强。随着我国对外开放（少数民族地区同时还要对内开放）、对内搞活政策的进一步贯彻，无论是在全国范围内还是在各地区内，各民族之间的接触越来越多，经济往来和文化交流日益频繁。每年都有一批批内地中专、高校毕业生分配到边远民族地区工作；同样，边远民族地区少数民族学生也一批批到内地各有关院校学习。不同民族的学生在一个学校共同学习、生活的情况各地都有。因此，在各类学校中对学生进行党的民族政策和增强民族团结的教育，对促进全国各民族的团结、维护国家政治上的安定，都有重要意义。为此：

第一，请你们在近期内对各级学校贯彻党的民族政策和民族团结的情况做些调查了解，好的予以表扬，发现问题及时进行教育和妥善解决。

第二，进行党的民族政策和民族团结教育，在不同地区、不同学校应提出不同要求，注意教育效果，不搞形式主义。在小学和初中，应结合学生的年龄特点，寓教育于各种生动活泼的活动之中，如唱民族团结的歌、跳民族团结的舞蹈、讲民族团结的故事、做一件民族团结的好事等等。在少数民族地区中等以上学校中都要开设有关讲解党的民族政策和民族问题基本理论的课程，帮助学生树立正确的民族观。在其他地区有关学校则可结合时事政策课，讲授有关民族政策的基本知识。要积极引导广大师生员工做到：不利于民族团结的话不说，不利于民族团结的事不做。

第三，凡是各地教育部门和学校办的报纸杂志，发表涉及少数民族历史、语言文字、风俗习惯、宗教信仰以及各民族关系的文章，要符合党的民族政策的基本精神，要有利于民族团结和维护国家的统一。

关于内地与边远民族地区高等院校支援协作会议纪要

（1987 年 11 月 3 日国家教委、国家民委印发）

一

为了进一步加强我国内地发达地区与边远民族地区高等院校之间的支援协作，促进边远民族地区社会主义现代化建设和教育事业的发展，国家教育委员会和国家民族事务委员会于 1987 年 8 月 18—22 日在新疆维吾尔自治区乌鲁木齐召开了内地与边远民族地区高等院校支援协作会议。参加会议的有全国部分省、自治区、直辖市教育部门和民委负责人，国务院有关部委教育司（局）以及 90 多所高等院校的负责同志，共 160 多人。

会议在总结交流经验，明确今后开展这项工作方针任务的基础上，着重回顾并充分肯定了我国内地与边远民族地区高等院校之间建立和加强支援协作关系所取得的成绩。与会代表一致认为，党的十一届三中全会以后，特别是最近几年来，随着经济体制、科技体制和教育体制改革的深入开展，内地与边远地区之间多种形式的支援协作关系，有了进一步发展。自 1980 年以来，内地省、市和有关部委所属高等院校，除按国家计划规定正常招生之外，还通过举办民族班或委托培养等形式，共招收边远地区少数民族学生 5814 人；内地已有 70 多所高等院校，同新疆、内蒙古、宁夏、广西、云南等 9 个边远省区部分高等院校，建立了对口支援协作关系；派到边远民族地区高等院校讲学、授课教师共 3100 多人；接受边远民族地区高等院校进修教师 5300 多人；支援了价值达数百万元的教学仪器设备和图书资料片；开展了学术和办学经验交流活动；共同进行了科学研究，提供了科技咨询服务；涌现了像北京市、上海市、江苏省、农牧渔业部、林业部、国家气象局和大连工学院等一批积极进行智力支边的先进单位，有力地推动了边远民族地区的人才培养、教育发展和科技进步，促进了当地的经济建设。

二

会议认为，为了适应改革、开放的新形势，推动内地与边远民族地区高等院校支援协作向纵深发展，必须进一步提高对这项工作战略意义的认识。

首先，我国是一个统一的多民族的社会主义国家，地大物博，发展潜力很大。但在各地区、各民族之间经济文化发展还很不平衡；而且这种不平衡状况可能长期存在。因此，党中央、国务院在制定国民经济和社会主义发展第七个五年计划时，明确提出我国地区经济的发展，要"把东部地区的发展和中、西部地区的开发很好地结合起来，使它们能够互相支持、互相促进"，同时还指出，今后国家建设的重点将逐步转移到我国西部地区。为此，人才培养要早做准备。

其次，我国西部地区（包括大西北、大西南），既是少数民族集中居住地区，又是国家的边防要地，但是这些地区教育、科技长期落后，人才十分缺乏。因此，对西部地区的加快开发，关系到民族的团结，祖国的繁荣，边境的稳定，国家的长治久安，意义十分重大。地处东部发达地区的高等院校，对此要有足够的认识，应进一步做好对西部边远地区的各项支援协作工作，并视为自己一项义不容辞的、具有长远战略意义的光荣任务。

三

会议讨论了在新形势下做好当前支援协作的主要任务和应有方式，提出了如下意见：

（一）继续为边远民族地区社会主义现代化建设培养合格人才。当前，要把师资、科技队伍建设当作重点任务来抓。除内地高等院校采取办民族班、定向招生等列入国家计划为主的多种形式培养本、专科生外，还要加快建设西北少数民族师资培训中心。积极创造条件筹建西南少数民族师资培训中心，并采取依托基础较好的几所内地高等校，建立边远民族地区师资、科技人才培训点等特殊措施，大力帮助边远地区高校培养、培训有较高组织和业务素质的师资和科技人才。边远民族地区应切实保证所输送新生的质量。国家教委还希望内地高等院校进一步采取措施，在计划内适当增加为边远地区高校培养研究生的数量，以便尽快充实这些地区高校的学术骨干力量。

（二）在服从国家需要的前提下，除对长期支边人员的子弟按有关规定或根据实际情况适当照顾外，要尽可能将边远民族地区的应届大学本、专科毕业生和研究生，分配回原省、区工作。内地教育部门、高等院校还应鼓励内地各类高校毕业生，到祖国的边疆去，支援当地的社会主义建设。

（三）积极帮助发展当地的教育事业。边远九省、区现有高等院校136所，占全国高校的13.4%，1986年在校生已达到20余万人，占全国高校在校生总数10.8%，这是解决边远地区所需人才的重要基地。因此，内地发达省、市和国务院有关部委要组织所属高校积极帮助和加强边远地区高校的建设，增强其自身培养人才的能力和主动适应社会主义建设需要的活力，使这些高校更好地担负起为当地培养各类专门人才的任务。

（四）为了提高教学质量，培养合格人才，要广泛开展高校之间的科研协作。内地高等院校，在合作进行科学研究或者承担科研任务，进行科技咨询，提供教育、科技信息进行学术交流以及在当地建立教学、科研、生产三结合联合体等方面，都应积极、主动地发挥自己的应有作用。为边远民族地区教育、科技事业的发展多做贡献。

四

经过讨论，代表们认为，当前支援协作的有效形式和主要方法是，在高校之间建立起比较稳定的对口支援协作关系。经验证明，高校之间直接对口，可以减少不必要的层次，有利于提高工作效率，调动学校的积极性和主动性，在这个基础上，还要注意加强地区之间的支援协作。

会议建议，按照中央和国务院关于内地经济发达地区，支援西部若干省区发展经济、科学和教育的指示精神，适当考虑原有协作关系和新的需要，确定地区之间的对口支援协作关系如下：

北京市——内蒙古自治区

北京市、辽宁省——宁夏回族自治区

上海市、江苏省、陕西省——新疆维吾尔自治区（包括新疆生产建设兵团）

天津市——甘肃省

上海市、福建省——云南省

浙江省、四川省、河北省——贵州省

江苏省、广东省——广西壮族自治区

山东省、吉林省——青海省

高教力量较强的省内边远民族地区高等院校，主要由本省教育部门根据有关规定精神，组织本省的高校进行支援协作；单位和地区、部门之间已有支援协作关系，只要不影响新确定的支援协作任务的执行，仍可继续进行。除此之外，单位、地区和部门之间需要扩大原有支援协作关系的，由有关双方协商确定。

五

会议认真地研究了校际支援协作的有关经费问题。代表们认为，深入持续地开展校际支援协作，要有一定的经费支持；但是，目前国家还不富裕，高校财力又有限。在这种情况下，可考虑采取以下几种方式：

（一）国家教委在国家计划内，采取适当扩大内地重点高校定向为边远地区培养本、专科生和研究生的名额等措施，从经费方面对校际支援协作以实际支持。

（二）其他中央部门和地方，在进行校际支援协作中，也要鼓励和支持所属高校在计划内增加边远地区招生名额或给予可能的物力、财力资助。

（三）内地有关部门、高校在编列边远民族地区支援协作项目计划时，要适当照顾，收费要合理，在可能条件下要优惠，不能在与边远民族地区高校协作中搞创收。

（四）边远民族地区和高校为了培养人才，也要在力所能及的条件下，进行一定投资，合理使用包括国家给边远民族地区多项建设补助费在内地的有关经费。为发展当地教育事业，在引进知识和人才方面，继续采取适当优惠措施，不断改善支援协作人员的工作、生活条件，支持校际协作工作的顺利开展。

会议认为，内地与边远民族地区高等院校的支持协作，将会随着社会主义建设的发展而发展，内容会增多，规模将扩大，经费开支也会相应增加。因此，与会代表建议：在国家财力较为宽裕的时候，应该拨出专款或设立西部边远民族地区智力开发基金，以支持全国智力支边工作。

六

会议认为，要做好校际支援协作工作，关键在加强领导。为此，必须注意解决以下几个方面的问题。

（一）要明确各级教育行政部门和高校的责任，分工负责。国家教委会同国家民委，主要是抓好全国性的校际支援协作规划。制订相应的方针政策，组织和协调全国校际协作工作；中央其他部委和地方教育部门负责抓好本部门、本地区的校际支援协作规划，制订有关补充规定，组织和协调本部门、本地区的校际支援协作规划，制订有关补充规定，组织和协调本部分和本地区的校际支援协作；高等院校主要是通过相互协商，签订合同，确定对口支援协作关系，承担和履行各自的责任。

（二）根据国家的需要和本地区社会主义建设及其对各类人才的需求预测，从本地区、本校的实际出发，制订切实可行的支援协作中、长期规划，做好支援协作的年度计划，以便统筹落实。

（三）要有归口机构或专人负责，有关部门要紧密配合，积极支持，及时沟通信息，解决协作中的有关问题。

（四）要做好深入开展校际支援协作的总结推广工作。为了进一步推动校际支援协作深入发展，从明年开始，各有关地区、部门和高等院校，可根据自己的情况，由支援协作双方协商，确定一、两个地区或一、二所高校进行校际支援协作工作总结推广的试点，以期边协作、边总结，逐步积累深入搞好校际支援协作的经验，推动这项工作向纵深发展。

关于内地对口支援西藏教育
实施计划

（1987 年 11 月 16 日国家教委、国务院西藏经济工作咨询小组转发）

为了认真贯彻中央关于全国支援西藏的方针和国务院第二次援藏工作会议精神，更有成效做好智力援藏工作，把智力援藏的各项任务落实到国家有关部门、内地有关省市和学校，实行对口支援。支援的重点是：为西藏各类学校培养、培训师资和管理人员，积极支援、培养西藏建设急需的各类专业技术人才。

一、重点加强师范教育和师资的培养

1. 对西藏现有 4 所中等师范学校的支援

由浙江省对口支援拉萨师范学校；由辽宁省对口支援山南师范学校；由山东省对口支援日喀则师范学校；由湖北省对口支援昌都师范学校。

主要任务是，根据西藏的实际需要定期选派缺门专业课教师，采取走出去、请进来的办法，为 4 所师范学校培训在职教师和学校管理人员，以便尽快提高他们的教学业务和管理水平。

2. 对西藏现有警察学校、艺术学校、农牧学校、财经学校、银行学校、邮电学校、卫生学校、藏医学校、体育学校的支援，先由西藏自治区学校归口业务部门提出具体计划，由国务院各有关部委落实对口支援的院校。主要任务是为了上述 9 所中等专业学校培养、培训师资和定期选派业务课教师讲课，并适当资助改善这些学校的办学条件。

3. 对西藏 3 所学校的支援

由西北师范学院、南京师范学院和北京经济学院对口支援西藏大学；

由西北农业大学、南京林业大学、武汉水电学院、甘肃农业大学对口支援西藏农牧学院，并由农牧渔业部、林业部、水电部资助改善其办学条件；

由陕西师范大学、西安医科大学、西安体育学院、陕西财经学院对口支援西藏民族学院。

对口支援的主要任务是：定期选派骨干教师讲课；接收受援院校教师进修；通过代培本科生、研究生为受援院校培养师资和管理人员；帮助受援院校建设实验室，培养实验人员，联合办系或专业，共同协作搞科研等。

4. 依托西北师范学院举办藏族师资培训中心，主要任务是为西藏培养中学师资，本、专科规模200人，从1988年起招收新生，由西藏提出每年的专业招生计划，并要保证生源的质量。

5. 委托辽宁等五省市师范院校代培师资

从1988年到1992年5年间，委托辽宁、山东、安徽、江苏、天津等五省市的师范院校为西藏代培、招收当地高中毕业生，适当降分录取，每年200名，每省40名，本、专科各一半，主要培养中学缺门师资，年度专业招生计划由西藏提出，毕业后进藏服务8年。

6. 每年分配120名内地高师毕业生进藏工作

1988—1992年，每年由国家统一分配120名内地高等师范本科毕业生和研究生支援西藏，在藏工作8年后可调回内地。同时，从1988年起到1995年，西藏3所高校每年从应届毕业生中挑选30名优秀学生送到内地有关院校攻读研究生课程，毕业后回本校任教，要求有关院校给予大力支持。

二、对电教馆的技术支援

作为43项援藏工程之一的西藏电教馆，在设备方面已初具规模。但目前需要进一步加强管理，充实技术力量，发挥其应有的效益。具体由国家教委电教局给予技术咨询和指导，由中央电教馆对口支援，帮助培训专业技术人员和管理人员。

三、对七地市教育的支援

拉萨市，由浙江、上海对口支援；
林芝地区，由湖南对口支援；
昌都地区，由湖北对口支援；

国家教育委员会关于发布
《全日制民族中小学汉语文教学
大纲》的通知

内蒙古、吉林、辽宁、黑龙江、青海、西藏、四川、甘肃、云南省（自治区）教委、教育厅：

　　为了加强民族中小学汉语文教学工作，原教育部于1982年制定了《全日制学校民族中小学汉语文教学大纲》（试行草案）。经过几年的教学实践，在总结教学经验的基础上，对《全日制学校民族中小学汉语文教学大纲》（试行草案）进行了修订。并且送黑龙江、吉林、辽宁、青海、四川、内蒙古等省、自治区教学研究部门、教材出版部门以及人民教育出版社等单位征求了意见。大家认为，这个教学大纲是适合我国少数民族中小学学生学习汉语文要求的。现正式发布《全日制民族中小学汉语文教学大纲》，请有关省、自治区教材出版部门，尽快根据这个大纲的要求，编写民族中小学汉语文教材。

　　1982年制定的《全日制学校民族中小学汉语文教学大纲》（试行草案），是根据当时民族中小学十年制学制制定的，这次结合目前各地民族中小学普遍延长了学制以及普及九年制义务教育的要求进行了修订。为了使教材更加体现地区特点和民族特点，这次修订的《全日制学校民族中小学汉语文教学大纲》对小学阶段没有规定统一篇目，初中及高中阶段的统一篇目，比修订前的教学大纲相应减少，初中阶段40篇统一篇目，约占讲读课文的30%~40%；高中阶段60篇统一篇目，占讲读课文的60%左右，其目的在于各地在编写汉语文教材时，充分考虑当地和民族的实际情况。

　　我委已委托内蒙古自治区教育出版社代为印刷《全日制学校民族中小学汉语文教学大纲》，有关省、自治区需要多少册数，请直接与内蒙古自治区教育出版社联系订购。

附件：全日制民族中小学汉语文教学大纲

全日制民族中小学汉语文教学大纲

(中华人民共和国国家教育委员会制订)

目 录

我国是一个统一的多民族的社会主义国家,现在正处于社会主义建设的新时期。新时期的奋斗目标是要实现社会主义四个现代化,建设具有社会主义物质文明和精神文明的强国。实现这个目标,培养人才是关键之一,而人才的培养,基础在中小学。语文课是中小学的重要课程。我国很多少数民族都有自己的语言,一部分还有自己的文字。但是,在长期的历史发展过程中,汉语事实上已成为各民族之间通用的语言文字。少数民族学习汉语文,对发展和繁荣少数民族地区的科学文化,为祖国四化培养有理想、有道德、有文化、有纪律的少数民族人才,加强各民族之间的交往,都有重要意义。使用民族语文文字教学的民族中小学,首先要学好民族语文,也应当学好汉语文。汉语文课的开设和学习年限,可根据实际情况灵活安排。

本大纲适用于用民族语文授课的全日制民族中小学。在制订时,力图从实际出发,体现求同存异的精神。各民族在使用本大纲时,可根据本民族的具体情况,作适当的补充规定。

一、教学目的

民族中小学的汉语文教学,对少数民族学生来说,是第二语文教学。其教学目的和要求,与民族学校的民族语文、汉语学校的语文以及外语课的教学目的和要求,应有所不同。民族中小学汉语文课的教学目的,是要使少数民族学生具有初步运用现代化汉语文的能力。为毕业后从事生产和工作,或升入高一级学校学习,打下良好的基础。还要在进行语言文字训练的同时,使学生潜移默化地受到爱祖国、爱人民、爱劳动、爱科学、爱社会主义的教育。要开拓学生视野,发展学生智力,培养学生良好的意志、品格和健康高尚的审美情趣。

二、教学要求

1. 学会汉语拼音，能够帮助识字、阅读、学习普通话。

2. 学会 2500 个左右常用汉字，6000 个左右常用词语。学会使用常用的字典和词典。

3. 学习一些用词造句的规则。

4. 具有初步运用现代汉语文进行听、说、读、写的能力。

（1）能听懂汉语新闻广播，讲课和一般的报告等。听后能简述大意，归纳要点。（2）能用简明的口语表达思想，讲述见闻、介绍情况、发表意见，做到发音正确，语句连贯，有中心，有条理。（3）能读一般的现代文，领会词句的含义，理解文章的思想内容，了解文章的写作特点。（4）能写简单的记叙文、说明文、议论文和一般的应用文，做到思想感情健康，中心明确，条理清楚，文字通顺，不写错别字，会使用标点符号。钢笔字书写工整、熟练、美观大方。

三、各阶段教学要求

（一）小学阶段

1. 学会汉语拼音。要求能默写声母、韵母，认识整体认读音节，掌握拼音规则，借助拼音识字；能背诵、默写汉语拼音字母表，认识大写字母。

2. 学会 1300 个左右常用汉字，要求读准字音，认清字形，了解字义，大部分能听写或默写。字要写得正确、端正、整洁。学会笔画名称、笔顺规则和常见的偏旁部首，学习音序查字法和部首查字法。

3. 学会 2500 个左右常用词语，要求懂得意思，大部分能在口头和书面语中运用。

4. 通过各种练习，学习一些常用的汉字句式和常见的虚词。能用这些句式和虚词进行口头或书面造句。

5. 能正确、流利地朗读课文，背诵一定比例的课文，读音要准确。

6. 能听懂课堂用语，能进行简单会话，能看图作简短的叙述。

7. 能写出一段意思连贯的话。

8. 学习使用句号、逗号、问号、叹号、冒号和引号。

（二）初中阶段

1. 巩固汉语拼音。

2. 学会1200个左右常用汉字，要求读准字音，认清字形，了解字义，大部分能听写或默写。字要写得正确、端正、整齐、有一定速度。

3. 学会2500个左右常用词语，能懂得意思，大部分能在说、写中正确地运用。能熟练地使用常用的字典。

4. 学习一般的单句结构和最常见的复句结构，能在口头和书面语言中比较正确地运用。

5. 能听懂通俗故事，能进行日常会话，能有条理地口述一件事情。

6. 能正确、流利、有感情地朗读课文，能复述和背诵一部分课文，能读懂难度相当于课文的课外读物，学会默读。

7. 能写400字左右的简单短文，包括常见的应用文，要求有中心，有条理、语句通顺。

8. 掌握句号、逗号、问号、叹号、冒号和引号的用法；学习顿号、分号、省略号、破折号、书名号和括号的用法。

（三）高中阶段

1. 继续巩固汉语拼音，巩固识字。钢笔字要写得工整、熟练、美观大方。学会使用常用的词典。

2. 学会1000个左右常用词语，懂得意思，大部分能正确运用。

3. 学习比较复杂的单句和复句，能在口头和书面语言中比较正确地运用。

4. 能听懂汉语新闻广播、讲课和一般的报告，听后能简述大意，归纳要点。

5. 能用简明的口语表达思想，讲述见闻，介绍情况，发表意见，做到发音正确，语句连贯，有中心，有条理。

6. 能正确、流利、有感情地朗读课文，能阅读一般的现代文，领会词句的含义，理解文章的思想内容，了解文章的写作特点。

7. 能缩写课文内容；能写600字左右的简单的记叙文、说明文、议论文和一般的应用文，做到思想感情健康，中心明确，条理清楚，语句通顺，不写错别字，正确使用标点符号。

四、教材与教学提示

民族中小学汉语文教材的内容包括汉语拼音、汉字、词语、语法、课文和练习。

（一）汉语拼音

汉语拼音是帮助识字、阅读、学习普通话的有效工具。民族学生学习汉语文，需要从汉语拼音入手，这是一条有效的教学经验。因此，要切实搞好汉语拼音教学，充分发挥它的作用。不仅在初学阶段要认真抓好，而且要贯彻各年级教学过程的始终。在初学阶段，汉语文教材就应安排汉语拼音，教学中应要求学生掌握声母、韵母、拼读、整体认读音节、字母表。在以后的各年级教学中，也要继续利用汉语拼音帮助学习识字、阅读和学习普通话。

为了适应民族学生学习汉语拼音的特点，教材的汉语拼音部分，可以用民族语言的语音同汉族拼音对照比较，帮助学生掌握汉语拼音。

教学汉语拼音字母的读音，要以让学生模仿为主，辅以讲解发音部位和发音方法，每教一个字母、教师都要作出示范发音。难发的音要让学生反复练习。教师利用各种机会纠正学生发音中的错误，民族学生学习汉语拼音，声调是个难点，因此从一开始就要注意声调的训练，让学生多读多练，在长期实践中掌握汉语的声调。

（二）汉字

汉字是记录汉语的符号。学好汉字可以尽快地掌握语言材料，迅速提高汉语口语、汉文阅读和汉文写作的能力。因此，让学生识字、写字是民族中小学汉语文教学的一项重要任务，必须重视。要在小学和初中阶段就给学生打下扎实的基础。本大纲规定了民族学生在中小学学习期间的总识字量，也规定了小学和初中阶段的识字量。各地可以根据具体情况，在完成总识字量的前提下，调整各阶段的识字量。

识字教学要求学生做到会念、会写、会讲、大部分会用。具体地说，要使学生读准字音，认清字形，了解字义，掌握汉字的基本笔画、笔顺规则、偏旁部首和间架结构，能辨认常见的同音字、形近字和多音义字。

让学生学会使用一般的字典和词典，是培养学生独立识字，提高自学能力的重要措施。要让学生及早学会音序检字法和部首检字法，还要让学生及早学会查用本民族文字和汉文对照的词典。

要认真教给学生写字的基本知识，使学生掌握汉字的基本笔画、笔顺规则和间架机构，把字写得正确、工整、美观大方，有一定的速度，教师写字要规范，多给学生作书写示范。

（三）词语

词语教学的任务是要求学生完成大纲所规定的掌握词语的数量，具体地说，一是正确地读出和写出这些词语，二是懂得这些词语的意义，三是能在口头和书面语言中正确运用这些词语。

本大纲规定了中小学阶段要求掌握的总词语量，还规定了各阶段要求掌握的词语量，各地可根据具体情况，在完成要求掌握的总词语量的前提下，适当调整各阶段要求掌握的词语量。

选词应以日常生活、学习、生产劳动和社会活动中的常用词语为主，根据实际生活的需要，由浅入深、由近及远，由具体到抽象地进行编排。其中日常生活中最常用的、搭配能力比较强的，词义较具体和用法较简单的词，要尽先安排。

词义教学是词语教学的重点。词语的运用是教学的目的，也是教学的难点，因此，解词要具体、形象、通俗易懂，使学生正确地理解词义，掌握用法，同义词、近义词、反义词，要结合具体的词言环境，采用比较的方法进行讲解，使学生掌握汉语词汇的这些特点，要通过多种练习形式，使学生领会和掌握汉语的基本构词法和词语的习惯搭配法，可以进行民族语和汉语构词法的对比，加深学生对汉语构词法的印象。教材要重视词语的重现，教师在教学中，也要注意让学生反复运用学过的常用词语，以便巩固和积累。

（四）语法

民族中小学汉语文课语法教学的目的，是让学生逐步掌握一些用词造句的规则，提高用词造句的能力，更好地进行听、说、读、写的语言实践。

民族学生学习汉语用词造句的规则，首先应基本掌握汉语的词性、一般词序和常见虚词的用法。小学阶段，可以通过替换词语造句、变动词序、用词造句、模仿句式造句、修改病句等形式的练习，让学生从具体的语言现象中学到一些简单的现代汉语知识；中学阶段，随着年级的升高，可以根据需要，讲授一些浅显易懂的现代汉语语法知识，包括词性、短语、单句、复句和常用虚词的用法等。但要难易适度，不要求全面系统，目的是指导学生听、说、读、写的语言实践。

选择供学生模仿的句式，要着重选择口语和书面语中的常用句式。训练时，要注意体现循序渐进、举一反三的原则。

语法项目，要在学生掌握了一定的语言基础上安排。各民族要根据本民族语文和汉语文的不同特点，突出重点，体现难点，作出适当的安排。

（五）课文

课文是进行语言、汉字、词语、语法教学和听、说、读、写训练的主要依据。入选的课文，其思想内容要有助于向学生进行马列主义、毛泽东思想的教育，进行爱祖国、爱人民、爱劳动、爱科学、爱社会主义的教育，进行革命传统和共产主义道德品质、理想前途的教育，进行民族政策、民族团结和维护祖国统一的教育。

为了保证完成民族中小学汉语文教学的任务，选篇和教学的重点，必须放在使学生具有初步运用现代汉语文进行听、说、读、写的能力上。课文必须要有利于学生学习汉语文，便于学生识字、说话、阅读、写短文。因此，课文要体裁多样，内容广泛，短小精悍，文字典范，其内容包括涉及社会常识、自然常识的文章。其体裁包括现代文的记叙文、说明文、议论文和应用文，其中包括对话、故事、寓言、童话、诗歌、散文、科学小品以及小说等。小学和初中，要注意选便于学生识字、学词，进行听、说训练的教材，高中除注意选用便于学生听、说训练的教材外，要选好能够帮助学生练习写记叙文、说明文、议论文和一般应用文的课文。这些文章在用词、造句、布局、谋篇方面，要具有典范性，为使民族学生对汉语文的古代汉语和文学有所认识，高中教材中可酌选少量的古诗文，但不规定教学要求，只是让学生有所接触。小学课本应努力做到图文并茂，初、高中课本也应该有一些插图。

为了便于统一考查，对中学汉语文，尤其是高中汉语文规定适当比例的统一篇目。初中40篇，约占讲读课文的30%～40%；高中60篇，占讲读课文的60%左右。其他篇目，各民族可以从实际出发，按照第二语文课的教学特点，自行安排乡土篇目或其他篇目。

课文教学要使学生正确地理解和掌握课文中出现的生字、新词和新的句式，理解课文的主要思想内容，学习课文中遣词造句、布局谋篇的方法。要重视朗读和口头表达训练。要求学生在朗读时发音准确，不丢字，不唱读，流利而有感情；要求学生在口头表达时有中心，有条例，语言清晰、简练。

为适应汉语文基础较好的民族和地区的需要，教材应有一定的弹性，各民族可根据实际情况，教材中编选一定数量的阅读课文，供汉语文基础较好的地区使用。

（六）练习

重视实践，多读多练，是民族学生学习汉语文的有效经验。汉语文教材中的练习，就是让学生通过各种形式的训练，反复巩固课文中所学过的知识，使其转化成运用汉语文听、说、读、写的能力。练习的内容应包括拼音、识字、掌握词语和运用句式；包括听写、默写、造句、连句、写话、作文；包括说话、朗读、背诵、复述等。小学阶段的练习，除巩固拼音、识字、学词外，应以加强说话训练为重点；初中阶段的练习，除继续进行巩固识字、学词、加强说话训练外，应以词、句训练为重点，重视连句成段，连段成篇，加强阅读训练和写作训练；高中阶段的练习，除继续进行词、句的训练外，应以篇章结构为重点，加强阅读训练和写作训练。

各年级的练习，应要求明确，重点突出，分量适当，形式灵活多样，内容扣紧课文，注意前后联系，重视把知识转化为能力的训练。同时，还要体现民族学生学习汉语文的特点。

练习是教材的组成部分之一，教师要认真启发、指导学生进行练习。

五、教学中应注意的几个问题

1. 要充分认识汉语文学科是民族中小学第二语文课的性质。遵循语文教学和民族学生学习汉语文的规律，努力培养民族学生理解和运用现代汉语文的能力。

2. 听、说、读、写四种基本能力都很重要。读写能力是从事学习和工作的重要条件，必须着力培养；听说能力在现代化生活中日益需要，必须有计划地加强训练。读、听是吸收，写、说是表达，四者之间关系密切，相互促进，在教学过程中要尽量结合起来训练，使四种能力和谐发展。

3. 汉语文训练中，要重视发展学生的智力。听、说、读、写活动都包含着智力因素，智力发展对汉语文能力的提高起着十分重要的作用。在汉语文训练中，要注意训练民族学生运用汉语之思维的准确性、条理性、严密性和敏捷性。

4. 课堂教学是汉语文教学的重要形式，要以教学大纲为指导，努力提高课堂教学质量。课前要认真备课，深入钻研教材，了解学生实际，精心设计教学；课堂上要用启发式，激发学生学习汉语文的兴趣，根据实际情况变换课型。灵活运用教学方法，引导学生动脑、动口、动手，培养学生运用汉语文的自学能力和自学习惯。

5. 汉语文课的初学阶段，要适当利用民族语言文字辅助汉语文教学，随着年级的升高和学生汉语能力的提高，教师讲课要逐渐用汉语。

6. 运用汉语文进行的课外活动和课外阅读，是汉语文教学的重要组成部分，是课堂教学的必要的补充和扩展。它对于丰富知识、陶冶性情，激发学生学习汉语文的兴趣，给民族学生创造汉语文环境，提高听、说、读、写能力具有积极的作用。

开展汉语文课外活动需要加强引导，帮助学生明确目的，制定计划，活动方式应该生动活泼，灵活多样，适合民族学生的汉语水平，但课外活动要因地制宜，防止学生负担过重。

7. 民族学生学习汉语文，更加需要采用直观教学方法。要积极创造条件，在教学的各个环节，采取现代化的教学手段，如教学汉语拼音、说话和朗读课文时，可利用唱片、录音带；教学汉字、语句、课文和写作时，可利用幻灯、录像等。

8. 汉语文教学的根本目的是培养民族学生使用现代化汉语文的能力，因此，要改革考查办法。考查的主要内容，应该是民族学生运用现代汉语文进行听、说、读、写的能力，不要局限在汉语文知识方面，教授一些汉语文知识的目的，是为了指导学生通过汉语文基本训练形成能力。

六、统一篇目（略）。

广播电影电视部、国家民委
关于西藏、青海等省（区）举办
民族班的通知

（1988 年 3 月 14 日）

西藏、青海等边远少数民族地区，文化基础薄弱，缺乏较高层次的各类专门人才，严重影响了广播电视事业发展和节目质量的提高。

为了改变这种状态，根据这些地区人才需求情况，决定采取特殊措施，于 1988 年暑期开始，分别为西藏自治区、青海省、云南省、内蒙古自治区举办民族班。

民族班招收民考汉的高中毕业生，考生参加当年全国高等学校统一招生考试，由北京广播学院按有关规定录取。为保证民族班的教学质量和专业水平，学员先在中央民族学院预科班学习一年，主要补习与专业有关的高中文化基础知识。预科班学习结束，经考试合格者直接升入北京广播学院本科相应专业学习。不合格者，退回原省、自治区。学员本科毕业后一律回原省、自治区工作。

国家教委、中共中央统战部、国家民委、国务院西藏经济工作咨询小组关于印发《关于改革和发展西藏教育若干问题的意见》的通知

(1988 年 4 月 26 日)

《关于改革和发展西藏教育若干问题的意见》，业经国务院同意，现印发你们。文件中提出的各项方针政策和措施，是符合西藏实际情况的，望西藏自治区人民政府认真贯彻执行。按照党中央和国务院确定的全国支援西藏的方针，进一步做好智力援藏工作，是内地有关省市、有关部委义不容辞的光荣政治任务，这对促进西藏教育事业，加快人才培养，以至于对西藏的科技进步、经济发展、增加民族团结、维护祖国统一，都具有重要意义，应当长期坚持下去。

关于改革和发展西藏教育若干问题的意见

一

西藏和平解放 30 多年来，教育事业的发展虽然经历了一些曲折，但是，仍然取得了历史上从未有过的显著成就。现代教育从无到有，逐步建立并发展了从初等到高等的新型社会主义学校教育。为适应西藏建设和加强民族区域自治的需要，采取了以区内为主，区内外办学相结合的方针，培养了一大批民族干部和各类专门人才，并在一定程度上提高西藏各民族人民的科学文化水平。1980 年中央召开第一次西藏工作座谈以来，特别是近年来，西藏各级党委和政府认真贯彻中央对西藏工作的各项方针政策，经过指导思想上的拨乱反正，努力清除"左"的思想影响，总结历史经验，加强了对

教育工作的领导，采取了比较切合实际的特殊政策和措施，各类教育事业都有了新的发展。

但是，目前西藏的教育发展仍然面临一些困难和问题。主要是：教育和社会经济发展的客观要求不相适应；在办学指导思想上还存在脱离西藏实际，在某些方面要求过急和层次要求过高的问题；教育内部各方面关系不够协调，教育结构还不够合理；基础教育薄弱，直接影响中专和高等教育的发展和提高，影响人才培养的质量，职业技术教育和承认教育还没有得到应有的发展；师范教育、师资队伍建设与整个教育发展的需要很不适应，教育管理水平也需要加以提高。不解决以上这些问题，教育质量低、办学的社会效益差等情况，就不能从根本上加以扭转，就会影响教育事业的健康发展，影响人才培养的效果，最终要影响西藏的建设。因此，有重点、有步骤地解决好这些问题，积极稳妥地发展各级各类的教育事业，是摆在西藏各级党委政府面前的一项艰巨而重大的任务。

二

西藏地处祖国西南边陲，是一个以藏族为主体的民族自治区，地域辽阔，资源丰富，很有发展潜力。从现在起到本世纪末，是西藏经济建设和社会发展的重要历史时期。根据中央要在西藏实行一系列特殊政策的指示，确定西藏整个国民经济的发展，将以农牧业为基础，开展旅游为中心，以大力发展能源、交通、教育为重点，积极发展城乡商品经济，逐步实现经济上的"两个转变"（即从封闭式经济转变为开放式经济，从供给型经济转变为经营型经济），走上自主发展良性循环的道路。要做到这一步，关键的问题是加强智力开发，提高劳动者的文化技术素质和各级干部的管理水平，培养一大批德才兼备的各级各类专门人才。人才的培养和民族素质的提高都离不开教育。因此，加强教育事业建设是今后西藏各项建设事业成败的一个至关重要的问题，是关系到民族的团结、祖国的统一、边疆巩固、藏民族的进步和发展、人民幸福的大事，具有重大的政治意义。这就需要进一步提高各级干部对发展教育事业的战略意义和紧迫性的认识，以极大的努力把教育这个战略重点切切实实抓紧抓好。当前要注意调动群众办学的积极性和送子女上学的积极性，注意发挥爱国宗教人员在发展教育事业中的积极作用，认真探索出一条符合西藏实际的办学路子，逐步改变教育与经济和社会发展不相适应的局面。

三

西藏在自然地理条件、社会发展、民族宗教、历史文化传统、生产水平以及生活方式等方面具有很大的特殊性。因此，发展西藏民族教育事业，必须从西藏的实际出发，统筹规划，因地制宜。在教育管理体制、确定发展规划、学制年限、办学形式、教育内容等方面，都要充分考虑西藏的特点。要按照《中共中央关于教育体制改革的决定》的基本精神，结合西藏特点进行教育改革，全面贯彻国家的教育方针。要正确处理教育发展中数量与质量的关系，速度与效益的关系，普及与提高的关系，坚持在保证教育质量的基础上，稳步发展各级各类教育事业，切实提高管理水平和办学效益。

从现在起到本世纪末，西藏教育发展的方针应该是：重点加强基础教育，优先发展师范教育，积极发展职业技术教育和成人教育，巩固提高高等教育。

加强基础教育，首先要把现有小学办好，充实师资，改善办学条件，提高在校学生的巩固率、合格率和办学水平。然后再根据各地区的实际情况，逐步推行不同年限的义务教育。当前要严格控制普通中学的增长，集中财力、物力和师资力量办好一批寄宿制重点学校。要特别注意加强中小学的自然科学教育，提高教育质量。

要采取积极措施调整中等教育结构，注意发展职业技术教育。经过调整、充实、集中力量办好现有中等专业学校。

要大力开展成人教育，在成人中推广适用的科学技术和管理知识，以不断提高广大干部、职工和农牧民的科学文化素质、生产劳动技术和管理水平。成人教育的办学形式应是灵活多样。在农牧区要针对当地生产、生活的实际需要，积极开展一事一训，学习简易的、初级的、见效快的实用技术，要使群众从中得到好处。这样，既有助于推动经济发展，又有利于提高群众对办好教育重要性的认识。要广泛动员各种社会力量开展扫盲教育，为搞好群众文化教育服务。

西藏中高级专门人才的培养，应实行区内区外相结合的方针。区内主要开设通用性强、需求量大的专业和一些具有民族特色的文化艺术、医药等专业；对需求量少的专业人才的培养，以区外为主。区内高等学校当前的主要任务是巩固、充实提高，近期内不宜再建新的高等学校。

要加强中小学师资队伍的建设，优先办好师范教育，这是发展西藏教育，提高教育质量的根本措施。现有的西藏大学和两所重点中等师范学校，要大力充实师资和办学条件，扩大招生能力，使其成为培养培训中小学教师的主要基地。其他中等专业学校和高等学校也应承担一定的师资培养和培训任务。对中小学师资的培养必须在努力提高质量的前提下，适当发展数量，使今后的师范毕业生，达到合格要求。这就要从师范生的选拔、培养、毕业分配等各个环节上，采取相应措施给以保证。对在职教师要分别不同情况抓紧培训提高，使其中的多数在不太长的时间内能够达到胜任教学的要求。对通过培训难以达到要求的教师，要安排做其他工作。同时对近几年已改行做党政机关工作，而又适合当教师的师范毕业生，要想办法动员一些回到教学第一线，以充实加强中小学师资队伍。

四

要积极实行对内地开放，逐步改善西藏办学的社会环境，以推动教育事业的发展。西藏在历史上长期处于封闭和半封闭状态，这不仅对西藏社会、经济乃至民族自身的发展带来了很大影响，也是造成西藏教育长期落后的主要原因之一。这种状况在近三十年来虽然有较大的改变，但没有从根本上扭转。至今，西藏广大农牧区的商品经济很不发达，缺乏从经济上促使教育发展的内在动力，在许多群众中教育还没有成为发展经济、脱贫致富的迫切要求。同时，由于长期受旧的传统观念的影响，加上教育质量不高等原因，目前西藏学生的人均经费虽然高于内地，但办学的社会效益却比较低。要发展西藏教育，当前首要的是打破封闭状态，实行开放，首先是对内地开放，并把继承和发扬优秀的民族历史文化传统同开放有机地结合起来，以吸收先进的科学文化技术和生活方式，逐步形成一个有利于科学文化进步和教育的社会环境。世界各国的经验表明，一个国家、一个民族如果禁锢封闭自己，最后只会导致愚昧和落后。在我国，各少数民族地区和少数民族之间经济文化上的发展很不平衡，原因固然有很多方面，但事实证明，越是开放，对民族地区和民族的进步越有利，发展也比较快，越是封闭，对民族地区和民族的发展越不利。我国一些少数民族发展的经验也说明对外开放与保持发扬民族优秀传统是可以统一的。党和政府采取明确的政策，支持各民族发扬自己的优良的文化传统，又提倡各民族在文化上的相互开放与交流，其目的就是为了各民族的团结和进步。担心对外开放会丧失民族优良传统的想法是没有必要的。为了帮助西藏对内开放，要采取多种渠道和多种形式，在不同层次上，围绕西藏经济建设重点产业开发的实际需要，实行智力支援，其中包括科技和经营知识的传授，使西藏各行业都有一些掌握社会主义商品经济经营和生产本领，眼界比较开阔的带头人。经济发展加快了，社会就能增强发展教育的能力和动力。

要改变西藏办学的社会环境，需要经过长期的努力，要从西藏实际出发，进一步采取切实可行的措施。除了经济上的开放之外，要通过多渠道引进内地的科学文化知识，获取各种社会信息，加强相互交流。作为当前比较可行的一种办法，要研究在西藏利用现代化传播手段，例如利用电视卫星接收站，通过电视输送、传播先进的科学文化和生产、生活信息，引导群众开阔视野，逐步改变由于西藏地广人稀、交通不便以及特殊的地理环境、历史传统等原因而造成的经济文化信息闭塞的状态。这样做，花钱不多，长期坚持下去，会收到积极的效果。

五

要重视继承和发扬藏族优秀的历史文化传统。藏族是我国具有悠久历史和优秀文化传统，并为中华民族统一国家的形成做出过重要贡献的一个民族。经过长期历史形成和发展起来的藏族的语言文字、文学、艺术（包括音乐、舞蹈、绘画、戏剧、建筑、雕塑等）和史学、医学、天文历算等文化传统，不仅有丰富的内容，而且具有自己独特的风格和形式，充分体现了藏族人民的智慧和创造精神，也为中华民族历史文化宝库增添了光彩。这首先是藏族人民长期劳动和斗争的成果，也是藏族同国内外各民族，特别是藏汉民族之间长期进行经济文化交流的成果。

今天，我们处在一个新的历史条件下，要在进行社会主义物质文明建设的同时，积极推进社会主义精神文明建设，要重视学习其他民族先进的科学技术和文化，也要重视继承发展藏族优秀的历史文化传统，这应当成为西藏各级各类学校教育的一项重大任务，也是学校教育是不是具有西藏民族特色的重要标志。中小学的教学内容、教材、课程设置等，要根据西藏的历史、文化和生产、生活的特点，进行深入的研究和改革，不能照搬内地的做法。还要研究藏族学生学习各门科学文化基础知识的难点和特点，使教学内容和水平符合学生的心理特征和接受能力，做到既有利于提高他们的学习兴趣，又有利于他们掌握基础知识和技能。为此，要委托西北师范学院组织力量，与藏区教育有关部门密切协作，加强对西藏以至整个藏族教育的研究和藏汉双语教学规律的研究，在周密调查研究的基础上，较块地编写出一套适合西藏特点的中小学教材，在中等专业学校和高等学校，要进一步加强具有民族和地区特色的专业和学科建设，根据建设需要，培养既懂得当代先进科学文化，又懂得藏族语言文学、史学、艺术、医药、天文历算等专业知识的中高级应用人才和研究人才。

六

与加强内外经济文化交流相联系的一个重要问题，是在西藏实行正确的教学语言政策。根据西藏绝大多数人通用藏语、藏文字历史悠久，为民族文化发展起过重要作用等情况，要重视藏语文的学习和使用。在学校教育中要积极创造条件，首先学好藏语文，加强藏语文教学，在基础教育阶段应以藏语文教学为主，在学好教语文的同时，注意打好汉语文的基础，逐步做到学生在高中毕业时能够藏汉兼通。在少数重点学校要积极创造条件学好一门外语。为了适应开展旅游事业发展的需要，要采取措施，加快培养、培训懂外语的有关人才。在中专和高等教育阶段藏族学生要继续学好藏语文，努力提高藏语文水平。同时，也要重视学好汉语文，以利于掌握迅速发展的内容浩繁的现代科学技术知识。

七

继续贯彻中央确定的全国支援西藏的方针，更有效地做好智力援藏工作。

国家对经济援藏一向重视。在"六五"期间，组织内地有关省市，为西藏援建43项工程，是一次重要的经济援藏措施。这对促进西藏的建设，维护社会安定，增强民族团结，巩固边防，将起越来越重要的作用。现在提出进一步做好智力援藏工作具有更根本的重要性，也是这些经济援藏项目能充分发挥效益的保证。所以搞好智力援藏，同样是各部门、内地有关省市、单位及学校义不容辞的光荣政治任务。多年来，内地有关省市和部门，通过各种形式积极开展智力援藏工作，是有成绩的。要按照中央和国务院的指示精神认真总结经验，改进工作，把智力援藏工作作为长期的任务持续地抓下去。智力援藏的重点，是帮助西藏发展教育事业和培养各种人才。要采取立足于区内办学为主，区内外相结合的办法，成批地培养当地藏族干部和各类专业人才，提高各级干部的管理水平。还要针对西藏建设的实际需要继续支援、输送人才，定期选派必要数量的、政治业务素质好、立志为西藏服务的教师和各类科技人员到西藏服务一定的年限。为使援藏建设项目更好地发挥效益，担负援建任务的各省市，要继续负责对西藏有关人员的培训，不断总结经验，把这项工作做得更有实效。为了进一步调动各类援建人员的积极性，按照中央指示，由中央组织部牵头，会同有关部委和西藏自治区党委、政府，尽快制定统一和完善的政策，包括对援藏人员的待遇、在西藏的服务年限长短、调回内地后的工作安排等，做出明确规定。

根据中央决定，从1985年开始，已在内地16个省市，利用当地学校设备、师资的优越条件举办了西藏初中班，同时在北京等地开办西藏中学。实践证明，这是为西藏建设加快培养人才的有效途径，效果是好的。这些青少年到内地学习后，德智体都得到发展，维护祖国统一的观念进一步增强，藏文也学得比较好，因而，受到西藏广大干部和群众的拥护。这样做，并不是要改变以区内办学为主的方针，是为了增强区内办学的能力。内地西藏班和学校要继续注意加强藏语文和优良民族文化传统内容的教学，加强艰苦奋斗传统的教育，保证学生在德智体美劳各方面得到健康发展，使他们成为有理想、有道德、有文化、有纪律的社会主义新人，成为热爱社会主义祖国、热爱西藏、为振兴西藏、为民族的发展繁荣勇于献身的，能与当地群众打成一片，具有良好科学文化素质的有用之才。内地西藏班和西藏中学不应只从城镇招生，也要注意招收西藏边境地区的学生，并根据实际需要，在招生规模和教学内容上不断加以改进，以利于促进这些地区教育事业的发展和边境的安定、巩固。西藏小学的毕业生到内地上学，用4年时间先学完初中课程，取得合格成绩后，多数人将升入中等专业学校学习，毕业后回西藏工作，工作几年之后，也可以根据西藏建设需要，进入西藏高等院校深造，少数经高中阶段学习后将择优选拔到内地高等学校继续学习。我们认为，中央确定的以培养中等专业技术人才为主的方针，是符合西藏建设实际需要的，应当认真贯彻执行。

卫生部关于调整部属院校
少数民族学生招生来源计划的函

（1988年6月10日）

华西医科大学、西安医科大学、上海医科大学、新疆、西藏自治区卫生厅：

经与国家教委、国家民委、新疆、西藏自治区卫生厅及有关医学院校协商。现对卫生部、教育部、国家民委（83）卫科教字第37号《关于全国重点高等医学院校培养少数民族高级医学人才的意见》中的招生来源计划做如下调整：

1. 原上海医科大学从西藏少数民族医预班（西南民族学院）毕业生中招收的10名学生，从1988年起，改由华西医科大学招生。华西医科大学筹办西藏民族医学班。

2. 原华西医科大学从新疆少数民族医预班（西北民族学院）毕业生中招收的10名学生，其中5名改由西安医科大学招生，另5名由上海医科大学招生。西安医科大学筹办新疆民族医学班。

请有关单位认真做好在校少数民族学生的思想工作，保证该项调整计划的落实。

附件：部属院校少数民族学生招生来源计划

附件：部属院校少数民族学生招生来源计划

	计	北医大	北中医	上医大	中山医大	华西医大	西安医大
内蒙	27	10	7	10			
宁夏	28	5	8	10	5		
广西	25	10			15		
新疆	45	10	5	10			20
西藏	40		5			35	
合计	165	35	25	30	20	35	20

五省、自治区藏族教育研讨会纪要

（1988 年 10 月 4 日国家教委转发）

　　由国家教委主持，于 1988 年 7 月 14—20 日，在甘肃省甘南自治州召开了西藏、青海、甘肃、四川和云南五省、自治区藏族教育研讨会。五省、自治区教育部门和部分州、县主管教育的领导以及为藏族教育作出贡献的宗教界人士代表共六十多人出席了会议。国务委员兼国家教委主任李铁映同志到会作了重要讲话。

　　会议认真贯彻全国民族团结进步表彰大会精神和 1987 年 9 月国务院第二次援藏工作会议精神，以 3 天时间参观了夏河、玛曲、碌曲三县牧区寄宿制中小学和扫盲点，听取了甘南自治州人民政府、卓尼县尼巴寄宿制学校和各省、自治区代表关于发展和加强藏族教育的经验介绍，着重探讨了在改革、开放的新时期，藏族教育的发展路子和需要采取的方针、政策等问题。

　　一、会议认为，建国以来，五省、自治区藏族教育的发展，虽然经历了一些曲折，但是仍然取得了前所未有的显著成绩。特别是党的十一届三中全会以来，各级党委和政府认真贯彻党和国家的各项方针政策，努力清除藏族教育中的"左"的思想影响，总结历史经验，采取了切合实际的一些特殊政策和措施，使藏区的各类教育有了新的发展。

二、会议充分肯定了甘南藏族自治州在甘肃省委和省政府的指导和支持下，为发展藏族牧区教育所作的努力和提供的宝贵经验。甘南自治州所辖7县，牧区县占4个；全州108个乡（镇）中，牧区乡占54个。从甘南的情况看，普及教育的难点在牧区。他们在认真总结以往经验教训的基础上，从藏族牧区地广人稀、居住分散、冬春定点放牧、夏秋逐水草游牧、牧区缺乏现代教育传统，以及牧民大多数用藏语等实际出发积极探索符合牧区特点的教育发展路子，提出了"实事求是、因地制宜、量力而行、讲求实效"的教育发展方针，确定了第一步实现一户有一名脱盲人；第二步实现一户有一名合格的小学毕业生，第三步力争20世纪末基本普及初等教育，稍后一段时间普及初中教育的牧区教育发展目标。同时，他们根据牧区特点，利用学校阵地，在十分重视全面提高学生思想品德、文化科学素质的同时，把系统的文化科学知识和教学与当地生产、生活的实际结合起来，注意开展有益的文化活动，学习实用技术，把学校办成教育、文化、技术培训中心，促进了牧区的"两个文明"建设。他们在集中办学与分散办学相结合，以寄宿制为主，辅以牧读小学，在探索符合当地实际的办学形式方面进行了有益的试验，取得了明显的效果。在双语教学、勤工俭学、群众集资办学等方面也取得了显著成绩。甘南发展牧区教育的经验，最重要、最突出的是各级领导重视教育、层层落实、并有一套有力措施，使分级办学、分级管理落到实处。同时依靠广大群众和社会各界办学，特别是充分发挥宗教界热心教育，关心民族振兴的人士办教育的积极性，努力做到教育为当地经济、社会发展，为广大藏族群众脱贫致富服务，从而受到群众的拥护和支持。他们在办学指导思想上坚持实事求是，一切从实际出发，讲求实效，给与会代表很大的启示。甘南的这些经验和做法，部分地回答了藏族地区教育应该走什么路子的问题，对藏区发展教育具有普遍的借鉴作用。

三、通过这次会议，加深了对藏族教育在藏区社会主义建设中地位、作用的认识，增强了发展藏族教育的紧迫感和使命感。大家认为，藏族是一个有悠久历史的勤劳、勇敢、智慧的民族，无论是在历史上，还是在建国以后，对维护祖国统一、保卫边疆和建设边疆，以及对中华民族灿烂文化的形成和发展都作出过突出贡献，但由于一个时期"左"的错误思想的影响，当前藏族地区的教育仍然处于比较落后的状态，与藏族地区社会主义建设的需要很不相适应。与会代表，特别是参加会议的藏族代表，深深感到加快发展藏族教育的重要性和迫切性，一致认为，只有发展教育，才能提高藏族人民的科学文化素质；只有发展教育，才能使藏族繁荣、富裕和振兴；只有发展教育，才能增强民族团结、巩固和维护祖国统一，促进各民族的共同繁荣。因此，在今后一个相当长的时间内，应当大力推进藏族地区的教育改革，制定更加符合藏区实际的发展教育的方针和政策，进一步促进藏族地区教育的发展。

四、发展藏族教育必须走自己的路子。藏族地区在自然条件、社会历史发展、民族文化传统以及生产、生活方式等方面具有很大的特殊性，发展教育的社会、经济环境也与内地发达地区有很大的差别。因此，在改革、开放的条件下发展藏族教育，一是贯彻执行国家的教育方针，必须从藏族地区的实际出发，根据藏族和藏族地区的特点，分地区、分层次地进行研究，因地制宜、分类指导，切不可照搬内地的办学模式和城市的做法，搞"一刀切"、盲目攀比。关键问题是要逐步改变藏区封闭、半封闭状态，促进对内对外开放，增加经济、文化、科技、信息等方面的横向交流，创造有利于转变观念、教育发展的社会、经济环境，尤其要十分重视抓好比较开放的藏族地区的教育改革，以带动整个藏区教育。实践证明，封闭状态不利于经济的发展，也不利于教育的发展。二是深化教育改革，转变教育思想，改革管理体制、教育结构、教育内容，以适应当地经济发展的需要。办学形式要符合藏族地区地广人稀、居住分散、交通不便，以及牧区常年流动游牧的生产生活特点。三是重点加强基础教育。根据藏族地区教育基础差等情况，按质按量先实现不同年限的普及教育，然后逐步实现九年制义务教育。同时，要大力发展职业技术教育和成人教育。要研究基础教育与职业技术教育相互结合的形式和方法，加强对在校中小学生的劳动技术教育或职业技术教育，把他们培养成为既有一定文化基础知识，又有一技之长的劳动者，以适应农牧区商品经济发展需要。对农牧民要进行"短、平、快"的实用技术培训和扫盲教育，尽快提高他们的文化科学素质。

五、要充分发挥群众办学和社会办学的积极性。大家认为，要发展藏族教育，各级政府当然要切实负起责任，但是没有群众的积极性和社会各方面的支持是不可能办好的。所以一定要改变过去那种全靠国家包下来的观念和等靠要的思想，认真贯彻"分级办学、分级管理"原则，充分调动群众和社会各方面办学的积极性，使教育真正成为全社会都关心和支持的事业。同时，要积极开展勤工俭学，成为筹集办学资金、改善办学条件和师生生活的一个重要渠道。

六、认真贯彻党的民族语言文字政策，积极开展双语教学。会议认为，藏族文字具有悠久历史，对藏族的经济文化发展和社会进步，起过重要作用。现在藏族地区的绝大多数人仍通用藏语。因此，在教育中使用藏语文教学，是继承和发扬藏族优良历史文化传统的需要，也是保证教学活动正常进行，提高教学质量的需要。同时，为了便于学习和吸取其他民族先进的科学文化知识，加强民族间的交往和交流，促进藏族地区在经济、科学文化上的进步，拓宽藏族青少年就学成才的路子，在藏族学校中也要努力学好汉语文，提高汉语文水平。对有能力学习的学生，在中学阶段还要创造条件学好一门外语。在藏族地区学校中实行双语教学的要求，应从实际出发，因地制宜，原则上可逐步实行两种教学体制，即西藏和与西藏语言环境类似的地区，在基础教育阶段应实行以藏语文教学为主，从小学高年级开始，单科开设汉语文的体制；其他地区的中小学,可以实行以汉语文教学为主,单科开设藏语文的体制,使藏族高中毕业生达到藏汉语兼通的要求。根据实行两种教育体制的需要,一方面要继续加强五省、自治区的协作,编写出版具有藏族特点、便于学生学习的藏文中小学教材,以利教学质量;另一方面,要加强双语教学的师资队伍建设和教学研究。

七、处理好现代学校教育和藏族传统教育的关系。会议认为,藏族的传统教育,在历史上,为在藏族中传播文化科学知识,继承民族文化传统,曾起过积极作用。现在,藏族地区的现代学校教育已开始形成从小学、中学到大学的体系。在这种情况下,处理好现代学校教育同藏族传统教育的关系,对于促进藏族教育、继承和发扬藏族的优良历史文化传统,是十分重要的。首先,我们对藏族传统教育内容中的精华,应当进行系统的整理和研究,并把它消化在现代学校教育中去,使现在的教育内容带有更多的地方特色和民族特色。同时,根据藏族几乎是全民信教的特点,以及宗教对藏民族文化的形成和发展有重要影响,不少爱国的宗教界人士,既有一定的文化知识,又对民族的进步、藏族教育文化的振兴,有着强烈的责任感等情况,要充分发挥他们办教育的积极性。

八、关于进一步加强五省、自治区藏族教育协作的问题。李铁映同志讲话中强调,各省、自治区都要重视藏族教育的发展,要认真研究藏族教育,在总结以往经验的基础上,根据藏区情况,进一步回答藏族教育究竟走一条什么样路子的问题。同时提出,在国家教委和国家民委领导下,成立五省、自治区藏族教育协作领导小组,至少每年召开一次会议,研究发展藏族教育的有关方针、政策和重要措施,表彰办学有功的单位和个人。会议根据李铁映同志的要求,对五省、自治区藏族教育协作领导小组的组成、任务和与各省、自治区教育行政部门的关系等问题进行了研究并一致同意:

1. 把原来五省、自治区的藏文教材协作扩大为藏族教育协作,并尽快组建新的五省、自治区藏族教育协作领导小组,积极开展工作。

2. 新的五省、自治区藏族教育协作领导小组,主要由下列人员组成:既五省、自治区主管教育的副省长、副主席和省、自治区教委(教育厅)、民委的领导同志。教育协作领导小组由青海省牵头,其办事机构的设置、编制、经费等,仍按 1988 年 6 月在成都召开的五省、自治区藏文教材和藏族教育协作会议的决定执行。

3. 五省、自治区藏族教育协作领导小组,主要是对藏族教育一些重大问题进行协商、协作和研讨的机构,并不是置于五省、自治区府或教育行政部门之上的行政领导机构,它主要任务是:对藏族教育发展中的重要方针、政策和措施进行研究,并向国务院提出建议;在藏族师资培训、藏文教材的编译出版、藏族中高级专门人才的培养等方面进行协作;组织五省、自治区及时总结交流藏族教育发展、改革的经验;组织开展藏族教育的科学研究。

根据李铁映同志的意见，今后每年至少召开一次藏族教育研讨会，要把会议开好，主要靠五省、自治区的共同努力和认真准备。1989 年的会议在哪里召开，研讨的中心议题是什么，这次会议未来得及很好研究，请各省、自治区对此进行研究，提出建议，连同参加五省、自治区藏族教育协作领导小组的名单，务于 1988 年 10 月底前报国家教委民族教育司。

关于内地西藏班（校）工作初步总结和今后意见

（1988 年 10 月 9 日国家教委、财政部、
国务院西藏经济工作咨询小组、人事部印发）

根据中央决定，从 1985 年开始，在上海、天津、辽宁、河北、河南、陕西、山西、湖北、湖南、山东、江苏、浙江、安徽、江西、重庆、云南等十六个省市，利用当地学校师资、设备方面的优越条件举办了西藏初中班，并在北京、成都开办两所西藏中学。两年多来，已招收西藏小学毕业生近 4000 人。预计到 1992 年开始有第一批中专毕业生，到 1996 年开始有第一批大学毕业生。

一、关于在内地举办西藏班的重要意义

根据中央要在西藏实行一系列特殊政策的指示，促进以农牧业为基础，旅游为中心，能源、交通、教育为重点的整个国民经济的发展，逐步实现经济上的"两个转变"，把西藏以发展经济为中心的各项建设搞上去，当前比较紧迫的一项任务，就是要进一步加强人才培养，提高劳动者的科学文化和技术素质，提高各级干部的管理水平，归根结底就是要积极稳步地发展各级各类教育事业。

过去多年来的经验证明，国家和内地经济发达省市帮助西藏，象援建 43 项工程那样搞些经济建设项目和旅游设施，是可以很快搞上去的。但是，各项建设项目搞上去后要充分发挥效益，并不是一件容易的事。目前，西藏拥有 250 多个工业企业，普遍存在效益低，亏损严重的问题。问题的症结在哪里呢？在于工人的科学文化和技术素质差，管理跟不上去。结果是长期不能改变劳动力工资高、产值低，投入高、效益低

的局面。这就更加说明，加强智力开发的迫切性和重要性。

要培养西藏社会经济发展所需要的各级各类专业人才，提高劳动者的科学文化和技术素质，首先要立足于办好西藏本地的教育事业。但是，目前由于受到种种条件的限制，特别是师资方面的限制，西藏教育的发展还远远不能适应西藏建设的实际需要。因此，必须继续采取区内外结合办学的方针，为西藏培养人才。即使如此，发展教育的基础和立足点，仍然在西藏；从数量上讲，仍然以区内培养为主，以区外培养为辅。

在内地办学将以培养中等专业技术人才为主，即招收西藏小学毕业生，用 4 年时间读完初中课程，取得合格成绩后，多数人将升入当地中专学习，毕业后回西藏工作，工作几年之后，也可以根据西藏建设的需要，进入当地高等院校继续深造；少数优秀的经高中阶段学习后，将择优选拔到内地高等院校继续学习。我们认为，这一方针，是符合西藏建设对人才的实际需要的，应认真贯彻执行。

二、两年多的实践证明，利用内地学校的优势举办西藏班，是为西藏加快培养建设人才的有效途径，效果是好的

（一）使藏族学生在德智体各方面得到较快的发展和提高。西藏新生到内地后，根据学校摸底测验，绝大多数学生的文化基础差，只相当于内地小学的二、三年纪水平；有不少学生汉语水平低，一部分学生不会说完整的汉语，学业程度又参差不齐，因而增加了教学的难度。但是，经过两年多的学习，藏族学生在各方面都有了明显的变化和进步。

1. 在学生文化基础知识方面，经过一年补习，绝大多数学生基本上都达到了小学结业水平。如辽阳市一中西藏班学生，1985 年入学时的摸底测验，平均成绩为：汉语文 14.1 分，数学 24.8 分。经过一年半学习到初中一年级上学期期末考试，与该校汉族学生用同一试题，平均成绩提高到：汉语文 61.8 分，数学 67.6 分。1986 年入学的学生，经一年学习后平均成绩：汉语文为 85.7 分，数学为 87.7 分。又如天津市红光中学西藏班，是来自西藏那曲地区的学生，补习一年后的成绩，汉语文 75.7 分，及格率为 94%；藏语文 86.6 分，及格率为 100%；数学 71.3 分，及格率为 84.4%。初中一年级第二学期期末考试平均成绩：政治 89.1 分，及格率为 67.9%；汉语文 81.7，及格率为 100%；藏语文 78.6 分，及格率为 95.8%；数学 84.6 分，及格率为 98.8%。对学习成绩提高的幅度之大，学校一方面感到出乎意料，另一方面也增强了办好西藏班的信心。

2. 在学生的体质方面，经过有秩序、有规律的生活，加强体育锻炼，学生的体重普遍增加，身体普遍增高。据一些学校的典型调查，第一年学生体重平均增加到 5～7.3 千克，身高平均增长 9～13 厘米。绍兴市一中西藏班 100 名学生中，已达到国家体育锻炼标准的占 60%。上海市回民中学西藏班初中一年级学生参加市体育锻炼达标测

验，及格率、良好率、优秀率远远超过市规定的指标。

3. 在思想品德、组织纪律方面也有较大的进步。学校通过课堂教学和课外各种活动，尤其在藏民族各种传统节目开展活动，注重对学生进行热爱社会主义祖国、热爱西藏、热爱家乡的教育、民族团结教育和严格的组织纪律教育。并且积极提倡，在学校初步形成尊师爱生、民族团结、勤奋学习、争做好人好事，以及讲文明、守纪律、讲卫生、勤俭节约等良好风气。这对学生的身心得到健康发展，起了积极的促进作用。据辽宁、天津、上海、河北四省市西藏班的统计，两年来被评为优秀学生的148人，被评为单项先进标兵或获得奋进奖的275人，占学生总人数的56%。

4. 重视学习藏语文。藏语文是西藏班的一门主课，这一点是很明确的。因此，各学校都注意加强藏语文的教学，西藏班原规定一周两节课，现普遍增加到一周4~6节课。有的学校还利用假期或平时的晚自习，增加藏语文课的教学时数。从两年多情况看，学生学习藏语文的成绩有很大提高，同汉语文一样学得比较好。有些学生在西藏时只懂藏语不懂得藏文，但到内地后反而学会了藏文。

两年多来，内地西藏班所以能够取得这些成绩，一是各省市领导的重视和关心，以及有关部门的大力支持。有不少省的主要领导同志亲自过问这项工作，经常深入看望师生，了解情况，并协调有关部门及时研究解决办学过程中的问题，基本保证了办学的物质条件，给学生创造了良好的学习、生活环境。二是学校在管理上，注意严格制度、严格要求、严格检查，从而建立良好的学习和生活秩序。同时也注意发挥学生的主动精神，使他们学会自己管理自己，逐步养成独立的生活能力。三是注意调配政治业务素质较好的教师担任西藏班的教学、思想工作和生活管理工作。其中有些是全国或省一级的优秀班主任、教师。他们不仅具有较丰富的教学、管理经验，而且有以校为家，以苦为荣的积极奋斗精神。四是在教学上面向全体学生，加强教学研究，注意改进教学方法。针对西藏学生实际水平低，基础差的情况，郑州市四中提出"打好基础，单元过关，重视练习，加强补差"的办法；辽阳市一中提出"让学生听懂学会，不赶进度，不走过场"的原则；上海市回民中学在教学进度上，强调"以旧带新，反复巩固，不赶进度，讲求实效"。加上西藏学生聪明、活泼，学习比较刻苦、主动，因而绝大多数学生学得比较好，取得了比较实在的教学效果。五是利用西藏班学生常年集体住校的有利条件，通过每天晨读、晚自习，以及假期补课，增加了学习时间，缓解了补课任务重、教学时数有限的矛盾。同时，利用假期组织学生到社会进行参观访问，对学生开阔视野、增长知识、陶冶情操，进行思想品德教育，均收到好的效果。学校还普遍开展了海模、航模、电子、书法、绘画、演唱、体育、协作、摄影、养兔等兴趣小组活动，扩大了学生的知识面，也培养了学生的动手能力。

（二）在内地办学，可以节省投资，发挥较好的效益。先从基建看，两年来，16

个省市西藏班所在学校新建教学、生活用房共 98400 平方米，每平方米平均造价 248 元，而在西藏每平方米造价要 350～400 元，比内地高 100～150 元。仅这一项，比在西藏减少投资 42%～62%。再从学生人均经费看，在内地办学均低于西藏，如 1985 年中专生和大学生在西藏的人均经费分别是 2546 元和 6873 元，而在内地 1986 年的人均经费分别为 1000 元和 2400 元。

（三）在内地办学促进了西藏的基础教育。据调查，西藏的广大干部和群众是赞成在内地办学的，认为这中央为西藏人民办的一件大事，要求继续办下去。现在，他们把送子女到内地读书看作是一种光荣，在农牧区用各种隆重的形式欢送考取内地西藏班的学生。许多地区的小学生，也把能到内地西藏班学习作为奋斗目标，从而提高了当地群众办学的积极性，也提高了学生的入学率、巩固率。近两年来，西藏边境地区学生外流现象是有所减少，内地办学是一个重要原因。

三、为继续办好内地西藏班、校，当前应着重解决好以下几个问题

1. 加强领导管理问题。在内地为西藏办学培养人才，是经中央决定的。对西藏建设具有重大意义。办好西藏班、校是内地各省市应尽的光荣政治任务，一定要高度重视，切实加强管理和领导。为及时研究解决办学程中的问题，省市一级要有人负责，做好协调工作。各省市教育行政部门要指定一位负责人主管这项工作，明确下属分管单位的责任，主要是在教育业务和管理方面，加强调查研究，及时指导。西藏班、校所在省辖市或院校，要全面负责，加强经常性的管理和指导。举办西藏班的中学，要指定一名校级领导分管西藏班的工作，并可另配专人处理日常事务，以保证西藏班各项工作的正常开展。

2. 西藏班、校教职工的配备和待遇问题。初中阶段的西藏学生年龄小，全部住校，学校的行政、教学、生活管理方面任务繁重。因此，西藏班、校正式教职员编制可由编制主管部门比照其他普通中学的标准予以适当从宽核定。另仍按原规定 50 名学生由西藏选派 1 名藏语课教师、2 名生活管理教师。但随着年级升高，生活管理人员可适当减少。

内地各省市和西藏教育行政部门一定要注意调配政治素质好、作风正派，责任心强，热爱藏族学生，具有较多的教学经验，教学业务水平高，身体健康的教师担任西藏班、校的教育和管理。对在实际工作中表现差，或者不能胜任，因而不宜继续做西藏班、校工作的教职人员，应及时进行调整。

西藏班、校的教职人员任务重，工作量大，也很辛苦，可考虑给予适当补贴，由各地政府根据所办西藏班、校的具体情况研究确定。

3. 经常费问题。据有关地方反映，1985 年西藏班开办初期，由西藏自治区规定的

各项经常费标准很低，有些必需的开支项目又没有列出，加上近年由于物价上涨等因素，已不敷实际开支，要求适当调整。解决的办法，建议除由西藏自治区人民政府结合地方财力酌情提高内地西藏班、校办学经费外，有关省、市人民政府也可根据节约原则、地方财力和实际情况适当补贴。其中医药费，除按原规定标准保证支拨外，西藏自治区根据内地西藏班、校医药费开支情况予以补贴。

凡是拨给西藏班、校的经费，一定要保证用于办好西藏班、校，严禁挪作他用。

对西藏学生的生活安排，包括衣食住行，既要保证他们在德智体各方面全面、健康成长，又要提倡艰苦朴素，标准不宜过高，以免影响他们回去后适应西藏的工作、生活环境。今后要逐步试行生活费用收费制度，根据学生家庭的负担能力，除确有困难的学生仍予以减免外，都要收取一定的生活费用。具体办法将另研究制定。

内地西藏班、校当地教职人员的人头经费，包括工资、补贴、奖金、福利及其他费用，应由所在省市或者省辖市（区）人民政府安排解决。

4. 加强教学管理问题。西藏班、校的教学要求和教学内容，要符合西藏和藏族学生的特点。要根据两年来的教学实践，重新修订教学计划，研究制定新的教学大纲，调整教材内容。在课程安排上，除进一步重视和加强藏语文教学，努力提高藏语水平外，还要增加反映西藏民族文化特点的内容。对藏族学生要始终注意加强热爱社会主义祖国、热爱西藏、热爱家乡的教育，民族团结教育，艰苦奋斗的教育，劳动技术教育和严格的组织纪律教育，使他们在德智体美劳各方面都得到发展和提高，牢固树立学好本领，立志为建设新西藏服务的思想。针对西藏学生的特点，加强教学研究，及时总结教学经验，不断改进教学方法。

5. 根据内地办学以培养中等专业技术人才为主的方针和西藏建设对人才的需求，及早研究制定初中毕业生的升学计划，包括专业分配、名额、招生办法、培养学校等。原则上要发挥各省市中专教育有关专业的优势，采取适当集中、统筹安排的办法，避免过于分散。从1988年起每年由西藏自治区提出专业的人才培养计划，经国家教委和国家计委审核后列入当年的招生计划，并直接下达到有关省市及学校具体落实。

内地西藏班和西藏中学每年招生，要注意招收西藏边境地区的小学毕业生，以利于促进这些地区教育事业的发展和边境的安定、巩固。

国家教委普通高等学校
定向招生定向就业暂行规定（节录）

（1988 年 11 月 24 日）

　　为了保证工作环境比较艰苦的地区和行业能得到一定数量的毕业生，高等学校按国家招生计划的一定比例实行"定向招生、定向就业"。

　　国家教委、中央其他部门所属高等学校可面向内蒙古、广西、贵州、云南、西藏、甘肃、青海、宁夏、新疆等九省区，以及国家重点建设项目中工作环境比较艰苦的单位定向。

　　省、自治区、直辖市所属学校可面向教育基础比较薄弱的老革命根据地、少数民族聚居地区、山区、边远地区的县，以及工作环境比较艰苦的行业定向；中央部门所属学校为地处上述地区的本部门所属企事业单位培养人才可实行定向。

文化部、国家教委
高等艺术院校（系科）
招生工作暂行规定（节录）

（1989 年 1 月 30 日）

　　对边疆、山区、牧区、少数民族聚居地区的少数民族考生，归侨、华侨及其子女以及台湾省籍考生，荣立二等功以上的退役军人，烈士子女，有特殊贡献的公民以及实践经验丰富的优秀青年，可适当降低分数，择优录取。

国家教委办公厅关于印发
《全国教育援藏工作汇报会纪要》的
通　知

（1989 年 2 月 13 日）

北京、天津、上海、辽宁、山西、山东、河北、河南、湖北、湖南、安徽、江苏、浙江、江西、陕西、甘肃、四川、重庆、西藏、云南省（自治区、直辖市）人民政府办公厅、教委（教育厅、局）：

现将《全国教育援藏工作汇报会纪要》印发给你们，请按照《纪要》精神继续做好各项援藏工作。

附件：全国教育援藏工作汇报会纪要

全国教育援藏工作汇报会纪要

一

1988 年 12 月 18～23 日，国家教育委员会民族教育司在山西太原召开了全国教育援藏工作汇报会。出席会议的有关省市政府副秘书长、办公厅副主任，省市教委（教育厅、局）主任、副主任（副局长），中央统战部、国家计委，国家民委的有关同志，以及内地西藏班（校）的校长等，共 80 多人。

这次会议，主要是检查、交流、研究落实国务院第二次援藏工作会议的情况，研究内地西藏班（校）初中毕业生分流等问题。国家教委民族教育司副司长韦鹏飞同志根据国务院第二次援藏工作会议精神讲了话，援藏办负责人莫保文同志通报了一年来国家有关部委和省市援藏工作的进展情况及存在的主要问题。山西省人民政府吴达才副省长也在会上讲了话。

会议期间，各省市的有关同志先后汇报了一年来援藏工作情况，并就今后有关援藏问题进行了认真研讨。与会同志一致认为，国家教委召开这次会议是及时的、必要的。

二

一年来，各有关省市和部委遵照中央"全国支援西藏"的方针，认真落实国务院第二次援藏工作会议精神，做了大量工作，主要是：

1. 国务院第二次援藏工作会议后，各省市和有关部委专门召开各种会议，集中研究落实教育援藏的有关问题。并积极组织有关人员前往西藏进行考察，与西藏有关部门、地区和学校具体商议援藏事宜，使教育援藏项目尽快落到实处。

2. 对口援藏工作有进展。在有关部委和省市支持下，拟定了内地 12 所高校分别对口支援西藏 3 所高等院校的计划和实施方案，已在逐项落实。第二次援藏工作会议确定由上海、浙江、天津、辽宁、山东、湖南、湖北、山西等 8 省市负责对口支援西藏 7 个地市发展教育，已按规定的任务，选派了中学骨干教师，帮助培训西藏现有教师和教育行政管理人员，以及做好西藏各地中学的实验室建设。对西藏现有的中等师范学校，也选派了一批缺门专业课教师，为 4 所师范学校在职教师和学校管理人员提供了培训条件。据不完全统计，1988 年仅山东，辽宁、上海、河南、山西 5 省市派出的援藏教师就有 104 名。

3. 清华大学接受国家教委的委托，认真做好支持西藏电教工作，在短短的两三个月之内，以优惠的价格已为西藏提供 49 套电视接收站配备，并派技术人员到西藏帮助安装了 6 套设备，见效快，受到西藏干部、群众的好评。计划将于 1989 年一年使全藏的 75 个县市都能看到教育电视节目。

4. 为办好内地西藏班（校），各省市做了大量工作。为进一步改善内地西藏班（校）的办学条件，截至 1988 年底，各省市投资基建费就达 2000 多万元。北京西藏中学早已动工建设，进展较快，除已招收两届初中生以外，从 1989 年起将招收高中生。久拖未建的成都西藏中学，也在省有关部门的支持下，制订了建校方案，落实了基建，正在抓紧建设。

5. 作为受援的西藏自治区教科委，以及西藏各地市的教育部门，积极配合有关省市或部门搞好智力援藏工作，保证了智力援藏各项工作的顺利开展。

三

与会全体同志就内地西藏班 1989 年初中毕业生的分流问题，进行了认真研究，一致认为如何安排好首届内地西藏班毕业生继续深造的问题，是关系到中央战略措施的落实、西藏的安定以及内地西藏班（校）命运的大事，要遵照中央领导同志关于"这事必须认真做好"的指示精神去办。并根据关于"内地帮助西藏办学培养人才以中等专业技术人才为主"的方针，除少部分（20%左右）成绩优秀的学生升入高中外，大部分转入各有关省市中专或技工学校学习，毕业后回西藏参加各项建设工作。因此，从现在起要做好学生思想工作，做好毕业生的分流安排。分流计划安排要发挥各省市有关部门所属中专相关专业的优势，采取适当集中、统筹安排的办法，根据西藏自治区提出的专业人才培养计划，经国家教委和计委会同有关部委审核后列入当年招生计划并直接下达到的有关省市及学校具体落实，各有关部委、省市及学校都要积极承担这项任务。关于办学费用问题，由有关方面共同负担，多渠道加以解决，具体办法要尽快研究予以落实。

对 1989 年 1200 多名藏族初中毕业生的升学考试等问题，经会议研究认为，这批学生在内地较好的学校中（大部分是省市重点中学）学习了 4 年，德智体各方面均有很大进步。与会同志一致同意由西藏教科委将各专业招生名额分配到各学校，然后由各省市教委会同学校组织毕业选拔考试，在此基础上根据毕业生所填报的志愿，按专业并结合考生的地区来源，由学校具体办理毕业生升学事宜；对于各校按超额 30% 的比例推荐上来报考高中的学生，要另外提前加考汉语文、藏语文和数学三科，择优录取。升中专和高中的具体办法和工作安排由国家教委民族教育司和西藏教科委派人组成内地西藏班毕业招生办公室负责拟定。

会议期间在国家教委民族教育司的主持下，西北师大和西藏自治区教科委的负责同志就筹建藏族师资培训中心问题进行了协商，并达成了协议。重申了国务院第二次援藏工作会议精神，同意国家教委《关于内地对口支援西藏教育实施计划》中提出的西北师大"为西藏代培，研究、编写教材"等任务。西藏自治区教科委将于近期派人前往西北师大实地了解情况，以进一步商定落实具体方案报国家教委批准后执行。

四

与会全体同志还认为，智力援藏，内地帮助西藏办学培养人才，是一项崭新的工作，时间紧、规模大、分布广、任务重，许多问题还有待于进一步研究，政策、措施尚未配套，要靠在实践中探索。随着时间的推移，这项工作的规模还将逐步扩大，人才培养层次正在增加，问题也就趋于复杂。因而要把这一工作搞好，必须加强研究，探索规律，从一个班级、一所学校，初中阶段、高中、中专阶段，乃至整个智力援藏工作，做好微观和宏观方面的探讨。要把主要精力从改善办学条件逐步转移到加强管理、改进教学提高质量、探讨规律方面来。

会议认为，各项智力援藏工作已在全国二十多个省市展开，与几十所学校发生关系，并涉及到国家有关部委，智力援藏范围已远远超出教育系统。仅从1998年内地西藏班初中毕业生的分流情况看（根据西藏人才需求安排），上中专就有18个专业，即除上高中外，还有中师、卫生、建筑、林业、水电、旅游、广播电视、畜牧兽医、统计、财会等等。大部分中专学校又不是教育部分直接所属和管理，牵涉到人、财、物等诸多方面的问题，因此仅靠国家教委协调指导，是不够的。为此与会同志要求成立由国务院副秘书长牵头，由各有关部委领导参加的教育援藏协调小组，主要做为人财物方面的协调和落实工作，以便智力援藏工作能顺利进行。

国家教育委员会、
国家民族事务委员会
关于申请民族教育专项补助经费的请示

（1989年5月26日）

建国以来，特别是党的十一届三中全会以后，我国少数民族教育事业有了较大的发展，对少数民族地区的经济发展和社会进步起了积极的推动作用。但是，由于民族地区原来的起点低基础差，以及恶劣的自然地理和封闭的社会环境等因素，制约着民族教育事业的发展。目前，我国少数民族地区生产水平低，经济落后，人民生活贫困面较大，从自治区、自治州到自治县，财政大都靠国家的补贴来维持，对教育的支持非常有限。当前民族教育的突出问题是办学条件差，难以保证基本的教学需要，教学、生活用房紧张，旧的危房无力解决而新的危房又不断增加，图书和实验仪器设备严重缺乏；师资无法稳住，形成了教学质量下降的趋势，与内地差距不断扩大。加上民族地区居住分散，学校的人员编制和经费开支均大于内地学校，而且少数民族文字教材品种多、印量少、成本高，每年亏损上千万元；许多贫困地区的中小学实行减免学杂费和课本费，以及寄宿制学校学生的生活和教师的地区补贴又需要增加许多特殊开支等等，增加了民族教育经费的压力，抑制了少数民族教育事业的发展，严重阻碍着整个民族地区的经济和社会进步。

中央领导同志在全国民族团结进步表彰会上的讲话中指出："我国的民族问题，当前更多地表现为少数族地区迫切要求加快发展经济文化的问题上。我们一定要加强这方面的工作。"又指出："国家帮助少数民族地区也要特别重视从智力、从培养、教育和引进人才给予帮助，这样才能帮助到点子上。"

根据民族教育的实际困难以及中央领导同志的讲话精神，我们认为，除认真改革教育管理体制、努力提高办学效益，对民族教育制订必要的特殊政策外，应通过几种新的渠道适当增加民族教育投资，作为推动民族教育事业发展的重要措施，进一步落实《中共中央关于教育体制改革的决定》中"国家还要帮助少数民族地区加快发展教育事业"的要求和《中华人民共和国义务教育法》中"国家在师资、财政等方面，帮助少数民族地区实施义务教育"的规定。

具体办法是：

（一）国家财政增列一笔少数民族教育专项补助费，从1989年起每年5000万元，并以此为基数每年增加10%。

（二）建议省、自治区、直辖市财政每年单列民族教育补助专款，具体数额由各省、自治区、直辖市确定。

（三）国家每年拨给少数民族地区的少数民族补助费、边疆建设事业费、支援不发达地区发展资金以及扶贫资金中按一定的比例划出用于发展民族教育事业。

幼儿园管理条例（节录）

（1989年8月20日国务院批准）

第十五条 幼儿园应当使用全国通用的普通话，招收少数民族为主的幼儿园，可以使用本民族通用的语言。

国家民委关于确定民族学院
重点学科的通知

（1989 年 9 月 11 日）

根据国家教委《关于评选高等学校重点学科的暂行规定》（〔1987〕教研字 023 号），我委于 4 月份发出《关于评选民族学院重点学科的通知》。各民院根据本院的实际情况，初步建议 11 个学科专业为委属民族学院重点学科。经委学术委员会审批，并征求了有关专家的意见，现确定：

中央民族学院   民族学（国家级重点学科）

中国少数民族经济

少数民族语言文学

中国民族史

马克思主义民族理论

西北民族学院   少数民族语言文学

西南民族学院   动物遗传育种学

少数民族语言文学

中财民族学院   民族学

有机化学

为民族学院部委级重点学科。

重点学科的建设和日常管理工作由学院负责。建设资金采取国家扶植和学校自筹等多种渠道共同解决。

关于内地与新疆维吾尔自治区
高等教育支援协作规划会议纪要

（1990 年 2 月 20 日国家教委、国家民委印发）

一

　　1987 年国家教委和国家民委在新疆乌鲁木齐市召开的内地与边远民族地区高等学校支援协作会议，推动了内地高等学校对边远民族地区高校的支援工作，促进了边远民族地区高等教育的改革和发展。为了进一步贯彻落实这次会议精神，继续帮助新疆发展民族教育事业，培养各民族专门人才，促进新疆社会主义现代化建设，国家教委、国家民委于 1989 年 10 月 20 日至 24 日在北京联合召开了会议。参加会议的有国务院有关部委教育司（局），新疆有关委、厅、局负责人和 55 所高等学院校长共 90 多人。国家教委副主任柳斌、国家民委副主任伍精华和新疆维吾尔自治区人民政府主席铁木尔·达瓦买提、副主席毛德华分别在会上讲了话。会议期间，全国政协副主席、国家民委主任司马义·艾买提、国家教委副主任何东昌看望了与会代表。

　　根据江泽民同志《在庆祝中华人民共和国成立四十周年大会上的讲话》和党的十三届四中全会精神，会议认真总结了近几年来内地与新疆在高等教育方面开展支援协作的经验，研究落实 1990—1992 年内地与新疆高等教育支援协作的三年规划，讨论了内地与新疆高等学校之间开展支援协作的一些政策和当前应采取的措施等问题。会议在总结经验的基础上，充分肯定了成绩。与会代表一致认为，通过 1987 年召开的内地与边远民族地区高等院校支援协作会议，中央一些部委和内地高等学校对新疆有了进一步的了解，把支援新疆、帮助培养各民族专门人才看作是贯彻中央战略方针和党的民族政策的实际措施，要义不容辞地承担支援任务。因而，近两年来，尽管教育管理体制有所变化，教育经费比较紧张，但支援新疆高等教育的工作一直在积极进行。国家教委及中央一些部委安排的内地高等学校在新疆招生人数保持稳定，内地高等学校通过办新疆民族班等形式共招收少数民族学生1500多人，定向招收新疆研究生180人，接收新疆进修教师近200人次，并与新疆高等学校开展了各种形式的学术交流活动。同时，国家教委给新疆公派出国留学人员名额在逐步增加；积极支持和组织新疆的一些高等学校与国外高等学校建立了校际交流关系，开展了互访活动；有关部委分别给新疆有关院校进行资助，支援物资等。所有这些，加快了新疆人才的培养，有力地促进了新疆高等教育的发展和提高。

二

会议认为，在当前改革开放的新形势下，加快新疆的开发和建设对民族团结、巩固祖国边防、促进祖国繁荣具有十分重要的意义。要加快新疆的开发和建设，关键是要不断造就热爱祖国、热爱党、热爱社会主义、维护民族团结、具有艰苦创业精神的各民族干部和教育科技等各方面的人才。这除了新疆本身努力办好自己的高等院校，增强人才培养能力外，国家和内地的支援是必不可少的，中央各部委及所属院校都应该根据党的十三届四中全会精神，站在战略的高度，更加关心和支持新疆的智力开发，继续以多种形式帮助培养各民族的建设人才，并把这视为自己的一项光荣政治任务。

会议经过认真讨论，认为这次新疆提出的三年规划内容与1987年的支援协作会议上提出的规划内容基本一致，措施办法也较合理，应大力支持，使之尽快落实。为此，会议提出以下具体意见。

（一）为了适应新疆近期经济建设和社会发展的需要，并为20世纪末、21世纪初新疆大规模开发建设准备人才，近些年内地高等学校每年在新疆招生人数应不少于现在招生人数。为了有利于新疆社会主义建设和改革开放，内地高等学校在新疆招生的专业要适当调整，尽量为新疆培养急需人才。为此，内地高等学校在新疆招生的专业要适当调整，尽量为新疆培养急需人才。为此，内地高等学校及主管部门要根据新疆当前与长远需要，在认真协商的基础上先制定一个近期的支援协作规划，使校际的支援协作工作有组织有计划地进行。

（二）根据新疆文化教育基础发展不平衡的实际情况，内地为新疆举办高等学校民族预科（班）、本专科民族班，均列入国家计划。重点招收农牧区、边远山区，特别是人口较少的少数民族学生。学生入校前确定专业，毕业后回新疆分配，原则上使这些少数民族学生能分配到急需的地区和工作岗位上去。内地高等院校特别是全国重点院校招生时，新疆方面要紧密配合作好宣传工作，优先选送品学兼优的学生报考，以保証招生和培养质量。

（三）为了更好地发展新疆少数民族地区的经济文化，会议认为，近期内地普通高等学校民族班招收新疆少数民族学生数量要适当。1990—1992 年，每年平均招生人数应为 800 人左右。为了保证人才的培养质量，应本着适当照顾的原则，并根据有关规定择优录取参加统考的少数民族学生。通过统考录取的学生应先进高等学校民族预科学习两年。主要学习汉语文，提高文化基础知识。没有条件或未办民族预科的院校，可委托中央民族学院、西北民族学院或新疆高等学校代办。民族预科学生结业后升入原校本、专科时，根据学生实际情况，可与其他学生混合编班学习，也可单独办班学习，以便因材施教。

（四）振兴新疆高等教育，培养合格的各民族人才，关键在于提高教师队伍的素质。内地与新疆高等教育支援协作的一个重点是帮助新疆高等学校建设和优化教师队伍，提高学术水平。主要从三个方面进行：一是为新疆定向培养迫切需要的研究生，并根据需要，帮助新疆高等学校扩大研究生专业和学科点，提高培养研究生的能力；二是以优惠条件多接受新疆高等学校进修教师，或举办各类师资培训班，提高教师的政治、业务素质；三是派出专家教授到新疆讲学或在新疆高等学校短期任教，以帮助新疆高等学校提高师资质量和学术水平。此外，有协作关系的内地高等学校开展学术活动时，应尽可能吸收新疆高等学校的同志参加，以促进学术交流。

（五）随着国家对外开放的扩大，新疆对外交流的渠道也将逐步拓宽。为了学习吸收国外先进科学技术和管理经验，扩大与国外的经济文化交流，新疆需要逐步增派出国留学人员。与此同时，新疆高等学校也应接受部分外国留学人员。为此，国家对新疆在国际教育交流和派遣出国留学人员方面要放宽政策，制订规划，采取一些必要措施，给予支持。

三

为了使内地与新疆高等教育支援协作工作能顺利进行，会议对有关的几个问题进行了研究。

（一）关于举办高等学校民族预科、民族班的计划问题。按照协商确定的人才培养规划，新疆方面每年要按时向国家教委报送内地高等学校当年在疆招生的专业及人数计划，内地有关院校亦应根据规划作出举办民族预科、民族班的年度计划上报国家教委，以便在综合平衡的基础上统一下达招生计划，落实支援新疆任务。

（二）1989 年入学的新疆民族预科、民族班学生学杂费和住宿费的收免问题，由学生所在院校根据国家教委、国家物价局、财政部〔1989〕教财字032号文件的有关规定执行。

（三）对不合格的民族预科结业生的处理问题。为了保证升入高等学校本、专科各专业学习的民族学生质量，要充分体现既有合理的照顾又有基本要求的原则，对自办或委托办的高等民族预科（班）结业生，都要经所在学校进行考核或考试，其中有两门课程成绩补考后仍不及格者，取消转入原校本专科学习的资格，并退回原籍。

（四）关于加强对少数民族学生教育管理的问题。内地高等学校不论哪种形式招收的新疆少数民族学生，都应与本校其他学生同样对待。要按照又红又专的培养目标对他们加强教育，大胆管理，严格要求。平时学校对待新疆少数民族学生除生活上适当照顾、学习上加强辅导外，应与所有学生一视同仁，校规校纪和国家的法规必须遵守。新疆方面也要积极配合内地学校管理好少数民族学生，除派专人经常巡回了解学生情况，协助做好教育工作外，如学校需要，还可以与新疆教委协商从新疆高等学校选派民族教师协助做好管理少数民族学生的工作。

国家教委、国家民委关于申请民族教育专项补助经费的请示

（1990年2月20日）

国务院：

建国以来，特别是党的十一届三中全会以后，我国少数民族教育事业有了较大的发展，各级各类学校为国家培养了一大批少数民族干部，少数民族人民的文化素质不断提高，这对少数民族地区的经济发展和社会进步、加强民族团结和维护祖国统一，起了积极的推动作用。

但是，由于民族地区经济、文化教育基础差，原来的起点低，大多数地处边防、居住分散，加上恶劣的自然地理和封闭的社会环境，严重制约着民族教育事业的发展。特别是财政体制改革后，原来中央财政专列的每年7100万元少数民族教育补助专项经费列入地方包干基数，用以顶替自治地区正常预算收入，省（自治区）地方政府所设的少数民族补助专项经费也照此办理，国家对民族教育的扶持受到了极大的削弱，致

使民族地区教育掩盖了民族教育。少数民族教育发展十分缓慢，与内地汉族教育的差距不断扩大，适龄儿童入学率低，老文盲远未扫除，新文盲又大量产生，所需各类建设人才培养不出来，严重制约着民族地区脱贫致富和两个文明建设，影响民族团结和维护祖国统一。全国各地少数民族知名人士对此反应十分强烈，人大代表、政协委员多次提案要求增列少数民族教育补助专项经费。

江泽民同志在"国庆讲话"中明确指出："要采取必要的措施，继续帮助和支持民族地区发展经济、教育、文化和其他事业，为逐步消除历史遗留的民族间在不同程度上存在的差距而进行长期不懈的努力。"李鹏总理也在接见全国省、自治区人大民委主任会议代表时指出："民族团结是我们国家兴旺发达的保证，也是我们目前战胜各种困难的根本保证，我们要采取多种措施，保障各少数民族作为我们民族大家庭中一员的各种应有的权利，在经济、教育、文化等各方面逐步改变一些民族地区还相对比较落后的状况。"

根据少数民族教育的实际困难以及中央领导同志的讲话精神，我们认为，除认真改革教育管理体制，努力提高办学效益、对民族教育制定必要的特殊政策外，还应按1979年以前的做法，增列各级少数民族教育补助专款，作为推动民族教育事业发展的重要措施，进一步落实《中华人民共和国民族区域自治法》中"上级国家机关帮助民族自治地方加速发展教育事业，提高当地各族人民的科学文化水平"，以及《中华人民共和国义务教育法》中"国家在师资、财政等方面，帮助少数民族地区实施义务教育"规定。

具体办法是：

（一）国家财政增列一笔少数民族教育专项补助费，从1990年起，每年5000万元，并以此为基数每年递增10%；

（二）省、自治区、直辖市财政每年单列少数民族教育补助专款，具体数额由各有关省、自治区、直辖市确定；

（三）从国家每年拨给少数民族地区的少数民族补助费、边疆建设事业费、支援不发达地区发展资金以及扶贫资金中划出一定比例用于发展民族教育事业。

以上意见当否，请批示。

国家教委、国家民委关于
设立五省（区）藏族教育协作领导小组和
协调小组的通知

（1990 年 4 月 21 日）

为了加强对五省、自治区藏族教育一些重大问题的协商、协作和研讨，总结交流藏族教育经验，根据国务院有关领导同志的有关指示精神，经研究决定，设立五省、自治区藏族教育协作领导小组和五省、自治区藏族教育协调小组。现将有关问题通知如下：

（一）五省、自治区藏族教育协作领导小组和协调小组由下列成员组成（略）。

（二）五省（区）藏族教育协作领导小组，主要是对藏族教育的一些重大问题进行协商、协作和研讨的机构，并不是置于五省（区）政府或教育行政部门之上的行政领导机构。它的主要任务是：对藏族教育改革、发展中具有共性的重大方针、政策和措施进行研究，并向国务院提出建议；具体领导藏族教育协调小组的工作，研究教育协作中的重大问题。藏族教育协调小组的主要任务是：在协作领导小组领导下，对藏族教育师资培养、藏文教材的编译出版、藏族地区中、高级人才的培养等方面进行协调；组织交流藏族教育改革、发展经验；提出和表彰藏族教育办得好的一些单位和个人；组织开展藏族教育的科学研究，研究和提出藏族教育协作的具体计划和对有关问题进行协调。

（三）五省（区）藏族教育协作领导小组和协调小组一般每年召开一次会议。根据需要，可分别召开，也可同时召开。研究当年协作工作的有关问题。

（四）五省（区）藏族教育协作领导小组和协调小组设立后，原五省（区）藏文教材协作机构仍然保留，其名称为"五省（区）藏文教材协作组"，在五省（区）藏族教育协作领导小组和协调小组领导下继续开展藏文教材协作的具体工作。其日常办事机构，也是协作领导小组和协调小组的办事机构。由于任务加重，根据工作实际需要，请青海省适当增加人员编制。

（五）五省（区）藏族教育协作领导小组和协调小组的各项协作活动经费（含藏

文教材审定费），原则上按五省（区）各自的藏族人口比例分担。

财政部对《关于申请民族教育专项补助经费的请示》的复函

（1990 年 5 月 4 日）

你们两委 1990 年 2 月 20 日再次联合上报国务院的《关于申请民族教育专项补助经费的请示》（以下简称《请示》），已由国务院办公厅以办 459 号转交我部研办。现将我部意见函告如下：

（一）为支持少数民族地区的经济建设和各项事业的发展，需要在下一步确定财政新体制时统一考虑。但考虑到当前少数民族地区教育的实际困难，在中央财政十分困难的情况下，经研究，同意从 1990 年起，到实行财政新体制之前，由中央财政每年安排 2000 万元专款，用于支持少数民族地区发展教育的补助专款。今年所需资金，拟报请国务院动用总预备费解决。此项专款待国务院批准后，由国家教委提出分配方案（应征求国家民委意见），经我部同意后联合下达。为提高资金使用效益，这项专款实行项目管理，由国家教委财务司统一掌握使用，具体管理使用办法另定。

（二）对《请示》中第二、三条办法，建议分别修改为"建议省、自治区、直辖市人民政府根据地方实际情况，每年酌情安排民族教育补助费。具体数额由省、自治区、直辖市确定。"和"国家每年拨给少数民族地区的少数民族地区补助费、边境建设事业补助费、支援不发达地区发展资金及其他扶贫资金，各地要安排一部分用于发展少数民族教育事业。"

国家教育委员会、财政部关于
下达民族教育专项补助经费的通知

（1990 年 12 月 5 日）

为了支持少数民族教育事业的改革和发展，解决民族教育方面的一些特殊困难，经研究，由中央财政补助你省（区）民族教育专项经费　　万元，用以资助发展少数民族初等教育。

该项补助费只用于少数民族聚居的普及初等教育确有困难的地区（含牧区寄宿制）危险校舍的修缮、改造，购置课桌凳、图书设备。为了切实保证该项补助经费的使用效益，在具体安排上要实行项目管理、专款专用。

各地对此项补助费的分配方案及使用情况，请于明年一季度前和年终分别上报国家教委和财政部。

1990 年民族教育专项补助费分配表

单元：万元

省、自治区名称	分配调整数
西藏自治区	120
宁夏回族自治区	120
新维吾尔自治区	280
广西壮族自治区	270
内蒙古自治区	220
贵州省	220
云南省	220
青海省	210
四川省	280
海南省	60
合计	2000

国家教委、国家民委关于民族教育专项补助经费的补充通知

（1990 年 12 月 22 日）

现就国家教委、财政部《关于下达民族教育专项补助经费的通知》，（教财〔1990〕085 号）作如下补充通知：

一、各地教育行政部门、民族事务委员会，要抓紧制订民族教育专项补助经费的分配方案，严格按照通知要求，实行项目管理，专款专用。

二、各地教育行政部门、民族事务委员会要根据当地的实际情况，对使用补助经费的单位和项目，进行必要的审查和论证，切实保证补助经费的经济效益和社会效益。

三、请将补助经费安排意见经财政部门同意后报财政部、国家教委和国家民委。

财政部、国家教委、国家民委关于民族教育补助专款使用管理等有关问题的通知

（1991 年 7 月 15 日）

为了支持少数民族地区普及义务教育，中央财政从1990年起到实行新财政体制以前安排一定数额的民族教育补助专款。此项专款实行项目管理，现将有关事项通知如下：

一、民族教育补助专款的使用范围

民族教育补助专款主要安排在五个少数民族自治区和云南、贵州、青海省内少数民族聚居地区。用于补助这些地区的中小学（含牧区寄宿制学校）修缮、改造危险校舍，购置教学仪器设备、图片资料等。

二、民族教育补助专款的使用原则

此项专款要按照统筹规划，集中资金，突出重点，鼓励先进，扶持贫困的原则安排。各地要根据当地民族教育发展规划，每年相对集中地重点安排补助项目，以解决当地民族教育发展的突出问题，充分发挥经费的使用效益。

三、民族教育补助专款的申报和审批

各地财政、教育主管部门和民族事务管理部门在对本地教育发展需要支持的项目进行调查了解和可行性研究的基础上，按项目管理的要求于每年三月底以前向财政部、国家教委、国家民委报送申请民族教育补助专款的报告及项目申请表（附件一）。报告一般应包括下列内容：

（一）本年度项目安排计划。主要说明本年度要重点解决的问题、项目、方向和范围。

（二）项目所需的经费，包括申请中央补助数和地方配套资金数。

（三）项目对于当地民族教育发展所起的作用，产生效益的论证报告。

财政部、国家教委、国家民委根据需要和可能，对各地上报的专款补助申请计划及报告进行评审，经综合平衡后，由财政部商国家教委、国家民委分配下达补助专款。

四、民族教育补助专款的使用管理

各省、自治区财政、教育主管部门和民族事务管理部门要加强对此项专款的使用管理，明确各级主管部门的责任；要按照项目管理的要求，结合本地实际情况，制定具体的项目管理办法，对项目的选择、立项、组织实施、检查指导和评估总结等具体工作，都要有明确规定。年度终了，各地要按照财政部〔1988〕财文字第 840 号《关于颁发〈关于社会文教行政专项资金实行追踪反馈责任制的暂行规定〉的通知》精神，向财政部、国家教委、国家民委报送民族教育补助专款使用效益报告表（附件二、三）。

财政部、国家教委、国家民委将对此项专款的使用管理工作进行检查、指导、监督、考核。对于管理工作做得好、按计划完全项目、使用效益好的部门和单位，给予表彰，并优先安排补助专款。对于管理不善，没有按计划完成项目的部门和单位，减少或停拨补助专款。对挤占和挪用补助专款的单位，要追究有关领导人的责任，并依法严肃处理。

五、今年的专款申请报告，请各地在 8 月 30 日以前报送

附件：
一、民族教育补助专款项目申请表（略）
二、民族教育补助专款使用效益报告表（略）
三、使用民族教育补助专款地区教育发展情况报告表（略）

中华人民共和国义务教育法
实施细则（节录）

（自 1992 年 4 月 4 日发布之日起施行）

第十八条　依照义务教育法第十条第二款规定享受助学金的贫困学生是指：初级中等学校、特殊教育学校的家庭经济困难的学生，少数民族聚居地区、经济困难地区、边远地区的小学及其他寄宿小学的家庭经济困难的学生。实行助学金制度的具体办法，由省级人民政府制定。

第二十五条　民族自治地方应当按照义务教育法及其他有关法律规定组织实施本地区的义务教育。实施义务教育学校的设置、学制、办学形式、教育内容、教学用语，由民族自治地方的自治机关依照有关法律决定。

用少数民族通用语言文字教学的学校，应当在小学高年级或者中学开设汉语文课程，也可以根据实际情况适当提前开设。

第二十八条　………中央和地方财政视具体情况，对经济困难地区和少数民族聚居地区实施义务教育给予适当补助。

关于加强少数民族与民族地区
职业技术教育工作的意见

(1992 年 4 月 8 日国家教委发布)

为了贯彻落实《国务院关于大力发展职业技术教育的决定》，大力发展少数民族和民族地区的职业技术教育，促进这些地区的经济建设和社会发展，特提出如下意见：

一、高度重视职业技术教育在少数民族和民族地区经济建设和社会发展中的战略地位和作用

近年来，在《中共中央关于教育体制改革的规定》精神的指引下，少数民族和民族地区的职业技术教育已呈现出可喜的发展势头，涌现出一批有较大影响，能起示范作用的职业技术学校。但是从总体上看，由于历史、社会和自然条件等方面的原因，对职业技术教育在社会主义建设中的地位和作用，还缺乏应有的认识，职业技术教育与经济建设和社会发展的要求仍然有较大差距，教育结构不尽合理，教育的着眼点还往往只放在少数学生身上，致使占同龄人中 90% 以上的回乡中小学毕业生，既缺乏必要的建设家乡的思想准备，又不具备致富的技术和技能。有的地方即使办了职业技术学校，也未能摆脱普通教育的模式，不能培养大批合格的技术人才和劳动大军，严重地制约了这些地区经济建设和社会发展的步伐。

我国共有 55 个少数民族，少数民族贫困县就有 143 个。为加快少数民族与民族地区的经济开发，必须在提高劳动者素质，增强吸收运用科学技术能力上下功夫。要在努力提高基础教育普及程度的同时，大力发展职业技术教育。这是直接关系到这些地区经济振兴、社会安定和民族团结的重大问题。各级领导一定要进一步提高对发展少数民族与民族地区职业技术教育战略地位和作用的认识，制订可行规划，采取有力措施，认真落实《国务院关于大力发展职业技术教育的决定》，加大改革力度，加快改革步伐，使少数民族与民族地区的职业技术教育在今后十年内得到更加迅速、健康的发展。

二、进一步明确少数民族与民族地区职业技术教育改革与发展的方向和路子

发展少数民族与民族地区的职业技术教育，既要符合职业技术教育的基本特点和规律，又要注意切合这些地区的实际，不能简单照搬城市和发达地区的做法，要努力探索符合民族特点与地区实际的发展路子。

（一）坚持德育为首，始终把牢办学的社会主义方向

德育为首是我国各级各类学校必须遵循的办学原则。当前，国际形势剧烈变化，作为地处边防的民族地区，更应切实加强对学生进行坚持党的基本路线的教育、国情教育和近现代史教育，提高学生的爱国主义、社会主义、集体主义思想，增强抵制西方敌对势力的"和平演变"和资产阶级自由化影响的能力；要加强职业自豪感、职业道德和职业纪律的教育，养成良好的行为习惯，促进社会主义文明风尚的形成；要进行党的民族政策、宗教政策、艰苦奋斗教育，使新一代能继续坚持维护我国的民族团结和统一、热爱家乡、立志为改变家乡的落后面貌贡献青春。

（二）坚持主要为当地经济建设和社会发展服务的办学方向，培养素质较高的新型农（牧）民

目前，少数民族与民族地区的生产力发展水平还比较低，经济结构一般仍以农（牧）业为主，职业技术教育的发展必须面向农（牧）业生产、面向农村经济建设和社会发展、面向农（牧）民脱贫致富的需要。在办学方向和培养目标上，应把培养有较高政治、文化和技术素质的新型农（牧）民和农（牧）业技术骨干作为主要任务；在专业设置上，要首先注重办好直接为农、牧、林业服务的专业。同时，根据当地经济建设和产业结构调整的需要，逐步发展为第二、三产业服务的有关专业。

要加强与当地经济建设和社会发展的联系。职业技术学校应积极向周围农村和农户推广科学技术、积极参与农村社会生活的变革，为科教兴农贡献力量。县办职业技术学校要坚持人才培养、科技实验、生产示范、技术推广和经营服务相结合，发挥上挂横联下辐射（即挂靠有关高等院校和科研单位、横联有关业务部门和企事业单位，向广大农村和农户推广技术）的作用。

（三）坚持多层次、多规格、灵活多样的办学形式，建立职业技术教育和培训网络

根据条件和需要，职业技术教育应采取更为灵活的办学形式。在教育层次上，多数地区目前应以中等职业技术教育为骨干，以初等职业技术教育为主体，广泛开展各种实用技术短期培训；在学制上，可长可短；在招生上，既可招职前的，也可招职后的，可采取定向及推荐与考试相结合的招生办法；在教学内容和方法上，要加强针对性和适用性，加强实践性教学环节和职业技能的训练，并适当拓宽专业知识面，以适应农（牧）区的需要。"八五"期间，每县要首先办好一所示范性职业技术学校。个别人口稀少、居住分散、交通不便的地方，可由地（州）集中办好职业技术培训中心，统筹为各县培训初、中级技术人才。地（州）教育行政部门要加强对职业技术学校的布局、规格、专业设置及招生等的统筹管理。少数民族与民族地区的职业技术教育，当前应强调大力发展，在发展的基础上逐步改善办学条件，提高办学水平

要搞好"三教"统筹。普通中小学在传授文化基础知识的同时，应在适当阶段引进职教因素，注意同职业教育的早期结合。县级政府应加强对整个职业技术教育工作的统筹管理，按照"三教统筹"的原则，各类职业技术学校、农民文化技术学校及开展"三后"教育、分流教育的普通中学要密切配合，共同形成技术培训网络，提高教育的整体效益。

（四）加强农科教结合，依靠社会各方面力量兴办职业技术教育

农科教结合是使农村经济建设转到依靠科技进步和提高劳动者素质、实现农业现代化的重要措施，也是调动各方面力量，推动职业技术教育发展，促进科技、教育与经济结合的有效途径。要充分发挥各级政府对农科教的统筹决策权，积极发展各种形式的联合办学，统筹解决经费、师资、教材、基地、仪器设备和培训项目等问题。

（五）积极发展校办产业，开展勤工俭学，走产教结合、以厂养校的道路

经营并管理好生产实习基地，开展勤工俭学不仅是提高教育质量的必须手段，也是运用学校自身技术优势、增强自我发展活力的主要措施。对校办厂和实习基地在起步资金、项目选择、产供销渠道等方面的困难，需争取各地政府和有关部门的支持，切实加以解决，还可通过银行为开展这项活动统筹部分贷款。

三、采取特殊政策和措施，推动职业技术教育的发展

要采取多种措施，扩大职业技术教育经费的来源渠道，使职业技术教育的经费每年都有一定的增长。中央拨给各省、自治区的城乡职教补助费、民族教育专项补助费、要划出一定比例用于少数民族与民族地区发展职业技术教育。

要规划、解决好职业技术教育的师资问题。有关高等院校，要在地方有关部门的

统筹安排下，承担起为职业技术学校培养专业课师资的任务；在大中专毕业生分配时要对少数民族与民族地区适当照顾；对一些急需的专业课师资，还可聘请能工巧匠担任。各地还可从事业教育专项补助经费中划拨适当比例，用于专业课教师的培训。要加强电教设备建设，充分发挥现代化教育手段在职业技术教育和专业课师资培训中的作用。

采取国家和地方相结合的办法加强教材建设，各有关部门要根据当地需要，组织编写部分乡土教材，并在经费上给予支持。

地方政府和有关部门要帮助职业技术配备和建设好生产实习基地，兴建有关专业的实验室，就近划拨一部分土地、山场、水面或小型企业；或帮助学校租赁、承担、领办有关企业或田产；或与科技、经济实体联合经营，建立相应的生产实习基地。业务主管部门或联办单位要支持、帮助职业学校建立好校外实习工厂（场），确定一些条件较好的企业、单位作为职业学校的校外实习基地。学校要加强对实习基地的管理，做到人才培养和社会、经济效益双丰收。

各级政府和有关部门要进一步落实"先培训，后就业"的方针，逐步实行技术证书制度，各单位录用和聘用工作人员时，必须优先录用职业学校毕业生和经过其他职业技术培训的人员；对回乡参加农业生产的职业学校毕业生，在贷款、农用生产资料供应、科技承包等方面要给予优惠和照顾，帮助他们尽快成为专业户、科技示范户。对成绩突出者，应给予表彰和奖励。

四、加强对少数民族和民族地区职业技术教育工作的领导

各级政府要把职业技术教育纳入当地经济和社会发展的总体规划，努力创造一个有利于职业技术教育发展的良好社会环境。要加强政府统筹，搞好教育、计划、劳动、人事、财政等部门的分工协作，加强教育部门的具体指导。县一级政府应成立职业技术教育领导小组，或建立联席会议制度，定期研究制定发展职业技术教育的规划、政策、措施，并认真检查实施，及时解决职业技术教育工作中遇到的问题。

要调整、充实、配备好职业学校的领导班子，选拔既懂教育、又懂经济、德才兼备、有开拓进取精神的同志担任学校校长。要对学校校长和教育管理干部分期分批进行培训，以提高他们的政治、业务和管理水平。要加强学校内部管理，建立健全学校的规章制度，明确职责分工，严格执行各项规章制度，做到奖惩分明。有关管理部门要认真抓好典型，不断总结和推广先进经验。

国家民委关于印发《关于加强民族院校教材建设工作的意见》的通知

（1992 年 7 月 23 日）

为推动民族类教材的建设工作，提高民族学院的教学水平，促进民族文化的繁荣与发展，特制定《关于加强民族院校教材建设工作的意见》。现发给你们，请研究落实。

关于加强民族院校教材建设工作的意见

教材建设是高等学校的一项重要基本建设，是学校教学和科研水平的一个重要标志。高等学校教材，既是教学经验的总结，又是科研成果。搞好教材建设，对于提高教育质量，保证人才培养规格具有十分重要的作用。搞好民族院校的教材建设，特别是其中的民族学科专业的教材建设，对于宣传贯彻党的民族政策，继承和发扬少数民族的优秀历史文化，加强少数民族的物质文明建设，促进民族学科的学术繁荣，提高培养少数民族专门人才的质量，都具有十分重要的意义。

党和国家历来重视民族院校中民族类专业的设置和教材建设。在 1950 年《筹办中央民族学院试行方案》中就规定中国民族学院设立语文系，专修各少数民族语文。并将"研究中国少数民族问题以及各少数民族的语言文字、历史文化、社会经济，发扬并介绍各民族的优良历史文化，组织和领导关于少数民族方面的编辑和翻译工作"作为中央民族学院的任务。在"文革"以前，有关高等院校就组织编写了民族政策等教材，编译了大量民族文字的高校教材。党的十一届三中全会以后，民族院校的教材建设取得了可喜的成绩。我委组织编写的《民族理论和民族政策》一书和预科等方面的教材，在民族院校中广泛使用，取得了较好的效果。各民族学院也编写、出版了大批质量较高的教材，在教学工作中发挥了重要作用。有关省区对高校民族类教材建设工作也很重视。有的还专门建立了高校民族教材编译机构，通过各种渠道，编写、出版了大批民族学科的教材。通过这些工作，一定程度解决了民族类专业教材从无到有的问题，对提高民族院校教学质量，繁荣少数民族文化起了有力的推动作用。

由于民族院校教材工作起步较晚，又有品种、语种较多，使用面较少，印刷、出版困难等特殊性，使民族院校的教材建设面临不少困难和问题。目前存在的比较突出的问题是：1、部分专业所开课程的教材还没完全解决。以国家民委所属的民族学院为例，目前开设的本专科主要课程约为1300余门，其中选用公开出版的教材占65.7%，采用自编油印讲义的占27.6%，使用讲稿的占6%。尤其是民族学科的教材，使用讲义、讲稿的比例更高，约占70%。由于经费不足，民族地方高等学校的一些民族语文教材得不到及时出版，给教学带来了不利的影响。2. 民族学科的教材还缺乏统一规划和指导。民族学院的教材编写还基本处于自发状态。民族学院之间，民族学院与民族地方其他高等学校之间的横向联系、分工和协作也很不够。3. 个别教材也存在不必要的重复编写出版和质量不高的问题。这种状况，已不适应民族高等教育发展的需要，因此，加强民族院校的教材建设，特别是其中的民族学科专业的教材建设，是摆在我们面前一项非常重要、紧迫的任务。

根据国务院发〔1978〕23号、〔1978〕53号文件和国家教委〔1978〕教材图厅字003号文件精神，我们对加强民族院校教材建设提出以下几点意见：

一、建设专门机构

由于教材的选题、编写、出版、评估等工作是学术性很强的管理工作，有必要成立专门机构以加强对这一工作的领导。根据国务院国发〔1978〕23文件关于"组织某些专业或课程的教材编审委员会（或小组），聘请若干水平较高的教师、专业人员协助部门进行教材编审或评选工作"的精神，我委决定成立"民族院校教材工作委员会"机构，以研究教材建设的方针政策，审定教材建设的规划、选题、出版计划，组织落实教材编写工作，开展教材评估等活动。

二、明确方针任务

根据国家教委〔1987〕教材图厅字003号文件关于"各有关部委承担组织和规划对口专业的教材建设的任务"的精神，我委应承担组织和规划民族类专业的教材建设任务。近期主要搞好民族学院的教材建设。工作的基本方针是：以民族学院为基础，联合有关民族地区的兄弟院校，重点加强民族学科专业的教材建设。适当扩大教材的品种，努力提高教材质量，使民族学科专业的基础课和主干课程的教材逐步配套。

三、民族学院的教材建设应突出民族特色

在民族学院现设学科和专业中，我委重点抓好其中的民族学、民族理论和民族政

策、少数民族语言文字、少数民族历史、少数民族文化艺术、少数民族经济、少数民族教育、少数民族宗教等学科或专业及预科、干训所需的教材建设。对其他学科缺门、有优势或特色的高质量教材的编写和出版，也酌情择优给予必要的资助。

四、加强教材的思想性、努力提高教材质量

我委规划出版的教材，必须以马克思主义为指导，坚持四项基本原则，贯彻党的方针和民族政策。

民族的教材，要批判资产阶级自由化，体现无产阶级世界观、历史观、民族观和人生观。要弘扬各民族的优秀历史文化传统，弘扬爱国主义精神，维护祖国统一和民族团结。其他科类的教材，也要做到思想性、科学性和先进性的统一。

要遵循教材建设客观规律，努力提高教材的教学水平和科学水平。做到符合教学大纲要求，结构合理、份量适当。应理论联系实际，具有系统性、先进性和启发性，适合民族地区需要和少数民族学生的特点。

五、做好教材建设各个环节的工作

认真制订教材编写五年规划和教材年度出版规划。首先集中力量抓好普通本专科民族类专业主干课程的教材和预科的教材建设，解决这类教材的有无问题。其次，抓好教学参考书、指导书、工具书的编审出版工作。有条件时，还可选择抓好若干种与文字教材相配套的声像教材。在抓好各类教材、教学参考书编写、出版工作的同时，还要注意抓好讲义的编写和油印讲义的技术改造工作。努力创造条件，使民族类教材逐步系统配套，为了调动各方面的积极性，根据不同地区经济、文化的不同特点，除我委规划的教材外，各民族学院还可组织编写具有优势或特色的自编教材。

为了提高民族类教材的编写质量和工作效益，民族学院应加强与其他大学民族学科专业的横向联系与协作。要鼓励民族学院教学经验丰富、有学术造诣的教师编写高水平的教材。还要吸收地方民族院校的部分专家、学者参加我委的教材建设工作，请他们帮助我委搞好民族类教材的编写、出版规划。通过他们，组织当地的优秀教师，参加我委规划的民族类教材的编写工作，以提高教材的编写质量。通过他们推荐，民族学院和地方民族院校之间也可互相选用各自编写的民族类教材，以达到减少重复编写、互通有无、提高效益的目的。民族学院的教材管理部门以及各系科、教研室和任课教师要重视为本校所开设的课程选用高质量的、不同特色的教材。凡是不具备自己编写具有优势或特色教材条件的课程，应积极选用外校编写的质量较高的教材，不能片面强调教材的自给率。民族学院的教材管理部门，应加强对本院教材编写和使用的管理，凡民族类的课程，应优先选用统一规划的教材。

规划的教材经使用一段时间后，我委应组织有关专家进行评估，并随时搜集反馈的各类意见，作为评估和修订再版的依据。一般教材，原则上每五年修订一次。为了促进教材建设工作，我委一般每四年进行一次规划教材的评奖活动。根据可能，还要开展必要的民族教材建设的科研活动。

六、增加经费投入，保证规划教材的出版

我委建立民族类教材建设基金。凡是纳入我委教材编写规划的教材的出版，由国家教委按〔1986〕教材字005号文件的有关规定，实行低价微利、定额补贴。由我委统一组织的教材编审会议等活动和个别不能享受国家教委教材出版补贴的教学参考书、教学工具书的出版，我委给予适当的资助。

七、加强对教材建设的领导和管理

教材建设工作是一项学术性、政策性很强的长期工作。我委和有关院校都应配备具有较高学术水平，具有较丰富的编撰教材经验和有较强组织领导能力的人员专门负责此项工作，并把教材工作提上日常工作议程。待条件具备时，各校也可建立相应的机构。有条件的应建立教材建设基金，对教材建设给予必要的财力、物力支持。

国家教委、国家体委、卫生部
国家民委、国家科委
关于进一步加强学校体育工作提高
学生体质健康水平的意见（节录）

（1992年9月7日）

七、要重点加强广大农村和少数民族与民族地区的学校体育卫生工作。要把这些地区的学校体育卫生作为今后一个时期体育卫生工作的重点，对这些地区的学校体育卫生工作给予必要的扶持，尤其要采取切实可行的措施逐步改善这些地区的体育卫生设施和卫生环境，普及体育和健康教育，增强体育与卫生的意识。

关于加强民族教育工作
若干问题的意见

(1992 年 10 月 20 日国家教委、国家民委印发)

民族教育是我国整个教育事业的重要组成部分，也是民族工作的重要内容。建国后，特别是党的十一届三中全会以来，在党和政府的关怀和扶持下，民族教育事业取得了显著的成绩，少数民族在校学生和教师数均以高于全国平均速度大幅度增长。少数民族和民族地区教育程度有很大提高。四十多年来，各类学校培养了大批少数民族干部和专业技术人才，造就了一批新型的少数民族知识分子队伍，他们中的绝大多数人已成为民族地区乃至全国社会主义现代化建设的骨干，为民族地区乃至全国的经济发展与社会进步、增强民族团结、巩固边防和维护祖国统一做出了重大贡献。

但是，由于历史、社会和自然条件等多方面的原因，当前，我国大多数少数民族和民族地区教育事业发展的总体水平，与内地相比，仍然较为落后。特别是与当前加快改革开放的形势和当地社会主义建设事业的发展很不适应；大约占少数民族人口 2/3 的地区，教育发展水平明显低于内地，其中占少数民族人口近 1/3 的地区的教育尤为困难。

为继续巩固和发展我国平等、团结、互助的社会主义民族关系，实现各民族共同繁荣、保持国家的长治久安，顺利进行社会主义现代化建设，我们要根据邓小平同志南巡重要谈话和中央民族工作会议精神，认真总结发展民族教育的经验，并在已有成就的基础上，抓住当前有利时机，进一步解放思想，加快改革开放步伐，努力把我国民族教育提高到一个新的水平。

一、要充分认识发展民族教育的重要战略意义

我国是一个统一的多民族社会主义国家。55 个少数民族有 9120 万人口，占全国总人口的 8%，民族区域自治地方的面积占全部国土的 64%，地域辽阔、资源丰富。加快少数民族和民族地区的经济和社会发展，维护全国各民族的大团结，不仅关系到少数民族的繁荣和幸福，而且关系到我国现代化建设的全局。

中央民族工作会议指出，根据党的"一个中心、两个基本点"的基本路线的要求，加快改革开放步伐，尽快把少数民族和民族地区经济搞上去，是当前民族工作的基本任务，而要完成这一任务，就必须依靠科技和教育，从培养民族人才、提高少数民族劳动者的素质入手。这是少数民族和民族地区经济振兴的必由之路，也是维护民族团结和祖国统一，建设有中国特色社会主义的根本大计。各级党委、政府以及广大干部和群众要提高对这一重要战略意义的认识，切实采取有力措施，加速我国民族教育事业的发展。

二、民族教育必须坚持社会主义办学方向

民族教育作为我国社会主义教育的重要组成部分，必须坚持党的领导，为社会主义现代化建设服务，培养德、智、体全面发展的建设者和接班人；必须在马克思主义的指导下，从少数民族和民族地区的特点出发，结合各民族学生的思想实际，联系国内外形势特别是改革开放的大好形势，加强对他们进行党的基本路线教育，进行增强民族团结、维护祖国统一和近、现代史以及国情教育，不断增强学生热爱党、热爱社会主义的感情和信念。

全国中等和中等以上的各类学校，要根据学生年龄特点，采取多种形式，结合学校教学实际，充实马克思主义民族理论和党的民族政策的教学内容，加强民族平等、团结、互助和反对民族歧视的教育，进行无神论和科学世界观的教育，引导学生逐步树立马克思主义的民族观和宗教观。要有针对性的对学生进行反对国内外敌对势力挑动民族矛盾、制造民族分裂的教育，提高学生抵制民族分裂活动的自觉性。

要认真执行《宪法》规定的教育和宗教分离的原则，任何人不得利用宗教干预学校教育和社会公共教育，更不能利用宗教进行妨碍实施义务教育的活动；不得在校内进行宗教活动。

发展民族教育，必须充分调动社会各方面的力量；在多数人信教的民族地区，要注意发挥宗教界爱国人士在动员适龄儿童入学、募集办学资金、改善办学条件等方面的积极性。

三、发展民族教育必须坚持从实际出发，充分考虑民族特点和地区特点

我国的民族教育，就其范围来说，是指对汉族以外的55个少数民族成员所实施的教育。要在党和国家统一的大政方针指导下，把贯彻执行党和国家统一的教育方针同贯彻执行党和国家的民族政策有机地结合起来，坚持从少数民族的特点和民族地区的实际出发，发展民族教育事业。各地要根据当地经济、教育发展的不同程度，合理确定和调整本地区各级各类民族教育事业发展的规模、速度以及教育结构和办学形式。

把提高劳动者素质，培养初、中级技术人才，全面提高教育质量，增强办学效益，为当地的经济和社会发展服务，作为现阶段民族教育改革与发展的重点。从实际出发，制定好"八五"计划和今后十年教育发展规划。

20世纪90年代，是我国加快改革开放步伐，实现第二步战略目标的关键时期，也是民族教育发展的重要时期。各级党委和政府，要努力完成"八五"计划和十年规划所确定的教育发展任务。民族教育的发展一要打好基础，在数量和质量上有一个新的发展和提高；二要坚持改革开放，进一步明确办学的路子，使民族教育更好地为当地经济建设和人民群众的富裕文明服务；三要努力缩小目前困难较大的民族地区同全国教育发展平均水平的差距，使民族教育的发展与全国教育发展相适应，与少数民族和民族地区的经济、社会发展相适应。

要大力加强基础教育，积极创造条件，实施九年制义务教育。目前，初等义务教育没有普及的地方，要抓紧普及初等义务教育，杜绝新文盲的产生；在少数办学确有困难的地方，可以先普及初等义务教育，至少先做到一户有一个合格的小学毕业生；同时要调整好初中的布局，有计划地办好所有初中。

积极发展多层次、多种形式的职业技术教育和成人教育。"八五"期间，少数民族较多的县（旗），要集中力量办好一所骨干示范作用的中等职业技术学校，人口稀散的地方，可办在地区（州、盟）所在地；同时，要重视举办比较切合民族地区经济发展水平的初级职业技术教育；少数民族人口较多的乡（镇），要办好农（牧）民文化技术学校，积极开展短期实用技术培训，要加强普通中学的劳动课和劳动技术课教学，并有计划地将一部分民族中学和普通高中改办成职业中学或综合中学。力争把民族地区的中小学办成具有传授科学文化知识、传播现代文明和推广实用技术等多种功能的中心。

在一些经济教育发展水平较低的民族地区，从小学高年级开始引入职业技术教育因素，把学文化和学技术早期结合起来。有些地区还要根据实际需要，对学生进行家庭经营、家庭理财以及改变落后习俗所需要的教育。民族地区的县、乡两级政府，要积极实行"三教统筹"和"农科教结合"，实施"燎原计划"，通过多种形式的实用技术培训，大面积提高劳动者的科学文化素质，增强他们吸收运用科学技术的能力，落实"科教兴农"的战略，充分发挥科技、教育在推动民族地区社会主义"两个文明"建设中的作用。

要优先办好民族师范学校，尽快提高民族教师队伍的水平。要改革招生与分配办法，定向为山区、牧区、有特殊困难的边远民族地区、单独举办师范班。注意加强热爱家乡、建设家乡的教育，并根据民族地区的实际需要，改革为教学内容，使毕业生能够理论联系实际，不仅能教文化课，还能掌握一两项当地生产使用的技术，做到一专多能。有条件的民族地区师范专科学校，经省、自治区人民政府批准后，可办成以培养师资为主、多科类、综合型的师范专科学校，为当地经济建设培养部分迫切需要的专门人才。

民族地区的办学形式，力求符合当地的实际与需要，灵活变通，既要考虑学校的规模效益，又要适合当地的自然环境和各民族生产生活的特点，以方便少数民族子女入学。人口稀少，居住分散的地方或经常流动的牧区，学校的布局要相对集中，从一定年级起举办寄宿制学校。在民族杂居地区，提倡不同民族学生合班或合校分班上课，风俗习惯不同的，可以分餐、分宿。对风俗习惯有特殊要求的少数民族，可以采取一些措施，提高女童的入学率。对散杂地区的少数民族教育，各级政府要给予足够重视，切实帮助解决办学中的实际困难。

要利用广播电视等手段，促进少数民族和民族地区教育的发展，提高民族教育质量。"八五"期间，国家教委要争取安排卫星转发器，开通民族教育专用频道，建立民族文字音像教材编译室，编制与民族文字配套的音像教材。

重视和发挥民族地区高等院校在当地经济和社会发展中的重大作用。"八五"期间，要把工作重点放在适度发展、优化结构、改善条件、深化改革、提高质量上。要特别重视培养少数民族地区迫切需要的大专层次的经济、科技、管理方面的人才。国家教委和中央部委以及省、自治区、直辖市所属的高等院校，要有计划地招收少数民族学生，继续办好民族班和民族预科班；每年都要坚持选拔一定数量的有实践经验的少数民族优秀青年到高等院校学习，为把他们培养成各项建设事业的骨干，打好坚实的基础；在一定时期内，高等学校和中等专业学校招生，对少数民族考生仍需继续实行同等条件下优先录取和适当降分录取相结合的办法，尽量多为少数民族和民族地区培养一定数量的中、高级专门人才。

民族学院在历史上为培养民族干部发挥了重要作用，在新形势下应继续办好；当前除重点办好具有民族特色的学科、专业和对少数民族干部进行培训外，还要办好大学预科。民族学院现有的专业，要根据社会需要积极改善办学条件，深化改革，提高质量；民族地区急需的一些专业，要在统筹计划的基础上，努力创造条件，有计划地设置。

四、发扬优秀传统，扩大开放交流，鼓励相互学习，促进共同繁荣

发展民族教育要在继承发扬本民族优秀文化传统的同时，积极扩大民族间、地区间的交流，大胆吸收和借鉴人类社会所创造的一切文明成果。在使用民族语言文字教学的地区，要因地制宜地搞好双语文教学，大力推广普通话。民族学校的教学语言文字政策的具体实施，主要由各省（区）遵照《宪法》、《民族区域自治法》的有关规定

和有利于民族的长远发展、有利于提高民族教育质量、有利于各民族的科学文化交流的原则，根据多数群众的意愿和当地的语言环境规定。要提倡汉族青年学习少数民族的语言文字、文学艺术、历史、医学等，以利于各族学生增进了解，广交朋友，团结互助、共同进步。

要加强民族教育的理论研究，不断扩大同国内外的学术交流。

五、坚持国家扶持与自力更生相结合的原则，多渠道增加民族教育的投入

各级党委和政府要把民族教育摆在优先发展的战略位置，认真抓好。要广泛深入宣传"依靠人民办教育，办好教育为人民"的思想，做艰苦细致的思想工作，把群众发动起来支持教育。根据民族地区的实际，基础教育要实行由地方负责、分级办学、分级管理的体制，以充分调动广大群众艰苦奋斗、自力更生办学的积极性。各级各类民族学校要充分利用当地资源，因地制宜，广泛开展勤工俭学活动。

西藏教育有特殊困难，全国要给予支援，要认真办好内地西藏班（校）。困难较多的一些省（区）的民族教育，中央和地方各级政府都要给予必要的扶持，首先要逐步增加地方财政支出中对民族教育的投资比例，力争做到"两个增长"。中央和省（区）财政要按照《民族区域自治法》的有关规定，设立民族教育专项补助经费。国务院决定中央财政每年拨给民族教育的专项补助经费由现在的 2000 万元随着经济的发展逐步有所增加；各省（区）民族地区包干经费中的"三项"补助经费（民族地区机动金、边境地区事业建设补助费，不发达地区发展资金），各省（区）要增加用于发展民族教育的比例。

目前，全国尚有 143 个少数民族贫困县，有关省、自治区、直辖市要采取切实措施，帮助这些地方发展教育事业，国家教委和国家民委也要通过多种形式重点扶持这些地方的教育事业，使其逐步改变落后状况。除国家给予一定的支持外，各级政府要动员本省（区）的力量，参照"智力援藏"的办法给予扶持，包括选择一些办学条件较好的中等学校招收少数民族学生入学，为经济落后、教育发展有特别困难的少数民族和民族地区多培养一些质量较高的人才。要鼓励和组织内地省、市对部分省（区）一些少数民族贫困县实行对口支援协作；同时，鼓励和组织本省（区）内经济、教育较发达的县、市同本省（区）少数民族贫困县对口支援协作，以加快贫困地区民族教育的发展，走共同富裕的道路。

要认真抓好民族文字教材编译出版和审定工作。民族文字教材的编译出版，除省（区）财政拨专款给予支持外，要改革管理体制，按照"以教材养教材"的原则以盈补亏（即用出版汉文中小学教材的盈利补贴出版民族文字中小学教材的亏损）。跨省

（区）使用的教材，由国家教委组织审定；本省（区）使用的教材，由省（区）教委组织审定。未经审定，不得作为教材。

六、大力培养少数民族的教育行政管理干部

从长远考虑，民族教育要发展，必须培养本民族的教育行政管理干部。各地要加强民族教育行政管理队伍的建设，要有计划地逐步培养一批有共产主义觉悟、坚持党的基本路线、维护祖国统一和民族团结、熟悉教育规律、善于从本地区本民族实际出发、能够创造性地发展民族教育事业的民族教育行政管理干部，这是加强民族教育工作的一项重要措施。目前，要采取学习进修、挂职锻炼、干部交流、参观考察等形式，抓紧培养各级民族教育干部，尽快提高他们的管理水平和决策能力，并把锐意改革、政绩突出的干部充实到各级教育部门的领导岗位上来，从中造就一批少数民族的教育家。

七、加强党和政府对民族教育工作的领导，做好民族教育的立法工作

各级党委和政府要高度重视民族教育工作，进一步加强领导，这是搞好民族教育工作的根本保证。

各地党委和政府的主要领导，特别是民族区域自治地方的主要领导同志，要亲自过问民族教育工作，把民族教育纳入当地经济和社会发展的总体规划，摆在优先发展的战略地位。有关领导同志要及时研究民族教育中的新情况、新问题，努力探索教育与经济相互促进的发展新路子。

要根据《宪法》、《民族区域自治法》、《义务教育法》等有关法律、法规，抓紧拟定《民族教育工作暂行条例》，在总结经验的基础上，再制定《民族教育法》，使我国民族教育工作逐步走上依法治教的轨道。

国家教委关于加强民族散杂居地区
少数民族教育工作的意见

（1992 年 11 月 2 日）

为了进一步提高少数民族思想道德和科学文化技术素质，促进各民族的共同繁荣，现就进一步加强散杂居地区的少数民族教育工作提出如下意见：

一、提高认识，加强领导

在我国的绝大多数县、市，都有两个以上的民族共居。在近亿少数民族人口中，大约有 2000 万人散居住全国各地。这是我国的基本国情之一。各地教育行政部门，要把散杂居地区的少数民族教育列入议事日程，切实加强领导。要有计划、有措施、有专人负责，定期研究和解决工作中存在的实际问题，尽快缩小与当地其他民族在教育发展程度上的差距。

二、采取有效措施，为少数民族子女入学创造有利条件

凡是少数民族居住相对集中的地方，有条件的可办以招收少数民族学生为主的学校，同时招收当地汉族子女入学，实行混合办编班，以利互相学习，增进各民族的友谊和团结。

各类学校招生，凡属义务教育阶段，要认真组织少数民族子女入学，对生活有特殊困难的学生可减、免杂费；中等以上学校可根据当地情况，必要时对少数民族子女可适当降低分数线。

要尊重少数民族学生的生活习惯，对饮食有特殊要求的少数民族学生，学校应设立专用食堂。

对要求学习本民族语言文字的少数民族学生，要积极创造条件进行双语教学。

三、重视和加强少数民族的职业技术教育和实用技术培训

各地在发展职业技术教育和实用技术培训时，要坚持从少数民族的实际需要出发，

充分考虑民族特点和民族的传统技艺，注意为当地少数民族培养多种类型、多层次的初中级实用技术人才。普通中小学的劳动技术课，可根据民族特点，对少数民族学生进行劳动技术训练，或组织其学习本民族的传统技艺。各类职业学校可附设民族职业培训班，形式灵活多样，学制可长可短。

四、加强少数民族师资队伍建设

散杂居地区的少数民族师资力量比较薄弱，各级师范院校招生时，可划出一定指标定向招收散杂居地区的少数民族学生入学。

各级教师进修院校培训在职教师时，要把培训散杂居地区少数民族教师作为一项重要任务。师范院校毕业的少数民族学生，有优先分配到民族学生为主的学校或少数民族学生较多的学校任教，各地还可采取一些措施，鼓励教学水平较高的汉族教师到民族学校任教。

五、多渠道集资，发展民族教育

发展散杂居地区的少数民族教育，要充分调动国家、集体和人民群众的积极性，多渠道筹措教育经费、捐资助学，国家和各级地方政府要适当给以补助或对集资办学成绩突出的地方给以奖励。国家用于发展教育的经费必须专款专用，不准挪作他用。

六、加强民族政策和民族团结的教育

散杂居地区的各级各类学校，要通过多种形式向学生进行马克思主义民族观和民族翻身史的教育，特别是在多民族杂居地区，要教育师生相互尊重民族风俗习惯，树立各民族平等、团结、互助的社会主义民族关系的观念。同时，还要正确宣传党的宗教信仰自由政策，坚持宗教不得干预教育的原则，并要坚持对学生进行唯物论和无神论教育，使学生树立科学的世界观和宗教观。

国务院办公厅关于进一步改革和
发展成人高等教育意见的
通知（节录）

（1993 年 1 月 7 日）

（四）成人高等学历教育在招生时，要切实保证学生入学质量，同时结合成人特点逐步改革招生考试办法，并制定有利于劳动模范、生产和业务骨干及农村、乡镇企业、边远和少数民族地区考生入学的政策。

中共中央、国务院关于印发
中国教育改革和发展纲要的通知
（节录）

（1993 年 2 月 13 日）

二、教育事业发展的目标，战略和指导方针

（十一）重视和扶持少数民族教育事业。中央和地方要逐步增加少数民族教育经费。对有特殊困难的少数民族地区，要采取倾斜政策和措施。在国家安排的少数民族地区各项补助费及其他扶贫资金中，要划出一定比例的经费用于发展民族教育。对志愿到边疆少数民族地区工作的大中专毕业生的待遇，各地要制定优惠政策。认真组织和落实内地省、市对民族地区教育的对口支援。各民族地区要积极探索适合当地实际的发展教育路子。

中华人民共和国科技进步法
（节录）

（1993年7月2日第八届全国人民代表大会常务委员会第二次会议通过，
中华人民共和国主席令第4号公布，自1993年10月1日起施行）

第八条　……

国家帮助少数民族地区、边远贫困地区加速发展科学技术事业。

第四十条　对从事基础研究和应用基础研究、高技术研究、重大工程建设项目研究、重大科学技术攻关项目研究和重点社会公益性科学技术研究以及在农村贫困地区、少数民族地区和恶劣、危险环境中工作的科学技术工作者，依据国家规定给予补贴。

国家民委关于加强所属民族学院
改革和发展步伐的若干意见

（1993年7月9日）

民族学院是党和国家为解决国内民族问题而建立的专门培养少数民族专门人才的综合性高等学院，在民族教育的发展中，具有非民族院校不可替代的重要作用。几十年来，民族学院培养了大批少数民族人才，为促进少数民族和民族地区的经济和社会发展，为巩固边疆、维护祖国统一、加强民族团结，做出了重要贡献。

当前，在党的十四大精神指引下，我国高等教育的改革和发展，进入了新的阶段。民族学院既面临民族加强、加快经济建设速度所提供的良好发展机遇，也面临着在建立社会主义市场经济体制过程中正待解决的不少问题和日益严峻的竞争与挑战。在新的形势和任务面前，我委所属民族学院一定要以建设有中国特色的社会主义理论为指导，认真贯彻党的十四大精神和中央民族工作会议精神，贯彻《中国教育改革和发展纲要》、全国高等教育会议精神，解放思想、实事求是，以高度的责任感和紧迫感，加快、加大改革的步伐和力度，努力开创民族学院改革和发展的新局面。

一、改革和发展的原则与主要任务

改革和发展要有利于为民族地区的社会主义建设服务；有利于全面贯彻党的教育方针，提高教学质量、科研水平和办学效益，培养德智体全面发展的建设者和接班人；有利于充分调动各民族师生员工的积极性，增强办学活力和竞争能力。

改革和发展的主要任务是：我委逐步简政放权，转变职能，由对所属民族学院的直接行政管理转变为运用多种手段宏观管理。扩大学校的办学自主权，进一步明确学校所承担的义务、利益和责任，使其真正成为面向社会自主办学的法人实体。逐步改革学校内部管理体制和运行机制，深化教育和教学改革。通过加快改革开放的步伐，促使民族学院有个较快的发展，在质量、数量、结构和效益等方面上一个新台阶，以适应少数民族和民族地区经济社会发展的需要。

二、探索适应社会主义市场经济体制的新发展思路，努力创造条件，逐步扩大办学规模

挖掘老校潜力，努力创造条件，使其达到合理规模。在"九五"期间，使全日制在校生逐步达到：中央民族学院5000人、西北民族学院3500人、西南民族学院4000人、中南民族学院4000人。为使民族院校合理布局，要加快新校的建设速度。西北第二民族学院和东北民族学院要争取在"八五"期间结束筹建，正式建立学校。东北民族学院要创造条件，争取1994年招生。在"八五"期间，西北第二民族学院全日制在校生应达1500人，东北民族学院形成1500人的招生能力。为有利于形成规模效益，西北第二民族学院逐步达到2000人规模，东北民族学院逐步达到3000人规模，以后可视情况进一步发展。

逐步改革完全依靠国家包办教育的单一体制和模式，采取国家投资、社会集资、联合办学、委托培养、自费、收费等多种形式发展民族学院。

在发展规模的同时，注意提高效益，把提高教学质量和办学水平放在突出地位。我委采取特殊措施，重点办好中央民族学院，争取使其列入国家"211"工程。我委和所属民族学院都要在人、财、物投入等方面采取倾斜政策，分别办好一批部委级和院校级重点学科和专业，努力使民族学科达到国际、国内先进水平。

三、积极而稳妥地改革办学体制和管理体制，理顺我委与学校、地方三者之间的关系

今后一个时期，我委所属民族学院仍由我委主办，继续实行我委与学校所在地政府双重领导，以我委为主的管理体制。我委进一步明确与地方的管理权限，加强与地方政府的联系和协商。学校要更加尊重地方政府的领导，取得地方的支持。地方的有关改革措施，经我委同意，学校可创造条件尽可能地实施。有条件的系科可以和地方、企业联合办学，实行地方、企业参与管理。有的专业可交给地方办。

我委根据政事分开的原则，逐步简政放权。在教育、人事、经费、外事管理等方面从实际出发，逐步简化审批手续，把由学校管理更为有利的事情交给学校管理。同时积极转换职能，由对所属民族学院的直接行政管理转变为运用立法、拨款、规划、评估、信息服务、政策指导和必要的行政手段进行宏观管理。

扩大所属民族学院的办学自主权，保证学校在专业设置、招生、毕业生就业指导、教学科研、筹措使用经费、机构设置、人事安排、职称评定、工资分配、对外交流和学校管理等方面拥有法律、法规规定的权限。学校要善于行使属于自己的权利，承担好自己的责任，建立主动适应社会主义市场经济需要，自我激励、自我发展、自我约束的运行机制。

四、逐步改革投资体制和管理办法，多渠道增加教育投入

民族学院的办学经费坚持以国家拨款为主。我委要按照"两个增长"的原则，充分照顾民族特点，继续争取增加对所属民族学院的投入，满足教育事业发展的基本需要。民族学院要改变单纯依赖财政拨款的观念，努力探索多渠道筹措教育经费的路子。积极争取国内外团体和个人的捐款助学，大力兴办校办产业，增加教育投入。对国家任务招收的学生，可收取一定数额的学杂费、住宿费和教材费，逐步改变学生上大学由国家"包"下来的制度。要组织学生开展多种形式的勤工俭学活动，对确有经济困难的学生，应给予适当补助。

我委对所属民族学院的基建投资、教育事业费分配，将按规定的基本要求有计划、分批逐步投入，并采取事业计划与管理水平、办学挂钩的办法，以促进民族教育事业的发展和管理水平的提高。要改革基建管理体制，在基建投资总额包干的前提下，学校可以根据事业发展需要，按轻重缓急，自行定基建项目。有条件的学校可利用贷款解决某些基建项目的急需。研究改革教育经费拨款办法，增加学校自主使用经费的权利。学校可以按照有关经费预算管理原则和法规，自主统筹安排使用预算内和预算外经费。

五、加快招生和毕业生就业制度改革步伐，引导学校适应人才市场需求，建设根据社会需要办学的管理体制和运行机制

招生工作要切实面向社会需求，积极扩大生源，提高新生质量，扩大民族学院的影响。毕业生就业工作要注意提高毕业生就业的竞争能力和直接到民族地区服务的积极性。应建立比较稳定的调查联系网络，做好人才需求预测和毕业生追踪调查工作。要充分重视招生和毕业生就业工作。要充分重视招生和毕业生就业工作中反馈的人才市场需求信息，引入市场竞争机制，推动学校面向社会主动办学和深化教育改革。

普通本专科、研究生、预科和中专教育以国家任务招生为主，在保证完成国家任务的前提下，可以招收一定数量的委托培养和自费生。成人学历教育和短期培训以收费办班为主，目前可保持一定规模的国家任务招生计划。随着民族地区经济的逐步发展，委托培养和自费生等调节性的招生计划数可逐步增加。目前本专科的调节性计划原则控制在招生总数的 20% ~25% 左右，这部分招生计划由学校征得地方有关部门同意后报我委批准。学校在招生过程中，经地方招办同意，可根据办学条件和生源情况，在我委核定的年度招生总数基础上，增招 5% 的普通专科委托培养和自费生；适当招收符合录取标准的委托培养、学校自筹经费研究生；在 20% 以内增加成人高等学历教育招生人数。在调整计划时，委托培养与自费生的计划可以打通使用。

国家任务计划，主要招收民族地区的少数民族学生。除在少数民族自治区、州、县招生外，根据散杂区民族工作的需要，也可在散杂区招收一定数量的少数民族学生，招生的地区和数量，由学校与当地有关部门自主商定。为了鼓励内地人才支援边疆，可在边远民族地区招收约 10% 的世居汉族学生及父母支边超过 20 年的汉族学生，也可适当招收长期从事民族工作的干部、职工的子女。委托培养和自费生等调节性招生计划的生源可不受地区和民族的限制。学校可与地方招办协商，对少数民族考生在录取分数等方面继续实行适当照顾的优惠政策。在一些文化教育特别落后的少数民族贫困县，可以多招一些专科生。还可以采取进一步降低录取分数举办预科班等特殊措施，招收定向生。

学校可以根据民族地区人才需求情况和生源情况，确定本院各系部、各专业之间以及在研究生、定向研究生、定向本专科的招生比例，编制分专业、分省区的招生来源计划，报我委批准实施。个别特殊专业，可突破原定的分大区招生范围。在招生过程中，学校可以根据生源情况在合理兼顾学科发展和生源地区分布的前提下，自行调整地区和专业之间的招生计划，并报我委备案。

为有利于选拔德智体全面发展的新生和打开人才通往基层的渠道，经国家教委批准，普通本专科可以试行在民族地区重点中学或民族中学招收适量保送生，农科类的专业可按特殊办法招收有实践经验的农村在业青年，师范类专业也可通过不同方式从民族地区在职民办教师中招收部分学生。

国家任务招收的学生毕业后大部分应回到民族地区工作。在近期内，这部分学生毕业后原则上仍由国家负责在其来源省、区范围内安排就业，实行学校与用人单位"供需见面"的办法落实就业方案。为鼓励学生勤奋学习及满足中央和省市有关部门民族工作或特殊专业等对少数民族毕业生的需要，可以选择其中10%左右的优秀毕业生扩大择业范围，这些学生的就业可不受来源省区的限制。少数经学校推荐无单位录用的普通本专科毕业生，回家庭所在地区就业。调节性计划招收的学生毕业后不统一安排就业。自费生自主择业，委托培养的学生到委托单位工作。对因特殊原因不能到原定服务地区和定向单位工作的毕业生，应征得原单位同意，学校可酌收部分专业奖学金赔偿费或培养费、改派费。国家任务招收的学生若被经营性单位录用，学校可以接受录用单位的适当资助。应努力创造条件，积极推行在国家方针、政策指导下以学校为主导，在一定范围内毕业生与用人单位"双方选择"的就业办法。

六、积极而稳妥地推进学校内部管理体制改革，提高广大教职工的积极性，增强办学活力和动力

内部管理改革以人事、分配改革为重点，并与住房、医疗和退休保险制度以及后勤服务企业化、社会化等方面的改革有机结合起来。学校可根据政事分开的原则及教学科研、校办产业、后勤服务各方面的不同职能，分别建立事业化、企业化、事业单位企业化管理等不同管理办法，调整队伍结构，促进人员合理分流。在定编定岗和工资总额动态包干的前提下，逐步实行全员聘任（合同）制和岗位责任制。制定和完善考核评估制度，将评估结果作为对各单位工作和确定教职工个人职务聘任、增资、奖惩的依据，并适当拉开分配的差距。改革的目的是打破平均主义，改变人浮于事问题，提高管理水平和办学效果。改革要从实际出发，因校制宜，有领导，有步骤地进行。我委先抓一所民族学院试点，取得经验后逐步推广。

继续做好定编定岗工作。在充分考虑民族学院编制特点、保证教学第一线的前提下，进一步提高教职工与在校学生的比例，缩小与一般院校编制比例的差距。到1995年，民族学院校本部教职工和专任教师与学生的比例，应由目前的1：3.07和1：6.8分别提高到1：3.6和1：7.7。经我委批准，学校可根据事业发展需要，增设流动编制；对经济上自收自支的科研机构、生产单位和后勤服务单位人员，可设立企业编制。对从校本部分流出来从事生产、经营、科技开发的人员，可暂不核减工资总额。

扩大民族学院的人事和分配自主权。学校可按有关规定，提名并考察副院级人选，报我委党组批准任免。可按有关规定任免处级及处级以下干部。学校有灵活使用编制

和用人的自主权。在不突破我委核定的处级机构、经费和编制的前提下，有权决定校内机构的设置及职数配备，确定校内各类人员的构成比例。可依据校内各方面承担的不同任务和工作性质，选择不同的用人制度和管理体制。在执行国家工资法规和实行工资总额包干的前提下，有权确定适合本校实际的校内分配办法和津贴标准。

七、以教学改革为核心，努力提高教学水平，更好地为民族地区以经济建设为中心的社会主义建设服务，提高民族学院的办学适应性和竞争能力

明确培养任务。民族学院应培养民族地区大量急需的各类少数民族专门人才。当前，在继续培养党政管理人才的同时，要特别加强培养科技人才和经济管理人才。要注意为民族地区乡镇企业培养人才，还要注意培养普通和职业技术教育师资。

积极调整专业结构，民族学院以普通本校专科教育为主，今后一个时期，要积极发展普通本专科教育，努力发展研究生教育，继续办好预科教育和干部培训、函授夜大等成人教育。应根据社会需要和生源情况，适当压缩长线专业，增加短线专业招生。对近期社会需求不大，又是民族地区不可缺少，并能体现民族学院优势和特色的基础性学科和专业，应采取有效保护措施，使其得到巩固和提高。对一般本、专科专业，应逐步改造，转向培养应用型人才。大力发展直接服务于经济建设的学科专业，逐步增加应用型学科专业的招生比重。在充分论证的基础上，可增设一些地区大量需要，一般院校一时满足不了要求，民族院校又有条件办好的新兴学科和应用性专业。新设专业一般应有现设的相近和相似专业做依托，注意民族学院之间和与兄弟院校民族班之间的合理分工，努力提高办学效益。民族学院可根据民族地区需要和生源情况，提出增设或调整专业方案，我委审批专业时要尊重学校的意见。学校有权在现设的本专科专业中，确定与调整专业方向，可自主举办非学历教育培训班。

加大教学内容和教学方法改革的力度。应重新修订教学计划和教学大纲。普通本专科应继续拓宽专业面，加强汉语文、外语和计算机应用能力的培养，提高毕业生的适应性和竞争能力。研究生教育要改变比较单一的学术型人才培养模式，注重应用型人才的培养。预科教学应注意与本科教学的衔接，用绝大多数时间重点学好数学、外语、汉语文或与本专科专业教学密切相关的几门主要课程，避免平均使用力量。要完善教学管理制度，试行和完善学分制、主辅修制、弹性学制、合理分流制和淘汰制。有条件的学校可试行按系招生。专业奖学金的分配也应根据学生的学习态度、成绩和经济状况，逐步拉开档次。我委和民族学院要增加专业改造、实验室建设的投入，增加基建投资中设备投资的比重，逐步改善教学条件。还应建立教学指导委员会组织，开展专业改造咨询、论证、指导民族类教材编写，开展优秀教学成果、优秀教材评奖和教学研究及课程、专业、系科办学评估等活动。

继续加强和改进马克思主义理论教育和思想政治教育，对学生进行党的基本路线教育及爱国主义、集体主义、社会主义和国情教育，用建设有中国特色社会主义理论武装学生。继续进行马克思主义民族理论和民族政策教育，使学生有正确的民族观、宗教观，自觉维护民族团结和祖国统一。政治理论教育要精、要管用，应改进教学内容和教学方法，避免单纯追求扩大学时。要进一步贯彻落实教育与生产劳动相结合的方针，加强实践环节。继续加强和改进思想政治工作体系，努力建设一支以精干的专职人员为骨干，专兼职结合的思想政治工作队伍。进一步优化育人环境，提倡教书育人、管理育人、服务育人，建立良好的校风和学风。

八、努力提高科研水平，积极发展校办产业

社会科学要坚持以马克思主义为指导，继续发挥民族学科的优势，在抓好基础理论研究的同时，注意面向实际。要加强对民族地区经济和社会发展及改革开放中重大问题的研究，加强对国外民族学科发展的研究。自然科学的研究要面向民族地区经济建设，大力开展技术开发，推广应用和咨询服务，参与科技兴农、科技扶贫工作。有条件的专业要积极开展高新技术研究。改革科技工作的运行、管理体制、不同类型的机构可实行不同的管理制度，并可实行科研人员与教学人员轮换制。我委要加强和改善对委属民族学院科研工作的领导。积极为民族学院介绍、引进科研项目，协助推广科技成果，鼓励学校与地方建立多种形式的教学、科研、生产联合体。建立学术类出版基金，建立和完善民族学院科研成果评奖制度。

大力兴办校办产业。要吸引善于开发、懂生产、会经营的优秀人才到校办产业创业，逐步形成一支高效精干的科技开发与产业化的专门队伍。要注意开发拳头产业和拳头产品，把校办产业的发展与培养人才发挥学科优势结合起来。应采取措施，扶持校办产业的发展。

九、继续加强师资队伍建设，努力提高待遇鼓励教职工在本职岗位勤奋工作

要高度重视师资队伍建设，采取有力措施，加强中青年学术带头人的培养，抓紧解决教师队伍断层问题。优化教师队伍结构，根据事业发展需要，逐步增加应用性学科教师的比重。有条件的学科或专业，新增教师要以研究生为主，同时加强在职青年教师培训，逐步使教师中具有研究生学历的比例，达到并超过全国高等院校平均水平。坚持和完善教师参加社会实践的制度，聘请实际工作部门有较高的水平的专家任教，采取多种形式促进教师与社会的密切联系。要采取特殊措施，加强培养少数民族师资。中央民族学院在培训民族学院师资和少数民族师资方面应发挥较大的作用。要重视管

理队伍建设，努力提高管理水平。

改进职称评审和职务评聘工作，逐步建立职称评聘双轨制度。争取在有条件的学校和专业，增加教授或副教授任职资格评议权和评审权。学校可根据教学、科研任务和师资队伍建设的需要，按有关规定设置和调整专业技术职务岗位，自主进行专业技术职务评聘工作。可自主聘请名誉教授、副教授、并报我委备案。鼓励优秀中青年学术骨干脱颖而出，对45岁以下晋升高职、40岁以下晋升副高职的教师可不占本单位的职务指标，指标由我委专门下达。根据民族学科、预科的职称评审和职务评聘工作的特点，我委应创造条件成立专门的评审委员会。

进一步改善教职工的工作、学习和生活条件，努力稳定教师队伍。逐步提高福利待遇，近期解决青年教职工住房问题，努力使民族学院教职工的住房条件高于本地区高等院校的平均水平。建立教师奖励基金，对有突出贡献的教师给予重奖，并形成规范的奖励制度。

十、进一步扩大对外开放

加强与国外有关高校的联系，努力开辟国际交流与协作的新渠道。充分发挥民族学院汉语教学和民族学科的优势，积极扩大招收自费来华留学生。积极开展合作科研，互派进修生和访问学者活动。有条件的学校，可按有关规定招收录取来华留学研究生。积极争取外资，欢迎境外机构和个人，依照我国的法律和方针政策，来民族学院资助办学和联合举办培训中心、研究中心和校内分院。

十一、加强对改革的领导

改革不仅涉及教育内部的诸多问题，而且涉及计划、财政、人事、劳动制度等各个方面，是项复杂的系统工程。我委要加强对所属民族学院改革的领导，学校重大改革方案的实施，应取得所在地政府的支持，报我委批准，有领导、有计划、有步骤地进行。改革要经过试点，总结经验后逐步推广，避免出现大的失误和不安定因素。

民族学院各级党组织要带领全体党员和师生员工认真学习党的十四大精神和建设有中国特色社会主义的理论，增强贯彻党的基本路线和教育方针的自觉性，保证改革的正确方向。要充分发挥广大党员在改革中的先锋模范作用。充分发挥教代会、职代会、工会、共青团组织在学校管理工作中的积极作用。学院党委和院长对涉及学院全局的重大改革，要集体讨论，并广泛征求教职工的意见。把加强学院党的建设同深化教育改革结合起来，使之相互促进。

国家教委、财政部
关于对高等学校生活特别困难学生
进行资助的通知（节录）

（1993 年 7 月 26 日）

为了解决民族学院来自边远少数民族地区学生的生活困难问题，从 1993 年 9 月 1 日起，将现行专业奖学金中的民族专业奖学金标准提高为：一等奖学金每人每年 600 元；二等奖学金每人每年 550 元；三等奖学金在原助学金的基础上，每人每年增加 200 元。其他专业的专业奖学金标准不变。

国家教委等部门关于进一步加强
教育援藏工作的请示

（1993 年 10 月 15 日国务院办公厅转发）

国务院：

为了进一步推动西藏教育事业的发展，搞好教育援藏工作，受国务院委托，国家教委于 1993 年 3 月 9 日至 11 日在北京召开了教育支援西藏工作会议，中共中央政治局委员、国务委员李铁映出席开幕式并作了重要讲话。会议期间，承担有办学任务的 27 个省、市政府秘书长和部委教育司的负责人与西藏自治区人民政府的代表共同签署了《教育支援西藏协议书》，落实了内地为西藏办班的任务。为把今后的教育援藏工作落到实处，需要明确以下几个问题：

一、认真贯彻"长期坚持、努力搞好，不断完善"的方针，实行"对口、顶点、包干责任制"

教育援藏工作是党中央、国务院发展西藏教育事业的一项重要决策，是加快西藏社会主义建设步伐的重要措施。有关省市和部门要把教育援藏工作作为一项重要的政治任务来完成，尽职尽责，把教育援藏工作落到实处。

（一）国家教委的主要任务是，研究和制定教育援藏工作的政策；与西藏自治区党委和政府商定内地西藏班的中、长期发展规划；根据西藏提出的内地西藏班每年招生和毕业生分流意见，协调各地、各部门办学中出现的重大问题；对内地西藏工作进行检查指导、调研和评估，总结交流经验，表彰先进等。

（二）西藏自治区人民政府的主要任务是，组织学生到内地入学，分拨生活经费，选派藏文师资，确定每年内地西藏班招生和分流计划，安置返藏毕业生，配合内地办学单位处理好相关的问题，督促西藏各业务厅局协助内地共同做好西藏的管理工作。

（三）承担办西藏班的有关省、直辖市政府和国务院有关部门，要确定专人负责；这些省、直辖市教育主管部门要有一位副主任分管此项工作，负责本地区和本部门内地西藏班的管理和协调工作，落实办学所需经费，帮助学校解决办学中的问题。

（四）为办好内地西藏班，各方面要密切配合，通力协作，特别是要加强西藏与内地支援省、市的直接对口联系和协作。今后，西藏各地、省教委直接与办内地西藏初中、高中班的有关省、市教委联系，西藏各业务厅局直接与办大、中专班（校）的省、直辖市及中央有关部委和学校联系，共同解决办学中的问题。

（五）在这次会议上，确定的1994年以后，有关省、市和部委承担培养西藏各类学生和培训教师、管理干部的任务，各省、市和部委要认真研究，除遇特殊情况，经西藏和有关省、市、部委协商，报国家教委同意，予以调整外，要把应承担的任务和所需经费尽快落到实处，坚持下去。

二、明确经费开支渠道，不断改善内地西藏班的办学条件

内地西藏中学班和中专班所需的正常经费，由西藏地方财政统筹解决，不足部分可由承担任务的省、市人民政府和部委根据自身财力的实际情况适当补贴。补贴经费要在省、市财政和委预算中单独列支、专款专用。适量的开办费和基建投资由承担任务的省、市和部委负责解决。鉴于物价变动等因素，由西藏负责提供给学生的各项学习和生活费用（包括装备费、医疗费、服装费、伙食费、取暖降温费、假期活动费、公杂费等），由原来的初、高中每生每年706元，中师、中专每生每年778元分别提高到1050元和1026元。

要培养学生艰苦朴素、勤俭节约的生活习惯，在进入专业教育之后，有条件的学校应逐步改进现行的生活费发放办法，试行奖学金、贷学金制度。

内地西藏班（校）的教职工常年在学校工作，没有寒暑假，工作很辛苦，为了鼓励他们长期安心教育援藏工作，应给予适当补贴。具体办法和标准由各地政府根据所办西藏班、校的实际情况研究确定。

三、加强对内地西藏班（校）的管理

对内地西藏班学生既要热情关心又要严格要求，使他们真正成为德、智、体全面发展的人才。

各级教育行政部门要加强对内地西藏班（校）的领导，选派政治思想好、业务素质高、能够正确执行党的民族政策和全面贯彻党的教育方针的同志到学校任教，努力提高教学质量和学校的办学水平。

西藏要选派符合条件的教育行政管理干部和教学骨干到内地西藏班（校）挂职，边学习，边工作，参与对内地西藏班的管理；西藏各业务厅局也要根据内地西藏中专班的情况，选派得力的藏族干部到内地集中办班的学校挂职，帮助工作，一年后轮换。

四、用好教育援藏补助经费

当前西藏教育事业的发展仍面临着较大的困难。今后，教育支援西藏的重点要放在大力加强基础教育、积极发展职业技术教育、成人教育以及电化教育和尽快培训提高广大教师、教育行政管理干部的思想政治水平和业务素质等。为此，这次教育支援西藏工作会议安排5100万元（中央承担4100万元，西藏自筹1000万元），进一步支持加快西藏教育事业。依据西藏自治区人民政府（藏政发〔1992〕88号）关于确定教育援藏项目的报告，这笔经费分块使用，一块安排在西藏区内4670万元，项目由西藏提出；另一块安排在内地430万元用于编译九年义务教育教材、培训西藏教育行政管理干部、内地办学评估、表彰、开展教育教学研究等。用于西藏区内的资金，将按计划分年度拨给西藏自治区，由自治区教委、计经委和财政厅按计划要求安排使用，专款专用。

西藏自治区教委要加强援藏项目计划的监督管理，严格按基建程序办事，确保项目的工程质量，充分发挥投资效益，使教育援藏工作取得较大成绩。

国家民委关于贯彻
《普通高等学校本科专业设置规定》
若干意见的通知

（1994 年 3 月 17 日）

国家教委教高〔1993〕13 号文件印发了《普通高学校本科专业设置规定》，各民族学院应结合本院的具体情况认真贯彻执行。

为了有利于我委转变职能，既加强专业设置的宏观管理，又扩大所属民族学院的办学自主权，根据我委所属民族学院的实际情况，我们就贯彻国家教委教高〔1993〕13 号文件的有关问题提出如下意见：

一、中央民族大学普通本专科的专业总数目前核定为 55 个。该校在本科专业目录内，哲学、经济学、法学、历史学、文学、理学门类设置、调整专业、专业总数不超过 55 个时，由学校自主审定，报我委备案；专业总数超过 55 个时，增设专业由我委审批。该校增设或调整教育学、工学、农学、医学等门类专业须报我委审批。

二、其他民族学院普通本专科专业的总数目前分别核定为：西北民族学院 40 个、西南民族学院 40 个、中南民族学院 42 个、西北第二民族学院 8 个。上述学校和东北民族学院在我委批准的现设专业所属门类的二级范围内调整专业，由学校自主审定，报我委备案。

调整专业是指停办原专业，在原专业所属门类的二级类范围内设置新专业，专业总数不增加。如仍保留原专业，增加专业总数，须报我委审批。

三、核定我委所属民族学院专业总数时，按国家教委新专业目录规范后的专业名称。同专业的不同名称和同一名称的本、专科专业，都按一个专业计算。

四、按照本科专业设置规定，适当下放我委设置、调整专科专业的审批权限。（1）委属民族学院设置与现设本科专业相同名称专科专业的，由学校自主审定，报我委备案。（2）在按专业设置规定自主审定设置、调整的本科专业目录内，设置适于举办专科、并与本科专业名称相同的专科专业，由学校自主审定，报我委备案。（3）设置上述范围以外的专科专业，报我委审批。

五、委属各民族学院应在每年4、5月份研究下一年度的专业设置、调整工作，提出方案。

六、委属民族学院自主审定的本、专科专业，应在每年8月31日前（以当地邮戳为准）将审定结果和备案登记表报我委教育司。

七、各院申报需由我委审批的本、专科专业，应于每年6月底前报我委。报送的书面教材应包括申请报告、申请表、拟设专业的教学计划和有关补充说明材料。报送材料的份数为：专业目录内的专业一式25份，专业目录外的专业一式35份。

八、学校增设专业目录外的专业，应按《普通高等学校本科专业设置规定》第26条规定提供设置该专业的论证材料，还应提出我委专业设置评议委员会之外，对该专业比较熟悉的2～3名参加论证小组的专家、学者入选。

九、对学校自主审定的专业，我委主要审核是否在学校自主审定的权限范围之内和审定过程是否符合法定程序。对由我委审批的本、专科专业，由我委专业设置评议委员会办公室报委领导批准。我委于每年9月30日前将同意备案、增设的普通本科专业报国家教委备案，并将备案结果及时函告学校；于每年10月20日前将同意备案、增设的专科专业函告各民族学院。

十、委属民族学院专业设置、调整的审批、备案工作，由我委教育司归口管理。这项工作每年集中举行一次，超过规定时间备案和申报的不再受理。

十一、委属各民族学院都应加强专业设置、调整的管理工作。应成立校级专业设置评议委员会或委托现有的学术委员会为专业的设置、调整提供咨询意见，以提高决策的民族性和科学性。

国务院关于中国教育改革和发展纲要的实施意见（节录）

（1994 年 7 月 30 日）

一、到 2000 年我国教育发展的目标和任务

......

（七）重视和发展少数民族教育事业。中央和地方政府在教育经费和师资培训以及世界银行贷款等方面要对少数民族教育采取特殊的倾斜政策，继续认真组织和落实内地省、市对民族地区教育的对口支援。认真办好高等学校的少数民族预科教育和本科民族班教育。加强对少数民族干部的培训。各民族地区要积极探索符合当地实际的发展教育的路子。

（八）积极发展广播电视教育和学校电化教育，推广运用现代化教学手段。到 2000 年基本建成全国电教网络，全国 70% 左右的县要建立起教育电视台（收转台），70% 左右乡镇小学以上的学校和少数民族寄宿制学校要能够直接收看教育电视节目。

二、深化教育改革的任务和政策措施

（十三）深化中等及中等以下教育体制改革，完善分级办学、分级管理体制。基础教育实行国家宏观指导下主要由地方负责、分级管理体制。……设立用于贫困地区、民族地区、师范教育的专项补助基金……建立用于补助贫困地区、少数民族地区的专项资金，对县级财政教育事业费有困难的地区给予补助等。

全国高等学校少数民族预科基础课程教材修订会议纪要

（1994 年 12 月 31 日国家教委办公厅、国家民委办公厅印发）

为适应民族高等教育改革的需要，提高教学质量，国家教委民族教育司、国家民委教育司于 1994 年 11 月 7—10 日在武汉中南民族学院召开了全国高等学校少数民族预科基础课程教材修订会议。参加会议的有国家教委民族教育司、国家民委教育司、湖北省教委、中南民族学院的负责同志、民族班基础课程教材的正、副主编及新疆维吾尔自治区教委、教育科学出版社和 32 所高等学校预科部（民族部）负责人、有关专家、教师近 50 人。国家教委民族教育司司长韦鹏飞、国家民委教育司司长周明甫、湖北省教委副主任朱定昌等分别在会上讲了话。

会议总结了近几年全国高等学校预科教育改革和教材建设的经验，充分肯定了国家教委积极进行民族预科教材建设的成绩，从 1992 年到现在，国家教委组织大连理工大学、陕西师大、中央民族大学、新疆大学、新疆财经学院等 10 多所高校的一批专家、教授及长期从事民族预科教育工作的同志，编写出了《基础汉语》、《阅读与写作》、《数学》和《英语》系列教材及《英语》听力磁带等。与会代表一致认为，这套系列教材较好地解决了我国解放 40 多年来民族预科教育中的一大难题，为发展我国民族高等教育办了一件有重要意义的实事。

为作好教材的修订工作，代表们对教材进行了认真的分析，认为这套教材的优点是：

（1）符合国家对高校民族预科（班）学生培养目标，综合学好基础知识，加强基本技能训练的要求。（2）针对性强，符合教学实际，有利于提高教学质量。（3）教材体系较完整，体现了科学性，注意并较好地解决了各阶段知识的衔接。（4）教材思想性强，体现了时代精神。（5）有民族特色，有利于激发学生学习兴趣和民族自豪感。

教材的缺点和不足之处有：在教材结构上，各环节之间不够协调；在教材内容上，普遍感到偏浅，不能很好适应不同地区不同文化程度学生的学习要求。此外，在印刷上也有一些错漏之处等。

经过与会代表的讨论和专家分析，大家取得了共识，并确定了教材修订的原则和意见：

（一）要按照国家教育委员会教民〔1993〕6号《关于印发普通高等学校少数民族预科基础汉语、阅读与写作、数学、外国语（英语）教学大纲的通知》的要求，作为修订全套教材的指导思想和依据，认真总结这几年在教学中这套教材的优点和存在的问题，并与教学大纲进行对照，贯彻得好的，加以肯定；对存在的问题在分析的基础上加以修订。

（二）在教材内容和教学要求上，要加强针对性。这套基础课教材，主要供高校民族预科学生学习用。而这些学生来自不同地区，文化程度又不齐。在按教学大纲以中等文化程度学生为主的前提下，也要照顾到文化程度较高学生的教学需要，这就要求有的教材内容要适当加深，有的知识面应拓宽，做到深浅适度，顺应多数院校的教学需要。

（三）注意教材的思想性、科学性和民族特色问题。所谓思想性应重点贯彻好党的有关方针政策，做到以新时期党的基本路线和建设有中国特色的社会主义理论为指导来编写、修订教材；科学性是要用辩证唯物主义和历史唯物主义的观点分析作品、处理教材编写中的问题，使教材体现学科的科学体系和规律；民族特色主要是根据民族学生的特点，适当选用体现各兄弟民族优秀文化传统的作品和教材，使教材发挥弘扬民族文化，激发学生学习兴趣、民族自豪感和爱国热情的积极作用。

（四）在教材的结构上，要根据教学的实际和大纲的要求，有的教材要适当调整知识结构，例如《数学》教材中低于普通高中的一部分知识应适当减少，在微积分部分要适当增加有关理论部分；有的教材在体系结构上要注意协调，例如《基础汉语》教材，应突出汉语这个重点，适当删除文学色彩较浓的课文，同时改正语法知识与课文不相适应的部分。在篇章结构上要充实、完整，使该教材体系更加完善。

（五）注意课程关系和教学时间的分配问题。关于课程关系问题，应加强汉语文（包括《基础汉语》和《阅读与写作》两门课程）、数学和英语等工具课程的教学，对于根据国家教育委员会教民〔1993〕4号《关于印发普通高等学校少数民族预科文科、理工科教学计划的通知》确定的讲座课（包括政治课与部分文化基础课两部分），有条件的学校可继续进行开设这类课程的考试，条件暂时还不具备的学校，因地制宜地开设原已开设的相关课程。但应逐步创造条件，等条件成熟时，再转为开设有关讲座课程。

在教学时间的分配上，既要从一年制预科（班）实际出发，又要兼顾到两年制预科（班）教学的需要，所以课程门类不能太多，内容要精炼，使教师在教学中能根据学生的文化程度和学习时间的长短灵活掌握。

为提高教学质量，会议研究了课程的考核问题，经研究确定：委托新疆维吾尔自治区教委、大连理工大学牵头组织新疆大学、新疆石油学院、新疆师大、中央民族大学、陕西师大、西北民族学院、青海师范大学、内蒙古工学院共同拟定主要适应西北、华北地区学生的《基础汉语》、《英语》、《数学》课程的考核办法；委托云南省和广西壮族自治区教委牵头组织云南有关高校和大连理工大学、广西民族学院、中央民族大学、华中师大、西南师大、宁夏大学、中南民院、西南民院共同拟定主要适应中南、西南、华东地区学生的《阅读与写作》、《数学》和《英语》课程考核办法。要求在1995年8月底拟出初步方案，经研究批准后，先在广西民院、云南民院、西南师大、陕西师大、宁夏大学和新疆大学、新疆师范大学、新疆石油学院进行试点，待取得经验后逐步推开。

会议还对民族班（预科）教育改革和发展问题进行了研讨。大家认为，当前，全国民族班（预科）教育已成为我国发展民族教育，培养各类民族人才新的办学形式和重要渠道。现在，全国除普通大、中专院校办民族班（预科）外，成人大、中专院校的民族班（预科）教育也在不断发展，已为国家培养了成千上万的民族人才，大大增强了民族团结，有力地促进我国民族地区的经济建设和社会发展。为适应全国民族班（预科）教育改革、发展和教材建设的需要，会议认为要根据国家教委、国家民委领导关于办好民族班（预科）教育，搞好管理工作的指示和有关省、自治区及学校的要求，应尽快建立"全国高等学校、中等专业学校少数民族班（预科）教育指导委员会"，主要任务是：研究民族班（预科）教育的特点、规律和改革发展中的重要问题；制定有关规划、方针政策，指导民族班（预科）教材的编写、审定和管理工作；进行民族班（预科）教育改革、发展中重要问题的咨询；组织校际协作、经验交流和国际合作等，聘请有关高校、中等专业学校专家、有经验的教师和教育管理干部组成。在该委员会中设：

（一）全国高等学校、中等专业学校少数民族班（预科）教材编写委员会，其中分设《基础汉语》、《阅读与写作》、《数学》、《英语》四个编写组。主要任务是：制定学科教材建设规划；组织编写教材；研究国内外的有关教材建设情况；总结、交流教学和教材研究经验等；各编写组成员除原编写教材的教师外，还要聘请民族学院等有关高校、中等专业学校有一定学术水平和教学经验的教师参加，以便调动高校、中等专业学校民族班（预科）教学改革积极性、群策群力、搞好教学改革和教材建设。

（二）全国高等学校、中等专业学校少数民族班（预科）教材审定委员会，其中分设《基础汉语》、《阅读与写作》、《数学》、《英语》教材审定组。主要任务是：研究、审定学科教材、教学参考书及音像资料等。聘请有关高校、中等专业学校学术水平较高，经验丰富的专家、教师和教育管理干部组成。上述"指导委员会"、"教材编写委员会"和"教材审定委员会"均属学术组织,由国家教委、国家民委共同领导。

会议根据今后高校、中专民族班(预科)教材建设由国家教委民族司、国家民委教育司共同负责的精神,确定修订后的民族班(预科)新教材由两司共同署名出版、发行。这套民族班(预科)基础课程教材应于 1995 年 5 月修订完毕,以便按时出版并由两司向全国举办民族班(预科)的普通高校、成人高校及有关中等专业学校推荐选用这套修订的新教材,以保证和提高教学质量。

内地中等专业学校西藏班
管理的若干暂行规定

(1994 年 12 月 31 日国家教委发布)

第一章 总 则

第一条 为保证教育援藏工作健康发展,加强内地中等专业西藏班的管理,结合西藏班实际,特制定本规则。

第二条 内地中等专业学校西藏班(以下简称内地西藏班),要坚持社会主义办学方向,全面贯彻国家的教育方针和党的民族政策,帮助西藏培养拥护中国共产党的领导,热爱社会主义、维护祖国统一、坚持民族团结的有理想、有道德、有文化、有纪律,德智体全面发展,初步具有科学世界观和掌握一定技能,立志献身西藏社会主义建设事业的建设骨干。

第三条 内地西藏班的管理,坚持爱护、严格、细致的原则。

第二章 行政管理

第四条 国家教委负责对内地西藏班工作进行宏观指导;制定有关方针、政策和规章制度；协调各地、各部门解决办学中出现的重大问题；对内地西藏班工作进行评估和监督检查。

第五条 内地西藏班，凡在部属学校的由部委领导，省（市）所属学校的由省（市）领导。

有关省、直辖市政府和国务院有关部门，要确定专人，负责本地区本部门内地西藏班的管理和协调工作，落实招生计划、招生学校和解决办学所需经费，帮助学校解决办学中的问题；省市教育主管部门要有一位副主任分管此项工作。

第六条 各级教育行政部门要加强对内地西藏班工作的领导和管理，要选派政治思想好、业务素质高、责任心强，能够正确执行党的民族政策和全面贯彻国家教育方针的同志到校任教或负责管理工作，努力提高教学质量和办学水平。

第七条 学校要认真抓好西藏班的管理工作。在校党委统一领导下，由校长负责，指定若干人员分管此项工作，队伍要相对稳定。

第八条 西藏自治区有关厅局负责为本系统培养的内地西藏班学生的管理。主要任务是：

（1）确定学生的培养规格；

（2）组织学生入学教育，护送学生到校；

（3）分拨学生各项学习和生活费用；

（4）确定专人负责同内地有关省市及学校联系，配合学校及时研究解决办学中出现的问题；

（5）选派得力的藏族干部到内地办班学校挂职，边学习边工作，在学校统一领导下，参与对内地西藏班学生的管理；

（6）会同有关部门安置返藏毕业生。

第三章 教学管理

第九条 内地西藏班招生计划纳入有关部委、省市所属学校统一招生计划（国家任务之内），定向为西藏培养人才。

第十条 内地西藏班招生办法，由国家教委另订。

第十一条 内地西藏班教学计划，教学内容和讲授课程，要按照当地学校的计划、内容、课程设置进行。西藏各业务厅（局），可结合西藏实际，由办班学校对部分课程提出具体建议，达到学以致用的目的。

个别专业必须开设藏语文课的，由西藏主管部门派遣藏文教师，提供教材，按计划开设。

第四章　学籍管理

第十二条　内地西藏班学生的学籍管理，要严格执行国家教委教职〔1994〕4号《关于普通中等专业学校学生学籍管理规定》（以下简称教职〔1994〕4号）。

第十三条　新生入学后学校应在3个月内按招生规定进行复查。复查不符合招生条件者，由学校区别情况予以处理。凡徇私舞弊或不符合规定者一经查实，退回西藏。由西藏主管部门负责接回。

第十四条　内地西藏班学生在校期间一般不安排返藏探亲，不转学、转专业。确有特殊情况者，必须由本人提出申请，父母所在单位出具证明，由西藏主管厅（局）签署意见，学校同意后，方可办理。

第十五条　学生在校期间按教职〔1994〕4号第十条规定，需要留级的，应予留级。留级以一次为限。

凡留级一次，学业成绩仍达不到长级标准的，经校长批准，应予退学。

第十六条　凡因病不能坚持正常学习，在3个月内不能治愈的学生，经校长批准，可准予休学（休学以一学年为期，一次为限）。由西藏主管部门接回。

第十七条　凡留级、休学学生原则上随本专业下一年级学习。若本专业无后继班级，学校可根据学生的情况，安排随班学习。

第十八条　学生毕业前的实习，原则上在内地进行。

第五章　校园与生活管理

第十九条　学校要认真贯彻党的教育方针，教育学生必须坚持四项基本原则，做到德智体全面发展。要坚持正面教育为主，贯彻疏导方针，做好思想政治教育和民族团结教育工作。

第二十条　学校要严格执行校规、校纪，教育学生遵守行为规范，建设健康的、生动的校园文化，树立良好的校风、学风。

第二十一条　学生应当热爱社会主义祖国、热爱人民，拥护中国共产党的领导。勤奋学习、文明礼貌、团结同学、关心集体、遵纪守法、爱护公物、讲究卫生、热爱劳动。

第二十二条　学生必须认真学习马列主义、毛泽东思想和建设有中国特色社会主义理论，努力学习文化和科学知识，积极锻炼身体和参加学校组织的各项活动，遵守国家法令、学校的各项规律制度，服从学校统一领导和管理，遵守社会公共秩序；要尊敬师长，尊重职工劳动。

第二十三条　禁止学生抽烟、喝酒；要教育学生在学习期间不谈恋爱。

第二十四条　学生上课、自习、实验、补课、军训、实习、设计、劳动、寒暑假活动，都实行考勤。因故不能参加者，必须请假。凡未请假或超过假期者，一律以旷课论处。

第二十五条　西藏班学生在校学习期间寒暑假由学校根据实际情况，就近组织好假期活动。要有计划地组织学生到厂矿企业、农村参加一定的社会实践，开展勤工俭学活动，积极组织好各种生动活泼、内容健康的文化活动，丰富学生文化生活，并安排一定时间补习功课。

第六章　经费管理

第二十六条　内地西藏班的经费，要按国办发〔1993〕71号文件的规定，除由西藏自治区提供学生一定数额的学习和生活费用（包括装备费、医疗费，服装费，伙食费，取暖降温费、假期活动费、公杂费等）外，不足部分由承担任务的省、直辖市人民政府和部委补贴。补贴经费要在省（市）财政和部委预算中单独列支，专款专用。

第二十七条　凡拨给西藏班的学习生活补助专项经费，要在校长统一管理下，专款专用，收支单独列账核算，并将收支账目和预算上报主管部门审批核准，不得挪用挤占。

第二十八条　学校要对经费进行科学化管理，原则上采取奖学金、困难补助和贷学金相结合的办法发放，即除西藏提供的伙食补贴全部发给学生个人外，其余补助部分（包括省市补贴）可以按家庭困难程度分等级发给学生，并留出一部分经费作为奖励品学兼优的学生和生活特困生的补助经费。有条件的地方和学校，可实行贷学金制度。

第二十九条　学生伙食实行餐券制。学校要想尽办法办好学生伙食，加强和完善食堂管理。

第三十条　各级有关部门要按照国办发〔1993〕71号文件要求，对内地西藏班教职工给予适当补贴。

第七章 附 则

第三十一条 各省、自治区、直辖市教育部门可根据本地规定制定具体管理办法。

第三十二条 本规定由国家教育委员会民族教育司负责解释。

第三十三条 本规定自发布之日起施行。

国家民委关于改革和发展委属民族院校成人高等教育的意见

（1995 年 1 月 12 日）

为了贯彻落实国务院办公厅批转的《关于进一步改革和发展成人高等教育的意见》和全国民族教育工作会议的精神，加速发展民族院校成人教育，使其更加有效地为民族地区的改革和发展服务，特提出如下意见：

一、进一步提高对民族院校成人教育在民族地区改革和发展中的地位和作用的认识

成人教育是为了使社会成员不断获得新的文化技术知识，促进社会进步的最重要的教育手段之一，是当代社会发展和科技进步的必要条件。所有发达国家经济技术的进步与推广都离不开成人教育和职业技术教育。我国正处在实现现代化的重要历史阶段，大力发展成人教育，使其适应社会主义现代化建设的需要，具有重要的战略意义。

民族院校的成人高等教育是我国民族高等教育的重要组成部分。它担负着对民族地区在职民族干部和职工进行教育、培训和培养高级专门人才的重要任务。民族院校成人高等教育能够直接有效地提高民族地区各族干部的素质，能够采取多种形式灵活多样地培养多种层次多种规格的各类专门人才。对于促进民族地区的经济建设和社会发展具有十分重要的作用。

民族成人教育对象的广泛性、形式的多样性、内容的针对性，决定了它具有普通

民族高等教育不能替代的作用和优势。它将与普通民族高等教育相互补充、协调发展，共同构成我国民族高等教育"两条腿走路"的完整体系。

党的十一届三中全会以来，各民族院校的成人教育事业得到了较大的发展，取得了一定的成绩。委属民族院校坚持社会主义的办学方向，坚持为民族地区的经济建设和社会发展服务的指导思想，注重教育质量，为少数民族地区培养德才兼备的民族干部和各类专业人才，为振兴民族地区的经济，维护民族地区政治上的稳定做出了应有的贡献。

随着改革开放的不断深化和社会主义市场经济体制的建立和发展，社会对人才的需求越来越迫切，数量更大，规格、类型更加多样，质量要求也更高。民族地区越来越多的在职人员迫切要求接受各种类型的高等教育。在新的形势下，民族院校成人高等教育的地位越来越重要，作用越来越大。加速深化改革和大力发展民族高等教育，是关系到民族地区改革和发展的大问题。

二、委属民族院校成人高等教育改革与发展的总体目标和指导方针

今后一个时期，民族院校成人高等教育改革和发展的总体目标是：坚持社会主义办学方向，建立适应民族地区经济社会发展需要、重点突出、结构优化、层次多样、布局合理的民族院校成人高等教育体系。形成能够主动适应民族地区社会主义市场经济的需要、分级管理、分级负责、具有自我发展、自我约束、充满生机与活力的民族成人高等教育的管理体制和办学机制，以教学改革为中心，提高质量，办出民族院校成人教育的特色，直接有效地为民族地区经济建设发展服务。

为保证总体目标的实现，民族院校的成人高等教育必须坚决贯彻"大力发展成人教育"的总方针，贯彻"一要改革，二要发展"和"积极鼓励，大力支持"的方针，进一步解放思想，深化改革，大力发展民族院校成人教育、加强管理、提高教学质量和办学效益，努力在竞争中求生存，在改革中求发展，在贡献中求支持。

三、委属各民族院校成人高等教育改革和发展的政策

（一）加强组织领导，坚定办学方向

加强党对民族院校成人教育工作的领导，全面贯彻党的教育方针，坚持社会主义办学方向。进一步提高各级领导特别是院级领导对民族院校成人教育的认识，尤其是要提高对干训工作的认识，把发展各类成人高等教育的任务列入学校的总体规划及各级领导的重要议事日程，使成人教育成为学校整体工作的重要组成部分和学校的基本任务之一。

认真搞好民族院校成人教育处、干训部、函授夜大学等部门的领导班子建设，培养和选调政治素质好、业务水平高，热爱成人教育事业，有较强改革开放意识和组织管理能力的干部担任上述单位的领导职务，加强对中青年后备干部的选拔和培养，使各院校成人教育管理部门领导的知识结构、专业结构、年龄结构合理化。

（二）根据分级管理、分级负责的原则，改革委属民族院校成人高等教育的管理体制

我委将根据国家有关方针政策，加强对委属民族院校成人高等教育的总体规划、宏观管理、指导服务和必要的监督检查。逐步简政放权，转变职能，扩大和保证院校办成人教育的自主权，进一步明确学校所承担的义务、利益和责任，使其真正成为面向社会自主办学的法人实体。逐步改革学校的内部管理体制和运行机制，深化成人教育的改革。通过加快改革开放的步伐，促使民族院校成人教育有个较快的发展，在质量、数量、结构和效益等方面上一个新台阶，以适应少数民族和民族地区经济社会发展的需要。

各民族院校成人教育管理部门要善于行使属于自己的权力，承担好自己的责任，建立主动适应社会主义市场经济需要，自我激励、自我约束的运行机制。

（三）完善管理体制，加快岗位培训的步伐

大力发展岗位培训，使其真正成为干部教育的重点，是建立民族成人高等教育体系的重要一环。因此，应制定相应的政策和措施，鼓励、促进其快速而有效地发展，并形成制度。必须根据干部管理权限和培训条件，实行分级管理。委属民族院校主要承办县处级或县处级以下民族干部的培训。岗位培训计划，由教育司下达有关民族院校实施。根据有关省、自治区各行各业的需要，委属民族院校干训部、中央民族管理干部学院及其他系科受这些地方组织人事部门的委托，可举办各类岗位培训班。

（四）大力开展非学历教育

要抓紧完善有关配套政策措施，下放管理权限，大力开展各类非学历教育。各民族院校完成我委教育、培训任务后，根据民族地区的需要，可举办各级各类短期培训、进修班、高考辅导班、高教自考班、研讨班。

非学历教育的办学内容应适应民族地区经济社会发展的需要。非学历教育的审批权限，一律下放学校职能部门归口管理。但是各种培训班的学制，脱产学习的，原则上不得超过一年；业余学习的不得超过一年半。各种培训班，学制一年的，各民族院校每年应向我委教育司上报统计表备案。各院校的各类培训班毕业学员，经考试合格

者，可发结业证明。不得发任何其他证书。各种短期培训班的收费标准和经费使用，按国家教委、财政部、国家物价局及我委的有关规定办理。

要积极发展成人高等职业技术教育，继续办好成人预科和专业证书教育。专业证书班学员的年龄和工龄，根据民族地区和学员的实际情况，可适当放宽。该班招生计划的审批程序，仍按国家教委、人事部有关文件规定办理。

（五）适度发展多层次、多规格、多形式的学历教育

委属民族院校的成人高等学历教育以专科为主，以招收在职业人员为主，根据少数民族地区的需要开办第二学历教育，试办以专科为起点的本科教育，并进行招收在职人员攻读硕士、博士学位的试点。

成人学历教育要根据按需培养的原则适度发展，并使其规模、专业及层次结构与民族地区经济社会发展对人才的需求相一致。民族院校成人高等学历教育包括成人脱产班（干部专修科）、函授夜大学等形式。成人脱产班坚持以脱产学习为主，函授夜大学坚持以业余学习为主的原则。继续办好各种成人脱产班和函授夜大学。特别是继续办法好干部成人脱产班，这种脱产班应坚持招收在职民族干部及其他专业人才。民族院校的函授教育应充分注重远距离教育的特点，进一步提高教学质量，注重教学效果努力为民族地区和边远地区培养各种人才。

（六）今后成人高等学历教育计划管理工作，仍坚持分级管理、分级负责的原则

委属民族院校根据需要与可能，将成人高等学历教育年度招生计划先报送我委教育司审核汇总。然后我委负责核定所属民族院校举办各种类型成人高等教育最大招生容量，根据学校及专业的具体办学条件、民族地区经济发展对人才的需求情况，安排所属民族院校及其专业的招生计划，同时由我委教育司报国家教委备案后由国家教委统一下达。学校在招生过程中，经当地招办同意，可根据办学条件和生源情况，在我委核定的年度招生总数的基础上，在20%以内增加成人高等学历教育招生人数。如需要调整跨省招生计划，各民族院校应及时向我委教育司提出申请。

（七）强化民族院校成人高等学历教育质量控制机制，切实保证学历教育的质量规格

委属民族院校举办成人高等学历教育的资格，均需报我委教育司审批，审核通过后报国家教委审批或备案。成人脱产大专专业设置，由学校报我委批准。举办函授、夜大学本专科教育资格，由学校报我委审批，并向国家教委备案。举办师范类和非师

范类专科起点本科班的学校办学资格及专业报送我委审核后，再报国家教委审批，招生计划数纳入学校成人高教招生总量。由国家教委统一下达"专升本"生源招生计划。举办第二专业专科学历教育的学校资格须经我委教育司审批。招生计划要纳入学校招生总量、不单列。学校拥有调整成人高等学历教育专业方向的自主权。

我委教育司负责组织制定、编审指导性的教学计划、大纲和主干专业课教材。组织对专业基础课和专业课进行抽考。建设评估制度，并定期对学校进行督导和评估。

我委将从实际出发，调整学校成人教育专业分工。民族院校函授、夜大学要避免办学层次、专业设置、招生区域的重复和交叉。

（八）抓好成人教育内部管理体制的改革

要理顺委属民族院校成人教育的体制。各民族院校所有的成人教育包括脱产班、函授夜大学、专业证书班、各种短期培训和进修等业务，都应统一归口到成人教育处管理。各民族院校的学生处、教务处、财务处等职能部门要协助和配合成人教育处做好本院的成人教育工作。

各民族院校要根据成人教育办学任务，增加投入，改善办学条件。各院校在定工作任务、发展规划、人员编制、经费分配的"四定"工作中要包括成人教育部分。成人教育的经费，要有专款、单列。学校在研究人员编制、分配经费时，对干训部应当适当倾斜。

（九）深入进行教学改革，提高教学质量和办学效益

招生过程中，各民族院校要深入到民族地区基层单位，积极组织生源，努力做好宣传，加强专业导向；争取开办民族考生考前文化补习班，切实保证生源质量。

教学领域的改革要坚决贯彻"按需施教、学以致用"的原则，紧密结合民族地区实际，按照不同专业和不同岗位需要确定教育的层次、规格、目标和内容。教学计划大纲、教材要符合民族成人教育的要求，注重针对性、实用性和时代性，强化实际操作能力的培养。

在适当的时候，我委拟组织民族院校的有关专家教师、外校专家教师编写一套适合民族院校干训学员的统一的、规范化的教材和教学大纲。

调整和改造民族院校成人教育原有专业，拓宽专业面，以利于培养能够担当民族地区经济和社会发展重任的民族干部。

要根据民族干部教育的特点及规律，改革教学内容和教学方法，增加专业基础课比重，加强实践性教学环节。实行教师讲授与学员自学讨论相结合的教学方法，推广启发式、研讨式及案例教学法、模拟教学法，以提高学员分析问题、解决问题的能力。

要充分运用电化教育等先进学手段和实习考察参观等提高教学效果。

通过教学改革，建设一批有特色的重点专业和关键岗位的规范化培训制度。做到师资、教材、教学管理和实验、实习设施四配套。进一步加强教学指导和监督，加强学籍管理和教务管理。

要加强民族院校与其他普通高校之间、各类成人高校之间的横向联系和协作，开展多种形式的联合办学。

建立一支具有民族院校特色的业务素质好、思想过硬的稳定的成人教育教师队伍。要高度重视师资队伍建设，采取有力措施，加强在职中青年少数民族教师的培训，抓紧解决成人教师队伍断层问题。坚持和完善教师参加社会实践的制度，聘请实际工作部门的有较高水平的专家任教，采取多种形势促进教师与社会的密切联系，要采取特殊措施，加强培养。

（十）加强民族成人教育的理论研究，提高成人教育管理人员的理论水平和业务素质

民族成人教育有其特殊的规律，应当加深对这方面的理论研究和业务探讨。发挥少数民族成人教育委员等团体组织的作用，定期召开研讨会，总结和交流各民族院校成人教育的经验，以探讨带有普遍性的问题。组织成教教师和管理人员认真学习党的成人教育方针和民族政策，抓好民族成人教育的业务学习和实践探索，定计划，定时间，形成制度。要选派具有初、中级技术职称的中青年业务人员参加成人教育专业进修和系统培训，不断提高他们的理论水平和业务素质。

（十一）改变单纯依靠主管部门拨款的经费筹措体制，充分发挥学校的积极性，拓宽经费筹措渠道

根据目前各民族院校成人教育的拨款数量，核定基数，包干使用。在保证普通高等教育质量及不违背国家有关政策规定的前提下，积极通过面向社会办学创收，大力兴办校办产业，组织社会集资，增加教育投入。对国家任务招收的成教学员，可收取一定数额的学杂费和教材费。积极争取国内外团体和个人的捐款助学，扩大经费来源。

（十二）积极开展民族成人教育的对外交流和合作办学

各民族院校要走出校门，开阔视野。到民族地区、到边境、到沿海了解当地社会文化的发展状况和个人需求，学习兄弟院校和成人高校的先进的办学经验。进一步提高民族院校成人教育的知名度。并寻求机会，打开合作之路，与民族地区联合办学，与沿海院校联合办学，促进民族地区文化教育的改革开放。有条件的学校经批准，可

与国外相应院校或培训机构建立校际合作关系。开展单项或多项合作培训，互派人员进行专题短期讲学、学校交流和专题考察等活动。

中小学少数民族文字优秀
教材评奖办法

（1995 年 3 月 16 日国家教委印发）

为了检阅中小学少数民族文字教材建设的成就，表彰先进，1995 年进行首次中小学民族文字优秀教材评奖工作。

具体评奖办法如下：

一、评奖范围

（一）1987 年以后编译出版的中小学各学科民族文字教材（包括课本、教学参考 [教师用]、教学挂图、图册）以及教科书的装帧设计（包括封面、版面、插图、装订形式等）。

（二）各出版社选优申报教材品种总数 6% 的教材。

二、评奖条件

优秀获奖教材符合下列条件。

自编教材

（一）教材内容

1. 坚持四项基本原则，符合党和国家制定的民族政策，符合义务教育法，符合课程计划、教学大纲所规定的要求。

2. 教材内容要有利于对学生进行思想品德教育。

3. 体现民族特点，符合民族学生的特点和规律，有利于继承和发扬本民族的优秀文化传统，增强民族自尊心和民族自豪感。

4. 要从学生熟悉的环境和事物出发，做到理论与实践相结合，结合基础知识、基本训练以及实验等教学实践活动，培养学生分析问题和解决问题的能力。

5. 观点正确，教材、数据符合事实。分量适当、难易适度，梯度合理、易学易教。

6. 选材要符合本学科的知识规律。

7. 符合国情，体现时代精神。

（二）教材体系

1. 符合儿童、青少年身心发展规律。按照不同年龄阶段学生的生理和心理特点，建立适应学生学习的知识体系、基本训练体系和培养能力的体系。

2. 要把学生认识规律和学科的知识结构结合起来，安排教学内容的顺序层次和逻辑关系。

3. 有利于实现本学科的教学内容的顺序层次和逻辑关系。

4. 注意本学科各部分内容间的相互衔接和与其他学科内容间的联系。

（三）教材中的练习和作业

1. 练习和作业内容要体现教学目的和要求，份量要适当，不加重学生的负担。

2. 练习和作业的安排要明确、具体、有层次、适应不同程度学生的需要。

3. 练习和作业的内容，形式多样化。要重视观察、实验、动手制作和社会调查，要因地制宜，讲求实效，尽可能利用简便易行的器材和已有的条件。

4. 练习和作业要注意联系学生的生活实际和生产实际，引用的事例和数据要准确。

（四）教材的文图

1. 文字准确、流畅、符合规范要求，符合不同年龄段学生的语言特点，不使用方言土语。

2. 文图配合恰当。

3. 引文、摘录要准确。

4. 装帧设计质量，要符合《图文质量管理规定》。

翻译教材

（一）语言文字要规范，通俗易懂，符合不同年龄段学生的语言特点。

（二）要忠实于原文，同时不拘泥于原文自然流畅，符合少数民族学生的思维规律。

（三）翻译准确，不漏译。

三、组织领导

（一）优秀教材的评奖工作，要在国家教育委员会的统一领导下进行。要成立少数民族文字优秀教材评奖领导小组。

（二）中小学民族文字教材文种多，因此要按文种聘请有关专家学者成立优秀教材评奖委员会，分别评审本民族文字优秀教材。

（三）由教材审定委员会办公室具体负责优秀教材评奖工作。

四、申报和审批

（一）在有关报刊上刊登评奖中小学民族文字优秀教材的消息，广泛征求师生的意见。并向有关民族中小学发出信函，由师生推荐中小学优秀教材。

（二）由各出版编辑室推荐，在社内组织自评。具体办法由各出版社自行制定，但必须经过社务委员会同意。

（三）由教材审查委员会办公室汇总申报的教材后，送优秀教材评奖委员会进行初审。初审的教材，再次征求师生、编辑、出版部门的意见。

（四）经过初审、复议的教材，由中小学民族文字优秀教材评奖委员会以无记名投票，评出中小学民族文字优秀获奖教材。

（五）由中小学民族文字优秀教材评奖委员会评出的结果，经国家教育委员会批准后公布，并由国家教育委员会统一授奖。

（六）申报及评奖工作必须采取严肃认真和实事求是的科学态度，凡发现有弄虚作假或其他不正之风经调查核查后，立即取消评奖资格。

五、奖励

（一）中小学民族文字优秀教材的奖励，采用荣誉奖和物质奖相结合的方式。

（二）获奖优秀教材责任编辑及其他有关人员，由出版单位根据其在本书编辑出版工作中的贡献，给予一定的奖励。

（三）荣誉奖和奖金，归编著教材的个人或集体所得，任何个人或单位不得提成或扣留。

中华人民共和国教育法（节录）

（1995 年 3 月 18 日第八届全国人民代表大会第三次会议通过，
中华人民共和国主席令第 45 号公布，自 1995 年 9 月 1 日起施行）

第一章　总　　则

第六条　国家对受教育者进行爱国主义、集体主义、社会主义的教育，进行理想、道德、纪律、法制、国防和民族团结的教育。

第七条　教育应当继承和弘扬中华民族优秀的历史文化传统，吸收人类文明发展的一切优秀成果。

第八条　教育活动必须符合国家和社会公共利益。

国家实行教育与宗教相分离。任何组织和个人不得利用宗教进行妨碍国家教育制度的活动。

第九条　中华人民共和国公民有受教育的权利和义务。

公民不分民族、种族、性别、职业、财产状况、宗教信仰等，依法享有平等的教育机会。

第十条　国家根据各少数民族的特点和需要，帮助各少数民族地区发展教育事业。

国家扶持边远贫困地区发展教育事业。

第十二条　汉语言文字为学校及其他教育机构的基本教学语言文字。少数民族学生为主的及其他教育机构，可以使用本民族或者当地民族通用的语言文字进行教学。

学校及其他教育机构进行教学，应当推广使用全国通用的普通话和规范字。

第七章　教育投入与条件保障

第五十六条　国务院及县级以上地方各级人民政府应当设立教育专项资金，重点扶持边远贫困地区、少数民族地区实施义务教育。

第五十九条　经县级以上人民政府批准，乡、民族乡、镇的人民政府根据自愿、量力的原则，可以在本行政区域内集资办学，用于实施义务教育学校的危房改造和修缮，新建校舍不得挪作他用。

第六十条　国家鼓励境内、境外社会组织和个人捐资助学。

第十章　附　　则

第八十二条　…宗教教育由国务院另行规定。

第八十三条　境外的组织和个人在中国境内办学和合作办学的办法，由国务院规定。

关于内地高等学校支援新疆
第三次协作会议纪要

（1995 年 10 月 13 日国家教委、国家民委印发）

一

为了适应新疆维吾尔自治区经济建设、社会发展和改革开放的迫切需要，培养新疆各民族高级专门人才，应新疆维吾尔自治区人民政府的要求，国家教委、国家民委和新疆维吾尔自治区人民政府于 1995 年 7 月 4 日在北京联合召开了内地高等学校支援新疆第三次协作会议。参加会议的有承担任务的国务院有关部委教育司（局），有关省、市教委、民委，有关高等学校的负责人及高等院校特邀代表共 150 多人。国务委员、国家民委主任司马义·艾买提、国家教委副主任王明达、国家民委副主任图道多吉、新疆维吾尔自治区常委副主席克尤木·巴吾东、自治区政府副主席吾甫尔·阿不都拉出席了会议。王明达、图道多吉、吾甫尔分别代表国家教委、国家民委和新疆区政府在会上讲了话。农业部、卫生部、大连理工大学、河海大学负责同志在会上作了经验介绍。国家教委民族教育司负责同志作了会议总结讲话。

会议总结了六年来内地与新疆在高等教育方面开展支援协作的经验，充分肯定了国务院有关部委及其承担任务的所属高校在与新疆高教支援协作中所取得的成绩。从1990—1995年，24个部委所属的54所高校共为新疆培养了5000多名少数民族本专科生，培训少数民族厂长、经理400余人，还培养了部分硕士研究生、培训了部分骨干教师、有利地促进了新疆的教育事业、经济建设和社会发展。

二

会议认为，随着大规模开发建设大西北、开发建设新疆时机的到来和工作的逐步开展，新疆对大批各民族高级专门人才的需求已显得越来越迫切。要把内地与新疆的高教支援协作，当作一项长期的战略任务，这不仅关系到开发和发展新疆，而且直接影响到边疆的巩固，民族的团结，国家的长治久安和我国社会主义现代化建设事业的进程。经过讨论，确定1996—2000年，24个国务院部委所属高校继续招收新疆少数民族本、专科生；天津大学、大连理工大学继续培训新疆县、处级以上少数民族经济企业管理人才，具体数字见附件。

为进一步搞好支援协作，应做好以下工作。

（一）根据新疆与支援协作部委所签的协议，每年新疆提前制定所需要培养的专业计划，由各部委教育司（局）安排所属高校执行。新疆教委在分配各地州招生名额时，应统筹考虑高寒、基础教育特别薄弱的地区，如塔什库尔干塔吉克自治县。

（二）为了更好地落实招收新疆少数民族学生的计划，国家教委每年在下达分省、分部门招生指标时，已将指标数纳入下达指标总数之内，不另列出。各有关部委和高校应认真执行。凡不完成招收新疆少数民族学生计划的，学校应向国家教委、国家民委说明原因，同时国家教委将扣减其招生指标。

（三）要保证生源质量。新疆要把最优秀的学生送到内地院校学习。招生时严格把关，第一批录取。为逐步提高考生汉语水平，适应来内地学习的要求，新疆可扩大民语授课学校在初中阶段用汉语进行数理化教学试点。

（四）为确保预科教育质量，向高校输送合格生源，新疆教委从明年开始要组织统一的预科结业生考试。要按照国家教委颁布的教学计划、教学大纲和教材组织教学和考试。办有预科班的高校要配备现代化的视听设备，选派优秀教师，以加强汉语教学和外语教学。预科生结业考试中民考汉学生凡汉语文、数学、外语有一门不及格者，不得进入内地高校学习；民考民学生汉语文、数学有一门不及格者，不得进入内地高校学习。

（五）新疆教委要协助内地院校加强对民族班的管理，凡在校生在50名以上者，新疆教委选派新疆有关对口高校的一位民族教师去协助管理。内地院校为这位民族教师提供免费进修。这样也可以促进新疆师资水平的提高。

（六）新疆教委可以组织报考内地院校研究生的青年教师，集中在区内条件较好的高校，补习外语和专业课，以参加研究生通考或单考。各院校在同等条件下，应优先录取新疆少数民族考生。

（七）从1996年开始，新疆区政府给招收新疆民族班学生的院校年生均500元补贴。采取新生新办法，老生老办法，1995年（含1995年）以前入学的不在此补贴范围。这笔钱一定要如数补贴到学校，不准以任何借口挪作他用，这笔钱由学校主管预科民族班学生工作的单位统一掌握使用。各招收院校主管部委教育司（局）、新疆对口厅局，也应适当补贴一些经费。由于新疆民族学生大部分来自边远贫困地区，各高校要认真落实国家教委规定的减免学杂费、特困生补助、勤工助学、各种奖学金、贷学金等措施以确保新疆民族学生完成学业。

（八）新疆区党委组织部委托天津大学、大连理工大学1995—2000年为新疆每年培训少数民族企业经济管理干部100人。经费按每人每年4000元批准，由新疆区党委组织部支付。

（九）各院校要组织师生，学习党的民族政策，加强民族团结教育。各部委教育司（局），省、市教委、民委，各院校领导和教师要关心体贴新疆民族学生。同时，要严格要求，大胆按照有关规章制度严格管理。

（十）要加强领导。智力援疆是党和国家加快新疆经济和社会发展，促进各民族共同繁荣的重要措施。承担任务的有关部委及其所属高校以及有关部门要高度重视这项具有重大现实作用和深远意义的工作，把它列入重要议事日程，加强领导，不断总结经验，及时改善办学条件。同时，要加强思想政治工作，对学生进行马克思主义理论和党的民族政策教育，增强其维护国家统一、民族团结、反对分裂自觉性。要进一步加强管理，努力培养各民族的合格人才。

附件：（略）

国家教委办公厅、国家民委办公厅 关于在部分省中小学开展民族常识教育 活动试点的通知

（1996 年 9 月 18 日）

山东、河南、辽宁、吉林、四川省教委、民委：

贯彻落实江泽民等中央领导同志关于在青少年中开展民族常识和民族政策教育，加强民族团结、维护祖国统一的重要批示和有关中央文件精神，是中小学的一项重要任务。进行教育的方式主要是相关学科渗透，开展各种课外活动、讲座、班会、团队日等。

从 1994 年开始，国家教委、国家民委在天津市部分中小学开展了民族常识教育活动试点工作，并获得了显著的成效，产生了良好反响，也积累了很好的经验。为了逐步扩展这项工作，使中央的指示精神落到实处，现决定开展第二批民族常识教育活动试点工作。

各级政府，特别是教育、民族工作部门要重视这项活动的开展，加强领导和指导，注意总结经验，及时解决开展民族常识教育活动中出现的问题，处理好各种关系，保证这项教育活动的健康开展。

附件：关于在部分省、市中小学开展民族常识教育活动试点的实施意见

关于在部分省、市中小学开展民族常识 教育活动试点的实施意见

我国是一个统一的多民族社会主义国家。在全国中小学开展民族常识教育，使广大青少年从小就播下了民族团结的种子，养成自觉维护民族团结的意识和良好的行为习惯，为保持国家的长治久安，顺利进行社会主义现代化建设打下良好基础有着重要

意义。各级党政领导，特别是教育民族工作部门应从党的事业和国家兴衰的高度出发重视搞好这项工作。现根据天津市试点的经验和问题就进一步试点提出如下意见。

一、提高认识，加强领导

（一）在中小学生开展民族常识教育活动是落实党和国家领导同志关于加强在青少年中进行民族常识、民族政策教育的指示精神的具体体现。

1994年，中共中央印发《爱国主义教育实施纲要》中明确指出："要进行民族团结教育，中华民族是一个多民族的大家庭，不论是在内地还是在边疆，不论是在汉族地区还是在少数民族地区，都要加强马克思主义民族观、宗教观和党的民族政策、宗教政策的教育。"同年，在《中共中央关于进一步加强和改进德育工作的若干意见》中也强调指出："要把增强民族团结、维护祖国统一列为学校爱国主义教育的重要内容。"江泽民、李鹏等中央领导同志在讲话中也对加强民族团结、民族政策教育作了多次强调和要求。

（二）在中小学中加强民族常识教育是当前国际国内形势的要求。

当前我们民族关系的主流是好的，但不能忽视危害民族团结的潜在因素和国内极少数分裂分子以及国际反华势力的活动，"西化"与"分化"相呼应，对我国的负面影响也有所增强。另外，近几年来，在内地部分学校陆续出现了一些纠纷和冲突事件，文艺作品及新闻报道中也时有违背党的民族政策和伤害民族感情的事情发生，影响到社会的稳定。除少数是别有用心外，很多是由于不学习党的民族政策，不了解或不尊重少数民族的风俗习惯、宗教信仰引起的。面对危害民族团结、影响社会稳定的消极因素，大力加强宣传党的民族政策和民族团结教育，特别是根据中央有关指示精神，在内地汉族地区青少年中进行这项教育更有其现实意义的。

（三）在中小学生中加强民族常识教育是促进改革开放和社会主义市场经济发展的需要。

随着经济的发展和改革开放的深化，少数民族与汉族的交往增加，经济、文化、教育等各方面的相互交流扩大，内地、沿海省市的少数民族人口也在成倍增加，面对这种形势，如何增强民族团结、促进友好和睦相处，正确处理民族间的关系，已成为摆在我们面前急需解决的一个重大课题。

（四）开展民族常识、民族团结教育活动是爱国主义的一个重要组成部分。

在中小学中开展民族常识这一教育活动，使青少年了解中华民族的构成，掌握我国的国情，从小就在心灵中塑造我们各民族大统一的国家意识和民族精神，从而做到"知我中华、爱我中华"，使爱国主义教育更加生动、更具体、更具有针对性。

（五）开展民族常识教育活动是推动教育教学改革，进行素质教育的需要。

民族常识教育活动可与艺术教育、美育等有机地结合起来，并使这些教育更加生动、活泼，为青少年所接受和喜爱，从而带动学校整个课外活动的开展，这对中小学生的素质教育也是一个有力的推动。

二、明确要求掌握做法

（一）领导组织：开展民族常识教育活动涉及部门多，地区差别大。各级教育行政部门、民族工作部门及试点学校要认真学习政策，明确要求，加强领导，给予充分的重视。试点地区要成立由当地教育部门、民族工作部门等领导参加试点教育工作领导小组，统筹规划安排，协调和解决试点教育工作中存在的各种问题。

（二）教师选用：各试点学校的校长、政教主任、少先队辅导员和政治、思品课教师及相关学科教师都可以兼任民族常识教育活动的教师。承担民族常识教育活动的教师必须经过培训。要让有关领导和教师率先学习和掌握马克思主义关于民族问题的基本理论，党的民族政策。

（三）各试点学校开展民族常识教育，要以国家教委、国家民委编写，经中共中央统战部审核的《民族常识》为依据。并根据中小学生不同年级的特点，结合地区、民族的实际，选择其中的适当内容，组织开展活动。

（四）活动时间：小学可在四或五年级，初中可在一或二年级安排试点教育活动。活动总时间可控制在 6~8 课时。可利用课外活动及团队、班会等时间。

（五）教育活动形式：开展民族常识教育活动要采取灵活多样的形式。结合学生的年龄特点，通过开展民族歌舞表演、民族知识竞赛、绘画与手工制作、讲故事、演讲比赛等活动，让学生在生动活泼的活动中自觉地接受教育。

三、应注意的几个问题

（一）民族常识、民族团结教育活动试点工作涉及到教育部门和民族部门，各省市教委内部也涉及到基教处、民教处、德育处、教研室等，各单位要加强协调，积极配合并争取其他部门的支持；妥善处理好教育活动的条件关系。

（二）开展民族常识教育活动，要从各地实际出发，避免形式主义，使教学具有针对性，以收到实效。

（三）承担试点教育活动的地区和学校，要注意随时了解开展教育活动的情况，及时总结经验，发现问题，以便为今后推开这项工作创造更好的条件。

（四）在中小学中开展民族常识民族团结教育活动，要注意与各科教学和爱国主义教育活动紧密结合，注意适合中小学生的心理特点，做到生动活泼，形式多样，寓教于乐。

（五）民族常识教育活动是一项政策性较强、涉及知识面较宽的工作，各级部门和学校要注意掌握政策，既要积极又要谨慎，做好把关、引导工作，以防止伤害民族感情、损害民族团结的事情发生。

国家教委办公厅、国家民委办公厅 关于在全国中小学开展民族团结 教育活动的通知

（1999 年 2 月 13 日）

各省、自治区、直辖市教委、教育厅、民（宗）委（厅、局），新疆生产建设兵团、各计划单列市教委、民委：

根据原国家教委和国家民委的统一安排，1994 年以来在部分试点省、市的中小学开展了民族团结教育活动，得到试点地区和学校的肯定和欢迎，产生了积极的社会影响，取得了较好的实践经验。在新形势下，认真贯彻党中央关于在各民族青少年中加强民族团结和祖国统一教育的有关精神，在中小学各民族学生中积极开展马克思主义民族、宗教观和党的民族、宗教政策的教育，对于全国各族人民在以江泽民同志为核心的党中央领导下，高举邓小平理论伟大旗帜，大力发展社会主义民族关系，有效地防止国内外敌对势力"分化"我国的图谋，保持国家的稳定和统一，把建设有中国特色社会主义伟大事业胜利推向 21 世纪，具有重大的现实意义和深远的历史意义。为了有计划地在全国各民族中小学生中积极进行民族团结教育活动，现将开展此项工作的有关事项通知如下：

一、认真学习中央精神、进一步提高对开展民族团结教育重要意义的认识

我国是多民族的社会主义国家。建国以来，在毛泽东思想和邓小平理论指引下，中国共产党把马克思主义关于民族和宗教问题的基本原理同我国实际相结合，在实践中形成了符合我国实际、具有中国特色的民族、宗教理论和政策。它是毛泽东思想和邓小平理论的重要组成部门，是我们党和国家在社会主义建设的各个历史时期，正确

处理民族、宗教问题，不断发展平等、团结、互助的社会主义民族关系，维护国家统一的宝贵精神财富和思想武器。党和国家历来十分重视对全国各族人民特别是全国各民族青少年加强马克思主义的民族、宗教观和党的民族、宗教理论、政策的教育。江泽民同志在十五大报告中指出："实现祖国完全统一，巩固和发展平等、团结、互助的社会主义民族关系，促进各民族共同繁荣，是关系国家前途命运重大问题。"《中共中央关于加强社会主义精神文明建设若干重要问题的决议》要求把"民族团结和祖国统一"作为新时期爱国主义教育的主要内容，《中共中央关于进一步加强和改进学校德育工作的若干意见》中指出："把增强民族团结、维护祖国统一，列为学校爱国主义教育的重要内容"；中共中央印发的《爱国主义教育实施纲要》明确指出："中华民族是一个多民族的大家庭，不论是在内地还是边疆，不论是在汉语地区还是少数民族地区，都要加强马克思主义的民族观、宗教观和党的民族政策、宗教政策的教育，大力宣传各族人民为维护民族团结和祖国统一作出的不懈努力和历史贡献。在各族人民中牢固树立汉族离不开少数民族、少数民族离不开汉族的思想，自觉维护民族团结和祖国统一。"

各级教育部门要认真学习和贯彻党中央的上述精神，进一步提高对中小学各民族学生进行民族团结教育紧迫性和重要性的认识，把民族团结教育列入爱国主义教育的重要内容，加强领导，统筹规划，认真组织实施。

二、目的和要求

开展民族团结教育活动的基本目的是：使中小学各民族学生对我国56个民族的历史、文化、宗教、民俗习惯等有初步的了解；对马克思主义关于民族、宗教问题的基本理论和党的民族、宗教政策有一定的认识和理解，为在社会交往中，正确贯彻党的民族、宗教政策打下较好的思想基础，具备正确对待和处理涉及民族宗教问题的基本素质，提高增强民族团结、维护祖国统一的自觉性，增进我国各民族平等、团结、互助的社会主义民族观意识的形成。针对学生年龄和认知特点，在小学阶段开设《民族常识》活动课，重点是学习和了解我国各民族的基本状况；在初中阶段开设《民族政策常识》课，重点是通过对马克思主义民族、宗教理论和党的民族、宗教政策的学习，在思想和行为上具备正确贯彻党的民族、宗教政策的基本素质。中小学的民族团结教育，采取课外活动的形式进行。在课外活动中，利用团队、班会以及歌舞表演，民族知识演讲、绘画、民族团结故事会、讲座等形式开展，寓民族团结教育于丰富多彩的活动中，同时与中小学的艺术教育和素质教育紧密结合起来。

三、组织实施

1994年以来，根据原国家教委和国家民委的统一部署，已在中小学开展民族团结教育活动试点的天津、北京、辽宁、吉林、四川、河南、山东等省市，在认真总结经验的基础上，按照点上深化、面上扩大的要求，积极扩大开展民族团结教育活动的地区，力争 2000 年在本省市绝大部分地区的中小学开展此项教育活动。1999 年新增加的试点地区有：新疆、西藏、广西、内蒙古、黑龙江、河北、山西、江苏、安徽、广东、河南、湖北、上海、重庆等省、自治区和直辖市。新增试点地区的教育行政部门要做好规划、培训等必要的准备工作，今年秋季在本地区部分地（州、盟）市、区、县（旗）中小学开展民族团结教育活动。其余省、自治区计划从 2000 年秋季开始开展此项教育活动，如愿意今年提前开展的，支持其提前进行试点。

由教育部、国家民委负责此项教育活动的宏观指导，各省、自治区、直辖市由教育行政部门牵头，民族宗教工作部门给予积极协助和配合。

四、其他有关工作

为使民族团结育活动健康、顺利地进行，由教育部和国家民委统一组织编写和审定小学《民族常识》试用读本和初中《民族政策常识》试用读本，以及教学参考用书，供各地开展民族团结教育使用。为进一步增强此项教育活动效果，可组织学生观看形象生动的《中华各民族》等辅助资料电视系列片。

今年秋季开始试点的各有关省、自治区、直辖市教育行政部门和民族工作部门接本通知后，抓紧将具体负责此项工作的机构和联系人名单于 3 月 20 日前分别报教育部民族教育司和国家民委教育司。本通知未尽事宜，另行具体部署。

国家民委高等教育事业"九五"
计划和 2010 年发展规划纲要

（1996 年 10 月 23 日）

根据《国家经济和社会发展"九五"计划和 2010 年远景目标纲要》及我国民族高等教育的现状，按照国家教委《关于研究制定教育事业"九五"计划和 2010 年发展规划工作的通知》要求，编制国家民委直属民族院校高等教育事业"九五"规划和 2010 年发展规划纲要。

一、少数民族和民族地区经济社会发展对民族高等教育需求情况分析

江泽民同志指出："现阶段，我国的民族问题，比较集中地表现在少数民族和民族地区迫切要求加快经济文化的发展。"因此，"九五"期间及今后较长一段时间，民族院校应主要为民族地区培养适应当地经济文化发展所需要的各类专业人才。

(一) 民族地区经济发展对专业人才的需求趋势

《国民经济和社会发展"九五"计划和 2010 年远景目标纲要》指出："中西部地区，要积极适应发展市场经济的要求，加快改革开放步伐，加强水利、交通、通讯建设，充分利用现有的经济技术基础，发挥资源优势，大力发展农林牧业及其加工业，开发能源和矿产资源，积极发展优势产业和产品，提高加工深度，使资源优势逐步变为经济优势。"国家将采取有力措施，加大对贫困地区的支持力度，扶持民族地区经济发展。可以预期，今后 15 年内，随着国家促进区域经济协调发展的主要政策措施的实施，中西部的经济将较大的发展。这种发展趋势带来的人才需求将会给民族院校的发展带来新的机遇，民族院校应抓住机遇、适应需要发展自己。

(二) 从民族地区产业结构特点预测专业人才的社会需求

目前民族地区的经济结构与全国相比较，工业所占的比重低。而在工业经济的结构中，原材料、能源等资源产品工业所占比重高于全国平均水平。在乡村社会总产值的构成中，农业的比重大，非农业的发展程度低。这些经济结构的特征是民族地区相对落后的突出反映。

1993 年民族自治地区国内生产总值的构成，第一产业占 33.6%，第二产业占 38.8%，第三产业占 27.6%。农业仍占相当大比重。根据历年统计数字看发展趋势，工业所占的比重将继续上升，农业所占的比重将继续下降。但目前的产业结构在今后五年中不会有根本性变化。因此从民族地区产业结构特点看，未来一个时期内，下列人才需求有增加的趋势。

1. 加速能源开发，关键是提高能源利用率和使用引进优质高效的能源技术设备的人才。

2. 降低原材料消耗的人才，主要指掌握石油、煤、无机盐化工和精细化工技术、水泥、玻璃以及各种新型建材生产技术的人才。

3. 电子通讯技术应用方面的人才。

4. 繁荣边境贸易所需的各类专业人才。

5. 旅游产业所需的各类专业人才。

6. 金融专业人才。

人才需求特点表现为：专业门类多、层次多、需求量小，需要逐年补充。对这些专业人才特别是第一、二、三专业人才的需求，需要全国各级各类高校为其培养，民族院校则应在一定程度内调整自身的机构，适应民族地区人才的需求。

（三）从毕业生就业情况预测专业人才的社会需求

民族院校曾为民族地区输送过大批党政干部、师资，但近年来毕业生就业情况发生较大变化。统计资料表明，近年来民族院校毕业生，比较热门的专业主要有：计算机应用、应用电子技术、货币银行学、财会、英语、文秘、新闻。供求基本平衡的专业有：法学、汉语、经济管理。需求较少的专业有：中国史、民族学、民族史、少数民族语文、数学、物理、化学。

从毕业生就业情况分析：民族地区社会经济的发展促使外语类、应用技术类、财经类等专业需求增长较快，而对民族语言类各专业的需求是不稳定的。对民族学诸学科、专业表现出量少质高的需求趋势。

综上所述，民族地区社会经济的发展对我委所属民族院校的需求可以概括为：

1. 近期内数量上基本保持稳定和略有增长。
2. 专业结构应根据社会经济发展需要进行力所能及的调整。
3. 民族学各学科、专业需要量少，层次要求较高。
4. 应注意调整民族高等教育的形式结构，如发展成人教育等。
5. 大力提高教育质量，培养专业口径较宽的合格人才。

二、委属民族院校现状分析

四十多年来民族院校培养了大批少数民族干部及各类高级专门人才，为维护祖国的统一，增强各民族团结，作出了重要贡献。学校在不断发展壮大。目前委属民族院校设有 25 个硕士点、3 个博士点、一个博士后流动站、两个"文科"基地，本专科已设置了涉及文、理、农、工、医、师、财经、政法、体育、艺术、外语等 11 个大科类的 100 余种专业。有一支具有较高教学、科研水平的专任教师队伍，有较为完备的办学条件。已初步形成以普通本专科教育为主，既有研究生教育又办干训、预科和函授、夜大学，多种学科兼备的多层次、多科类、多形式的办学格局。"八五"期间学校有了进一步的发展。

1994 年委属民族院校各类在校生已达 22674 人。其中：博士生 25 人，硕士生 314 人，普通本专科生 15574 人，预科生 1637 人；成人高等教育的各类在校生达 4631 人，其中干部专修科学生 934 人、函授生 2000 人、夜大生 1697 人，此外还有中专生 96 人，以及若干外国留学生。和 1990 年相比，全日制本校专科在校生增加了 4655 人，增长 42.6%；成人高等教育在校生增加 2000 余人，增长约 50%。现在平均每所学校在校生达 4500 余人。

"八五"期间，委属民族院校的专业结构面向民族地区的实际需求进行了调整，经济学、法学类专业所占比重有所提高，理工农医类专业有所发展。在校生各学科的分布为：哲学 1.2%、经济学 22.3%、法学 10.5%、教育学 0.9%、文学 25.6%、历史学 5.8%、艺术 1.4%；理学 9.2%、工学 17.1%、农学 3.9%、医学 1.8%。文科类在校生占 67.8%，理工农医类在校生占 32.2%，委属民族院校专业结构仍然是以文科为主，表现了自己的学科特色优势。同时也显示了专业机构与少数民族和民族地区的实际需求之间的差距。

办学条件有所改善。目前委属民族院校校舍面积达 80 余万平方米，固定资产总值达 2.66 亿元，其中教学设备总值 4000 余万元。生均校舍面积 45.3 平方米，生均宿舍面积 7.73 平方米。生均仪器设备 2600 元；专人教师达 2294 人，平均高职比为 27.9%。除生均仪器设备外，办学条件基本达到国家教委规定的现行标准。

委属民族院校经过"八五"期间的努力，取得一定的发展。但在发展中，困难和问题也同时存在。

1. 发展环境依然严峻

发展少数民族高等教育、需要较大的资金投入。我委所属民族院校每年的教育事业费用于人头费已达 70%～80%，用于教学、科研和事业发展的经费所剩无几。除教育事业费外，我委能够用于民族院校发展的机动财力十分有限，财政支持能力较弱。

由于历史的原因，委属民族院校以文科为主，难以发展科技型的校办产业，自我发展的能力较弱。由于民族院校的特点，对少数民族学生不收或只收少量学杂费，相对于其他高校，经费来源受到限制。学校的发展由于缺乏足够的财力支持，发展环境依然严峻。

2. 急需加强专业建设

随着社会的发展，委属民族院校的专业设置已与现实的社会需求不相适应，一些专业招生和毕业生就业相当困难，不调整已无出路。近几年委属民族院校已作了很大努力，对某些专业进行了调整。但是由于投资不足，相应的专业师资缺乏，专业建设滞后，教学质量有待提高。现在迫切需要加强新增专业的建设。

3. 特色专业需要扶持

民族学科多年来一直是委属民族院校的传统、特色和优势学科、有较强的教学、科研实力和较高的学术水平。虽然现在这些专业的社会需求量很小，但这些学科对继承和发展民族文化，对党和国家的民族工作都具有重要意义，要采取特殊措施给予扶持。

4. 教育质量的提高十分紧迫

从总体上看，委属民族院校与同类型其他大学比较，教育质量存在一定差距，这与民族地区对民族院校毕业生的要求很不适应，教育质量的提高已十分紧迫。特别是在市场经济条件下，随着毕业生就业制度的改革，教学质量如没有较大幅度的提高，学校的存在与发展将会受到严重威胁。

5. 管理水平和办学效果需进一步提高

委属民族院校办学效益主要体现在用有限的教育经费，培养出社会需要的，质量有保证的少数专业人才。为提高管理水平和办学效益，各院校只有在教学、科研管理、人事分配制度、住房医疗制度、退休保险制度、后勤工作管理等方面进行改革，并逐步完善。只有管理水平提高了，才有可能提高办学效益。

三、委属民族院校"九五"发展目标和 2010 年发展规划

（一）发展的基本思路

"九五"期间要继续贯彻《中国教育改革和发展纲要》。委属民族院校的发展要与《国民经济和社会发展"九五"计划和 2010 年远景目标纲要》提出的民族地区发展目标相协调。深化民族院校的改革，探索社会主义市场经济条件下，与我国少数民族和民族地区经济和社会发展相适应的发展方式和途径。

"九五"期间，委属民族院校要继续适应社会需求进行结构调整，加强学科、专业建设，努力提高教育质量。办学规模要控制在一个合理的限度内，注意控制普通本、专科招生数量，发展成人教育。有特色的民族类各专业，重点放在研究生教育。努力争取多方面投资，设法改善办学条件。提高管理水平，实现科学管理。努力提高办学效益，要把委属民族院校办成具有自己特色的民族高等学校。

（二）委属民族院校"九五"期间的发展目标

1. 规模

教育事业发展规模要与办学条件、办学经费、就业需求相适应，"九五"期间委属民族院校全日制在校生应基本稳定在：中央民族大学 5000 人，西北民族学院 3500 人，西南民族学院 4000 人，中南民族学院 4000 人，西北第二民族学院 2000 人，东北民族学院近期 1500 人。在办学条件有所改善的前提下，办学规模可以适度发展。

2. 办学条件

委属民族院校首先要达到国家教委规定的办学条件。

特别是生均教学仪器设备要基本达到 4000 元的标准。

3. 教育结构

继续调整教育结构，使委属民族院校在专业结构、层次结构、形式结构等方面，适应我国少数民族地区经济建设和社会发展需要。民族学科各专业要向高层次发展，重点是办好研究生教育。

4. 教育质量

教学综合评估达到所在省（市、自治区）中上水平。

5. 效益

实现科学的定编定员，努力争取使教师与学生的比例达到 1：10，使教职工与学生的比例达到 1：6，要降低人员经费在教育事业费中所占的比例，增加公用经费和发展经费所占比例。

6. 完成中央民族大学进入 211 工程的部门预审

积极创造条件，完成中央民族大学进入 211 工程的部门预审。争取使中央民族大学的民族学成为进入 211 工程的重点学科。

（三）委属民族院校精神文明建设目标

"九五"期间，委属民族院校要实现十四届六中全会提出的精神文明建设的主要目标。在全体师生中牢固树立建设有中国特色社会主义的共同理想，牢固树立坚持党的基本路线不动摇的坚定信念。在加强民族团结，维护祖国统一的教育中，要坚持党的民族政策和宗教政策。宣传马克思主义民族观、宗教观。培养有理想、有道德、有文化、有纪律的"四有"新人。实现师生素质、文化生活质量、校园文明程度的显著提高。使校园的社会风气、公共秩序、生活环境明显改善。

（四）委属民族院校 2010 年发展规划 （轮廓）

教育事业是面向未来的事业。2000—2010 年，根据国民经济和社会发展规划，我国民族地区将会有较大发展，产业结构将会出现较大变化，第二产业、第三产业所占比重会上升。教育、科技事业也将有较大发展。各类专门人才的需求量将有较大增加。经过"九五"期间的调整和发展，委属民族院校将会适应 2010 年的社会需要。并与内地高校、民族地区高校携手，共同完成培养少数民族专门人才的任务。委属民族院校的办学规模将基本稳定在"九五"后期的水平，或有适度增长。大的结构调整基本完成，重点放在专业建设上。办学条件要有较大幅度改善，教育质量、管理水平、办学效益有较大幅度提高，中央民族大学进入"211"工程。东北民族学院要办成面向全国招生的，有较高办学水平的理工学院。

四、改革思路

（一）加大教学改革力度，努力提高教学质量

要根据民族地区经济建设、社会发展和就业市场的需要，委属各院校要继续进行专业和课程的调整、改造，搞好专业建设，做到学生学的专业与民族地区经济的发展是对路的，用得上的；要打破旧的教育思想和观念的束缚，确定新的教育思想和观念，逐步从根本上改变原来过专过窄、整齐划一的培养模式，尽快制定面向 21 世纪教学内容和课程体系改革计划。从而不断提高教育质量，使学生在社会上具有较强的竞争能力。

要继续完善并改革教学管理制度，在条件成熟时试行学分制、主辅修制、双学位制、分流淘汰制。现在要坚持和完善教学方面的各项奖励制度。

（二）加强科研工作

科学研究对于学科建设、培养学科带头人，提高师资水平，更新教学内容，对于研究生及本科生的培养都具有重要意义和不可替代的作用。

科学技术研究要注重技术开发和推广，加速科技成果商品化、产业化进程。社会科学研究要加强对"九五"期间和 21 世纪初叶我国民族地区经济和社会发展以及改革开放中重大问题的研究。

在科研管理中，要建立和完善市场导向机制、宏观调控机制、依法管理机制和竞争机制，要由过程管理向目标管理转变，使委属民族院校的科研工作走向现代化。

（三）积极慎重地进行招生和毕业生就业制度改革

从 1996 年起，委属民族院校要逐步实行招生"并轨"和毕业生在一定范围内自主择业的制度。在这项改革中，民族院校一定要坚持为少数民族和民族地区服务的方向。妥善解决特困生的生活问题，保证他们能安心读书。

（四）积极推进办学体制改革

"九五"期间，委属民族院校继续实行国家民委与学校所在省（区）、市政府双重领导，以国家民委为主的管理体制。同时要继续打破"条块分割"和封闭的办学格局，进一步推进多种形式的联合办学，充分利用现有的教育资源，促进委属民族院校更好地发展。

（五）深化内部管理体制改革

"九五"期间，委属院校要继续搞好以人事、分配为重点的内部管理体制改革。建立起适应教育现代化需要的高效、富有竞争活力的管理机制和运行机制。

（六）落实学校应有的自主权

要逐步使委属民族院校成为面向社会自主办学的法人实体。要在招生、专业调整、机构设置、干部任免、经费使用、职称评定、工资分配和国际合作交流等方面，分别不同情况，进一步扩大学校的办学自主权。学校也要善于行使自己的权利，承担应负的责任，建设起主动适应经济建设和社会发展需要的自我发展、自我约束的运行机制。

五、工作措施

为了实现我委教育事业"九五"计划的各项发展目标和改革任务，应采取以下主要工作措施：

（一）进一步加强委属民族院校领导班子建设

毛泽东同志曾经指出，办法好学校的关键在于选好校长和老师。因此在"九五"期间，要选好、配齐各校的党政一把手，采取切实有力的措施，并通过多种途径把委属院校领导班子建设成为能适应改革开放形势和教育改革与发展要求，综合素质和领导水平较高，坚强有力、结构合理、勇于进取、团结协作的领导班子。并通过中央党校、国家高级教育行政学院为每所院校培养出一批高层次的、跨世纪的管理人才。

坚持和完善党委领导下的校长负责制，注重改善班子内部的年龄结构和知识结构，采取措施解决领导班子老化的问题，力争在"九五"期间，各院校领导班子中40岁左右的成员保持在1/3左右。

（二）加强师资队伍建设

各院校要采取切实可行的措施，全面提高教师队伍政治素质和业务素质。力争在"九五"后期委属院校教师队伍中博士、硕士生学历的比例，基本达到全国高校的平均水平；做到大多数教师能一专多能，年龄结构比较合理；制定并实施学术骨干和跨世纪学科带头人要给予资助、奖励和较为优厚的待遇的制度。争取在较短的时间内培养出一批在国内外有较大影响的专家、学者、教授。

（三）加快课程体系改革和教材建设

"九五"期间，各院校必须在1997年以前完成课程体系调整，重新制定新的教学计划。新的教学计划和课程体系，必须着眼于素质教育和能力教育，着眼于学生创新能力的培养和个性发展。口径要宽，基础要厚，力争做到同类大学教学计划和课程体系具有可比性。

要十分重视教材建设。正如邓小平同志早就指出的那样："教材很重要"、"编好教材是提高教学的关键"。因此各院校要花大力气抓好这项工作。每个学校都要成立教材建设委员会，设立教材建设基金，实行教材项目招标和专家评审制。我委将集中人力、物力、财力，争取在"九五"期间出10部左右的国家级教材，供民族院校统一使用。

（四）继续做好后勤工作

各院校后勤工作要坚持为教学科研、为师生员工、为培养社会主义建设者和接班人服务的方向，要为学校的改革、发展、稳定提供可靠的保障。

学校的后勤工作应在完善承包责任制的基础上，逐步实现向社会化的过渡。

（五）加强评估工作，大力提高院校管理水平和教育质量

随着高等教育体制改革的发展，政府部门要由对学校的直接行政管理转变为运用立法、拨款、规划、评估……和必要的行政手段进行宏观管理。检查评估学校的政治思想工作、教育质量，后勤工作将成为管理学校的重要手段，通过评估，促进学校各方面的改革，优化管理，提高决策水平，从而不断提高办学效益。"九五"期间，拟开展对委属院校的评估工作，并初步使这项工作量化、制度化、规范化、科学化，易于操作。

（六）增加教育投入，充实改善办学条件

"九五"期间，国家民委和各院校都应高度重视办学条件的改善。多渠道增加教育投入，有计划、有重点地解决教学、科研、师生生活方面急需解决的问题。增加教育投入，一是国家民委积极争取国家财政的扶持，二是各院校进一步搞好科技开发、校办产业和其他创收，并把创收一部分用于改善办学条件，三是努力争取社会赞助和海内外人士的资助。

（七）积极开展对外交流

按照国家有关法规，积极探索委属民族院校与境外机构和个人合作办学的道路，鼓励具备条件、具有优势的院校到境外开设办学点。鼓励学校积极开展对外教学与学术交流活动。

国家教委、国家计委、财政部
高等学校收费管理暂行办法
（节录）

（1996 年 12 月 16 日）

农林、师范、体育、航海、民族专业等享受国家专业奖学金的高校学生免收学费。

国家教委、国家民委
关于认真贯彻中央扶贫工作会议精神、
进一步加强对口支援民族和贫困地区发展
教育事业的通知

（1997 年 4 月 22 日）

各省、自治区、直辖市及计划单列市教委、教育厅、民委民、民宗委 （局），广东省高
教厅：

为贯彻中央扶贫工作会议精神，1996 年 11 月，国家教委、国家民委联合在深圳召
开了全国教育对口支援协作第二次工作会议。总结交流了 1993 年以来全国开展教育对
口支援协作工作的经验，调整了教育对口支援协作关系，部署了下一步工作，现将有
关要求通知如下：

一、提高认识、统一思想

到本世纪末，基本解决全国贫困人口温饱问题，逐步缩小东西部的发展差距，最

终实现全国各族人民的共同富裕和繁荣，是党和国家作出的重大战略决策。我国贫困地区中大多是革命老区、少数民族地区和边疆地区，这些地区为新中国的建立、保卫祖国边疆、支援全国发展作出了巨大的贡献和牺牲。如这些地区的贫困状况长期得不到改变，势必影响民族的团结、国家的统一和边疆的巩固，还会影响整个社会的稳定和发展。加快贫困地区的发展步伐，不仅仅是经济问题，而是关系国家长治久安的政治问题，是治国安邦的大事。必须从战略全局的高度，充分认识打好扶贫攻坚战的重大意义。贫困地区落后的一个重要原因，就是科技教育滞后，劳动者素质偏低。贫困地区要尽快解决温饱，改变落后面貌，关键是要加大教育科技的扶贫力度，把扶贫开发转移到依靠科技进步，提高劳动者素质的轨道上来。组织沿海发达地区对口支援贫困地区发展教育事业，是全面贯彻中央开发式扶贫方针的重大措施。发展贫困地区的教育事业，除了当地自力更生，艰苦奋斗和国家的大力扶持外，还需要沿海发达地区给予积极支援和帮助。各省、自治区、直辖市、有关计划单列市教育和民族工作部门要认真学习和积极贯彻党和国家关于扶贫工作的重要精神，充分认识教育扶贫工作的重要性、艰巨性和紧迫性，发扬社会主义大协作精神，在已取得成绩的基础上，加大帮扶力度，努力为我国贫困地区教育事业的发展作出应有的贡献。

二、对口支援民族贫困地区的任务和方式

对口支援的任务主要有：

（一）当前贫困地区教育发展面临的困难较大，支援方要根据可能与需要相结合的原则，从资金、物资、教学仪器设备和图书资料等方面支援贫困地区，特别是帮助贫困地区改善基础教育、职业教育、扫盲和成人技术培训的办学条件和管理手段，提高办学水平，救助失学儿童。

（二）为贫困地区做好县级教育的综合规划和各类教育发展计划提供咨询和帮助，提高教育资源配置效益。积极向贫困地区输送教育改革、教育管理的经验和信息，促进教育与当地群众脱贫致富、技术推广和精神文明建设的迫切需要相结合。

（三）支援方可根据自身优势，为贫困地区培养和培训师资、教育行政管理干部、实用科技和企业管理人员。

（四）贫困地区有丰富的矿产、旅游、农林等资源优势，随着国家开发式扶贫方针的全面实施，贫困地区将成为国内外关注的大市场，有巨大的发展潜力。但目前贫困地区勤工俭学和校办产业技术薄弱，没有能力和条件充分发挥自身的优势。支援方可根据优势互补、互利互惠、长期合作、共同发展的原则，与贫困地区合作兴办投资少、效益好、具有市场竞争力的校办产业，开展信息交流和技术转让，帮助贫困地区教育增强自我发展能力，对贫困地区经济发展起到引导和示范作用。

教育对口支援要落实到县，采取支援方较发达的几个市、县、区联合对口贫困地区一个县（旗）或一对一帮扶的方式进行。要把革命老区、边远、高寒山区和牧区贫困县（旗）作为重点加以扶持。对口支援的形式要因地制宜，灵活多样，并在实践中积极探索，不断创新。

三、对口支援民族贫困地区工作的实施和管理

全国教育对口支援民族贫困地区的工作，由国家教委、国家民委负责宏观组织协调、经验交流和表彰等项工作；支援方有关省、市要把教育对口支援民族贫困地区的工作纳入政府行为，列入议事日程，在政府扶贫机构的统一领导下，由教育部门牵头负责本省、市对贫困地区教育支援工作的计划制订、组织协调和支援项目的监督落实；受援省、自治区的教育部门负责教育受援工作的计划制订、组织协调和实施，民族工作部门予以配合。对口双方每年向国家教委民族教育司和国家民委教育司报送工作进展情况。

教育对口支援工作，采取一年一定或数年一定，分步实施的办法。教育对口支援计划，由对口双方本着实事求是、积极主动、尽心尽力的精神商定。并将商定的计划和项目报国家教委备案。

贫困地区要高度重视和珍惜来自各方的支援项目和提供的条件，切实加强项目管理，受援方有关省、自治区应就此制定具体的管理办法，努力提高效益。对口支援的资金、物资、仪器设备、图书资料等，由受援省、区贫困县教育部门负责管理，按照支援计划的要求用在指定的建设项目上，严禁挪作他用。项目完成后，应将结果及时反馈支援方。

四、其他有关工作

（一）根据中共中央〔1996〕12 号文件的安排，为便于统一组织协调，将教育对口支援纳入政府经济、科技扶贫计划，开展全面扶贫，现对民族地区教育对口支援关系做一相应调整：北京帮内蒙古、天津帮甘肃、上海帮云南、广东帮广西，江苏帮陕西，浙江帮四川、山东帮新疆，辽宁帮青海，福建帮宁夏，深圳、青海、大连、宁波帮贵州，全国支援西藏。原结对省、自治区、直辖市与本通知的安排一致的，继续做好对口支援工作，与新的安排不一致的，按本通知的要求，尽快转到新的对口帮扶关系上来。暂时不能中断对口关系的，可继续保持一段时间，做好善后工作，逐步脱钩。其他省、市的贫困县，由所在省、市按上述有关要求，组织本省、市较发达地区开展教育对口支援。

（二）各省、自治区、直辖市和有关计划单列市的教育部门接到本通知后，请于今

年 5 月底前将负责此项工作的机构、联系人及联系电话等书面报国家教委民委教育司。

（三）对口双方按本通知的有关要求，抓紧开展互访考察，商定今年的教育对口支援计划和项目，条件成熟的可尽早启动。

关于转发国家教委、国家体委、卫生部、国家民委、国家科委《关于进一步加强学校体育卫生工作、改善学生体质健康状况的意见》的通知（代拟稿）

各省、自治区、直辖市人民政府：

为全面了解我国学生体质健康状况及其动态变化规律，促进学校体育卫生工作的科学开展，国家教委、国家体委、卫生部、国家民委、国家科委于 1995 年组织开展了全国学生体质健康调查研究。

调查结果表明，我国学生体质健康水平与十年前相比已有不同程度的提高：中小学形态发育普遍提前，社会较为关注的大、中城市青少年"豆芽菜"体型有所改善，部分身体素质指标有所提高，部分常见疾病如龋齿、贫血患病发病率有所下降，城市中小学龋齿矫治率有所上升。说明了我国"八五"期间改革开放取得明显成效，各民族人民生活水平不断改善，青少年儿童的营养与保健水平得到普遍提高。

但调查结果也表明，我国学生体质、健康状况仍然存在严重的问题：学生耐力、柔韧性素质趋于停滞或呈下降趋势，肺活量有所下降，肥胖儿童及超体重儿童比率增加，肥胖正在逐渐取代严重的营养不良，成为大、中城市学生的主要健康问题之一，近视率仍然较高，农村学生近视率呈增长趋势，农村地区学生口腔保健水平有待提高，部分少数民族学生生长发育的绝对水平仍然较低，某些常见疾病发病率仍然较高，总体水平与汉族学生相比仍然有较大的差距。

我国学生体质健康状况虽然已有较为明显的改善，但存在的问题应该引起我们的重视和关注，这些问题，如不采取有效措施加以解决，将直接影响整个民族素质及我国 21 世纪现代化建设人才的培养，由于影响学生体质健康状况的因素较为复杂，改变这种状况，需要得到社会各界的支持和配合。因此，必须加强各级政府对学校体育卫生工作的领导。

现将国家教委、国家体委、卫生部、国家民委、国家科委《关于进一步加强学校体育卫生工作、改善学生体质健康状况的意见》转发给你们，请按照该文件精神，大力加强对学校体育卫生在工作的领导，为学校体育卫生工作的开展创造必要的条件，力争在"九五"期间使我国学生体质健康状况在原有基础上有较为明显的改善。

附：国家教委、国家体委、卫生部、国家民委、国家科委《关于进一步加强学校体育卫生工作、改善学生体质健康状况的意见》

国家教委、国家体委、卫生部、国家民委、国家科委《关于进一步加强学校体育卫生工作、改善学生体质健康状况的意见》

自《学校体育工作条例》及《学校卫生工作条例》（以下简称两个《条例》）颁布六年以来，学校体育卫生工作有了较大的发展，学生体质健康状况也有了一定的改善。但在实行社会主义市场经济的新的历史条件下，学校体育卫生工作出现了一些新情况、新问题，在一定程度上影响了学校体育卫生工作的开展，阻碍了青少年儿童身心的健康发展。

据 1995 年 30 个省、自治区、直辖市 21 个民族的 31 万大、中小学生的体质健康状况调查，虽然我国中小学生身高、体重等形态发育指标明显增长，反映人体速度、力量的部分素质指标有所提高，龋齿、贫血等常见疾病患病率有所下降，但我国学生体质健康状况存在的问题仍非常严峻。尤其是反映心肺功能的耐力、柔韧性素质、肺活量近十年来趋于停滞甚至有所下降，学生近视率居高不下，大中城市肥胖及超体重儿童比例明显增加，农村学生口腔卫生健康水平仍然较低。城乡之间、发达地区之间与欠发达地区之间的学生生长发育水平发展很不平衡等。这些问题如不采取切实有力的措施加以解决，将严重影响我国整个民族的素质及四个现代化建设人才的培养。

为此，地方各级人民政府必须加强对学校体育卫生工作的领导，加强执法检查，加大执法力度，促使全社会形成关心学生身体健康、重视和支持学校体育卫生工作的大气候，力争在"九五"期间使学校体育卫生工作及学生体质健康状况得到较为明显的改善。

一、要加强执法检查，加大执法力度

两个《条例》是国务院批准颁布的学校体育卫生工作的行政法规，国家教委、国家体委要制定《条例》实施办法，地方各级人民政府要把对两个《条例》的贯彻实施纳入政府工作议程，加强执法检查，加大执法力度，保证两个《条例》在各级各类学校的贯彻实施。

地方各级人民政府要组织有关部门对本地区学校贯彻实施两个《条例》的工作情况进行定期检查，力争两至三年组织一次学校体育卫生工作的执法检查或含学校体育卫生工作内容的综合性教育执法检查。要把对两个《条例》的贯彻实施情况的执法检查工作纳入政府对教育的督导和检查及卫生监督执法检查的内容，以促使两个《条例》在各级各类学校得到真正贯彻落实。对不认真贯彻实施两个《条例》的学校，要按照《条例》规定要求，视其情节轻重，分别给予相应的处罚，对情节严重者，要追究学校领导及上级教育主管部门的责任；不认真贯彻实施两个《条例》的学校，在本年度内不得评为教育先进集体。

二、要建立健全机构、加强对学校体育卫生工作的领导

地方各级人民政府要加强对学校体育卫生工作的领导，要建立健全学校体育卫生工作的机构和组织。

全国地、县教育行政部门要设立学校体育卫生的职能科（室），暂时难以设立的必须配备学校体育卫生工作的专职干部和体育卫生研究室。为了协调有关部门的工作，保证学校体育卫生工作落到实处，省、地、县政府要成立教育、体育、卫生、行政主管部门参加的学校体育卫生工作领导小组。

各级各类学校要有一位领导分管体育卫生工作或成立以主管校长为组长的学校体育卫生工作领导小组。

三、要增加经费投入、改善体育卫生设施

地方各级人民政府要把体育生工作经费列入财政预算，为学校体育卫生工作的开展提供必要的经费；要加强社区规划，逐步增加社区体育设施。

各级教育行政部门要把学校体育卫生工作经费列入教育经费预算，要为学校改善体育卫生设施提供经费保证；积极鼓励社会资助学校体育卫生事业，多方筹集资金，建立学校体育卫生基金。

各级各类学校要按规定要求，改善体育场地、配备学校体育卫生器材和设施。

各有关部门要加强对现有体育设施的管理，充分发挥其作用，社区内公共体育设施要免费或以优惠价格向学生开放；学校体育设施也要在课余时间和节假日向学生开放，使青少年儿童在课余时间及节假日有条件参加各种体育活动。

四、采取有力措施，切实做好学校的体育、卫生工作

1. 要加强体育教学管理，积极开展课余体育活动

各级各类学校必须按国家教委教学计划要求开设体育课。要在体育教学及体育活动中，增加耐力锻炼项目及有利于改善心肺功能的体育活动内容；要有意识地对学生进行吃苦耐劳、坚忍不拔品质的培养；要积极开展与推广学生冬季长跑活动；要把反映学生耐力的指标项目作为体育毕业和升学考试的重要内容之一。

2. 要加强学生健康教育工作

各级各类学校要加强学生健康教育，尤其是在九年义务教育阶段，各级教育部门要按照国家教委教学计划要求，在本地区教学计划中，明确每两周一课时的健康教育时间，学校要将健康教育课时列入课表，并合理安排教师上好健康教育课，以培养学生健康意识和良好的卫生习惯。

3. 大力加强学校体育卫生师资队伍建设

要按规定配齐学校体育教师和卫生技术人员。各级各类学校的体育教师和卫生技术人员，要尽可能达到国家规定的学历要求。对尚未达到要求的体育教师和卫生技术人员，必须采取有力措施进行培训。

4. 要重视学生营养工作

要逐步在农村地区实施"大豆行动计划"，充分利用我国大豆资源，改善学生营养；当地政府要为农村寄宿制学校划拨必要的菜地，学校要组织与鼓励学生利用菜地开展勤工俭学，种植蔬菜，改善伙食；要逐步在大、中城市及寄宿制学校推广学生营养餐；要加强学校饮食卫生及学生食堂的卫生管理与监督，食堂炊管人员必须定期接受健康检查。

5. 要完善学生健康检查与体质健康调研制度

学校必须建立学生健康检查制度，乡中心小学以上的中小学校至少要保证学生在入学与毕业时接受两次健康检查，有条件的地区与学校要力争做到每年对学生进行一次健康检查。各地区必须建立学生体质健康监测与调研制度，当地政府要把该项工作作为全民健康计划的重要内容纳入政府工作计划，把学生体质健康发展状况作为社会发展规划的重要指标进行科学统计分析，定期公布，并在人、财、物等方面给予必要的支持，以保证学生体质健康监测与调研工作的开展。

6. 要加强卫生监督，做好学生常见疾病防治工作

各级卫生行政部门要依据《学校卫生工作条例》，加强学校卫生监督工作完善学校卫生监督统计年报表条例，加大执法力度，对违反《条例》、严重危害学生健康案件要严肃查处。同时，要加强学校传染病预防、管理及学生常见疾病防治的专业指导，促进学校卫生工作的开展。

教育行政部门和学校要把学校传染病预防及学生常见疾病的防治与管理作为学校工作的重要内容列入议事日程，给予高度重视，并在人、财、物等方面给予扶持，保证学校卫生工作的正常开展。

要充分调动学生家长的积极性，在全面宣传的基础上，鼓励学生家长主动为子女增加健康投入；直接用于学生的法定传染病的预防及六种常见疾病的防治费用，要坚持按家长自愿和谁受益谁付费的原则收取。

五、要坚持分类指导，特别要重视农村和少数民族地区学校体育卫生工作

我国85％的中小学校在农村，75％的中小学生在农村。广大农村地区和少数民族地区的学校体育卫生基础薄弱，工作难度大，这些地区的学生体质健康状况存在的问题多。因此，要对这些地区的学校体育卫生工作给予特别的关心和特殊的扶持。

地方各级人民政府及教育、体育、卫生等行政部门要以极大的热情和高度的责任心加强对农村和少数民族地区的学校体育卫生工作的领导，为这些地区学校体育卫生工作的开展解决实际问题和创造必要的工作条件，以保证这些地区学校体育卫生工作的正常进行。

六、要重视全社会科普知识的宣传与普及工作

各类新闻媒介及教育、体育、卫生科技工作者要大力宣传全民健身和卫生保健科普知识，提高全民保健意识，形成全社会关心青少年儿童身体健康、重视和支持学校体育卫生工作的大气候。

国家教委关于加快发展中西部地区
职业教育改革与发展的意见

（1998 年 12 月 11 日）

为贯彻落实全国职业教育工作会议精神，实施《职业教育法》，加强中西部地区特别是西部地区、民族地区和边远贫困地区职业教育的改革与发展，现提出如下意见：

一、进一步提高认识，增强发展职业教育的紧迫感

多年来，中西部地区的职业教育工作取得了很大成绩，涌现出一批成效显著的地区和学校。但是，由于各种原因，与东部发达的地区相比，我国中西部地区特别是西部地区职业教育的发展还有较大差距。到 1996 年西部地区仍有 6 个省（市、自治区）中等职业学校年招生数和在校生数占高中阶段招生数和在校生数的比例不足 50%；职业教育的层次结构、学校布局、专业设置以及办学形式等方面还不能与经济建设和社会发展的要求相适应；职业教育的管理体制与运行机制需要进一步健全和改革；经费投入不足，教育设施、设备亟待改善，职业学校的教育教学水平有待提高；忽视职业教育的现象还程度不同地存在等。

江泽民同志在党的十五大报告中提出了中西部地区要加快改革开放和开发。中西部地区要逐步缩小与东部经济发达省市的差距，要实现经济增长方式从粗放型向集约型的转变，必须大力发展职业教育。全国都应关心和支持中西部地区职业教育的发展。但是，要根本改革中西部地区职业教育的面貌，最根本的要靠调动本地各方面的积极因素，自力更生，艰苦奋斗。因此，中西部地区要认真贯彻落实《职业教育法》，进一步提高认识，坚定信心，增强责任感和紧迫感，把改革开放和发展职业教育作为实现经济增长的重要战略措施，努力加快职业教育发展步伐，提高职业教育水平，为当地经济振兴和社会进步奠定基础。

二、探索符合中西部地区实际的职教模式

发展中西部地区的职业教育，既要认真学习借鉴其他国家和我国较发达地区先进

经验，更要坚持从我国社会主义初级阶段的国情出发，从中西部地区的实际出发，努力提高教育教学质量和效益，走有自己特色的职教发展路子。

在办学方向上，要坚持为当地经济和社会发展服务，努力使职业教育在推动当地支柱产业特别是"两高一优"农业的发展，推动产业结构的调整和经济效益的提高，促进劳动就业和农民脱贫致富方面发挥应有的作用。在满足当地人才需求的前提下，也可发挥自身劳动力资源丰富的优势，根据劳动力有序流动的需要，适当发展劳务输出型的职业教育。

在教育结构上，要实行三教统筹，大力发展多层次多形式的职业教育。根据目前经济和教育发展水平，西部地区特别是农村地区和边远贫困地区，职业教育层次结构的重心不能急于求高，应以中等职业教育为重点，积极发展多种形式的初中阶段的职业教育，广泛开展职前和职后的各种职业培训。同时，根据科技进步和经济发展的需求，积极稳妥地发展高等职业教育。

在专业设置上，应重点保证资源开发等支柱产业的需要。我国中西部的大多数地区农业仍是主要产业，必须把办好农村职业教育特别是农业职业教育放在十分重要的位置。

在办学形式上，应该更加灵活。要坚持职前和职后沟通，学校教育和培训结合，全日制和部分时间制结合。特别是面向农村培养有创业精神的新型农民的农业职业教育，应以适应当地需要为原则，在灵活办学上求生存、求发展。

在教育资源配备上，要突出重点。中西部地区财力、物力紧缺，更要防止分散和重复办学，努力提高教育投资效益。县级以上各级人民政府应集中力量兴办骨干示范性中等职业学校，一般每个县应首先办好一所，在人口特别稀少和分散的地方也可每个地区办好1～2所。骨干示范性职业学校要在人才培养、科技推广、生产示范、信息服务、促进农民脱贫致富等方面发挥多功能作用，在当地职业教育发展中发挥示范和辐射作用。县级骨干示范性职业学校要与乡级和村级的职业学校、农民文化技术学校加强联系，分工合作，形成农村职业教育网络，提高职业教育的整体功能和效益。

三、建立有效的职业教育运行机制

要加大政府对职业教育工作的统筹力度。地方各级人民政府要把职业教育纳入当地经济建设和社会发展规划，统筹制定推动职业教育发展的政策措施，统筹配备各类职业教育资源，统筹安排招生就业工作，使实施同层次职业教育的各种教育机构之间公平竞争，促进提高教育教学质量和办学效益。鉴于职业教育的发展涉及教育、劳动、人事、计划、财政等诸多部门，建议地方人民政府根据当地的实际情况成立职业教育协调机构，研究制定推动当地职业教育发展的具体措施。

要加强职业教育与科技、经济的结合。在城市要加强教育与行业部门之间的合作，加强校企合作。职业教育要主动为促进劳动就业服务，积极开展转岗、专业培训，参与实施再就业工程；在农村要加强科教结合，职教与扶贫结合，使教育发展目标与农村经济发展目标衔接配合起来，使经济开发、扶贫开发和"星火"、"丰收"、"燎原"计划项目的实施与人才培养和技术培训有机结合，统筹使用各方面拥有的技术力量和基地设施，统一筹措，合理安排各方面的资金。

要调动行业、企业及社会各方面兴办和支持职业教育的积极性。随着经济体制的转变和市场经济的发展，中西部职业教育的发展要更好地调动和发挥行业、企业及其他各种社会力量的积极性。要按照《职业教育法》的要求，进一步把各方面的职责具体化，落实企业承担对本单位职工和准备录用人员实施职业教育的义务。要积极鼓励和支持事业组织、社会团体和公民个人依法兴办和支持赞助职业教育，积极发展多种形式的联合办学。联合办学可成立校董会，对学校的重大事项进行决策。

要重视和支持职业学校发展校办产业。要充分发挥职业学校在人才、技术和信息等方面的优势，结合学校教育教学的需要、当地经济和学校自我发展的需要确定校办企业的发展项目。各级政府和有关部门要在发展校办产业所需的场所设施、起步资金、管理干部、产销渠道等方面给予支持，在税收政策上给予优惠。

要积极推进职业教育证书制度和毕业生就业制度的改革。从加快提高中西部地区经济发展水平出发，各级政府和有关部门要根据《职业教育法》的规定，制定具体措施，推进实施学业证书和职业资格证书两种证书制度，落实劳动者就业、上岗前必须接受必要的职业教育的制度，从而推动职业教育的发展。

四、国家鼓励东部地区与西部地区之间积极开展多层次、多形式的职业教育交流与合作，支持中西部地区的职业教育改革和发展

在继续搞好以往职业教育省与省之间合作的基础上，根据国务院关于组织经济发达地区与经济欠发达地区展开扶贫工作的精神和国务院确定的省（市、区）与省（市、区）之间的协作关系，国家教委将组织东部地区的部分省（市）与中西部地区的部分省（市、区）之间结成对子，进一步加强交流与合作，共同研究、确定合作内容和项目，帮助中西部地区改革和发展职业教育。建立合作关系的省（市、区）应鼓励双方的地区与地区、学校与学校之间加强合作。东部地区的国家级重点部职业学校应带头和中西部地区的一所职业学校建设校际联系。国家教委将认真总结交流与合作的经验，评估、表彰取得显著成效的典型。

五、切实加强师资队伍和职业教育管理干部队伍建设

地方各级政府和教育等有关部门要下大力气，通过多种渠道，培养一批有志于职

业教育事业的教师。加强委属和地方职教师资培训基地建设，国家设立职教师资培训基地中央补助项目，扩大委属职教师资培训基地的服务功能和培训能力，更多地承担为中西部地区培训职教师资和管理干部的任务。为加强教师后备队伍建设，国家将在高等教育规划内安排一定的名额用于对职业学校学生的对口招生，将在干部和教师培训进修的名额安排上对中西部予以一定倾斜并在收取费用上给予一定优惠。各级政府要制定优惠政策，吸引普通高等学校本科毕业生到中等职业学校任教。职业教育应建设专兼结合的教师队伍，各地应选聘部分科技人员、能工巧匠等兼任职业学校教师。

六、多方采取有效措施，增加对职业教育的投入

国家继续多方面支持中西部地区职业教育发展，并根据中西部地区职业学校的承受能力，通过有关金融机构增加用于中西部地区的职业教育专项贷款数额。地方各级人民政府和有关部门要适应职业教育事业的要求，逐渐增加职业教育专款数额；有条件的地区，可以根据当地的实际情况，研究设立职业教育基金。

教育部、国家民委
关于落实内地高校支援新疆培养
少数民族本专科生 2001—2005 年
招生规划的通知

（1999 年 7 月 27 日）

国务院有关部委教育司（局），河南省教委，教育部部属有关高等学校：

根据中共中央《中央政治局常委会关于维护新疆稳定的会议纪要》（中发〔1996〕7 号）"有计划地选送一些优秀青少年到内地读书"、"着力培养一大批坚定地维护祖国统一，反对民族分裂，密切联系群众，具有强烈革命事业心和业务能力的少数民族干部"的精神，今年 1 月 22 日，教育部、国家民委和新疆维吾尔自治区政府在北京召开了"内地高校支援新疆第四次协作筹备会议"，拟定了 2001—2005 年部委高校支援新疆，每年培养 1000 名左右少数民族本、专科生的五年规划（以下简称五年规划）。现将拟定的《内地高校支援新疆培养少数民族本、专科生 2001—2005 年招生规划表》、

《内地高校支援新疆培养少数民族本、专科 2001—2005 年招生规划民考汉预科招生表》、《内地高校支援新疆培养少数民族本、专科生 2001—2005 年招生规划民考民预科招生表》印发给你们，请予以落实，并就有关问题通知如下：

一、大力培养少数民族干部是做好党的民族工作的关键，是确保新疆长期稳定，保证新疆改革开放和经济建设顺利进行的重要措施，各有关部门及高校的领导遵照中央的精神，应高度重视，认真研究，将拟定的内地高校支援新疆、培养优秀的少数民族人才五年规划任务（包括培养计划和确定承办学校）逐项落到实处。

二、内地高校招收新疆少数民族学生，继续实行预科招生的同时就确定本、专科和专业、并由学校录取的办法。招生对象为新疆少数民族应届高中毕业生，在参加全国高校招生统一考试的考生中择优选拔，第一批录取。

预科阶段培养由国家民委或新疆新疆维吾尔自治区所属高等学校负责组织实施。

三、除北京大学、清华大学可从统招中选拔优秀的少数民族学生直接进入本科学习外，其余各高校招生录取的新疆少数民族生，先在预科学习一年（民考汉）或两年（民考民）。预科学习期满，经考核合格后，方能转入本、专科学习，并纳入当年国家下达的招生计划之内。学生毕业后一律回新疆工作。

教育部、国家民委和新疆维吾尔自治区政府拟于今年9月中旬在新疆维吾尔自治区召开"内地高校支援新疆高校第四次协作会议"。请各有关部委和高校将五年规划任务落实情况，于今年8月20日前分别函告教育部民族教育司和国家民委教育司。

附件：

一、内地高校支援新疆培养少数民族本专科生 2001—2005 年招生规划表。

二、内地高校支援新疆培养少数民族本专科生 2001—2005 年招生规划民考汉预科招生表。

三、内地高校支援新疆培养少数民族本专科生 2001—2005 年招生规划民考民预科招生表。

附件一：

内地高校支援新疆培养少数民族本、专科生
2001—2005 年招生规划表

单位：人

年度/部委	2001		2002		2003		2004		2005	
	民考民	民考汉	民考民	民考汉	民考民	民考汉	民考民	民考汉	民考民	民考汉
合计	515	403	645	393	675	393	645	393	675	393
教育部	155	266	335	256	335	256	335	256	335	256
财政部	60	0	40	0	40	0	40	0	40	0
交通部	20	0	20	0	20	0	20	0	20	0
铁道部	15	0	15	0	15	0	15	0	15	0
农业部	60	0	60	0	60	0	60	0	60	0
司法部	30	0	0	0	30	0	0	0	30	0
卫生部	0	32	0	32	0	32	0	32	0	32
建设部	10	0	10	0	10	0	10	0	10	0
信息产业部	20	0	20	0	20	0	20	0	20	0
国家民委	30	20	30	20	30	20	30	20	30	20
国家广播电影电视总局	10	0	10	0	10	0	10	0	10	0
国家电力公司	15	0	15	0	15	0	15	0	15	0
中国石油天然气集团公司	15	0	15	0	15	0	15	0	15	0
公安部	10	0	10	0	10	0	10	0	10	0
水利部	40	0	40	0	40	0	40	0	40	0
中国人民银行	0	20	0	20	0	20	0	20	0	20
国家税务总局	10	0	10	0	10	0	10	0	10	0
国家统计局	0	15	0	15	0	15	0	15	0	15
国家林业局	15	0	15	0	15	0	15	0	15	0
河南省	0	50	0	50	0	50	0	50	0	50

注：1. 北京大学、清华大学每年各招 3 名新疆少数民族学生，直升本科；

　　2. 2001 年度的民考民规划任务按教育部（教民〔1999〕6 号）《关于下达 1999 年高校招收新疆少数民族学生计划的通知》的计划执行。

附件二：

内地高校支援新疆培养少数民族本专科生
2001—2005 年招生规划民考汉预科招生表

单位：人

部委	学校	2000 年	2001 年	2002 年	2003 年	2004 年	预科培养学校
合计		408	388	388	388	388	
教育部	北京大学	3	3	3	3	3	直招本科
	清华大学	3	3	3	3	3	直招本科
	中国人民大学	5	5	5	5	5	中央民族大学
	大连理工大学	10	10	10	10	10	本校
	西安交通大学	10	10	10	10	10	西北民族学院
	西南师范大学	20	20	20	20	20	待定
	华中理工大学	10	10	10	10	10	西北民族学院
	中国纺织大学	20	20	20	20	20	西北民族学院
	吉林大学	20	10	10	10	10	待定
	北京化工大学	20	20	20	20	20	待定
	吉林工业大学	20	10	10	10	10	待定
	华东理工大学	20	20	20	20	20	待定
	合肥工业大学	20	20	20	20	20	待定
	无锡轻工业大学	20	20	20	20	20	待定
	武汉工业大学	20	20	20	20	20	待定
	华中师范大学	10	10	10	10	10	待定
	中南工业大学	20	20	20	20	20	待定
	华南理工大学	20	20	20	20	20	待定
中国人民银行		20	20	20	20	20	新疆工学院
国家统计局		15	15	15	15	15	新疆大学
卫生部	北京医科大学	12	12	12	12	12	中央民族大学
	上海医科大学	10	10	10	10	10	西南民族学院
	西安医科大学	10	10	10	10	10	待定
国家民委	大连民族学院	20	20	20	20	20	本校
河南省	黄河科技学院	50	50	50	50	50	西南民族学院

附件三：

内地高校支援新疆培养少数民族本专科生
2001—2005年招生规划民考民预科招生表

单位：人

部委	学校	1999年	2000年	2001年	2002年	2003年	预科培养学校
合计		515	585	675	585	675	
教育部	上海交通大学	20	20	20	20	20	新疆大学
	南京大学	20	20	20	20	20	新疆大学
	南开大学	10	10	10	10	10	新疆大学
	北京外国语大学	10	0	0	0	0	中央民族大学
	兰州大学	0	20	20	20	20	西北第二民族学院
	北京师范大学	20	25	25	25	25	新疆师范大学
	陕西师范大学	20	20	20	20	20	新疆师范大学
	东北师范大学	20	20	20	20	20	新疆师范大学
	天津大学	10	10	10	10	10	新疆师范大学
	复旦大学	10	10	10	10	10	新疆师范大学
	同济大学	15	15	15	15	15	新疆工学院
	北京科技大学	0	20	20	20	20	待定
	东北大学	0	20	20	20	20	待定
	四川大学	0	25	25	25	25	待定
	上海外国语大学	0	20	20	20	20	待定
	浙江大学	0	20	20	20	20	待定
	山东大学	0	20	20	20	20	待定
	湖南大学	0	20	20	20	20	待定
	武汉大学	0	20	20	20	20	待定
财政部		60	40	40	40	40	待定
交通部	西安公路交通大学	20	20	20	20	20	西北第二民族学院
铁道部	兰州铁道学院	15	15	15	15	15	新疆工学院
司法部	中南政法学院	30	0	30	0	30	中央民族大学
农业部	中国农业学院	30	0	30	0	30	新疆农业大学
	西北农业大学	30	0	30	0	30	新疆农业大学
信息产业部	西安邮电学院	20	20	20	20	20	中央民族大学

续表

部委	学校	1999 年	2000 年	2001 年	2002 年	2003 年	预科培养学校
建设部		10	10	10	10	10	
国家民委	中央民族大学	10	10	10	10	10	本校
	西北民族学院	10	10	10	10	10	本校
	西北第二民族学院	10	10	10	10	10	本校
国家广播电影电视总局	北京广播学院	10	10	10	10	10	中央民族大学
国家电力公司	武汉水利电力大学	15	15	15	15	15	新疆工学院
中国石油天然气集团公司	西安石油学院	15	15	15	15	15	新疆工学院
公安部	中国人民公安大学	10	10	10	10	10	中国民族大学
水利部	河海大学	40	40	40	40	40	新疆工学院
国家税务总局	长春税务学院	10	10	10	10	10	新疆农业大学
国家林业局	西北林学院	15	15	15	15	15	新疆工学院

教育部关于印发
《关于内地有关城市开办新疆高中班的
实施意见》的通知

（2000 年 1 月 24 日）

为贯彻落实中共中央《关于维护新疆稳定的会议纪要》精神和《国务院办公厅转发教育部等部门关于进一步加强少数民族地区人才培养意见的通知》（国办发〔1999〕85 号）关于"在北京、上海、天津、南京、杭州、广州、深圳、大连、青岛、宁波、苏州、无锡等城市"开办内地新疆高中班的决定，教育部制订了《关于内地有关城市开办新疆高中班的实施意见》。现印发给你们，请遵照执行。

利用内地发达地区的经济、教育优势，组织内地发达地区加大对边疆民族地区教育支援力度，举办内地新疆高中班，着力培养和造就一大批坚定地维护祖国统一，密切联系群众，具有强烈革命事业心和一定业务能力的少数民族优秀人才，促进新疆经济发展和社会进步，增进各民族的大团结和凝聚力，保障国家的安全和边防巩固，意义重大而深远。

举办内地新疆高中班工作是党中央国务院交给的一项政治任务，也是各地义不容辞的责任和义务。办好新疆高中班，事关大局，政治性强，涉及面广，责任重大。各有关教育部门在当地政府的领导下，要把内地新疆高中班办学工作作为政府行为，一要思想认识到位，二要政策措施到位，三要办学经费有保证，以确保思想工作落到实处。内地新疆高中班将于 2000 年秋季开始正式招生，时间紧任务重。请各地政府高度重视，抓紧落实，确保按时开学，关于 2000 年 2 月前将协调领导小组、学校、师资、经费等落实情况报送教育部民族教育司。关于内地有关城市开办新疆高中班的实施意见。

为加快新疆维吾尔自治区实施科教兴国战略步伐，培养和造就少数民族优秀人才，切实促进新疆经济发展和社会进步，根据中共中央《关于维护新疆稳定的会议纪要》和《国务院办公厅转发教育部等部门关于进一步加强地区人才培养工作意见的通知》（国办发〔1999〕85 号）决定，进一步组织内地发达城市加大教育支援新疆的力度，举办内地新疆高中班（以下简称内地新疆班）。现就有关问题提出如下意见：

一、办学规模

内地新疆班学制四年（含预科一年），每年招收新疆维吾尔自治区应届初中毕业生 1000 人，按每班 40 人计，每年共办 25 个教学班；在校生总规模 4000 人，100 个教学班级。

二、办学方式

内地新疆班采取异地办班、寄宿方式，实行定点、包干负责制。从 2000 年秋季开始招生，在北京、上海、天津、南京、杭州、广州、深圳、大连、青岛、宁波、苏州、无锡等 12 各城市开办内地新疆班。各办班城市要选择教学条件、质量好的一类普通高中内附设内地新疆班，也可安排在当地符合条件的高等学校附属中学。目前，内地新疆班学生与当地学生合校分班，待条件成熟后再过渡到与内地学生混合编班。

三、招生计划

每年招生计划总数为 1000 人，各地招生名额分配详见附表。

四、招生对象

每年招生计划中，少数民族农牧民子女应招生总数的 80% 以上，同时亦可适当招收在新疆维吾尔自治区的汉族农牧民子女，但所占比例一般掌握在总数的 10% 左右；各少数民族的招生比例，原则上在招生计划内按各人口比例确定。特别是对发展滞后地方的少数民族学生、女生，在同等条件下按标准优先录取。

五、招生条件

1. 本人自愿，家长同意；

2. 应届初中毕业生；

3. 品学兼优，汉语文成绩达到良好以上，并有较好的民族语文水平（对无民族语言、文字的少数民族的学生，不再将民族语文作为必备条件；对汉族农牧民子女，优先录取兼通民语的学生）；

4. 身体健康，无传染病；

5. 服从国家需要。

六、招生办法

新疆维吾尔自治区教委根据教育部内地新疆班招生办法和招生计划，组织招生工作，从当年参加全区中等学校招生统一考试的学生中择优录取。

七、教学方式

内地新疆学生不分民族统一编班，统一使用汉语文授课，与当地同年级教学班统一教学计划，统一教材；同时，要学好民族语文。预科一年教学重点补习汉语文、英语和数理化课程，使用教育部统一组织编写的预科材料；同时，加强德育教育。

八、升学工作

1. 内地新疆班学生高中毕业后，参加全国高校招生考试，实行"统一考试、统一阅卷、单独划线、单独招生"的办法；凡符合条件的，可入内地的高等学校学习；不能升学的，回新疆。

2. 根据当年内地新疆班应届毕业生情况和新疆维吾尔自治区人民政府提出的内地新疆班升学分流的建议，各地、各部门在安排普通高等教育招生计划时，要将内地新疆班纳入本单位总的招生规模之内，教育部届时与内地高校支援新疆协作计划合并下达。

3. 招生录取工作在教育部的指导下，由内地新疆招生办公室负责。

九、教师配备待遇

北京等 12 个支援城市开办的内地新疆班原则上按普通高中标准配备教职工，根据内地新疆班的工作需要，编制标准可适当放宽。各市在教师职务岗位数、工资待遇等方面要制定倾斜政策，确保一批政治思想素质高、业务能力强、经验丰富、有奉献精神的教师到内地新疆班任教，以保证教育教学质量。

十、管理职责

1. 教育部主要负责宏观指导，对内地新疆班工作进行政策研究并制订相应的政策措施；协调各地办学中出现的重大问题；制定招生计划和办法，并组织实施；负责预科等有关课程设置和教材建设；组织有关行政管理干部和骨干教师培训以及办学工作检查、评估，总结交流经验，表彰先进等。

2. 内地新疆班办学工作以支援城市人民政府管理为主。各个承担办班任务的城市要成立以政府分管教育领导为组长、有关部门参加的内地教育支援新疆工作协调领导小组，负责本地区教育支援新疆工作的管理和协调，明确与地区各有关部门的工作职责；落实内地新疆办学所需经费；负责内地新疆班行政管理干部和教师的培训培养工作；帮助学校解决办学中的问题。

3. 新疆维吾尔自治区人民政府的主要任务是，配合教育部、内地支援城市，做好内地新疆班新生选拔录取工作；提出每年内地新疆班升学分流的建议；组织内地新疆班学生安全到达内地学校，按照学用一致、优才优用的原则，负责组织内地高校新疆本专科毕业生就业工作；负责选派内地新疆班管理教师（每办学点派 2 名），协助做好内地新疆班的管理工作和处理突发性事件；补助部分贫困学生；定期组织对内地办班情况的考察和调研等。

十一、学生管理

内地新疆班管理要按照当地学校学籍管理规定和教育部内地新疆班学生补充规定（另发）执行。对内地新疆班学生既要有热情关心，又要严格要求，特别是生活上，要注意尊重民族习惯和生活习俗。

十二、办学经费

为了支持内地新疆办学工作，中央安排基建、交通工作一次性经费补助和仪器设备、图书、预科教材建设以及师资培训等一次性经费补贴（另文下达），不足部分由支援城市人民政府负责解决。

2. 经常性费用。

（1）内地新疆班办学所需经常经费（包括教职工人头费、办公费、办学条件改善费用）和学生的学习、生活费用（包括伙食费、装备费、校服费、假期活动费、取暖降温费、共杂费等）和医疗费等，由支援城市政府负责解决。不挤占各地教育经费，要从当地政府财政列专项，专款专用，并根据物价上涨因素，及时提高生均经费标准。

（2）新疆维吾尔自治区人民政府承担学生的部分学习、生活费和医疗费补贴，补贴标准另文下达。

（3）学生在高中学习期间，要缴纳适当的学习、生活费和医疗费（每生每年900元），往返交通费用自理。对贫困农牧民和城镇职工子女予以减免有关费用。

教育部　国家民委
关于各级各类学校设置清真食堂、
清真灶有关问题的通知

（2000年8月1日）

各省、自治区、直辖市教育厅（教委）、民（宗）委（厅、局），新疆生产建设兵团教委、民（宗）委，国务院有关部门教育司（局），部署各高等学校：

尊重少数民族的风俗习惯是贯彻党的民族政策、增强民族团结、保持社会稳定的重要措施，对加快改革开放和经济发展具有重要意义。我国55个少数民族中，有回、维吾尔、哈萨克、乌孜别克、柯尔克孜、塔塔尔、塔吉克、东乡、保安、撒拉等10个民族群众有清真饮食习惯，禁食猪肉。据了解，部分地区的一些大中专学校、寄宿制中小学和幼儿园还没有设立清真食堂或清真灶，致使有清真饮食习惯的学生和幼儿吃饭困难。有的学校以没有清真食堂为由，拒绝接受符合入学条件的清真饮食习惯的少数民族学生，伤害了少数民族的群众的感情。为了贯彻党的民族政策，切实尊重少数民族的风俗习惯，现提出如下要求，请各地遵照执行。

一、凡是上述10个少数民族寄宿制中小学和幼儿园，必须建立清真食堂。已经建立清真食堂的要进一步健全制度，加强管理，防止非清真食品进校、进园，严禁在这些学校、幼儿园门口设立非清真食品摊位。

二、各级各类学校、幼儿园,凡在学校进餐的清真饮食习惯的少数民族学生(含教师)达一定规模并已建立食堂的,应单独建立清真灶,设立清真食品专卖窗口,做到有专人负责,专用灶具和饮具,严禁与非清真食品灶具、饮具混用;有清真饮食习惯的师生较少,设立清真食堂或清真灶有困难的以及已实行学校后勤社会化的学校,也要为他们就餐提供方便。

三、各级各类学校招生时,不准以不具备饮食条件为由拒绝接受符合条件的少数民族入学,或因为有清真饮食习惯的师生数人少而不执行有关规定。

四、建立清真食堂和设立清真灶,是落实党的民族政策的具体体现,各级教育、民族部门要高度重视这项工作,积极创造条件,按要求设置清真食堂或清真灶。同时对已经建立的清真食堂和清真灶严格把关,采取措施继续办好,为少数民族学生在学校学习提供更好的生活条件。

教育部关于下达 2000 年 内地高校招收新疆少数民族学生 协作计划的通知

(2000 年 3 月 15 日)

根据教育部、国家民委《关于印发内地高等学校支援新疆第四次协作会议纪要和培养少数民族本专科生第四次协作五年招生规划的通知》(教民〔2000〕3 号),结合新疆维吾尔自治区教委《关于 2000 年内地有关高等学校招收新疆少数民族学生计划的函》(新教高〔2000〕08 号)的建议,现将 2000 年度内地高等学校招收新疆少数民族学生协作计划发给你们(详见附件一、二、三、四、五①),请遵照执行,并就有关问题通知如下:

一、内地高校招收新疆少数民族学生,继续实行预科"戴帽"招生办法,即预科招生时就确定本、专科学校和专业,由本、专科学校招生录取并发新生录取通知书。

---

① 选入本书时附件均略。

录取工作结束后，请各有关高校将录取情况报送我部民族教育司。2000 年度预科招生计划详见附件一、二。

二、除北京大学、清华大学、中国人民大学、黄河科技学院可从统招中选拔优秀的少数民族学生直接进入本、专科学习外（不经过预科），其他各校招生录取的新疆少数民族学生，先要进入相应的预科培养学校（详见附件五）进行预科学习一年（民考汉）或两年（民考民）。预科学习期满，经考核合格后，方能转入本、专科。考核不合格者，退回新疆。

三、2000 年招收的民考汉预科生，2001 年转入本、专科；2000 年招收的民考民预科生，2002 年转入本、专科。各有关部委和教育部直属各高校要做好预科转入本、专科计划，并纳入本部门和本校当年总招生计划内。

四、1998 年招收的高校新疆班民考民、1999 年招收的高校新疆班民考汉预科生今年秋季要转入本、专科（见附件二、四），请各有关部委和学校安排好计划，及时转入。

五、学生的待遇以及收费等问题严格按照学校所在地和学校的有关规定执行。收费标准以高校的招生简章为准。

六、新疆维吾尔自治区教委确保生源质量，把优秀的少数民族学生输送到各高校。学生入校后，学校要严格按照学校学籍管理制度和校纪校规，加强对学生的管理。学生毕业后一律回新疆工作。

有关省（市）、部委和高等学校在招生工作中有何情况和问题，请与我部民族教育司联系。

教育部关于下达 2000 年
普通高等学校少数民族预科班
招生计划的通知

（2000 年 5 月 24 日）

根据《国务院办公厅转发教育部等部门关于进一步加强少数民族地区人才培养工作意见的通知》（国办发〔1999〕85 号）精神，为加快西部大开发战略步伐，培养和造就西部少数民族地区高级专门人才，切实促进西部少数民族地区经济发展和社会进步，2000 年中央部委所属高等学校少数民族预科班招生人数扩大到 3000 人左右，办学重点是逐步提高办班的层次与质量。现将 2000 年普通高等学校少数民族预科班招生计划下达给你们，请遵照执行。并就有关事项通知如下：

1. 少数民族预科班招生计划由教育部商国家计委、财政部后统一下达。少数民族预科班生源为当年参加全国普通高校统一考试的少数民族应届高中毕业生。

2. 普通高等学校招收少数民族预科班的招生录取工作，要严格按教育部《关于普通高等学校举办少数民族预科班的通知》（教民〔1999〕3 号）的规定执行。少数民族预科班由本（专）科招生学校在该校本（专）科录取同批次进行录取，预科培养学校要提前将该校的入学须知等有关材料寄到相应的本（专）科招生学校。录取标准不得低于各有关高等学校在该省、自治区、直辖市招生最低录取分数线以下 80 分。

3. 普通高等教育招收少数民族预科班学生的待遇以及收费等问题参照学生所在学校的有关规定执行。中央财政对承担国务院有关部委所属高校少数民族预科班培养任务的高等学校，参照普通高等学校本科生标准，拨给正常的事业经费。

4. 承担培养少数民族预科班任务的高等学校，要加强教育教学管理，努力办好预科班。预科班教学统一使用原国家教委 1996 年重新颁布的普通高校少数民族预科教学大纲和统编少数民族预科教材组织教学，严格要求。重点上好汉语文、数学、英语三门主要基础课。预科结业考试由各预科办班学校组织。

5. 预科生升入各高校本科计划，由招生学校纳入各校当年招生计划，安排他们在民族地区各项建设事业急需的专业学习。要采取特殊措施，创造条件，选拔部分优秀少数民族学生进入研究生阶段学习。

6. 民族班学生为定向招生，毕业后一律回到原籍工作。各省、自治区、直辖市要积极接受民族班毕业生，注意优才优用，为他们充分发挥作用创造条件。

7. 举办民族班，是保证边远、贫困民族地区能多出高级专门人才的特殊有效举措，对加强民族团结，发展民族地区的经济和文化具有重大意义。有关省、自治区、直辖市和高等学校要加强领导，密切合作，严格执行有关招生规定和招生计划，不得以少数民族预科计划招收非少数民族学生。

8. 2000 年各省、自治区、直辖市所属高等学校少数民族预科班招生计划见教育部《2000 年全国普通高等学校少数民族预科招生计划》（教发〔2000〕89 号文附件八）；国务院所属高等学校少数民族预科班招生计划按《2000 年国务院有关部委所属高校少数民族预科班招生计划表》（见附件）执行。

在招生工作中如有问题，请及时与我部民族教育司联系。

附件：2000 年国务院有关部委所属少数民族预科班招生计划表（略）

国家民委、教育部印发
《关于加快少数民族和民族地区职业教育
改革和发展的意见》的通知

（2000 年 7 月 28 日）

各省、自治区、直辖市民（宗）委（厅局）、教育厅（教委），新疆生产建设兵团民宗委、教委：

《关于加快少数民族和民族地区职业教育改革和发展的意见》已经两部委研究同意，现印发给你们，请遵照执行。

关于加快少数民族和民族地区
职业教育和发展的意见

为贯彻落实全国教育工作会议、中央民族工作会议精神，实施《职业教育法》，加快少数民族和民族地区职业教育的发展，现提出如下意见：

一、充分认识职业教育在民族地区经济社会发展中的战略地位和作用

江泽民总书记在党的十五大报告中明确指出，必须"培养同现代化要求相适应的数以亿计高素质的劳动者和数以千万计的专门人才，发挥我国巨大人力资源优势"，"这关系 21 世纪社会主义事业的全局"。我国是一个统一的多民族的社会主义国家，55个少数民族有 1 亿多人口，占全国总人口的 8% 以上；民族区域自治地方的面积占全国国土面积的 64%；我国 2.2 万公里陆地边境线，1.9 万公里在民族地区；全国绝大多数市、县都有两个以上民族共居。

现阶段，加快少数民族地区经济和社会等各项事业的发展，维护中华民族的大团

结，不仅关系到少数民族和民族地区的繁荣与稳定，而且事关我国现代化建设的全局。因此，加快少数民族和民族地区的发展，不仅是一个重大的经济问题，也是一个重大的政治问题。改革开放以为民族地区发展的经验表明，依靠科技和教育，从培养人才、提高劳动者素质入手，是少数民族和民族地区经济振兴的必由之路。

发展职业教育是少数民族和民族地区实现两个根本性转变、提高劳动者素质的必要而有效的手段。改革开放以来少数民族和民族地区的职业教育有了长足的发展，涌现出一批成效显著、示范性强的骨干职业学校，促进了当地经济社会的发展和少数民族群众脱贫致富。但是，由于各种原因，民族职业教育不能适应民族地区经济社会发展的需要，与东部发达地区相比差距很大。到1997年，我国西部大部分少数民族自治地方民族中等职业学校年招生数和在校生数占高中阶段招生数和在校生的比例低于50%，总体数量、规模相对较小；职业教育的层次结构、学校布局、专业设置以及办学形式等方面学不能适应民族地区经济建设和社会发展的需求；职业教育的办学体制、管理体制和运行机制需要进一步深化改革；民族地区忽视职业教育的现象和程度不同地存在，其办学规模、办学条件、教育质量、办学效益需要进一步提高。

中央民族工作会议提出"加快民族地区的发展，必须坚定不移地实施科教兴国战略。要优先发展教育事业，全面推进素质教育。"《中共中央、国务院关于深化教育改革全面推进素质教育的决定》向全党全社会发出了深化教育改革，全面推进素质教育的号召，将对我国跨世纪教育的改革和发展，对科教兴国的落实产生重大而深远的影响，也为民族地区职业教育的发展指明了方向，增添了动力。

我国正在实施西部大开发战略，西部是众多民族聚居的地区，要顺利地进行西部开发，必须培养各类人才，提高广大劳动者素质，这也要求加快发展民族职业教育。要充分认识职业教育在少数民族和民族地区经济建设和社会发展中所具有的重要地位和作用，进一步坚定信心，增强责任感和紧迫感，把改革和发展职业教育作为实现经济增长的有效措施，加快职业教育发展步伐，努力提高职业教育的办学质量和效益，更好地服务于民族地区的两个文明建设。

二、一切从实际出发，始终坚持为少数民族和民族地区服务的办学指导思想

改革和发展少数民族和民族地区的职业教育，既要认真学习借鉴其他国家和国内发达地区的先进经验，更要从我国社会主义初级阶段的基本国情出发，从现阶段少数民族和民族地区的实际情况出发，充分尊重职业教育的规律和特点，努力探索符合民族特点和民族区域特点的发展路子。

要始终坚持社会主义的办学方向，全国贯彻落实党的教育方针。在各级各类职业

学校，必须结合实际，采取多种形式，广泛开展爱国主义、集体主义、社会主义和中华民族优秀文化传统、革命传统教育。加强民族团结、民族政策教育，引导学生逐步树立马克思主义民族观和宗教观。培养和造就德、智、体、美等全面发展的社会主义建设者和接班人。

要始终坚持为少数民族和民族地区经济建设和社会发展服务的办学宗旨。从少数民族和民族地区生产力水平和经济结构、产业结构和需求出发，因地制宜，分类指导，以提高质量和效益为核心逐步建立起能适应民族地区经济、社会发展需要，重点突出，结构优化，层次完善，布局合理的民族职业教育体系。建立能够主动适应民族地区社会主义市场经济体制需要，地方负责、分级管理，具有自我发展、自我约束，充满生机活力的民族职业教育的办学体制、管理体制和运行机制。

要在现有乡镇文化技术学校和农村实用技术推广站的基础上建立职业教育培训网络，逐步做到每一个乡镇的教学点都有卫星接收设备和完整的电教设备，力争在经济比较落后的地区使初中阶段的毕业学生普遍掌握一两项脱贫致富的实用生产技术。在经济相对较好地区使农村初、高中阶段的毕业学生普遍掌握适应农村产业化需要的生产技术，使之获得"绿色证书"，适应由传统农业向现代化农业转变和由粗放经营向集约化经营转变的需要；高中阶段的职业教育继续完善学历证书、培训证书与职业资格证书并举的制度，逐步实行劳动预备制度和就业准入制度，使城镇劳动力先培训后就业。

到2005年，要使民族地区各类中等职业学校招生数和在校生数占高中阶段学生数的比例达到50%左右，部分经济发展较快的地区要超过50%；县级以上各级人民政府应兴办一批骨干示范性中等职业学校，一般每个县（旗）应首先办好一所。在人口特别稀少和居住分散的地方也可每个地区（盟）办好1~2所，在个别条件好的地区（盟）、县（旗）可办好国家级或省级重点1~2所，以发挥骨干示范性中等职业学校在人才培养、科技推广、生产示范、信息服务、促进农民脱贫致富等方面的示范和辐射作用。

三、因地制宜，积极探索适应少数民族和民族地区发展需要的职业教育办学路子

围绕科教兴国战略在民族地区的实施，坚持"因地制宜、按需施教、灵活多样、注重实效"的原则，积极探索适应少数民族和民族地区发展需要的职业教育的办学模式。

要加强职业教育与科技、经济的结合，从实际出发，因地制宜，分类指导，不同的地区分别确定不同的发展规模、速度、目标和模式，使职业教育与科技、经济的发

展互相协调，互相促进。在城市要加强教育与各行业、各部门之间的合作，加强校企合作。职业教育要积极开展转岗、各部门培训，参与实施再就业工程，主动为促进劳动就业服务。

要实行三教统筹，综合考虑各级各类教育的发展速度、规模、比例和结构，优化教育资源配置，合理调整学校的布局结构，提高办学的质量和效益。在专业设置上，要适应少数民族地区经济结构、产业结构的需要，重点保证资源开发及支柱产业发展的需求。在农村进一步把职教和扶贫结合起来，使职业教育发展的目标与农村经济发展目标有机地衔接配合起来，使智力开发、经济开发、扶贫工发和"星火"、"丰收"、"燎原"计划项目的实施能统筹兼顾，相互促进。

要坚持多层次、多规格、灵活多样的办学形式，建立、健全职业教育的培训网络。根据现阶段少数民族和民族地区经济和教育的发展水平，职业教育应以高中阶段职业教育为重点，积极发展多种形式的初中阶段的职业教育（"三加一"、初二分流、四年制初中等），广泛开展职前职后的各种职业培训，适当发展高等职业教育。

在办学形式上，更加灵活多样，要坚持学历教育与职业培训结合，全日制与部分时间制结合；学年制与学分制结合，允许学生分阶段完成学业。

在教学内容和方法上，加强针对性和适用性，加强实践性教学环节和实用技术的训练，同时实施创业教育，培养学生的创业意识、创业精神、创业品质和创业能力，造就一大批"学得好、用得上、留得住"的、能在生产、服务、技术和管理方面起骨干作用的高素质劳动者和中等专门人才。加强与乡村农民文化技术学校、农技推广站的合作，形成职业教育培训网络，提高职业教育的办学效益。

要充分利用广播、电视、录像、互联网络等先进的现代化教学手段，大力发展民族地区的远程教育，逐步建立覆盖民族地区的信息、技术、教育一体化的综合性立体网络。使教育资源能直接有效地服务于民族地区的各项建设，有效地降低民族地区由于环境、交通等自然条件造成的教育上的高成本。

随着社会主义市场经济体制的建立和发展，少数民族和民族地区要充分调动行业、企业、集体及个人兴办和支持职业教育的积极性。按照《职业教育法》的要求，进一步把各方面的职责具体化，落实企业承担对本单位职工和准备录用人员实施职业教育的责任和义务。要积极鼓励和支持事业组织、社会团体和公民个人依法兴办和支持赞助职业教育，推进办学主体的多元化。提倡多种形式的联合办学，形成合力，营造促进职业教育在民族地区发展的良好氛围。

要鼓励和支持民族地区职业学校根据当地的经济结构、资源结构，充分发挥职业学校在人才、技术、信息等方面的优势，贯彻产教结合的原则，大力发展与教学需要相适应的校办产业，促进学校与学校、学校与社会产业单位联姻，组建各类产业的生产经营联合体，走以产促教、以产养校的路子。

四、进一步制定、完善发展少数民族和民族地区职业教育的有关政策和措施

要推进现有招生制度、职业教育证书制度和毕业生就业制度的改革，积极推行劳动预备制度和就业准入制度。对中等职业学校农、林、牧等类专业实行"宽进严出"的政策，凡取得初中毕业文凭者，可不限年龄免试入学，学习期满，考试合格者发给中等职业学校毕业证书。

建立健全地（盟）、县（旗）、校多层次、多渠道、多形式的职业学校毕业就业指导服务机构，对毕业生提供就业信息、咨询、指导和推荐服务。实行学历证书、职业资格证书并重的制度，并优先聘用获得双证的职业学校毕业生，明确对各类劳动者的岗位需求，坚持实行"先培训后上岗"的就业准入制度。

要采取多种措施，建立健全少数民族和民族地区职业教育发展的经费投入机制和保障机制。各地在保持与普通学校同样拨款水平的基础上要逐年增加收入，中央拨给各省、自治区的城乡职教补助费，要划出适当比例用于少数民族和民族地区的职业教育；民族地区各级地方政府用于职业教育的经费在地方财力中所占的比例要逐年提高，并在职业教育征地、基建、购置设备、毕业生就业等方面给予必要照顾；各级民委要安排一定经费支持职业技术教育；要多渠道筹措职业教育的办学经费，对某些办学成本高的专业可适当提高学生的收费标准，也可以通过合适的途径，争取社会力量捐资助学或部门支持办学等；在教育经费的使用管理上，要严格制度，加强管理，建立健全民族职业教育经费的使用监督机制。

要加强民族地区职业教育师资队伍和职业教育管理干部队伍建设。充分利用国家重点建设的 50 个职教师资培训基地和部委、地方所属的高等院校或职业技术师范学院，更多地承担为民族地区培训职教师资和管理干部的任务。要制定优惠的政策，吸引和留住更多高水平的教师从事职业教育的教学和管理工作。使中等职业学校的师资基本达到任职资格标准，逐步建立一支专兼结合、数量足够、素质优良、结构合理、相对稳定的"双师型"职教师资队伍和职业教育管理干部队伍。国家在制定高等教育招生计划时，要安排一定的名额对口招收职业学校毕业生，鼓励优秀高中毕业生定向报考职业技术师范学院。制定具体措施，吸引更多普通高校的本科毕业生到中等职业学校任教等。要实行专兼结合，面向社会公开选聘职教教师的用人制度，把部分科技人员、能工巧匠充实到职教师资队伍中来。

根据少数民族和民族地区的实际，加强专业结构、课程结构的调整，制定并实施中等职业教育课程改革和教材建设规划。针对民族地区的经济类型、经济结构的现实

需求及语言环境，组织并指导开设、编写具有当地特色的职业教育课程和相应的教材。

积极开展与东部发达地区间多层次、多形式的职业教育交流与合作，促使经济扶贫与智力扶贫更有效地结合起来。进一步加大现有的省与省之间职业教育对口支援的力度。已建立合作关系的省、自治区应鼓励双方的地区与地区、学校与学校之间加强合作，结成对子，共同协商合作的内容、开发的项目，走智力扶贫、共同开发、互惠互利、良性互动的路子。教育部和国家民委将认真总结交流与合作的经验，评估、表彰取得显著成效的典型。

五、加强宏观指导与统筹领导，推动职业教育更好地为少数民族和民族地区服务。

加强对少数民族和民族地区职业教育发展的宏观指导。教育部、国家民委将适时研究制定民族职业教育发展的规划、政策、措施，并认真检查各地落实的情况，及时发现问题，给予指导、解决。

加大政府对职业教育统筹领导的力度，民族地区各级地方政府要把职业教育纳入当地经济建设和社会发展的整体规划，制定促进职业教育发展的政策措施。在当地党委和政府的领导下，建立健全职业教育的协调领导机构，做到各有关部门职责分明，协调配合，形成合力，共同承担发展民族职业教育的重任。

建立健全对少数民族和民族地区职业教育的督导评估制度。民族地区各级政府教育督导机构与各级民委要依据《职业教育法》、《民族区域自治法》及各自治地方《自治条例》的规定，有计划地开展民族职业教育的督导评估工作。县（旗）可以每两年一次对职业学校的办学方向、办学质量进行评估，促使学校办出特色，办出成效，真正为少数民族和民族地区的经济、社会发展服务。

加强职业学校的领导班子建设，大胆提拔和使用懂教育、懂经济、懂管理，德才兼备、开拓进取的人才，同时要深入改革学校内部管理体制，积极推行校长负责制、教职工聘任制、岗位责任制和后勤管理社会化改革。以改革促发展，充分发挥职业学校的整体功能和效益。

关于印发《关于加强和改进全国民族院校思想政治工作的意见》的通知

（2000 年 8 月 30 日）

各民族院校：

为了贯彻落实《中共中央关于加强和改进思想政治工作的若干意见》，加强和改进民族院校的思想政治工作，特制定本意见，请认真贯彻执行。

关于加强和改进全国民族院校思想政治工作的意见

为了认真贯彻中央思想政治工作会议的精神，认真贯彻落实《中共中央关于加强和改进思想政治工作的若干意见》，加强和改进全国民族院校的思想政治工作，面向新的世纪，进一步办好全国民族院校，特制订本意见。

一、加强和改进民族院校思想政治工作是一项重要而紧迫的任务

（1）高度重视思想政治工作是我们党的优良传统和政治优势，加强高等学校思想政治工作是由我国的社会主义性质和人才培养的任务决定的，也是我国民族院校发展的政治基础。它关系到民族院校人才培养的质量，关系到民族院校的长远发展，关系到少数民族地区的发展与稳定，关系到中华民族的团结、进步和伟大复兴。

（2）民族院校是我们党运用马克思主义民族理论，结合我国的实际解决民族问题的伟大创举，对于培养国家建设需要的高素质的专门人才，保障少数民族的平等权利，加快少数民族和民族地区经济发展和社会进步，促进各民族的共同繁荣，具有独特而重要的意义，有着其他院校不可替代的作用。为了完成好新的历史时期民族院校所担负的伟大使命，必须切实加强和改进民族院校的思想政治工作。

（3）党的十三届四中全会以来，尤其是党的十四大以来，我国民族教育事业进入了快速发展时期。各民族院校贯彻党的教育方针，按照中央的战略部署，以邓小平理论武装广大师生员工，重视思想政治工作，成绩显著。各族师生信念坚定，经受住了政治上的考验，有力地促进了学校办学质量和办学水平的稳步提高，为我国的改革开放和现代化事业作出了积极的贡献。

（4）民族院校同国内其他普通高校一样，思想政治工作也面临着新的情况、新的问题。冷战结束后，世界政治多极化、经济全球化以及科学技术的新发展，对高校思想政治工作提出了一系列新课题；世纪之交，我国社会主义市场经济体制的建立和发展，经济成分和经济利益的多样化、社会生活方式多样化、社会组织形式多样化、就业岗位和就业方式多样化日趋明显；在教育领域的改革中，深化高校管理体制改革、全面推进素质教育，这些为高校思想政治工作提出了新的更高的要求。

（5）由于民族院校的特点和培养对象的特定性，民族院校的思想政治工作有着自己的鲜明特点。国外敌对势力利用民族、宗教问题对我西化、分化的图谋，西方腐败意识形态和生活方式的入侵，封建主义、小资产阶级旧思想和旧观念残余的影响，会以不同形式反映到民族院校；我国现代化进程中的地区发展差异、民族发展差距对师生的思想和行为会产生直接或间接的影响。我们必须充分认识新形势下加强和改进民族院校思想政治工作的极端重要性和紧迫性。

（6）新的情况和新的形势，既是民族院校思想政治工作面临的挑战，也是加强和改进思想政治工作的历史机遇。我们要认真学习领会《中共中央关于加强和改进思想政治工作的若干意见》的精神实质，认清形势，明确任务，更新观念，接受挑战，探索创新，使民族院校的思想政治工作常做常新。

二、加强和改进民族院校思想政治工作的指导思想和主要任务

（7）新形势下加强和改进民族院校思想政治工作的指导思想是：坚持以马列主义、毛泽东思想和邓小平理论为指导，坚持党的基本路线，根据"三个代表"的要求，全面贯彻党的教育方针，不断提高师生的政治素质和现代科学文化素质，为培养有理想、有道德、有文化、有纪律，适应少数民族和民族地区经济社会发展需要的社会主义建设者和接班人，为维护国家统一和民族团结，为学校的改革、发展和稳定，提供坚强有力的精神动力和思想保证。

（8）坚定不移地用邓小平理论哺育青年。邓小平理论是当代中国的马克思主义，是中国共产党领导中国人民实现社会主义现代化的思想理论基础。各民族院校要进一步完善各个层次的理论学习制度，认真抓好邓小平理论的学习，明确要求，制订规章，抓好落实。以党委中心组、二级中心组为龙头，带动面上的政治学习不断引向深入。

党员领导干部尤其是院级主要领导必须对新形势下理论武装问题的重要性和紧迫性保持清醒的认识，带头学习，使政治理论学习蔚成风气。

（9）以理想信念教育为核心内容，把大学生的思想政治素质作为最重要的素质来培养。理想信念问题是新时期统一思想、凝聚力量的关键问题。坚持开展对马克思主义的信仰、实现共产主义的信念、对中国共产党的信任、建设有中国特色社会主义信心的教育。进一步树立社会主义、爱国主义、集体主义的思想。坚决反对拜金主义、享乐主义和个人主义。

（10）加强马克思主义民族、宗教观的教育。各民族院校要根据各自的特点，理论联系实际，开展党的民族理论和民族政策教育，使各族师生牢固地树立"汉族离不开少数民族，少数民族离不开汉族，少数民族之间也互相离不开"的思想。反对民族分裂，维护民族团结和社会稳定，努力营造各民族平等团结、相互尊重、互助合作的良好氛围，使各族师生成为正确理解和坚定执行党的民族政策的模范。

（11）切实加强法律知识的宣传普及和社会主义民主意识、法治意识的培育。教育干部、师生增强法制观念，严格依法办事。不断提高遵纪守法、维护社会秩序、维护校园稳定的自觉性。不参加非法组织，不参与危害国家利益、人民利益和社会公共秩序的活动，见义勇为，坚决同一切违法现象作斗争。

（12）加强社会公德、职业道德、各民族传统美德的建设。引导各族大学生坚持学习科学文化与加强思想修养的统一，坚持学习书本知识与投身社会实践的统一，坚持实现自身价值与服务祖国人民的统一，坚持树立远大理想与进行艰苦奋斗的统一，自觉把成材愿望同社会主义现代化建设高素质人才的道德要求结合起来。

（13）切实加强师德建设。以爱岗敬业、为人师表、教书育人为基本要求；加强对广大教师的教育，丰富内容、改进方式、注重实效。各族教师要有崇高的责任感和使命感，努力做到既是科学知识的传播者，又是优良道德的体现者，也是思想政治工作的实践者。要切实关心中青年骨干教师、少数民族教师、学科带头人思想政治方面的进步与成长，搞好青年教师的岗前和岗位培训，不断提高教师队伍的整体思想政治素质。

（14）探索民族院校思想政治工作的新规律。既要把长期以来形成的、经过实践证明的好经验、好做法认真总结起来，发扬光大，还要适应时代发展的需要，大胆探索思想政治工作的理论创新、体制创新、方法创新。使民族院校的思想政治工作形式多样，生动活泼，始终保持旺盛的活力和渗透力。

三、新形势下民族院校加强和改进思想政治工作的基本方针

（15）坚持"两手抓，两手都要硬"的方针，切实改变和防止思想政治工作"空

对空"、思想政治工作与日常工作"两张皮"的现象。思想政治工作要服务于学校中心工作，围绕民族院校的育人目标、改革发展，提高办学质量和办学效益，疏导情绪，平衡心理，化解矛盾，夯实基础。学校重大改革方案、重大政策的出台前后，既要充分听取群众意见，又要各职能部门协调配合，做好宣传、鼓动工作，提高师生对改革的承受能力。通过强有力的思想政治工作，把教书育人、管理育人、服务育人落到实处。

（16）坚持把思想政治工作同民族院校干部、教师、学生的思想实际结合起来。有关部门和领导应该经常到师生中调查了解研究，随时掌握他们的思想动态，以加强思想政治工作的针对性、时效性。

（17）坚持把思想政治工作的原则要求同科学的工作方法结合起来。要针对不同对象、不同层面的问题，采用不同的解决方式，力戒简单化。思想教育要讲究方法，坚持说服务教育，做耐心细致的工作，以理服人、以情感人。使思想政治工作更加生动、感人、见效。

（18）坚持把解决思想问题和解决实际问题结合起来。思想教育是凝聚人心的工作，必须以人为本，注意解决各民族师生的实际困难。要切实关心特困生的生活问题、教职员工工作生活中的实际困难及离退休干部职工"老有所养、老有所乐、老有所教、老有所学"的问题，使思想政治工作入人心、得人心、暖人心、稳人心。

（19）坚持把耐心细致的思想政治工作同严格管理结合起来。做好民族院校的思想政治工作的同时，切实加强学校的各项制度建设。努力使学校各方面工作纳入法制化、规范化、科学化的轨道，不断提高管理水平、办学水平。

四、切实加强民族院校思想政治工作的阵地建设和队伍建设

（20）马克思主义理论课和思想品德课是高等院校学生思想政治工作的主阵地和主渠道，各民族院校要作为重点课程来建设。要全面落实中宣部、教育部颁发的"两课"设置新方案，以邓小平理论"进教材、进课常、进学生头脑"为中心搞好"两课"的课程体系建设，上好民族理论和民族政策课，规范形势政策课，保证"配齐教师，开全课程，开足课时，增强效果"。要加强对"两课"教育的领导和指导，安排必要的专项经费，鼓励任课教师积极开展以提高教学质量为目的的课程建设和改革，鼓励深入开展教学方法和教学内容的科学研究，确保教学质量。

（21）业余党校是师生们学习马克思主义理论和党的基本理论，增进对党的认识和感情、坚定理想信念的重要课堂，承担着为党培养后备力量、输送新鲜血液、提高干部理论水平的重要任务。各民族院校要加强领导，完善制度，落实人员和经费，努力形成一支理论功底扎实、经验丰富、相对稳定的党校教师队伍，促进党校工作的规范

化和科学化。

（22）以课余文化生活和校园环境为主要内容的校园文化建设，是学校校风学风建设的基本环节，具有活跃师生课余文化生活、愉悦身心、陶冶情操的重要功能。各民族院校要把它作为思想政治工作的重要阵地，切实抓好。要进一步加强学生党支部、共青团、学生会的工作，深入开展学马列、学党章活动；第二课堂要以丰富的内容、活泼的形式，吸引广大学生的参与，寓教于乐；大学生暑期社会实践活动要加强领导，突出特色，务求实效，长期坚持下去；注意发现、培养大学生中的先进典型，并发挥他们在思想政治工作中的示范作用；加强对学生社团组织的管理和指导，鼓励青年学生自我管理、自我教育、自我约束；注重大学生的心理健康问题，开展心理咨询和心理健康教育；继续加强文明校园建设，并且积极配合当地有关部门治理校园周边环境，清除不良文化现象，发挥校园环境的育人功能。

（23）高度重视校园宣传舆论阵地的建设和管理。校内电视、广播、校报、学报、宣传栏及其他出版物要坚持党性原则、实事求是原则和正面宣传为主的原则，在学校党委的统一领导下，充分发挥宣传、教育、鼓劲和维护团结稳定的作用。

（24）要加强互联网网站管理，开展网上宣传和对网上信息的分析，能动地利用互联网的功能为思想政治工作服务，同时要采取教育、引导和必要的技术手段使师生抵制来自网上的文化垃圾、错误观点、反动理论。

（25）按照提高素质、优化结构、相对稳定的要求，建设一支政治强、业务精、作风正、专兼职相结合的思想政治工作队伍。要摸清家底、找出差距、制订规划；在编制落实的基础上，培训骨干，明确职责，不断增强思想政治工作队伍的政治素质和业务能力，使之逐步成为各自工作方面的专家。专职政工干部的业务或学历培训、出国考察或进修、职务晋升、科研立项、评优表彰、生活待遇等方面，要给予充分的考虑，以使他们更好地献身思想政治工作。

（26）各民族院校要为学校思想政治工作提供必要的物质基础。要保证思想政治工作所必需的经费和工作条件；文化设施的建设要纳入学校整体建设规划，并且要在基本建设费和设备费中予以落实；学校对思想政治工作投入增长的幅度原则上不低于学校财政收入的增长幅度。

五、进一步加强党对思想政治工作的领导

（27）党委要切实负起学校思想政治工作的责任。校级党政领导班子应将思想政治工作纳入学校日常工作及改革发展总目标体系，一起部署，一起检查，一起落实。思想政治工作的业绩，应成为考核、评价领导班子和主要领导干部的基本依据。各民族院校必须确定由党委书记或一位副职统管思想政治工作。每学期应召开专门的党委会，

专题研讨思想政治工作。学校主要领导干部应安排一定时间，深入基层，展开调研，解决实际问题。

（28）选拔任用思想政治工作干部要严格按照"德、能、勤、绩"全面考核的原则进行，注意克服以业务能力代替政治素质的倾向，注意征求党委有关职能部门的意见。对从事思想政治工作的干部要从工作上、待遇上给予支持和关心。

（29）各民族院校要从实际出发，建立健全学校思想政治工作的工作体系，在党委统一领导下，各部门协调配合，齐抓共管，形成合力。

（30）党委宣传部是主管意识形态工作、思想政治工作的综合性职能部门。各民族院校的党委宣传部要在党委的领导下，按照"守土有责、保障有力"的原则，从本校实际出发，切实做好布置任务、管好阵地、加强导向、统筹协调、动态调研、检查落实等各方面工作。

（31）评估和自查是新形势下加强思想政治工作的领导、促进思想政治工作规范化的有效手段。各民族院校要拟定反映民族院校特点的评估办法、评估标准和指标体系，开展思想政治工作的自查、评估，提高思想政治工作的水平。

（32）加强学校党组织的思想建设、组织建设和作风建设。重视在学生和教师中发展党员，巩固"三讲"成果，从严治党，扶正祛邪，不断提高党组织的凝聚力和战斗力。

（33）国家民委有关职能部门要加强同院校所在地主管思想政治工作的部门加强协调配合；加强对各民族院校思想政治工作的指导；组织搞好民族院校思想政治工作的理论研究，促进校际交流，通报信息，培训骨干，把民族院校的思想政治工作不断推向前进。

国务院关于深化改革加快发展民族教育的决定

（2002 年 7 月 7 日）

各省、自治区、直辖市人民政府，国务院各部委、各直属机构：

新中国成立 50 多年来，特别是改革开放以来，我国民族教育取得了巨大成就，初步形成包括幼儿教育、基础教育、职业技术教育、成人教育和高等教育在内的民族教育体系，为提高我国少数民族科学文化素质、促进少数民族地区经济发展和社会进步、加强民族团结、保持民族地区社会稳定和维护国家统一作出了重大贡献。由于历史、自然条件，特别是经济发展水平等多种原因我国民族教育还面临着一些特殊的困难和问题：教育观念相对滞后，教育改革进程缓慢；教育基础薄弱，普及义务教育和发展其他各类教育相对迟缓；教师队伍数量不足、质量不高；教育投入不足，办学条件难以改善，学生上学问题较为突出，教师待遇需要进一步改善。近年来，国际斗争风云变幻，国外敌对势力、周边国家宗教极端势力与国内的民族分裂活动，妄图向我国教育领域渗透，培植民族分裂势立，与我争夺青少年一代。为落实中央民族工作会议、第三次全国教育工作会议和全国基础教育工作会议精神，深化改革，加快发展民族教育，特作如下决定：

一、民族教育工作的指导思想和目标任务

（一）新时期民族教育工作的指导思想。要举邓小平理论伟大旗帜，以江泽民同志"三个代表"重要思想为指导，全面贯彻党的教育方针和民族政策，解放思想，转变观念，发挥教育在西部大开发和民族地区经济社会发展、增强民族团结、维护国家统一的作用；根据"因地制宜，分区规划，分类指导，突出重点"的原则，确定民族教育改革发展的目标和政策措施；确立基本普及九年义务教育、基本扫除青壮年文盲（以下简称"两基"）在整个民族教育中"重中之重"的地位，促进各类教育健康、协调发展；坚持以地方自力更生为主，国家大力扶持，发达地区和有关高等学校大力支援相结合；坚持规模、结构、质量和效益相统一。

（二）"十五"期间及至 2010 年民族教育发展的目标任务。"十五"期间，民族自治地方要在巩固"两基"基本上，把实现"两基"的县级行政区划单位从 2001 年的 51% 提高到 70% 以上，在 95% 的地区基本普及小学阶段义务教育；确保少数民族散杂居地区民族教育优先或与当地教育同步发展；确保高中阶段在校生有显著增长。到 2010 年民族地区全面实现"两基"，办学条件进一步改善，形成具有中国特色、适应 21 世纪信息化和现代化建设需要、充满生机活力、较为完善的民族教育体系。

二、新时期民族教育工作的基本方针和原则

（一）民族教育的改革与发展要坚持实事求是、从实际出发，在发展规划、改革步骤、目标要求、办学形式、教学用语、课程设置、学制安排等方面因民族、因地区制宜；要坚持观念创新、体制创新和机制创新，不断扩大民族间和地区间的开放和交流，大胆吸收和借鉴不同民族、不同地区和人类社会的优秀文明成果，使我国民族教育既

保持自身特色，又具有鲜明的时代特点。

（二）坚持宗教与国民教育相分离的原则。认真执行《中华人民共和国宪法》、《中华人民共和国民族区域自治法》等法律规定，任何组织和个人不得利用宗教干预国民教育，不得以任何形式在学校宣扬宗教；鼓励宗教届爱国人士在信教群众中宣传党的教育方针和科教兴国战略，动员适龄儿童入学，调动信教群众支持办好国民教育方面的积极性。同时，对各族师生进一步加强无神论和唯物主义的教育，弘扬科学精神、传播科学思想、倡导科学方法、普及科学知识，树立科学世界观，不断增强各族师生自觉抵御封建迷信和宗教影响的能力。

（三）以民族地区自力更生为主，与国家扶持及发达地区，有关高等学校开展教育对口支援相结合，共同推进民族地区教育事业的发展。民族地区要高度重视教育工作，发扬自力更生、艰苦奋斗的精神，大力发展教育事业。沿海发达地区和有关高等学校要进一步增强大局意识，按要求把教育对口支援工作抓紧、抓实、抓好，为民族地区的全面振兴和西部大开发作出更大的贡献。

（四）统筹兼顾，突出重点。为使民族地区教育与东、中部地区教育实现协调发展，今后一个时期内，在民族地区加强民族教育工作的同时，要把中央财政扶持教育的重点向民族工作的重点地区、边远农牧区、高寒山区、边境地方以及城市发展落后的人口较少民族聚居地区倾斜。大力支持少数民族和西部地区发展现代远程教育，提高这些地区对优质教育资源的共享能力，实现民族教育的跨越式发展。

三、深化改革，加快发展民族教育的政策措施

（一）深化教育改革，增强办学活力。进一步深化办学体制改革，改变民族教育办法主体单一，办学体制不活的局面。鼓励和支持社会力量办学，支持东中部地区社会力量在少数民族和西部地区办学，或者面向少数民族和西部地区在东、中部地区办学；鼓励和引导民族地区群众自费送子女到东、中部地区求学就读。合理调整各级各类教育的布局结构，促进教育资源的优化配置，不断提高教育投入的规模效益；加快校内管理体制改革步伐，提高学校管理水平。

（二）加快"两基"步伐，促进各级各类教育的协调发展。认真在实行"在国务院领导下，由地方政府负责、分级管理、以县为主"的农村义务教育管理体制。突出"两基"重中之重的地位，加大投入，集中社会各方面的力量，加快推进"两基"进程，力争实现"十五"期间的奋斗目标。要特别重视人口较少民族教育事业的发展。努力改善寄宿制中小学办学和生活条件。扶持少数民族和西部地方办学示范高中，发展高中教育。要努力办好民族地区高等学校和民族高等学校，加快民族地区高等学校布局结构调整、专业结构调整、人事制度改革和后勤社会化改革步伐。要重视和加强

幼儿教育、职业教育、成人教育、特殊教育，使各类教育协调发展。

（三）进一步增强对民族教育的扶持力度。做好高校民族班和民族预科班的招生工作，以上学年招生规模为基数，并按上学年全国普通高等学校本科招生平均增长比例，确定当年国家部委及东中部地区所属高等学校民族班和民族预科班的招生规模；预科生的经费按本科生标准和当年实际招生数，分别由中央和地区财政核拨；加强民族预科教育基地建设，深化预科教学改革，提高教育质量。实施培养少数民族高层次骨干人才计划，从2003年开始，先在若干所重点高等学校面向少数民族和西部地区，采取特殊措施培养少数民族的博士、硕士人才。对民族地区高等学校和民族院校学位授权点的建设和研究生招生规模等给予特殊的政策扶持。资助西部各省（自治区、直辖市）重点建设一所起骨干示范作用的高等学校，重点支持办好中央民族大学。国家公派留学人员工作也要向少数民族和西部地区倾斜。

（四）加大对民族教育的投入。"十五"期间及至2010年，"国家贫困地区义务教育工程"、"国家扶贫教育工程"、"西部职业教育开发工程"、"高等职业技术教育工程"、"教育信息化工程"、"全国中小学危房改造工程"、中小学贫困学生助学金专款、青少年校外活动场所建设项目等要向少数民族和西部地区倾斜；对未普及初等义务教育的国家扶贫开发工作重点县，向农牧区中小学生免费提供教科书，推广使用经济适用型教材；采取减免杂费、书本费、寄宿费、生活费等特殊措施确保家庭困难学生就学；中央财政通过综合转移支付对农牧区、山区和边疆地区寄宿制中小学校学生生活费给予一定资助；少数民族和西部地区各级财政也要相应设立寄宿制中小学校学生生活补助专项资金。在同等条件下，高等学校少数民族贫困生优先享受国家资助政策，确保每一个在学生不因经济困难而停止学业。少数民族散杂居地区的各级政府要设立民族教育专项资金，制定和落实有关优惠政策，扶持散杂居地区民族教育的发展；少数民族和西部地区地方本级财政教育经费的支持，要切实做到"三个增长"；国际组织教育贷款、海外和港澳台教育捐款的分配，重点向少数民族和西部地区倾斜；鼓励社会力量办学，支持和调动社会力量参与教育"帮困济贫"行动；对纳税人向少数民族和西部地区农牧区义务教育的捐赠，在应纳税所得额中全额扣除；少数民族和西部地区新建、扩建学校包括民办公益性学校，以划拨方式提供土地，并减免城乡建设等相关税费；对勤工俭学、校办产业以及为学校提供生活服务的相关产业，继续实行税收优惠政策；同时，适度运用财政、金融等手段支持少数民族和西部地区教育事业的发展。

（五）进一步加强对民族教育的支援工作。按照《中央办公厅、国务院办公厅关于推动东西部地区学校对口支援工作的通知》的要求，认真组织实施"东部地区学校对口支援西部贫困地区学校工程"和"西部地区大中城市对口支援本省（自治区、直辖市）贫困地区学校工程"，使少数民族和西部贫困地区在资金、设备、师资、教学经验等方面得到帮助。教育对口支援实行目标责任制，确保目标如期实现，提高对口支援的效益；教育对口支援工作要帮助西藏、新疆加强双语师资特别是汉语教师的培养和支援工作。进一步加强内地西藏班（校）和新疆高中班的工作，完善内地西藏班（校）、内地新新疆高中班管理、评估和升学分流办法；加大投入，提高教育教学质量，使其办学综合条件和管理水平达到当地省一级同类学校的标准；调整内地西藏班（校）招生结构，适度扩大高中和师范招生比例。

（六）大力加强教师队伍建设。要把教育队伍建设作为民族教育发展的重点，教育投入要保证教师队伍建设的需要。少数民族和西部地区教育队伍建设要把培养、培训"双语"教师作为重点，建设一支合格的"双语型"教师队伍。进一步深化教师教育制度改革，提出师范院校教师队伍的教学和科研水平，加强县级教师培训基地的建设。同时，采用远程教育等现代化手段，提高继续教育的质量和效益。加强校长培训，提高民族地区学校的管理水平。拓宽教师来源渠道，鼓励非师范院校毕业生和东、中部地区高校毕业生到少数民族和西部地区任教。采取定向招生等特殊措施，加强培养在农牧区、高寒山区、山区和边疆地区能"下得去、留得住"的各级各类学校教师。加强教师培训，鼓励教师参加各类业务学习，提高教师学历学位层次。要在全社会营造尊师重教的良好风尚，切实保证和不断提高教师的待遇。

（七）大力推进民族中小学"双语"教学。正确处理使用少数民族语授课汉语教学的关系，部署民族中小学"双语"教学工作。在民族中小学逐步形成少数民族语和汉语教学的课程体系，有条件的地区应开设一门外语课。要把"双语"教学教材建设列入当地教育发展规划，予以重点保障。按照新的《全日制民族中小学汉语教学大纲》，编写少数民族学生使用的汉语教材。要积极创造条件，在使用民族语授课的民族中小学中逐步从小学一年级开设汉语课程。国家对"双语"教学的研究、教材开发和出版给予重点扶持。

要尊重和保障少数民族使用本民族语文接受教育的权利，加强民族文字教材建设；编译具当地特色的民族文字教材，不断提高教材的编译质量。要把民族文字教材建设所需经费列入教育经费与预算，资助民族文字教材的编译、审定和出版，确保民族文字教材的足额供应。

（八）积极推进民族教育手段现代化进程。重点支持以现代远程教育网络建设，建立县级远程教育教学点和乡级电视、数据收视点，有条件的地区和学校启动校园网络或局域网建设，培养培训教师和管理人员；成立专门机构努力开发少数民族语的数理化课程、学校管理和汉语教学课件库、素材库。要加强民族中小学语言教室或计算机室的建设，加快普及信息技术教育的步伐。

（九）大力加强民族团结教育和学校德育工作。我国是由多民族组成的社会主义国家，增强民族团结、维护祖国统一、反对民族分裂，是我国各族人民的共同责任。要高举民族团结进步的伟大旗帜，在各级各类学校教育中，有重点、分层次、有针对性地加强民族团结教育。要把维护发展平等、团结、互助的新型社会主义民族关系的教育作为爱国主义教育、公民道德教育和素质教育的重要内容，加强马克思主义民族宗教观和党的民族宗教政策的教育，加强我国各族人民在中国共产党的领导下建立和建设社会主义伟大祖国历史的教育，进一步增强各族师生"三个离不开"（汉族离不开少数民族；少数民族离不开汉族；少数民族之间也互相离不开）的观念，牢固树立自觉维护国家统一、反对民族分裂的思想意识，增强学生的社会主义法制观念、道德观念，提高科学、文化素质，为确保我国各民族的团结进步和国家的长治久安作出贡献。

四、加强对民族教育工作的领导

各级人民政府要切实加强对民族教育工作的领导。把民族教育列入政府工作的重要议事日程。要加快民族教育立法工作，把民族教育工作纳入法制化轨道。

各级人民政府要把重视民族教育、确保民族教育投入、为民族教育办实事等，列入各级领导干部的任期目标责任制和考核政绩的重要内容。教育行政部门要指定专门机构和人员具体负责民族教育工作。在各级民族教育行政部门中，要重视选拔和使用少数民族干部。加强民族教育的科学研究，组织开展民族教育工作的经验交流，促进民族教育的国际合作、交流与对外开放。对在民族教育的改革发展、科学研究、教育对口支援、培养少数民族人才以及捐资助学等方面成绩显著、贡献突出的机构、高等学校、社会团体和个人要给予大力表彰和宣传。

教育部办公厅国家民委办公厅
关于表彰全国中小学民族团结教育
先进集体、先进个人的决定

（2002 年 10 月 8 日）

各省、自治区、直辖市教育厅（教委）、民（宗）委（厅、局），新疆生产建设兵团教委、民宗委：

自 1994 年在全国中小学开展民族团结教育活动以来，在各级党委和正确的重视、关心和支持下，在各级教育行政部门、民族工作部门以及学校和广大教育工作者的共同努力下，全国中小学民族团结教育活动取得了丰硕的成果，涌现出了一批开展民族团结教育工作的先进集体和先进个人。为贯彻落实《国务院关于深化改革加快发展民族教育的决定》和第五次全国民族教育工作会议精神，总结交流经验，表彰鼓励先进，部署今后工作任务，教育部办公厅、国家民委办公厅决定对内蒙古自治区通辽市科尔教体局等 92 个先进集体，德全等 72 名先进个人予以表彰。

希望被表彰的先进集体和先进个人以荣誉为新起点，再接再厉，认真总结经验，不断开创中小学民族团结教育活动新局面。

全国中小学民族团结教育先进集体

内蒙古自治区
通辽市科尔沁区教体局
集宁市先进路小学
新疆维吾尔自治区
伊犁哈萨克自治州第二师范学校
喀什盲聋哑学校
广西壮族自治区
来宾县教育局
宜州市民族中学
宁夏回族自治区
同心县城一小
吴忠市回民中学
荷兰县逸晖基金回民中学
西藏自治区
西藏自治区教育厅德育处
拉萨中学
北京市
北京市民族学校
西城区教委

天津市

红桥区教育局

蓟县教育局教育科

北辰民族职业中等专业学校

武清区杨村回民小学

河西区同望小学

静海县实验小学

河北省

丰宁满族自治县第一中学

山西省

山西大学附中

辽宁省

丹东市教育局基础教育科

抚顺市民主小学

铁岭市朝鲜族高级中学

吉林省

吉林市教育局

黑龙江省

哈尔滨市教育局

齐齐哈尔市教育局

绥化市教育局

佳木斯市教育局

大庆市教育局

双鸭山市教育局

上海市

上海市教育委员会基础教育处

闸北区教育局

江苏省

常州市教育局

江苏省淮阴中学

丰县民族中学

镇江市润州区教育局

浙江省

浙江公安专科学校

绍兴县教育局

浙江省遂昌中学

武义县金穗民族中学

杭州师范学院附属三墩高级中学

安徽省

合肥市教育局

淮南市潘集区古沟回族乡太平小学

福建省

宁德市民族中学

三明市列东中学

福州民族中学

漳州市教育局

惠安县教育局

上杭县庐丰中学

江西省

南昌市第十七中学

贵溪市漳平畲族民族学校

山东省

青岛市教育局

青州市教育局

河南省

周口市教育局

商丘市教育局

郑州市回民中学

湖北省

利川市民族中等职业技术学校

钟祥市九里回族乡回民初级中学

武汉市民族中学

湖南省

湘西土家族苗族自治州民委

娄底市教育局

汝城县延寿瑶族乡中学

衡阳市珠晖泉溪村小学

广东省

东莞市教育局

乳源瑶族自治县民族实验学校

梅州市梅江区人民小学

海南省

五指山市教育与科学技术局

琼海市第一小学

儋州市南丰小学

重庆市

彭水苗族土家族自治县教育委员会

石柱土家族自治县教育委员会

沙坪坝区教育委员会

四川省

成都市教育局

绵阳市教育局

德阳市教育局

贵州省

关岭布依族苗族自治县教育局

道真仡佬族自治县梅州中学

云南省

文山壮族苗族自治州教委

祥云县教育局

景洪市教育局

陕西省

宝鸡中学

旬阳县蜀河小学

西安市临潼华清中学

西安市第二十五中学

甘肃省

清水县教育体育局

天祝藏族自治县教育局

张掖市民族小学

青海省

海晏县教育局

贵南县教育局

新疆生产建设兵团

农三师中学

农五师八十七团学校

全国中小学民族团结教育先进个人名单

内蒙古自治区

德全（巴彦淖尔盟教育局）

云志发（包头市蒙古族中学）

刘晶毅（呼伦贝尔市教育局）

德力格尔其其格（东乌珠穆沁旗里雅斯太蒙古学校）

新疆维吾尔自治区

高文英（阿克苏市教委）

李建声（乌鲁木齐市市教育局）

宋立华（新疆实验中学）

广西壮族自治区

慕朝京（广西壮族自治区教育厅）

贺建宁（邕宁县教育局）

张庆兴（来宾县教育局）

宁夏回族自治区

田西林（海原县文化教育体育局）

任薇娜（宁夏回族自治区民委）

西藏自治区

孔宪贵（拉萨市教体委）

扎西江措（察隅县瓦龙乡中心小学）

扎西罗布（贡嘎县农村实验中学）

北京市

项国钧（北京市西藏中学）

刘宝才（怀柔区喇叭沟门满族乡中心小学）

杨存义（通州去路潞河中学）

河北省

王华新（沧州回民中学）

高金龙（宽城满族自治县教育体育局）

马相力（文安县教育局）

秦文明（青龙满足自治县文化局）

吴广生（河北省教育厅）

山西省

杨素珍（山西大学附属高级中学）

辽宁省

李钟太（沈阳市教育局）

吴玉良（阜新市教育局）

吉林省

于海波（吉林市教育局）

迟学为（长春市教育局）

包云升（白城市教育局）

张玉宝（辽源市教育局）

上海市

边根华（共康学校）

邵志勇（杨浦区教育局）

陈儒俊（闵行区教育局）

江苏省

赵家美（南京市江浦高级中学）

浙江省

雷素君（龙游县西门小学）

安徽省

廉仲堂（阜阳市教育局）

司义久（滁州市教委）

王树龙（安徽省教育厅）

江西省

雷省身（铅山县篁碧畲族乡中学）

康卓延（南康市教委）

陈祖芳（吉安市青原区东固镇龙家塘小学）

山东省

徐广军（莒南县教育局）

余中兴（淄博市周村区教委）

石磊（日照市教育局）

翟日军（枣应市教育局）

朱振兴（青州市教育局）

河南省

张华（周口市教育局）

孙秉科（南阳市教育局）

湖北省

向丽（五峰县政府）

唐绍安（咸丰县教育局）

湖南省

杨寿眉（邵阳市教育局）

广东省

麦东亮（广雅中学）

陈亚林（广东省教育厅）

海南省

王居进（琼中县教育与科学技术局）

张健福（儋州市那大中学）

重庆市

赵令汉（黔江区教委）

罗中华（酉阳土家族自治县教委）

四川省

田景岳（自贡市教育局）

巫道祥（泸县教育局）

贵州省

苏太恒（贵州省民族宗教委员会）

朱建明（贵阳市白云区民族中学）

任筑平（贵州省教育厅）

云南省

徐天伟（曲靖市教育局）

魏顺祥（玉溪市中小学民族团结教育活动领导小组办公室）

陕西省

朱瑛（咸阳市娃娃艺术培训学校）

王珞琳（西安市莲湖区教育局）

甘肃省

闫延吉（酒泉地区教委）

韩万仁（酒泉市教育局）

青海省

雅拉毛（青海省教育厅）

新疆生产建设兵团

菊旦（八十九团）

阿布都热西堤·艾则孜（农三师教教委）

夏勒哈尔·夏拉帕但（六十七团民族中学）

教育部、国家民委关于学习贯彻
《国务院大于深化改革加快发展民族
教育的决定》和第五次全国民族教育
工作会议精神的通知

（2002 年 10 月 15 日）

2002 年 7 月 7 日，国务院印发了《国务院关于深化改革加快发展民族教育的决定》（以下简称《决定》）。

为贯彻落实《决定》精神，7 月 26 日至 27 日，教育部、国家民委在北京联合召开了第五次全民组教育工作会议，李岚清副总理就加快我国民族教育改革、发展问题做了重要讲话。

《决定》以邓小平理论和江泽民同志"三个代表"重要思想为指导，全面总结了改革开放以来民族教育工作的经验，分析了在新形势下民族教育工作面临的困难和问题，深刻阐述了民族教育在提高少数民族科学文化素质、推进民族地区经济、社会全面进步、增强民族团结、维护国家统一中的重要作用，明确了"十五"期间至 2010 年民族教育改革与发展的指导思想、目标任务、方针原则和政策措施，对于进一步深化改革加快发展民族教育事业，具有重大的现实意义。

《决定》是今后一个时期我国民族教育工作的纲领性文件。《决定》的颁布与实施，必将极大地推动我国民族教育事业的发展。

第五次全国民族教育工作会议强调指出：当前大力推进民族教育改革与发展，一要抓好学习，提高认识；二要抓好落实，搞好结合；三要抓好总结，树立典型；四要抓好调研，完善政策。为做好《决定》和第五次全国民族教育工作会议精神的学习宣传和贯彻落实工作，现就有关问题通知如下：

一、认真学习《决定》精神，统一思想，提高认识。

认真学习、宣传《决定》和第五次全国民族教育工作会议精神，统一思想、提高认识，是当前教育工作和民族工作的一项重要而紧迫的任务。要深刻认识新形势下，深化改革，加快发展民族教育，是实施科教兴国战略，尽快提高我国少数民族和民族地区广大劳动者素质的需要；是实施西部大开发战略，促进各民族团结进步与共同繁荣的需要；是实践"三个代表"重要思想的必然要求。深化改革是加快发展民族教育及教育工作和民族工作的一项重要任务，也是全党、全社会的一项重要工作，关系到我国社会主义现代化建设的战略全局。各级教育行政部门和民族工作部门要根据当地党委、政府的部署，及时传达第五次全国民族教育工作会议的精神，组织教育战线和民族工作战线的广大干部、教职员工和群众认真学习《决定》和国务院领导同志在第五次全国民族教育工作会议上的重要讲话。各省（自治区、直辖市）地（州、盟、市）县（旗、市）三级教育行政部门和民族工作部门都要组织学校管理人员和教师集中学习。各地和学校开展学习活动要坚持紧密联系实际，把深入领会《决定》和会议精神与本地区、本单位的实际结合起来。要重视做好宣传工作，在教育战线、民族工作战线和全社会营造贯彻落实《决定》和会议精神的良好氛围。

二、真抓实干，把《决定》和会议精神落到实处

《决定》对"十五"期间至2010年民族教育改革与发展的目标任务、深化教育教学改革、增强民族教育办学活力加快"两基"步伐、促进各级各类教育协调发展、增强对民族教育的扶持力度，加入对民族教育的投入力度，加强对民族教育的支援工作，大力加强教师队伍建设、大力推进民族中小学"双语"教学，积极推进民族教育手段现代化进程，加强民族团结教育和学校德育工作等事关民族教育全局性问题提出了明确的工作任务和要求。各地教育行政部门和民族工作部门要密切配合，在当地党委、政府的领导下，深入调查研究，积极主动地向当地党委、政府提出贯彻落实《决定》

精神的建议。各地要及时召开民族教育工作会议，对贯彻落实《决定》精神的建议。各地要及时召开民族教育工作会议，对贯彻落实《决定》和第四次全国民族教育工作会议精神作出全面部署。要在政府的统筹领导下，加强与人事、计划、财政、出版、国土、税务等部门的沟通与配合，尽快制定贯彻落实《决定》和第五次全国民族教育工作会议精神的工作计划，争取在发展思路上有新突破，改革上有新突破，投入上有新突破，政策措施上有新突破，采取切实措施贯彻落实《决定》提出各项任务。同时要加强调查研究，注意研究解决贯彻落实《决定》中出现的新情况、新问题。并加强检查和监督，教育部和国家民委将在适当的时候会同有关部门对各地贯彻落实《决定》情况进行检查。全国各地民族院校、民族地区各级各类学校也结合学校实际及时研究贯彻意见和实施方案，努力提高学校工作特别是教育教学改革工作的水平和质量。

三、抓住机遇，开拓进取，努力开创民族教育改革与发展的新局面。

贯彻落实《决定》和第五次全国民族教育工作会议，是各级教育行政部门、民族工作部门和教育工作者义不容辞的责任，要发扬团结奋斗，顽强拼搏，艰苦创业，励精图治的精神，进一步增强责任感和紧迫感，改革创新，努力探索民族教育改革与发展的新思路、新举措。各级教育行政部门和民族工作部门要密切配合，团结协作，从实际出发，因地制宜，加强分类指导，创造性的开展工作，为开创民族教育工作的新局面作出贡献，以实际行动迎接党的十六大的召开。

各地学习贯彻《决定》和会议精神的情况要及时上报教育部、国家民委。

附件：国务院关于深化改革加快发展民族教育的决定（略）

国家民委关于委属院校
招收录取少数民族学生比例的规定

（2003 年 11 月 10 日）

为坚持民族院校办学方向，体现特色，做好招生工作，使少数民族学生与汉族学生有一个适当的比例，特制定如下规定：

1. 委属各院校确定适当的少数民族学生比例，对于坚持民族院校的办学方向，更好地贯彻党的教育方针和民族政策，更好地为少数民族和民族地区服务，具有十分重要的意义。

2. 委属院校在每年全日制普通本专科招生中，中央民族大学招收的少数民族学生比例应为70%左右，其他委属院校招收的少数民族学生比例应为65%左右。

3. 在招生过程中，如完成上述规定比例有困难，各院校可首先在本校（院）本年度招生区域中进行省区（自治区）之间的调节。调节后如仍不能达到规定比例的要求，可将招生指标划拨给其他委属院校招录。

4. 各院校在招生录取工作中，要严格执行此规定，对于违反此规定，造成不良后果者，将追究主要领导人和有关责任人员的责任。

5. 本规定由国家民委教育司负责解释。

教育部办公厅、国家民委办公厅
关于申报人口在10万以下的少数民族
"两基"教育试点方案的通知

（2003 年 12 月 31 日）

有关省（自治区）教育厅、民（宗）委（厅）：

我国有22个人口在10万以下的少数民族。这些民族在社会经济发展、教育卫生事业、基础设施建设等方面处在相对落后的地位，也是"两基"攻坚中的重点、难点。为了全面提高人口较少民族地区人民群众的整体素质，促进当地经济、社会协调和发展，深入贯彻《国务院关于深化改革加快发展民族教育的决定》和《国务院关于进一步加强农村教育工作的决定》（以下简称《决定》）的精神，大力促进民族地区"两基"工作发展，教育部和国家民委拟联合开展人口在10万以下少数民族"两基"攻坚试点，现将有关事宜通知如下：

一、试点的选择。申报试点的基本条件是目前尚未实现"两基"的民族县或民族乡。本着先易后难的原则，试点选择应尽量集中在同一县域内，避免过于分散，不易操作。

二、坚持整体规划，全面推进的原则，各地对所辖区人口较少民族的"两基"规律做好全面规划，对涉及到跨不同行政区域的民族，以民族为整体规划，以县为单位分别申报。

三、选择试点要和当地政府的"两基"规划相结合，应在国家教育专项工程覆盖的人口较少民族的地区。

四、试点方案由县级政府制订，省级教育行政部门和民委审核同意后上报。教育部、国家民委从中选择部分方案进行试点。

五、各地根据可操作的原则，尽快拟定试点方案，于2004年3月15日前分别报教育部基础教育司、国家民委教育科技司。

希望各地教育、民族部门加强合作，共同努力，做好人口较少民族"两基"试点工作。

关于加强委属院校毕业生就业工作的意见

（2004 年 4 月 30 日）

委属各院校：

继2003年第一届高校扩招本科学生毕业之后，今后几年，我国普通高校毕业生数量将迅速增加，就业压力将持续上升，毕业生就业工作已经成为高等学校所面临的一项重要工作。

民族院校的毕业生是少数民族和民族地区十分宝贵的人才资源，是民族地区高层次人才队伍的重要后备力量。中央领导同志多次强调要高度重视高校毕业生就业工作，要求加强就业指导和服务，合理引导、积极促进高校毕业生就业和创业。为此，继《国务院办公厅转发教育部等部门关于进一步深化普通高等学校毕业生就业制度改革有关问题意见的通知》（国办发〔2002〕19 号）之后，在《国务院批转教育部2003—2007 年教育振兴行动计划的通知》（国发〔2004〕5 号）中，明确把"实施'促进毕业生就业工程'"作为教育系统今后一段时期重点落实的六大工程之一。近期，国务院办公厅下发了《关于进一步做好2004 年普通高等学校毕业生就业工作的通知》（国办发〔2004〕35号），对做好高校毕业生就业工作提出了明确的要求。

为深入贯彻国务院有关文件及领导指示精神，根据委属高校的具体情况，现对进一步推进委属院校就业指导服务工作，特别是加强相关机构及队伍建设提出如下意见：

一、客观、辩证地认识毕业生就业难问题

当前，我们要充分认识到高校毕业生就业工作的严峻性、复杂性、长期性，也要看到做好工作的有利条件。毕业生就业难的问题，归根结底是发展中的问题、前进中的问题。伴随着我国经济增长方式的转变和产业结构的调整，高素质人才将拥有更多的就业空间。国家已出台的各项毕业生就业政策将逐步发挥出效应。高等教育学科专业结构的调整和教育教学模式的改变，必将对毕业生就业产生重要的推动作用。

二、正确认识当前的就业形势，加强领导把毕业生就业工作摆在更加突出的重要位置

委属各院校的毕业生就业工作涉及民族地区的千家万户，关系到广大少数民族同胞的切身利益，关系到民族地区的经济发展和社会稳定。各院校要以"三个代表"重要思想为指导，充分认识做好毕业生就业工作的重要性，将其纳入学校工作的重要议事日程，把毕业生就业工作作为高校领导的"一把手"工程，统筹领导和部署本校的毕业生就业工作。

三、建立健全毕业生就业指导服务机构，在办公条件、人员、经费等方面给予充分保证

要尽快落实高校毕业生就业工作机构、人员、经费"三到位"。把就业指导工作放在重要位置，努力提高就业指导队伍的专业化和职业化水平。尤其需要注意提高就业指导教师人力资源测评、管理、心理辅导等方面的能力。近期，专职就业指导教师和专职工作人员与应届毕业生的比例要保证不低于1：500。

各院校要结合学校实际，根据就业工作的基本需要，以不低于当年学费收入1%的标准核拨就业工作经费并据此列入学校当年的预算予以重点保证和落实。所核拨的经费要确保用于与就业工作密切相关的结业指导、市场调查、信息交流，供需见面、心理咨询等日常工作和一些大型招聘活动，不得挪作他用。

四、强化就业指导服务意识，大力加强毕业生就业工作的信息化建设

各院校应当开设专门的就业指导课程，将之纳入学校的思想政治课程体系，尽早对学生进行毕业教育、就业教育和创业教育。要积极与各地人才市场、劳动力市场联

系，做到信息资源的联网贯通。积极主动与用人单位联系，关心爱护毕业生，为供需双方都做好服务。要加大力度，动员各力量，通过多种渠道广泛收集需求信息。全力建设和用好"就业网"，加速实现毕业生就业服务信息化。

五、面向就业需求，在保持特色的基础上深化学校内部各项改革

高校毕业生就业体制的深刻变革和高等教育大众化阶段的新要求，正成为推动高等院校教育观念、培养模式深化改革的积极动力。各校要更加积极主动地面向经济社会发展的要求，在保持学校特色的基础上，切实将学校发展规划，科学专业结构调整、经费投入等方面工作与毕业生就业状况紧密挂钩。在坚持规模、结构、质量、效益协调统一发展的同时，学校应当通过宽口径培养、加强专业技能培训和证书教育、加强就业实践基地建设、创新教育和毕业实习等教育教学改革，努力提高学生综合素质，帮助学生就业。

今后在组织新增专业评审和确定招生计划时，我委将把就业率和就业质量作为重要的衡量指标。

六、积极引导，鼓励毕业生到基层、到西部、到民族地区工作

民族院校毕业生是民族地区的宝贵财富，当前广大基层迫切需要人才，西部大开发也为高校毕业生提供了施展才华的广阔舞台。各院校要采取有效形式对毕业生进行就业形势教育，引导学生树立正确的择业观和创业观。要通过积极联系有关部门提供工作岗位，树立典型和一定的奖励措施，在继续参与各省选调生计划、团中央大学生志愿服务西部计划等的基础上，积极引导和鼓励毕业生到基层、到西部、到民族地区工作，并逐步形成制度，长期坚持下去。

七、鼓励就业指导工作制度建设和创新，形成新的更有效的工作模式和运行机制

各院校要从实际出发，解放思想、转变观念，以求真务实、服务学生的基本态度努力工作。积极研究、探索、实施各项改革，规范和完善各项制度，形成科学合理、高效便捷的工作模式和运行机制。

教育部办公厅　国家民委办公厅
《关于在中小学进一步大力推进
民族团结教育工作的通知》

（2004 年 6 月 14 日）

各省、自治区、直辖市教育厅（教委）、民（宗）委（厅、局），新疆生产建设兵团教育局、民宗委，各计划单列市教育局、民（宗）委（局）：

我国是多民族的社会主义国家。为了巩固和发展"平等、团结、互助"的社会主义民族关系，维护各民族的紧密团结和国家的统一，新中国成立后特别是改革开放以来，在毛泽东思想、邓小平理论和"三个代表"重要思想的指引下，党和国家历来高度重视在各民族干部群众特别是在各级各类学校的各民族学生中开展以马克思主义民族观、宗教观和党的民族、宗教政策为重点内容的民族团结教育工作。1990 年以来，根据教育部（原国家教委）和国家民委的要求，逐步在中小学开展了民族团结教育活动，丰富了中小学爱国主义、国情教育和素质教育的内容，促进了 56 个民族优秀文化传统的相互交流、继承和发扬，增进了学生对我国各民族共同缔造社会主义伟大祖国历史的认识，增强了各民族学生自觉维护民族团结、维护国家统一，反对分裂的思想意识，在各界引起了积极的社会反响，取得了良好的教育和社会效果。在新世纪、新时期，根据《国务院关于深化改革加快发展民族教育的决定》和第五次全国民族教育工作会议的精神，为进一步大力推进中小学民族团结教育工作，现就有关问题通知如下：

一、要进一步提高认识，统一思想

在新世纪、新时期，需要认真重温、学习贯彻党和国家关于在各民族学生中大力开展民族团结教育的重要精神。如《中华人民共和国民族区域自治法》规定："国家在受教育者中进行……民族团结教育。"《爱国主义教育实施纲要》指出："要进行民族团结教育。中华民族是一个多民族的大家庭，不论是在内地还是在边疆，不论是在汉族地区还是在少数民族地区，都要加强马克思主义的民族观、宗教观和党的民族政策、宗教政策的教育。"《中共中央关于进一步加强和改进学校德育工作若干意见》指出："要把增强民族团结，维护祖国统一，列为学校爱国主义教育的重要内容。"江泽民同志于 1999 年 9 月 29 日在中央民族工作会议上的讲话中指出："还要坚持在全社会开展民族团结进步的宣传教育，使广大人民群众牢固树立汉族离不开少数民族、少数民族离不开汉族、各少数民族之间也相互离不开思想。尤其要注意在各民族青少年中开展这方面的教育工作，让我国各民族大团结的优良传统代代相传。"《国务院关于进一步贯彻实施中华人民共和国区域自治法若干问题的通知》指出："各级人民政府要经常、广泛地进行马克思主义民族观和爱国主义、社会主义教育。各级各类学校要适当开设民族常识和民族政策课程。"《国务院关于深入改革加快发展民族教育决定》指出："要高举民族团结进步的伟大旗帜，在各级各类教育中有重点、分层次、有针对性地加强民族团结教育。要把维护发展平等、团结、互助的新型社会主义民族关系的教育作为爱国主义教育、公民道德教育和素质教育的重要内容，加强把马克思主义民族宗教观和党的民族宗教政策的教育。"2002 年，李岚清同志在第五次全国民族教育工作会议上讲话中强调指出："增强民族团结、维护祖国统一是我国各族人民的共同责任，……，不论在少数民族地区还是在非少数民族地区，不论在少数民族聚居地区还是在各民族散居杂居地区，不论在沿海、内地还是在边疆地区，都要高举民族团结进步的旗帜，大力加强民族团结教育。"同年，陈至立同志在第五次全国民族教育工作会议上的讲话中指出："不断增强各民族的团结是我国综合国力的重要基础。在新形势下，增强民族团结、维护祖国统一、反对民族分裂，是我国各族人民的共同责任。要高举民族团结进步的伟大旗帜，在沿海、内地和民族地区各级各类学校教育中，有重点、分层次、有针对性地大力加强民族团结教育，要把它列入爱国主义教育，公民道德教育和素质教育的重要内容，重点加强马克思主义民族观、宗教观和党的民族、宗教政策的教育。"上述重要精神从各个方面进一步明确了在各级各类学校加强民族团结教育的必要性和重要性。需要各级教育、民族（宗教）部门把思想和认识自觉地统一到党和国家的要求上来，并在工作中认真贯彻落实。

二、我国民族关系面临的新形势和在中小学加强民族团结教育的重要意义

在邓小平理论、"三个代表"重要思想和党的民族宗教政策的指引下，我国民族关系的主流是好的，民族团结、社会稳定，社会主义的各项改革和建设事业正在顺利进行，但也不能忽视危害民族团结的潜在因素和国内极少数分裂主义分子以及国际反华势力加紧"分化"的现实危险性的存在。主要表现在：其一，1990 年以来，随着前苏联的解体和东欧的分化以及巴尔干地区的动荡，国际上民族独立思潮和各宗教势力的

蔓延，"西化"与"分化"相呼应，对我国的负面影响有所增加。目前，国际上"泛伊斯兰主义、泛蒙古主义、泛突厥主义"思想活跃，以制造西藏独立、新疆独立为目的的境内外分裂主义分子的活动在不断加剧，这些势力与台独势力相勾结，寻机制造事端破坏民族团结，企图分裂祖国。其二，近些年来，在民族地区、内地城乡以及各类民族纠纷时有发生，其中一些是由于没有处理好经济利益矛盾引起的，还有一些是由于不了解或不尊重少数民族的风俗习惯和宗教信仰，甚至违背党和国家的民族、宗教政策，伤害少数民族的感情引起的。如在文艺作品、新闻报道以及刊物中此类事件时有发生，引起了民族地区的不稳定，对我国的民族团结产生了严重的负面影响。

在中小学加强民族团结教育对于增强民族团结、维护民族统一、保护国家的长远稳定具有极为重要的现实意义和历史意义。我国是 56 个民族组成的统一国家。改革开放以来，根据国际国内新形势和我国民族关系面临的新情况，党和国家依据马克思主义民族理论并结合我国各民族的实际和特点，制定和实施了具有我国特色的关于正确处理民族矛盾、民族关系的一系列方针政策。党的民族政策在团结各族人民、共同完成各时期社会主义建设的历史人物中发挥了巨大的作用，经受了当今世界的风云变幻的考验，为整个中华民族的团结进步作出了历史性贡献。实践证明，没有各民族的紧密团结，就没有各民族的共同进步，就难以建设繁荣昌盛的社会主义祖国。毛泽东同志说："国家的统一，人民的团结，国内各民族的团结，这是我们的事业必定要胜利的基本保证。"因此，民族团结关系国家长远稳定和统一，民族团结关系各民族共同进步和整个中华民族的振兴，民族团结关系我国社会主义伟大事业的前途和命运。而加强中小学民族团结教育是实现各民族团结、和睦的重要基础。社会主义时期是各民族团结进步、共同繁荣发展的时期，民族问题作为我国社会主义建设总问题的组成部分也将长期存在，尤其在改革开放、建立社会主义市场经济体制的新时期更是如此。这就要求把民族团结教育作为战略任务加以高度重视，把党的民族政策作为形成爱国主义思想、社会主义价值观和社会主义道德规范的基本内容。

三、关于在中小学继续开展民族团结教育的有关要求

由于中小学民族团结教育工作对增强中华民族的向心力、凝聚力，维护各民族的团结统一具有特殊的重要意义，在新形势下中小学民族团结教育工作只能加强，不能削弱，更不能中断。要根据党和国家关于此项工作的有关精神，毫不动摇地把中小学民族团结教育工作进一步抓好、抓实、抓出成效来。同时要从当地的实际出发，做好工作计划，加强师资培训，认真总结经验，不断提高此项教育活动的质量和效果。要把小学低年纪"中华大家庭"、小学高年级"民族常识"、初中"民族政策常识"等列入地方课程，按规定的课时组织教学活动。鉴于此项教育活动内容的政治敏锐性较强，

同时按照少而精的要求，各地在中小学开展民族团结教育、教学活动中，仍继续统一使用由教育部、国家民委、中央统战部、国家宗教局审定的小学低年级《中华大家庭》、小学高年级《民族常识》、初中《民族政策常识》等学习材料和教学参考资料。

教育部、国家发改委、国家民委、财政部、人事部关于大力培养少数民族高层次骨干人才的意见

（2004 年 7 月 8 日）

新中国成立以来，党中央、国务院十分关心和重视少数民族人才的培养和使用工作，采取一系列特殊措施培养了一大批少数民族党政干部和各类专业人才。特别是党的十一届三中全会以来，国家在大力扶持少数民族地区发展教育事业的同时，加大了为少数民族地区培养各类人才的工作力度。从 20 世纪 80 年代开始，在全国部分重点高校和有关省、自治区的高校开办高校民族班、预科班；从 1984 年起在内地举办西藏班（校）；1987 年起举办内地高校新疆民族班、预科班；从 2000 年起举办内地新疆高中班等等，这些特殊的政策和措施极大地促进了少数民族地区的经济发展、社会进步，增进了各民族的大团结和凝聚力，保障了国家安全和边防巩固，体现了我国社会主义制度的优越性，在国内外产生了广泛的深远的影响。但由于社会、历史、自然等原因，与沿海和内地发达地区相比，少数民族地区的社会经济、科技教育和文化等各项事业的发展还有较大的差距，社会发展仍然比较缓慢，生产力发展水平还比较低，劳动者素质亟待提高，特别是博士、硕士毕业的高层次骨干人才严重匮乏，是制约当地经济建设和社会发展的重要因素。据有关资料统计，西部地区各类专业人才仅占全国总量的 20.4%，高级专业技术人才只占 13.6%，两院院士仅占 8.3%，特别是少数民族院士更是凤毛麟角；少数民族地区专业技术人员中，工程技术人员和科学研究人员仅占 15.4% 和 8.8%。采取特殊措施大力培养少数民族高层次骨干人才成为关乎我国各族民族共同繁荣发展、维护国家长远稳定统一的一项迫切的政治任务。

为贯彻落实党中央、国务院关于实施西部大开发战略的有关精神和《国务院关于深化改革加快发展民族教育的决定》（国发〔2002〕14 号），现就少数民族高层次骨干

人才培养问题提出如下意见：

一、提高认识，统一思想，认真贯彻落实党和国家关于大力培养少数民族高层次骨干人才的重要决策

（一）大力培养少数民族高层次骨干人是实践"三个代表"重要思想，贯彻落实国家西部大开发战略和全面建设小康社会的迫切需要。我国西部 12 个省、自治区、直辖市，面积 685 万平方公里，占全国总面积的 71.4%；2001 年人口 3.64 亿人，占 28.6%；国内生产总值 18245 亿元，占 17.1%。西部地区与周边 14 个国家接壤，陆地边境线占全国的 85% 左右。我国 55 个少数民族中，有 50 个主要分布在西部地区，占全国少数民族人口的 75% 左右；全国 5 个民族自治区、30 个自治州、120 个自治县的 80% 都在西部地区。西部地区战略位置重要，资源丰富，发展潜力大。同时由于地域辽阔，自然环境恶劣，基础建设薄弱，经济发展相对落后，各民族群众的生活还比较困难，地区之间、民族之间存在着较大差距，仅仅依靠西部地区的力量和积极性难以实现"建设一个经济繁荣、社会进步、生活安定、民族团结、山河秀丽的西部地区"的战略目标。20 世纪 90 年代，党和国家为加快西部和少数民族地区的发展，根据邓小平同志关于我国现代化建设"两个大局"的战略构想，确定实施西部大开发战略。《国民经济和社会发展第十个五年计划纲要》强调指出："加大支持力度，加快少数民族和民族地区经济与社会全面发展，重点支持……民族教育和民族文化事业的发展"。我们要认真学习贯彻邓小平理论和"三个代表"重要思想，在实践中努力贯彻党和国家关于实施西部大开发战略和加快民族地区发展的决策，进一步增强大局意识和全局观念。而西部大开发战略的顺利实施，从根本上说取决于西部地区教育和科技的发展，归根结底是各类专门人才的培养。加快培养少数民族高层次骨干人才，不仅是一项紧迫的现实任务，也是一项长期的战略任务，是"三个代表"重要思想在民族工作上的具体体现和贯彻落实国家西部大开发战略的具体举措。

（二）大力培养少数民族高层次骨干人才是贯彻党的民族政策、增强民族团结、维护祖国统一的现实需要。我国是多民族的社会主义国家，各民族共同团结奋斗、共同繁荣发展，是新世纪新阶段民族工作的主题，是我们党正确处理民族问题，大力发展平等、团结、互助的社会主义民族关系的行动指南。冷战结束以后，世界上不少国家由于陷入民族纷争，最终导致国家分裂，人们蒙受苦难，这一惨痛的教训，我们应深深思考，引以为鉴。当前，国际敌对势力利用民族问题、宗教问题，利用境内外民族分裂势力，对我国进行渗透颠覆，妄图实现其"西化"、"分化"我国的政治图谋；同时，他们又处心积虑，在境外大肆招揽国内各少数民族青年学生，进行高学历培养，以培植分裂势力，妄图与我争夺下一代，少数民族人才培养问题已在一定程度上成为

一个复杂而敏感的政治问题，我们不仅要从教育的角度，更重要的是要从坚持党的领导、维护民族团结和国家统一的政治高度，充分认识培养少数民族高层次骨干人才的重要性、艰巨性和紧迫性。

（三）大力培养少数民族高层次骨干人才是国家以科教兴国战略推进西部大开发战略的重大举措，是内地高校责无旁贷的政治任务。大力实施西部大开发战略是当前和今后相当一个时期我国经济和社会发展的战略重点。党的十六大根据新形势对加快实施西部大开发战略提出了新的要求。国家和内地用于支持西部地区经济、社会发展的资金和重大建设项目的投入力度不断加大。要使西部大开发战略得到顺利实施，达到预期目标，除了财力、物力的投入外，关键在于人才和智力的支撑。新中国成立以来特别是改革开放以来，我国整个民族教育事业和西部地区的教育得到了较快发展，取得了很大成就，奠定了进一步发展的良好基础。但是，由于众所周知的原因，少数民族和西部地区教育质量较低，现有人才的层次、结构不合理，特别是高层次人才的培养能力十分有限；由于在市场经济以及利益机制的影响下，民族地区素质较高的优秀人才不断向沿海和经济发展水平较高的内地流失，处于优秀人才入不敷出，培养难以为继的状况。总体上说，少数民族和西部地区教育发展程度和人才存量状况，很不适应西部大开发和全面建设小康社会的迫切需求。因为，根据党的十六大和党中央关于加快实施西部大开发战略的精神，以及《国务院关于深化改革加快发展民族教育的决定》要求，结合少数民族和西部地区人才现状和人才需求的实际，通盘规划民族教育事业的改革和发展。要大力加快"两基"步伐，积极推进"三教统筹"和"农（牧）科教"结合，不断增强教育为"三农"服务的功能，改革和发展少数民族地区职业教育和高等教育，大力培养适应当地需要的各类建设人才。同时迫切需要依托内地高校和科研院（所）的硕士、博士点等优质教育资源培养一大批少数民族的高层次骨干人才。

二、指导思想、发展规模以及相关政策措施

（一）指导思想和培养目标。以邓小平理论和"三个代表"重要思想为指导，全面贯彻十六大精神、党的教育方针和民族政策，落实《中共中央国务院关于进一步加强人才工作的决定》、《国务院关于深化改革加快发展民族教育的决定》和第五次全国民族教育工作会议精神，高度重视少数民族高层次骨干人才培养工作在促进民族地区经济社会发展、增强民族团结和维护国家统一中的重要战略作用。大力培养造就一大批坚定地拥护党的领导和社会主义制度，坚定地维护民族团结和国家统一，为西部大开发和民族地区的发展乐于奉献，具有较高科学人文素质和创新能力的少数民族高层次骨干人才，为我国民族团结进步事业和少数民族地区全面建设小康社会目标的实现

提供强有力的人才和智力支撑。重点加强教育、科技和经济等领域高层次骨干人才的培养，保证我国民族工作的重点地区，以及国家重点建设和重点工程对高层次少数民族骨干人才的需要。

（二）发展规模。按照统一规划，分步实施，先试点总结经验，再逐步扩大的要求，从2005年开始选择部分中央部委所属院校试点招生2500人（其中博士生500人，硕士生2000人），经过总结实践经验，至2007年达到年招生5000人的规模，其中博士生1000人（按国家统一学制执行），硕士生4000人（学习时间四年，其中一年为基础强化培训时间）；在校生总规模为1.5万人（不含硕士基础强化培训阶段人数）。通过相当一个时期的努力，逐步缓解和根本扭转少数民族高层次骨干人才匮乏状况，改善人才层次结构，逐步形成一支涵盖少数民族地区经济和社会发展各重点领域，以取得国内学历，学位为主体的少数民族高层次骨干人才队伍。

（三）招生和培养措施。少数民族高层次骨干人才培养计划纳入年度中央级高校研究生招生计划，单独下达管理。培养任务主要由中央部委所属高等学校和中国科学院、中国社会科学院、中国农业科学院承担及组织实施，重点面向西藏、新疆、内蒙古、宁夏、广西、重庆、四川、贵州、云南、甘肃、青海等西部11个省、自治区、直辖市和新疆生产建设兵团。享受西部政策待遇的民族自治地方和需要特别支持的少数民族散杂居地区以及内地西藏班、新疆班，按照"定向招生、定向培养、定向就业"的要求，采取"统一考试、适当降分"等特殊政策措施招收新生。招生对象以少数民族考生为主，同时安排一定比例招收长期在少数民族地区工作的汉族考生。对享受上述政策的拟录取考生，在录取之前均签订定向培养和就业协议。

充分利用现有师资和教学条件，选择若干所内地中央级高校作为硕士生基础强化培训基地。对降分录取的少数民族硕士生考生进行一年的强化基础培训，重点加强马克思主义民族观、宗教观和党的民族、宗教理论政策的学习，以及补修英语、大学语文（汉语文）等基础知识和其他相关专业知识，切实提高生源质量。

（四）就业。毕业生一律按定向培养和就业协议到定向地区和单位就业，硕士服务期限为5年，博士8年。毕业生不能按约就业者，要向培养单位和定向地区、单位支付违约金。西部和各民族地区党政部门要高度重视人才培养工作和十分珍惜人力资源，牢固树立"科学技术是第一生产力"和"人力资源是第一资源"的观念，按学以致用的要求，为这批高层次骨干人才在当地充分发挥作用创造必要的生活、工作条件，力求避免人才浪费和闲置。对违约拒绝接受和安排毕业生就业的地区和单位要相应核减招生计划。

（五）经费。通过少数高层次骨干人才培养计划招收的研究生（含基础培训），享受中央级高校研究生的拨款政策。其中中国科学院、中国社会科学院和中国农业科学院所需经费按标准从现行财政渠道解决。生源地区和定向单位对家庭经济困难学生给予适当的学习和生活费补助。

三、加强管理、明确责任，确保培养任务的完成

（一）制定计划，加快管理。生源地区要根据当地国民经济和社会发展需要，制定2005—2010年少数民族高层次骨干人才需求的第一期规划和年度培养计划，需求规划和年度培养计划要与本地区的人才需求以及用人单位挂钩。每年8月底前将下一年度的招生建议计划、专业安排等报教育部。由教育部牵头商有关培养单位落实招生任务，编制招生计划建议方案，商国家发改委和财政部，纳入年度中央级高校研究生招生计划，单独下达管理。各有关学校和单位应根据国家下达的招生计划做好年度招生工作，于每年6月将招生计划的落实和招生录取情况报教育部。

（二）明确责任，履行职责。教育部和国家民委负责对少数民族高层次骨干人才培养计划的宏观政策的制订协调。教育部负责培养计划的协调和制定招生、教学、管理以及有关政策措施，并检查督促执行情况；协调解决办学中出现的重大问题；组织评估办学情况，总结交流经验，表彰先进等。

国家民委负责提出有关政策性建议；督促检查党的民族政策的贯彻落实情况；协调和协助解决涉及民族宗教等方面的特殊性问题。

生源省、自治区、直辖市教育行政部门负责制定人才需求规划和提出年度培养需求计划；加强与当地组织人事部门、用人单位以及教育部的联系与协调等有关工作；协调学校和有关单位做好本地区生源管理等方面的特殊性工作；落实按规定有生源地区财政对学生的资助经费；负责组织和协调签订定向培养协议等工作；配合中央部委所属院校做好招生、录取等工作；对招生、培养工作提出建议。

人事部负责少数民族科技骨干特殊培养工作的政策制定和计划协调工作。

承担培养任务的中央部委所属院校在主管部门的领导下，根据国家下达的年度招生计划，负责考生报名、考试和招生录取工作；负责博士、硕士阶段的常规管理、教学和毕业生派遣工作；对基础强化培训基地教学、管理等提出建议。基础强化培训基地负责基础强化培训阶段的管理、教学和结业考核等项工作。

其他有关事宜，将在实施方案中予以明确。

为西部和少数民族地区培养少数民族高层次骨干人才，是一项光荣而艰巨的任务。各有关高校要高度重视培养少数民族人才工作，全面贯彻党的教育方针和民族政策，按培养目标的要求，严格落实教育教学计划，对学生加强政治思想和马克思主义民族宗教理论以及党的民族宗教政策的教育，确保教育质量，培养合格的各民族人才。基础强化培训基地和有关高校要按国家民族政策，根据少数民族学生的生活习惯，提供

相应的饮食条件。主管部门和生源地区对有关高校培养少数民族高层次骨干人才的工作要高度重视,加强领导,从人、财、物等方面大力支持办学工作,并提供各方面的便利条件,为西部大开发和民族地区的全面振兴做出应有的贡献。

教育部、国家民委关于印发《内地高等学校支援新疆第四次协作会议纪要》和培养少数民族本专科生第四次协作五年招生计划的通知

教民〔2000〕3 号

为继续贯彻落实中发〔1996〕7 号文件和江泽民总书记视察新疆的重要讲话精神,加快新疆社会主义建设事业的改革和发展,1999 年 9 月 18—21 日,教育部、国家民委、新疆维吾尔自治区人民政府在乌鲁木齐联系召开了内地高等学校支援新疆第四次协作会议,国务院有关部委教育司(局)、有关省及所属高校与新疆维吾尔自治区教委签订了《关于落实协作五年招生规划任务的协议书》(以下简称《协议书》)。现将会议纪要以及会议确定的内地高校支援新疆培养少数民族本专科生 2001—2005 年五年招生规划发给你们,请遵照执行。

中央部署不同高等学校体制改革后,各有关普通高校仍将《协议书》确定的任务,继续完成支援新疆培养少数民族本专科第四次协作五年招生规划任务;撤销建制并如其他高校的学校所承担的任务由接受并入的普通高校承担完成。

附件:

一、内地高等学校支援新疆第四次协作会议记纪要

二、内地高校支援新疆培养少数民族本专科生 2001—2005 年招生规划分部门招生计划表(略)

三、内地高校支援新疆培养少数民族本专科生 2001—2005 年招生规划民考汉分校招生计划表(略)

四、内地高校支援新疆培养少数民族本专科生 2001—2005 年招生规划民考民生源

分校招生计划表（略）

五、内地高校支援新疆培养少数民族本专科生 2001—2005 年招生规划预科培养学校分校预科培养计划表（略）

内地高等学校支援新疆第四次协作会议纪要

一、为贯彻落实中共中央《中央政治局常委会关于维护新疆稳定的会议纪要》（中发〔1996〕7 号）中关于"有计划地选送一些优秀青少年到内地读书"、"着力培养一大批坚定的维护祖国统一，反对民族分裂，密切联系群众，具有强烈革命事业心和业务能力的少数民族干部"的精神和江泽民总书记 1998 年视察新疆的重要讲话精神，为适应新疆维吾尔自治区高级专门人才，1999 年 9 月，教育部、国家民委、新疆维吾尔自治区人民政府在乌鲁木齐市联合召开了内地高等学校支援新疆第四次协作会议（以下简称第四次协作会议）。参加会议的有国务院有关部委教育司（局）、有关省、自治区教委、有关高等学校负责人共 170 人。教育部副部长张大保、国家民委副主任图道多吉、新疆维吾尔自治区副主席王怀玉、新疆维吾尔自治区政协副主席张贵亭出席了会议并分别作了讲话。卫生部、财政部、农业部以及大连理工大学、上海交通大学、河南大学、中央民族大学的负责同志在大会上做了经验交流发言。

会议系统地总结交流了 1989 年以来内地高等学校支援新疆工作的经验，充分肯定了成绩。10 年来，国务院 24 个部（委）所属的 80 多所高年学校共招收新疆少数民族大学本专科学生 7000 人，定向培养研究生 640 名，培训教师和少数民族教育行政管理干部 860 多人，培养少数民族经济和企业管理干部 1400 多人。有利地促进了新疆的教育事业和人才培养工作，促进了新疆的经济建设和社会发展。

二、会议认为对新疆加强智力支援，是贯彻党的民族政策、实现我国社会主义发展目标、落实党中央西部大开发战略的重要措施。中央已确定了加大西部地区的开发力度，其中，新疆具有十分突出的战略地位。各部门和高校把内地高校支援新疆工作，作为一项重要而紧迫的任务，认真加以落实。这不仅关系到开发和发展新疆，而且直接关系到国家的长治久安和社会主义现代化建设目标的顺利实现。

会议部署了内地高校支援第四次协作工作，落实了 2001—2005 年培养少数民族本专科生计划任务（详见附件二、三、四）。承担任务的教育部有关部署高校的负责同志、国务院有关部委教育司（局）及所属高校负责的同志，与新疆教委的负责同志分别签定了《关于落实内地高等学校支援新疆培养少数民族本专科生第四次协作五年招生规划任务的协议》和《关于落实内地高等学校支援新疆培养少数民族本专科生

1999—2004 年预科培养规划任务的协议书》。

三、为进一步搞好支援协作，会议确定了以下事项：

（一）教育部、国家民委对内地高校支援新疆工作进行政策研究并制订相应的政策措施；制定和下达内地高校新疆班招生计划，并检查督促各地、各有关部门和学校执行情况；协调解决各部门和学校办学中出现的重大问题；组织评估内地高校新疆班办学情况，总结交流经验，表彰先进等。

（二）国务院有关部、委和有关省（市）教育行政部门，根据第四次协作会议确定的 5 年招生规划任务，负责确定承担任务的高校落实年度招生计划和专业。为办好新疆创造必要条件，解决办学中出现的问题。

（三）新疆维吾尔自治区教委根据第四次协作会议确定了 5 年招生规划和签订的协议书，负责与内地高校主管部门和教育部部署高校协商，提出每年度预科招生计划和培养本专科专业要求，并将协商确定的年度招生计划于当年 1 月底前报教育部；配合内地高校做好新生选拔工作；拟定《内地高效新疆班管理规定》，协助内地高效做好新疆班学生的管理工作；不定期地组织对内地高效办班情况的考察工作；配合有关部门和学校及时处理突发性的事件等。

（四）内地有关高校在主管部门的领导下，根据第四次协作会议确定的 5 年招生规划和签订的协议书，以及新疆提出的每年度预科专业，各校要将内地新疆班招生计划纳入本校总的招生规模之内；负责组织教育、教学工作，实施常规管理，严格民族团结教育，确保培养质量；根据少数民族学生的风俗习惯，安排好生活。

（五）预科培养学校要严格组织教育教学，提高教育生培养质量。按照教育部颁布的教学计划、教学大纲做好教学与考核工作。加强汉语、英语和数、理、化等基础课科，为本专科阶段的学习奠定坚实的基础。

（六）内地高校招收新疆班学生，继续实行"戴帽"招生，即预科招生时就确定本、专科学校和专业。招生对象为新疆少数民族应届高中毕业生，在参加全国高校招生统一考试的考生中择优选拔，第一批录取。

预科招生录取工作由本、专科学校负责录取。预科新生要进行相应的预科培养学校进行预科阶段的学习。预科学习期满，经考核合格后，转入本、专科学习。各有关部委和教育部部属高效要把预科转入计划纳入本部门当年招生总计划内。学生毕业后一律回新疆工作。

除北京大学、清华大学、中国人民大学、民办黄河科技学院等可从统招中选拔优秀少数民族学生直接进入本、专科学习外（不经过预科），其他各高校招收的新疆班学生，先在预科学习。其中民考汉学生预科学习一年，民考民学生预科学习两年。预科阶段培养除各高校本校办预科外，其余由国家民委或新疆维吾尔自治区所属高等学校负责组织实施（详见附件五）。

（七）内地高校新疆班学生要按照国家规定缴纳学费。收费严格按照学校所在地和学校的有关规定执行。收费标准以高校的招生简章为准。对于家庭经济特别困难的学生，学校除加大学生贷款、勤工助学、特殊困难补助力度外，还要认真执行国家制订的学费减免政策，以确保特别困难学生能够顺利完全学业。

（八）新疆维吾尔自治区教委继续进行 1998 年起始的协助内地高校解决新疆班家庭经济特别困难学生的困难补贴工作，其补贴经费依据有关规定按年度拨付给内地高校，由学校补贴给特别困难学生。

（九）新疆维吾尔自治区在第三次内地支援新疆协作期间所承担的内地高校招收新疆少数民族学生年生 500 元的办学补贴未到位部分，1999 年起分批支付，至 2001 年支付完毕。

（十）新疆维吾尔自治区要采取有效措施努力提高基础教育水平。特别要加强少数民族学生汉语、数、理、化等基础课程教学，提高其汉语能力和基础知识水平，提高新生入学的生源质量，适应内地高校教育教学的要求，培养高质量人才。

（十一）加强对内地高校支援新疆工作的领导。支援新疆发展教育事业，为新疆培养人才，是促进新疆经济发展和社会进步的关键。对维护祖国统一，增强民族团结，保持国家的长治久安和各民族的共同繁荣具有重大意义，是内地高校义不容辞的责任和义务，承担任务的国务院有关部委、有关省及其所属高校要高度重视这项工作，把它列入重要议事日程，加强领导，及时改善条件，尽职尽责，确保少数民族教育教学工作的顺利进行。

在内地高校新疆班学生培养过程中，要积极贯彻第三次全教会精神，大力推进素质教育，重视培养学生的创新能力、实践能力和创业精神。同时要加强思想政治教育，特别是加强马克思主义民族宗教理论和党的民族政策教育，以及民族团结教育，使学生牢固树立马克思主义民族观和宗教观，树立民族团结和祖国统一观念，增强维护国家统一和民族团结，反对民族分裂的自觉性。培养他们热爱党、热爱社会主义的信念和艰苦奋斗、建设边疆的意志，把新疆各民族学生培养成为具有深厚人文和科学素质的"有理想、有道德、有文化、有纪律"的、德智体美全面发展的社会主义事业建设者和接班人。

教育部　国家民委
关于进一步做好民族地区
寄宿制中小学管理工作若干问题的意见

（2005 年 5 月 11 日）

各省、自治区、直辖市教育厅（教委）、民（宗）委（厅、局），各计划单列市教育局、民（宗）委（局），新疆生产建设兵团教育局、民宗委：

大力兴办民族地区寄宿制中小学是贯彻《国务院关于深化改革加快发展民族教育的决定》和《国务院关于进一步加强农村教育工作的决定》，落实第五次全国民族教育工作会议精神，搞好民族地区义务教育工作的重要举措。做好民族地区寄宿制中小学管理工作是关系寄宿制中小学生存和发展及提高教育质量的大事，是为民族地区培养合格劳动力和各类人才，促进民族地区经济社会发展的必然要求。为推动民族地区寄宿制中小学的管理工作制度化、规范化、科学化，特提出如下意见。

一、进一步做好民族地区寄宿制中小学管理工作的指导思想和目标要求

1. 以邓小平理论和"三个代表"重要思想为指导，树立和落实科学发展观，全面贯彻党和国家的教育方针、民族政策，坚持社会主义办学方向，依法突出地方和民族特色，改善和加强民族地区寄宿制中小学的管理，全面推进素质教育，努力提高教育质量和办学效益，促进民族地区寄宿制中小学规范化和现代化，发挥教育在民族地区促进经济社会发展，增强民族团结、维护国家统一的作用。

2. 建立健全合理、规范、科学的民族地区寄宿制中小学管理制度，确保学校各项工作有序、有效地开展，保证民族地区基本普及九年义务教育和基本扫除青壮年文盲目标的实现和基础教育的健康、持续发展。

二、地方各级教育行政和民族工作部门对进一步做好民族地区寄宿制中小学管理工作的职责

3. 民族地区寄宿制中小学的建设，由地方政府负责，地方教育行政部门对寄宿制

中小学的管理具体负责，民族工作部门配合教育部门对寄宿制中小学的规划、布局、招生和管理工作提出有关政策性建议，督促检查国家的民族政策的贯彻落实情况，协调和协助解决寄宿制中小学办学中的困难，包括涉及民族宗教等方面的特殊性问题。

4. 省级教育行政部门按照本地农村义务教育发展规划，在省级人们政府领导下建立统筹发展民族地区寄宿制中小学管理工作的责任制，加大对民族地区寄宿制中小学投入的监管力度。加大寄宿制中小学危房改造专项资金投入，建立消除民族地区寄宿制中小学危房的工作机制、预警机制，加强对下级教育行政部门寄宿制中小学管理工作的督导检查，组织开展督导评估工作。

5. 民族地区地（州、市）级教育行政部门按照本地义务教育发展规划，在地（州、市）级人民政府按照本地义务教育发展规划，在地（州、市）级人民政府领导下统筹协调所辖县（市）寄宿制中小学建设的管理工作，根据上级部门的要求，加大对民族地区寄宿制中小学的投入，组织实施当地民族地区寄宿制中小学的规划、教学、助学活动和督导评估工作。

6. 县级教育行政部门对民族地区寄宿制中小学管理工作的主要职责：

（1）统筹规划本地区义务教育的发展，综合当地基础教育的整体情况，因地制宜地逐步调整寄宿制中小学的布局，整合优化教育资源，保证边远民族贫困地区义务教育阶段适龄儿童少年按时入学，并对在校学生做好控辍保学工作。

（2）按照统一规划，结合民族地区地理、气候等自然条件，因地制宜地做好民族地区寄宿制中小学新建校舍的基建规划、管理和监理工作，确保基建质量；建立定期的危房勘查、鉴定、动态预警工作制度，建立危房改造的良性机制和危房改造的经费保障机制。增加投入，合理安排使用并管好上级对寄宿制中小学的专项资金和转移支付资金。足额拨付教职工工资和学校公用经费，筹集资金帮助贫困家庭学生解决书本费、杂费和生活费。

（3）按上级有关部门的规定，结合寄宿制中小学发展和管理的需要，合理核定学校的教职工编制，生活指导、管理教师、保安、炊事员等要设立专门岗位，核定必需的编制。做好寄宿制中小学校长和教职工的选拔、聘任、交流、培训和管理等工作。负责对寄宿制中小学校长和领导班子的考核。

（4）加强学校综合治理工作。做好与有关部门的协调工作，维护好民族地区寄宿制中小学的治安、安全和正常的教学秩序，协助治理校园周边环境。

三、规范民族地区寄宿制中小学的布局结构

7. 民族地区寄宿制中小学分全寄宿和半寄宿两种。全寄宿制中学学生食宿全部在学校，生源覆盖面广，应主要建在县城或乡镇以上地方；半寄宿制中小学学生不完全

在学校食宿，招生范围相对集中，学校一般应设在乡或村所在地，一部分学生集中食宿。民族地区寄宿制中小学的布局规划，由学校所在地县级教育行政部门会同有关部门综合人口密度、居住分布、生产生活、地理环境、交通状况等各方面因素统筹安排。对于道路偏远、交通不便，居住相对分散，不具备建立寄宿制中小学的地区，必须保留必要的教学点，避免因学校布局调整造成适龄的少数民族学生失学。

8. 本着规模和效益协调发展的原则合理设置寄宿制中小学教学班。同时，大力提倡多民族走读生与寄宿生合校合班或合校分班。

9. 鼓励和支持社会力量在民族地区兴办寄宿制中小学或投资参与寄宿制中小学建设与管理。

四、加强民族地区寄宿制中小学教育教学管理

10. 根据《国务院关于基础教育改革与发展的决定》有关规定，民族地区寄宿制学校一般实行"六三"学制（六年制小学、三年制初中，特殊地区的特殊情况除外），有条件的寄宿制中小学可实行九年一贯制。

11. 民族地区寄宿制中小学招生以农村、牧区、边远山区的少数民族学生为主要生源对象，各地要结合本地实际，按照小学就近入学，初中相对集中的原则研究制定具体招生办法。

12. 民族地区寄宿制中小学执行国家的课程方案，并按照所在地省级教育行政部门发布的课程指导计划开展教学工作，高寒山区、牧区可根据当地气候等客观条件，适当调整教学时节；学校授课时数和节假日，由所在地县级教育行政部门按照上级教育行政部门的要求确定，未经上级教育行政部门批准，学校不得随意更改授课时数，不得随意停课或放假。根据少数民族学生文化基础较差的实际，可利用周末和假日适当增加辅导课时间。要加强寄宿制学生早、晚自习时间的管理和指导，提高效率。

13. 认真做好民族地区寄宿制中小学教育中少数民族语文和汉语文（以下简称"双语"）授课工作。民族地区寄宿制中小学要把"双语"教学作为学校的特色重点抓好抓实，提高学生汉语的运用能力，有条件的学校可从小学高年级起增设外语课。地（州、市）级教育行政部门保障寄宿制中小学"双语"师资的配备和教材供给。

14. 加强民族团结教育和爱国主义教育，切实改进民族地区寄宿制中小学的德育工作，民族地区寄宿制中小学要按照上级教育和民族工作主管部门的要求，认真抓好对师生的马克思主义民族观、宗教观和党的民族、宗教政策的教育，加强我国各民族团结、奋发向上的光荣传统和优秀文化传统的教育，进一步增强"汉族离不开少数民族、少数民族离不开汉族、各少数民族之间也互相离不开"的"三个离不开"观念，牢固树立自觉维护国家统一、反对民族分裂的思想意识。

15. 严格遵守《宪法》和有关法律的规定，坚持宗教与国民教育相分离的原则。民族地区寄宿制中小学要在信教师生中大力宣传科教兴国战略，要加强对各民族师生进行唯物主义和无神论的教育，引导各民族师生弘扬科学精神，树立科学世界观，增强自觉抵御封建迷信和邪教侵蚀的能力。

16. 大力发展民族地区寄宿制中小学的信息技术教育、多媒体教育、网络远程教育等，促进民族地区寄宿制中小学跨越式发展。地方各级教育行政和民族工作部门要大力支持民族地区寄宿制中小学信息网络和电化教学远程教育的发展，要充分利用中央和省级政府共同组织实施的"农村中小学现代远程教育工程"，积极推进民族地区寄宿制中小学教育设施现代化进程，实现优质教育资源共享，提高教育质量。

17. 民族地区寄宿制中小学要充分利用学生食宿在校的有利条件，积极组织学生开展丰富多彩的综合实践活动，增强学生适应社会生活能力，培养学生创新精神；积极推进农科教相结合的机制，统筹基础教育、职业教育和成人教育的协调发展。

18. 地方教育行政部门要对民族地区寄宿制中小学教学计划的实施进行指导并适时进行评估。学校领导班子对学校教师教学计划的实施、教案的编写以及备、讲、辅、批、改等教学环节进行指导和评估。

五、加强民族地区寄宿制中小学日常生活管理

19. 地方各级教育行政部门要加强对民族地区寄宿制中小学安全、卫生工作的领导，逐级建立健全安全、卫生管理责任制，确保师生安全。

20. 民族地区寄宿制中小学要建立健全教学、纪律、安全、卫生、后勤保障等管理办法，确保寄宿制中小学在管理上有章可循。要建立完善的安全防范措施和安全责任制，采取多种形式，加强门卫、巡逻制度等，切实消除各类事故隐患；要进一步加强对广大师生的安全教育，提高师生安全防范意识，加强法律常识普及教育，坚决抵制黄、赌、毒对校园的侵蚀；要按照《食品卫生法》，做好食品卫生工作，要尊重少数民族卫生习惯，为广大师生提供合理膳食。地方各级教育行政部门要定期进行检查、监督，确保各项管理办法落到实处。

六、加强民族地区寄宿制中小学管理队伍和教师队伍建设

21. 民族地区寄宿制中小学实行校长负责制。高级中学和完全中学校长要由县级以上教育行政部门提名、考察或参与考察，按干部管理权限任用和聘任；其他中小学校长由县级教育行政部门选拔任用并归口管理。校长是民族地区寄宿制中小学教学与管理第一责任人，领导、管理和组织学校的各项工作。

22. 按照《国务院办公厅专发〈中央编办、教育部、财政部关于制定中小学教职

工编制标准的意见〉的通知》（国办发〔2001〕74 号）的有关规定，适当增加民族地区寄宿制中小学附加编制，保证学校正常运转。

23. 严格实行教师资格制度，积极推进竞争上岗和全员聘用制，建立科学合理的考核制度和激励机制，建设一支数量充足、结构合理，质量较高的教师队伍。

24. 强化民族地区寄宿制中小学教职员工的职业道德和行为规范教育，加强师资培训和教学研究，适时进行国际交流与国际合作，切实提高教师的综合素质，坚决清退不合格教师。

25. 县级教育行政部门要综合本地区教育资源，抽调优秀校长和教师到相对薄弱的民族地区寄宿制中小学工作，采取校长、教师校际轮换以及学校联办，名校带薄弱寄宿制中小学等多种形式，使好的教学和管理经验迅速在民族地区寄宿制中小学中推广。鼓励和支持发达地区和城镇教师到边远民族地区寄宿制中小学任教或支教。

要通过多种途径加强民族地区寄宿制中小学教师培训，促进教师师德水平和业务素质显著提高。

七、加强民族地区寄宿制中小学经费管理

26. 民族地区寄宿制中小学以公办为主，各地根据自身情况，公办寄宿制中小学的学生可以享受助学金，贫困家庭学生还可享受相应的补助或减免杂费、本书费等。按照"西部地区农村寄宿制中小学建设工程"方案，民族地区寄宿制中小学建设经费由中央财政支持，地方各级财政对教职工工资、学校公用经费、贫困家庭学生的资助负责，地方各级教育行政和民族工作部门要配合并监督落实好相关资金的管理和使用。

27. 民族地区寄宿制中小学要加强经费的预算管理，量入为出，切实保证学校的正常运转。按照国家财政、财务管理制度的规定，认真管好学校的各项经费。

28. 地方教育行政和民族工作部门要监督和检查民族地区寄宿制中小学对贫困学生生活补助费的发放和使用情况；要指导和帮助民族地区寄宿制中小学广泛开展勤工俭学活动，加强对寄宿制中小学农场、牧场、林场、果园等的管理，因地制宜地为学校开展勤工俭学活动提供条件，帮助改善师生生活。对民族地区寄宿制中小学的勤工俭学，要争取地方政府从政策上给予扶持和照顾，协助解决生产基地和必要的资金扶持。

八、关于民族地区寄宿制中小学管理工作的评估

29. 教育部、国家民委对民族地区寄宿制中小学管理建立评估制度，定期对民族地区寄宿制中小学进行评估检查，对评估不合格学校进行通报批评。

30. 建立民族地区寄宿制中小学管理工作年报制度。各有关省级教育行政和民族工作部门负责本省、自治区、直辖市民族地区寄宿制中小学管理工作的总结，形成书面

材料于每年度末报教育部和国家民委。

31. 地方各级教育行政和民族工作部门要制定相应的奖惩细则，加大对民族地区寄宿制中小学的奖罚力度，确保民族地区寄宿制中小学健康有序地开展好各项工作。对不重视学校安全、卫生等日常管理工作，不对学生进行安全、卫生知识教育，且管理不善，没有制定相应措施的民族地区寄宿制中小学，要给予批评，限期整改。对因失职、渎职造成学校财产损失和师生伤亡的部门和民族地区寄宿制中小学，进行严肃查处，触犯刑律的，依法追究有关责任人的法律责任。

32. 上级教育行政和民族工作部门对民族地区寄宿制中小学教师的评优、晋级、工资待遇等方面给予倾斜。并根据民族地区寄宿制中小学管理工作的成效对相应管理人员进行奖罚。

培养少数民族高层次骨干人才计划的实施方案

（2005 年 6 月 8 日）

根据《国务院关于深化改革加快发展民族教育的决定》的有关精神和《教育部、国家发展改革委、国家民委、财政部、人事部关于大力培养少数民族高层次骨干人才的意见》（教民〔2004〕5 号）（以下简称《意见》）的要求，为确保少数民族高层次骨干人才培养计划（简称《民族骨干人才计划》）的顺利实施，保证教育质量，不断提高培养工作的社会效益，促进西部大开发和我国各民族的共同发展繁荣，特制订本方案。

一、指导思想和目标要求

以邓小平理论和"三个代表"重要思想为指导，全面贯彻党的教育方针和民族政策，落实《中共中央国务院关于进一步加强人才工作的决定》、《国务院关于深化改革加快发展民族教育的决定》和第五次全国民族教育工作会议精神，充分认识少数民族高层次骨干人才培养工作在促进民主地区经济社会发展，增强民族团结和维护国家统一中的战略作用。努力培养造就一大批坚定地拥护党的领导和社会主义制度、坚定地维护民族团结和国家统一、为西部大开发和民族地区的发展乐于奉献、具有较高的科学人文素质和创新能力的少数民族高层次骨干人才；逐步缓解和扭转西部和民族地区少数民族高层次人才匮乏的状况，改善少数民族人才的层次结构，提升少数民族人才存量的综合水平，为我国民族团结进步事业和全面建设小康社会伟大目标的实现提供强有力的人才和智力支撑。

二、培养任务、主要措施和计划管理

（一）2006 年度的招生规模为 2500 人，其中博士生 500 人，硕士生 2000 人；到 2007 年招生规模为 5000 人，其中博士生 1000 人，硕士生 4000 人。

（二）少数民族高层次骨干人才的培养任务主要由国家部委所属重点高等学校和有关科研院（所）承担和组织实施。按照"定向招生、定向培养、定向就业"的要求，采取"自愿报考、统一考试、适当降分、单独统一划线"等特殊措施招收学生。

（三）被录取的少数民族硕士研究生先在基础培训点集中进行一年的强化基础培训，重点补修英语、大学语文（汉语）、计算机、高等数学等基础知识，兼顾其他专业理论知识，以及加强马克思主义民族和宗教理论的学习。基础培训结束经考核合格者，转入招生学校硕士阶段研究生课程教学。

三、招生范围、招生计划和经费

（一）招生范围。主要面向西部 12 各省、自治区、直辖市和新疆生产建设兵团招生，兼顾享受西部政策待遇的民族自治地方和需要特别支持的少数民族散杂居地区以及内地西藏班、内地新疆高中班、民族院校、高校少数民族预科培养基地和少数民族硕士基础培训基地的教师和管理人才的培养，重点确保上述地区和单位教育、科技、医学和特色文化艺术、信息技术以及经济、公共事业管理等领域对少数民族高层次人才的需要。

（二）招生计划。本方案的招生计划属于国家定向培养计划，纳入招生单位总规模。根据少数民族和西部地区对人才的需求，教育部单独下达指导性定向培养专项招生计划。

招生计划的投放，按各省、自治区、直辖市少数民族人口总数确定招生计划的投放比例；同时，兼顾国家重点扶持的民族地区的特殊需要。在考生综合素质达到基本要求的前提下，各有关招生单位按各少数民族在当地民族总人口中的比例安排复试和录取。汉族考生占各有关省、自治区、直辖市招生总数的 10%。定向省区合格考生不足时，将招生名额调剂到其他有需求的省区按规定录取合格考生。

（三）生源地区根据当地国民经济和社会发展需要，制定 2006—2010 年少数民族高层次骨干人才需求第一期规划和年度培养计划。每年 8 月底前将下一年度的招生建设计划、专业安排等报教育部。由教育部牵头商有关培养单位落实招生任务，编制招生计划方案，商国家发改委和财政部，纳入年度中央级部属高校研究生招生计划，单独下达管理。各有关学校和单位根据国家下达的招生计划做好年度招生工作，于每年 6 月将招生计划的落实和招生录取的情况报教育部。

（四）培养经费。硕士研究生（四年）和博士研究生的经费按国家统一标准由国家财政核发，其中硕士基础培训阶段的经费核拨到承担基础培训任务的高校和单位；硕士、博士生攻读学位阶段的经费按标准核拨到培养学校！中国科学院、中国社会科学院和中国农业科学院承担培养任务所需经费，按标准从现行财政渠道解决。生源地区和定向单位对家庭经济困难学生给予适当的学习和生活费补助。

四、报考条件

（一）拥护中国共产党的领导，拥护社会主义制度，维护国家统一和民族团结。

（二）具有国民教育序列普通高等教育本科和硕士研究生学历的少数民族在职和非在职（具有上述学历还未就业的应届生、往届毕业生，下同）人员。非在职人员的招生比例要占招生计划总数的 50% 以上。

（三）品学兼优，汉语文、外语和民族语文成绩根据学科、专业要求达到一定标准和要求。

（四）报考硕士研究生年龄不超过 40 周岁，报考博士研究生年龄不超过 45 周岁。

（五）毕业后保证按定向培养协议到定向地区或单位就业。

五、考试和录取

（一）硕士研究生参加全国研究生统一招生考试，民族语文或汉语文及专业科目由招生学校和单位自行确定并组织命题；报考博士研究生的考试科目和考试时间由招生学校和单位自行确定。招生单位对符合国家确定的基本要求分数的考生实行差额复试。

（二）在职考生，由拟录考生与报考学校、所在单位或者隶属的上一级主管部门签订"定向培养"协议书，非在职考生的录取，由拟录考生与报考学校、省级教育行政部门签订"定向培养"协议书后可录取。优先录取在学术、科研、教学等领域有突出贡献或在民族医药、民族文化艺术等有一定造诣的考生，优先录取兼通民族语文的汉族考生。未签订"定向培养"协议书者，培养学校和单位不予录取。录取名单要在招生单位以适当形式公示。

（三）各招生学校和单位按照教育部制定的当年招生工作的要求组织招生录取工作。被录取的博士研究生由培养学校和单位发录取通知书，按期入学就读；被录取的硕士研究生由培养学校和单位发录取通知书，学生持录取通知书到基础培训点进行一年的强化基础培训。

（四）各相关部门要积极配合，按职责分工组织实施和管理。省级教育行政部门主管民族教育的处（室）会同相关处（室）进行招生计划的申报、提出各民族录取比例的建议，负责考生民主身份的审核、定向培养协议的组织签订、对本地区定向生的协助关系等。招生考试工作由教育招生部门和有关高校负责组织实施，各有关部门按职责给予必要的支持和配合。

六、毕业生就业

研究生毕业后，在职人员回定向单位工作；非在职人员按定向协议回定向地区就业，也可以由生源地区在本地区调剂就业。硕士服务期为5年，博士服务期为8年（内地西藏班、内地新疆高中班、高校少数民族预料培养基地和民族硕士基础培训基地的教师和管理人员参加本计划学习毕业的，硕士服务期为8年，博士服务期为12年）。毕业生不按协议就业者，要支付培养成本和违约金。违约金的具体标准、支付方式等另行规定。

七、教学、培养工作的要求

（一）少数民族研究生教学、培养工作的基本要求是大力加强基础，全面提高科学和人文素养，重点增强实践能力，着力提高科研和创新能力，为使其在西部大开发和民族地区社会主义现代化建设事业中发挥骨干带头作用打下坚实基础。基础强化培训阶段，重点是强基固本，强化规定课程的教学和培养，使学生的基础综合水平接近或者达到攻读硕士研究生课程的基本要求；博士、硕士研究生课程教学阶段，在大力加强专业理论教学的同时，要高度重视和重点加强学生的实践能力、科研能力和创新能为的培养。培养学校和单位要多为学生创造实践教学和课题研究的机会和条件，选配优秀的专家、教授担任导师和授课，确保教育、教学质量。在基础强化培训、硕士、博士课程学习阶段，都要对学生加强政治思想和马克思主义民族宗教理论政策的教育。根据国家有关法律，宗教不得干预国民教育。培养学校和单位要采取有效措施防止宗教和邪教对培养工作的干扰；学生不得从事任何宗教活动。

（二）党和国家采取特殊措施培养少数民族高层次骨干人才，是一项意义深远的政治任务。各民族学生要有高度的使命感和责任感，发愤图强，刻苦研读，完成规定的学习任务。弘扬爱国主义精神，始终维护民族团结和国家统一，提高道德和人文修养，遵纪守法，诚信待人、处事，为西部大开发和民族地区繁荣发展作出自己的应有的贡献。

八、职责和管理

（一）教育部和国家民委负责对少数民族高层次骨干人才的培养计划宏观政策的制订协调。教育部负责培养计划的协调和制定招生、教学、管理以及有关政策措施，组织招生录取工作，并检查督促执行情况；协调解决办学中出现的重大问题，组织评估办学情况，总结交流经验，表彰先进等。国家民委负责提出有关政策性建议；督促检查党的民族政策的贯彻落实情况；协调和协助解决涉及民族宗教等方面的特殊性问题。

（二）承担培养任务的中央部委所属院校和有关科研院（所）在主管部门的领导下，根据国家下达的年度招生计划，负责考生报名、考试和招生录取工作；负责博士、硕士阶段的常规管理、教学和毕业生派遣工作；对基础强化培训基地教学、管理等提出建议。基础强化培训基地负责基础强化培训阶段的管理、教学和结业考核等项工作。

（三）学生的学籍、后勤、生活等管理和其他工作要严格执行教育部关于研究生管理工作的有关规定和学校各项规章制度，做到统一管理，统一要求。培养学校和单位要根据国家的有关政策，并按少数民族学生生活习惯的要求，严格按规定办好清真餐饮。

（四）生源地区省级教育行政部门负责会同组织、人事、科技等部门每年向全社会发布教育、科技、经济等领域人才需求信息，引导优秀考生报考《民族骨干人才计划》研究生；在此基础上制定人才需求规划和提出年度培养需求计划；加强与当地组织人事部门、用人单位以及教育部的联系与协调等有关工作，协助学校和有关单位做好本地区生源管理等方面的特殊性工作；协调财政部门落实按规定由生源地区财政对学生的补助经费；负责组织和协调签订定向培养、就业协议等工作；配合做好招生、录取等工作；对招生、培养工作提出建议。

九、加强监督管理

（一）生源地区省级教育行政部门、招生部门和招生学校及单位要认真履行自己的职责，严格按本方案、年度招生计划和工作要求落实招生任务，并按规定的标准和条件录取新生。接受纪检部门和社会的广泛监督。

（二）被录取考生未按规定签订定向协议的、冒名顶替少数民族的、考试作弊的、不按规定程序录取的，一经查实，无论在基础培训和研究生学习阶段，都要取消学籍，退回生源地区，两年内不得参加《民族骨干人才计划》的报考。对直接责任者要给予相应处罚。

（三）如定向省区和单位不能按协议为合格的毕业生提供就业机会的，扣减该省区下一年的招生计划。

十、其他有关要求

（一）培养学校和单位要把培养少数民族高层次骨干人才作为一项光荣而且艰巨的政治任务加以高度重视。在培养工作中，要全面贯彻党和国家的教育方针和民族政策，认真贯彻落实《意见》和本方案。按培养目标的要求，严格执行教学计划，培养出政治上合格，业务上过硬的各民族人才。

（二）西部和各民族地区党政部门要高度重视少数民族高层次骨干人才培养、使用工作，按学以致用的要求，为他们创造必要的生活、工作条件，力求避免人才浪费和闲置。

新疆等西部地区少数民族科技骨干特殊培养工作实施方案，由人事部牵头另行制定。

国家民委所属院校
外国文教专家"十一五"聘请计划

（2005 年 12 月 10 日）

国家外国专家局：

"十五"期间，在你局的大力支持下，我委所属六所民族院校，中央民族大学（北京）、中南民族大学（武汉）、西南民族大学（成都）、西北民族大学（兰州）、西北第二民族学院（银川）、大连民族学院（大连）聘请外国文教专家工作都已经顺利开展并取得了一定的成果。现将基本情况汇报如下：

一、我委所属院校"十五"期间发展的基本情况

在中央的关心和各部委的大力支持下，我委所属院校"十五"期间实现了快速稳定的发展。1999 年底，我委 6 所院校在校普通本专科及研究生只有 22096 人，当年招生 7144 人。到 2005 年底，在校生已经快速增长至 76883 人，当年招收新生达到 23575 人，其中 60% 以上为少数民族学生。"十五"期间，办学规模增长了 247%。专任教师达 4551 人，其中具有高级职称教师比例达到 43.86%。

在中央倾斜的投入政策支持下，各院校校园占地面积扩大到 7584 亩，校舍面积共249 万平方米，教学仪器设备总值达到 5.76 亿元，图书馆藏书总量达 696 万册。近五年共投入 37.3 亿元用于基础建设，学校的基本办学条件得到极大改善，多数院校校园优美、设施齐全，特别是近年新建了一大批实验室、图书馆、体育场馆等设施，支撑了各院校办学水平的持续提高。

2003 年 9，西南民族大学、西北民族大学新增为博士学位授权单位，西北第二民族学院新增为硕士学位授权单位；2005 年，中南民族大学增列为博士授权单位。中南民族大学和西南民族大学于 2002 年和 2003 年先后在教育部组织的本科科学随机评估和水平评估中取得优秀，西北民族大学两次获得国家科技进步二等奖。中央民族大学进入了"211"和"985"工程重点建设院校。已经建立了包括 19 个博士授权点、115 个硕士授权点和 272 个本科专业点，涵盖了除军事学外理、工、文史、哲学、医学等全部 11 个学科门类的完整学科体系。并设有国家级重点学科 2 个，省部级重点学科 33 个，国家级学科基地 3 个，省部级重点实验室 23 个。

同时，我委属院校保持了较高的就业率，2003 年达到 79%，2004 年达到 83%，2005 年超过 80%，均超过全国综合类高校平均水平。

近几年，我委陆续与教育部、北京市人民政府签订了关于重点共建中央民族大学的协议，与中科院签订了关于共建国家民委所属院校的合作协议，与宁夏回族自治区、武汉市、成都市、兰州市分别签署了共建西北第二民族学院、中南民族大学、西南民族大学、西北民族大学的协议。教育部和各地政府对于民族院校的发展给予了极大帮助。

2005 年，中央民族工作会文件明确提出"要努力办好民族院校"；12 月 29 日，国家民委、教育部联合召开了"全国民族院校工作会"，会后下发了《国家民委教育部关于进一步办好民族院校的意见》，为民族院校定位、定向，并在财政、金融、学科建设、科研、贷款、对口支援、助学贷款等方面继续和新确定优惠政策和支持。"十一五"期间，国家民委和教育部还将在民族院校重点共建若干实验室、人文社会科学研究基地，并将进一步明确对民族院校其他方面的政策扶持。

可以说，我委所属院校近年的发展态势是比较好的，这和包括贵局在内的各兄弟部门的大力支持是密不可分的。

国际交流方面，我委所属院校已经与 20 多个国家和地区的超过 80 所大学签订了合作协议，在校留学生上千人，每年派出的留学人员和访问学者在 300 人以上。每年聘请入校工作的外国专家上百人，除国家外专局资助经费外，学校提供了相应的配套经费，保证外国专家良好的工作、生活条件，他们也为学校的发展做出了巨大的贡献。

展望"十一五"，按照目前招生数和已确定的增长速度，预计在 2008 年前后，我委所属院校全日制在校生规模将达到 10 万人，专任教师超过 5 千人，办学实力和软硬件条件将进一步改善，综合实力将大大增强。

二、我委所属院校的外国专家工作现状

在国家外专局的大力支持下，近年来，我委属六所院校都已经获得了外国文教专家的聘请资格。我委属院校的外专计划使用，与民族院校的办学宗旨一样，秉承"为民族地区服务、为少数民族服务"的原则，50% 以上的受聘外国文教专家服务于急需的少数民族文化、医药、信息技术、生态保护、语言教学等学科领域，利用有限的经费对重点项目进行了支持。

（一）借助外专项目，支持民族地区发展

如西北民族大学开展的"西北少数民族师资培训计划"，我们每年投入 2 人年以上外专项目计划，并综合利用国家外专资助经费和我委配套经费，以及福特基金会等的资助，常年聘请国外专家 2～4 人，学校教师 4～6 人，先后培训民族自治地方中学教师上百名，仅甘肃碌曲县藏族中学就先后有 11 名教师通过"培训—进修—参加国家统考—接受正规高等教育"的模式提高了自身素质和学历水平，这些教师受训后带动了整个学校甚至整个地区教育水平的跨越式提高。我委属西南民族大学等开展的"四川少数民族双语教师培训方案"等的情况也与之类似。

（二）利用外专项目支持，支持学校特色学科发展

如中央民族大学舞蹈学系，聘请了俄罗斯芭蕾舞团的原苏联功勋演员参与专业教学，极大地提高了教学科研水平。中南民族大学生化学院从美国、韩国、马来西亚等国聘请长期驻校的教授两名，讲座教授多名，为学校的学科发展提供了广阔的国际视野和先进的理念和方法，近三年来已经成功申报十多项国家自然科学基金等省部级以上课题。西北第二民族学院与俄罗斯圣彼得堡大学和圣彼得堡博物馆等合作，开展俄藏黑水文献研究，已经取得了丰硕成果。并还将在古回回历史、文化研究等方面与中亚国家大力开展合作。西北民族大学已经与大英博物馆等多家海外单位达成协议，将在"十一五"期间从国外影印大量散失的国宝文献并整理出版。

（三）坚持聘请高水平语言外教，并对学校教师进行多层次培训

由于民族地区基础教育落后，少数民族学生入学水平普遍低于汉族学生，尤其外语水平基础很差。高水平的外教对于辅助教学的意义是非常重大的，如中南民族大学聘请的一名英语语言学博士，有着 20 多年全球教学的经验，深受学生欢迎，加上学校

高水平教师的缺乏，他教授的基础课程只能放在 500 人的礼堂进行，即使如此，学生仍然反映非常强烈。英国海外服务志愿社（VSO）和爱德基金会坚持十余年向西北民族大学派遣高水平师资，在西北地区影响很大。我委属院校并一直坚持利用高水平外教，依托贵局"师资外语培训项目"，对本校教师进行培训，争取尽可能提高本校教师的素质和水平。根据近三年我委的调查和抽测，6 所院校的外语四、六级过级率均高于当地普通高校平均水平。

三、展望"十一五"，突出重点、坚定不移大力开展外专聘请工作

我委所属院校在"十一五"期间的基本指导思想是：根据中央民族工作会的精神和民族地区的实际需要，适度扩大规模，走"内涵式发展"道路，以提高人才培养质量为中心，以学科和师资队伍建设为重点，以彰显办学特色、巩固办学地位、做大做强委属院校为追求，进一步提高民族院校的综合实力，为民族地区的经济社会发展和全面实现小康社会培养更多的合格人才。

我司计划，在"十一五"期间，在贵局的支持下，继续坚定不移地不断扩大外专聘请规模、提高聘请层次，注重与重点学科建设、人才培养和重大科研项目的实施相结合，有所作为，促进学校教学、科研水平的进一步提升。

（一）配合学校学科建设的整体规划，突出学科特色

对于我委所属六所院校，学科建设和教学质量的提高将是重中之重。在外专计划的使用上，我们也将秉承这一原则，对于学校重点建设的学科和有发展潜力的学科，要重点投入，力争出成果。如中央民族大学列入国家"985 工程"建设的四大学科基地，中南民族大学在生化和民族医药方面的多个省部级实验室，大连民族学院的生物学省部级实验室，我委已经集中投入了上亿元的先进仪器设备，骨干研究人员都具有博士以上学位，已经吸引了多名海外学者长期驻校，并且是我委和教育部或中科院共建的重点实验室，我们将继续重点予以大力支持。

（二）继续支持特色学科发展。

我委已经确定，将把民族医药作为一个重要的特色学科重点建设。其他如民族地区生态环境保护研究、边疆研究等也将作为特色得到我委的大力支持。我们将利用外专项目，对例如中央民族大学民族医药研究基地、西南民族大学长江中上游民族地区生态保护研究、西北第二民族学院古回回历史文化文献研究、西北民族大学"敦煌文献"保护研究等项目给予倾斜支持，重点是培养项目组的国际视野，以国际通行的研究方法来分析问题，取得成果。

我国有 30 多个少数民族是跨境民族，加强跨境少数民族研究，帮助边境少数民族发展，对于稳定边疆、巩固国际关系具有重大意义。我委将根据中央要求，继续加大对中亚、东南亚、东北亚国家学者的引智力度，共同研究民族文化保护传承、生态保护、资源开发等问题。

我委已经确定将于 2008 年与云南省政府共同主办"世界人类学民族学大会"，民族学也一直是我委所属民族院校的特色和优势学科，我们将举办系列大型的国际研讨会，并邀请国际知名的人类学学者，到我委所属院校访问、讲学，并开展合作研究，为 2008 年的大会做准备。

（三）继续推动师资外语培训计划，促进委属 6 所院校国际交流的力度和深度

按照贵局的要求，继续推动、督促委属各院校通过各种方式进行师资外语培训工作，并积极参加国家外专局今后组织的各种合作项目。大力支持委属院校通过学术交流、合作办学、科研合作等各种方式与国外高水平大学建立院校实质性合作关系，在新一轮的高校竞争中取得有利地位。

2004、2005 两年，我委所属院校共 14 名校级领导参加了你局组织的"高校领导赴海外培训"项目，效果很好。通过境外培训，院校领导普遍反映开阔了视野，有效地学习，借鉴了发达国家高等教育发展、高校管理的有益经验与做法，帮助学校提高了管理水平。请贵局在执行此项目类似项目时能继续选派我委属院校领导参加。

我司希望，考虑到中央民族大学的学科实力和已经进入国家"985 工程"重点建设的 38 所大学行列，请批准中央民族大学进入贵局和教育部高等学校学科创新引智计划"十一五"规划建设高校行列。我们将敦促中央民族大学做好相关准备工作。

近年以来，贵局，尤其是教科文卫司的各位同志，对于我委属院校的发展给予了大量的关注和支持，我们深表谢意。我们希望，贵局在制定"十一五"计划时，一如既往对于我委属民族院校给予大力支持，我们欢迎各位领导莅临我委属院校指导，并检查我委属院校的外专工作。

"十五"期间外国文教专家聘请计划表

	2001 (8.5 万元/人年)	2002 (9 万元/人年)	2003	2004	2005
中央民大	4	6	10	16	22
中南民大	3	4	6	10	14
西南民大	2	3	6	10	15
西北民大	2	3	5	8	12
大连民院	2	3	5	8	14
西北二院				3	7
合计:	13	19	32	55	84
金额（万元）:	110.5	171	288	495	756

五年累计：1820.5 万元

根据外专局统计数据录入

二〇〇六年三月十三日

国家民委教育部
关于进一步办好民族院校的意见

（2005 年 12 月 15 日）

各省、自治区、直辖市民（宗）委（厅、局）、教育厅（教委），各民族院校：

办好民族院校，培养少数民族高素质人才，始终是我国民族工作和教育工作的重要内容。为全面实施科教兴国战略、人才强国战略和可持续发展战略，贯彻落实中央民族工作会议精神，适应构建社会主义和谐社会和加快民族地区经济社会发展的需要，更好地培养少数民族干部和进行民族地区的人才资源开发，进一步办好民族院校，促进民族高等教育整体水平的提高，现提出如下意见。

一、充分认识办好民族院校的重要性和紧迫性

民族院校是党和国家为解决国内民族问题而建立的综合性普通高等学校，是培养少数民族高素质人才的重要基地，是研究我国民族理论和民族政策的重要基地，是传承和弘扬各民族优秀文化的重要基地，是展示我国民族政策和对外交往的重要窗口。

长期以来，民族院校为民族地区的民族改革、经济建设、改革开放、社会稳定，为维护我国的民族团结和国家统一做出了重要贡献。在新的历史条件下，为更好地推进民族地区的小康社会建设，推进我国的民族团结进步事业，促进各民族的共同繁荣，要继续办好民族院校。

二、坚持正确的办学方向

21世纪头20年，是我国现代化建设的重要战略机遇期，也是加快少数民族和民族地区经济社会发展，实现各民族共同团结奋斗、共同繁荣发展的关键时期。民族地区的改革、发展、稳定和构建社会主义和谐社会，需要一支德才兼备的高素质干部队伍的和各类人才队伍。对此，民族高等教育和民族院校承担着重大的责任。在培养少数民族人才方面，民族院校在我国整个高校教育体系中具有不可替代的地位和作用。

面对新的形势和任务，民族院要审时度势，坚持正确的办学方向：坚定地贯彻党的教育方针和民族政策，把握各民族"共同团结奋斗，共同繁荣发展"这个新世纪新阶段民族工作的主题，积极为少数民族和民族地区服务，多渠道加大投入，不断改善办学条件，着力提高办学质量，突出特色，发挥优势，使民族院校的办学水平和综合实力进一步提高，为民族地区的经济社会发展和全面实现小康，为构建社会主义和谐社会和中华民族的伟大复兴培养更多的合格人才。

民族院校以培养应用型专业技术人才为主，同时要高度重视培养复合型人才和民族类等特色学科的开发型和创新型人才。要把中央民族大学办成高水平的综合性、研究型大学。

三、保持各民族学生的适当比例

为适应新形势下民族地区经济社会发展和各民族提高科学文化素质的需要，逐步缩小少数民族在高等教育方面存在的差距，民族院校的办学规模要在现有基础上适度发展。民族院校可在以招收、培养少数民族学生为主的同时，适当招收汉族学生，使各民族学生有一个适当的比例。这有利于不同民族的学生增进了解，互相学习，加强团结，也有利于未来社会主义民族关系的发展。各民族院校的少数民族学生比例一般保持在65%～70%左右。

对报考民族院校的少数民族考生，要认真执行有关政策，适当降低分数录取。

四、加强教学工作，提高教育质量

人才培养是高等学校的根本任务，办学质量是高等学校的生命线，要牢固确立教学工作在民族院校各项工作中的中心地位，采取有效措施，不断提高办学质量，培养合格人才。

要确保学校学费收入中用于日常教学的经费不低于25%，以保障教学工作的正常进行。

要加强管理，从严治教，确保教学工作正常秩序。加强教学管理队伍建设，使教师把主要精力投入教学工作，正确处理教学与科研的关系，使教学管理水平不断提高。深化教学改革，积极推进教育创新，不断更新思想观念，优化人才培养模式、课程体系和教学内容，加强精品课程建设，强化实验教学和实践环节，积极推进研究性教学和素质教育，使学生各方面素质得到协调发展。

要进一步健全民族院校教学质量保障和监控体系，做好本科教学工作水平评估工作，不断促进民族院校教学改革的深化、教学管理水平和教学质量的提高。

五、加强学科建设

学科建设是高等学校提高办学质量、实现良性发展的基础。各民族院校要十分重视和不断加快学科建设，面向实践、面向未来、面向世界，充分考虑自身办学条件和优势，建设一批高水平，有影响力和竞争力的重点学科，推进学科间的融合和优势学科群的形成。

要进一步加强民族学科的建设，整合各民族院校民族类学科资源，逐步建立布局合理、优势互补、资源共享和协调发展的高水平民族类学科专业体系。

要正确处理传统学科、特色学科与新兴学科的关系，创新发展民族学科，大力发展现代化建设事业需要的、与民族地区经济社会发展紧密联系的应用学科和理工类学科。

六、大力加强师资队伍建设

牢固树立人才资源是第一资源、是最重要的战略资源的观念，实施人才强校战略，从高层次人才和创新团队建设入手，带动教师队伍的整体建设，加快造就一支多民族、高素质的教师队伍。

切实做好人才的引进、提高和使用工作。努力使师资队伍的年龄结构、专业结构、学历结构、学缘结构更趋合理。

加强对教师从事教学科研的基本素质和技能的培训，不断提高教师的教学能力、科研能力和创新能力。

要努力为广大教师提供良好的工作、生活条件，努力创造事业留人、政策留人、感情留人的环境。鼓励各民族教师为培养人才无私奉献、建功立业。

七、加强科研工作

高度重视和加强民族院校的科研工作，增加科研经费投入，切实改善科研人员的工作条件。合理确定并逐步提高民族院校科研经费在教育经费中所占的比例，保证科研经费随着教育事业经费的逐年增加而相应增长。特别要为青年学术骨干的成长、信息技术等先进科研手段的运用、正常开展国内外学术交流等，提供有力的物质保障和必需的经费支持。

设立一批重点科研机构和重点科研项目，有效提高民族院校的科研实力和科研水平。从民族地区经济建设、社会发展的需要和民族院校的实际出发，确定一批具有较高水平的科研机构并予以重点支持。以民族方面的重大理论问题和现实问题为主攻方向，设立一批重点科研项目进行攻关，力争取得一批具有重要学术价值和社会影响的科研成果。建立和完善以重点科研机构为平台、以重点科研项目为纽带、运转高效的科研组织形式，逐渐增强民族院校的整体科研水平和参与重大决策的能力，使民族院校成为国家研究民族问题的主要基地和高效科学研究的重要力量。

以提高科研质量为导向，健全民族院校的科研体制和管理体制。科研工作要紧密结合实际，以服务于国家现代化建设事业和民族地区经济社会发展为目标，突出特色，各展所长。建立和完善科研评价机制和激励机制，充分调动广大教职员工的科研积极性和创造性。

八、全面加强管理

要建立健全科学的管理制度和高效的运行机制，坚持科学管理、民主管理、依法管理，不断探索民族院校制度创新的思路与途径，总结经验，指导实践。

不断深化民族院校内部人事及分配制度改革，建立科学的管理体制和有效的激励与制约机制。积极推行全员聘任制，探索由身份管理向岗位管理转变的机制。努力营造民主、宽松、人尽其才的氛围。

强化管理干部队伍建设，加强学校内部监察审计制度和民主监督机制建设，加强教育成本核算，不断提高教育经费的使用效益。规范各类收费和大宗物资采购行为。

切实加强对学生以及学籍、考试、财务等各项工作的管理。

九、逐步提升办学层次

要在提高办学质量，积累办学经验的基础上，逐步提高民族院校的办学层次，搞好本科生教育，积极发展研究生教育，同时做好预科生的培养工作。

根据民族院校的实际情况和需要，教育主管部门对民族院校和民族地区高校的学位授权点建设和研究生招生规模给予必要的政策支持，帮助这些学校改善结构，提高办学层次。

各民族院校要加强博士、硕士学位授权点建设，加强国家级、省部级重点学科和重点研究基地建设，全面提高民族院校的学科建设水平。

十、重点建设一批实验室和研究基地

各民族院校要加强实验室建设。国家民委与教育部合作在民族院校建设一批重点实验室和人文社科研究基地，同时积极发展理工农医等自然科学学科，构建具有特色的、多学科交叉的研究基地。通过重点建设，使民族院校的实验室有较高的装备水准和实用功能，更好地服务于教学和科研工作并向社会开放，培养和造就一批学术带头人和中青年学术骨干，服务于民族地区经济社会的全面发展，成为民族问题方面的全面学术交流基地，更好地发挥学术交流窗口的作用。

十一、组织高水平大学对口支援民族院校

以一对一帮扶的形式组织国内一流高校对口支援民族院校，双方建立合作关系。合作的形式包括教师培训、互通信息、资料共享、派出高水平教师到民族院校讲学授课、科研项目的合作与指导、联合培养研究生、派出校系领导干部到对方学校挂职等，从而促进民族院校教学管理、科学研究、师资队伍等水平的提高，提高民族院校的综合实力。

十二、进一步推动共建民族院校

创造条件，推动民族院校实行共建。国家民委所属院校应在人才培养、科学研究、社会服务等方面紧密结合所在地经济社会发展的需要，努力为当地的发展提供智力支持；所在地政府将这些院校的发展列入当地经济社会发展的整体规划，对学校的基础设施建设、周边环境治理等给予大力支持。

积极稳妥地推进地方民族院校与中央有关部委的共建，争取通过合作共建使学校获得更大的发展空间和更好的发展条件。

十三、不断加大投入

要办好民族院校，需要国家和有关地方政府在人力、财力和物力上继续给予扶持，运用财政、金融、信贷等手段支持民族院校的发展。国家政策性银行在贷款方面积极支持民族院校建设与发展，并在贷款利息、还款年限等方面给予政策性优惠。财政上继续按照优惠民族院校的原则，随着经济的发展和财力的增长增加对民族院校的投入，在生均定额拨款和专项补助方面继续给予优惠政策，促进民族院校各项事业的健康发展。国家民委和教育部的有关专项资金对民族院校给予倾斜。各院校要发扬艰苦奋斗、勤俭办学的精神，科学合理地使用教育经费，不断提高经费使用效益。

十四、加强国际国内交流与合作

加快民族院校与国内著名高等学校和学术机构的交流与合作。积极建立有利于国际学术交流与合作研究的渠道与机制，聘请国外知名学者来校讲学。有计划地选派教师到国外进修、讲学和进行学术交流。积极与世界一流大学、知名大学或学术机构开展合作研究、联合培养人才等方面的合作。

建立高层次人才联合培养及研究基地。加大选派留学生的力度，同时，积极吸引外国留学生到民族院校学习，推进我国民族院校国际化进程。

十五、加强和改进学生思想政治教育

民族院校要按照《中共中央、国务院关于加强和改进大学生思想政治教育的意见》（中央〔2004〕16号）精神和有关部门要求，切实加强和改进大学生思想政治教育工作。要根据民族院校的实际，着力提高学生的思想政治素质，坚持以理想信念教育为核心，以爱国主义、社会主义和集体主义教育为重点，以思想道德建设为基础，以大学生全面发展为目标，使思想政治工作有力、有效。坚持以人为本，贴近实际、贴近生活、贴近学生，坚持教书与育人相结合、教育与自我教育相结合、政治理论教育与社会实践相结合、解决思想问题与解决实际问题相结合，提高思想政治教育的针对性、实效性和吸引力、感染力。要切实加强学生的马克思主义世界观、人生观和价值观以及民族观、宗教观教育，加强学生维护祖国统一和民族团结教育。在民族院校中开设中国民族理论与政策课程。

要积极发挥课堂教学在思想政治教育中的主导作用。全面加强思想政治理论课的学科建设、课程建设、教材建设和教师队伍建设，改革教学内容，改进教学方法，改善教学手段，加强宏观指导，对可能影响学习成长、事关大是大非的思想观念、理论观点和历史事实等，必须旗帜鲜明地加以正面教育和引导。紧密结合国际国内形势变化和民族院校学生关注的热点、难点问题，切实加强形势政策教育。结合民族院校学科和专业特点，积极发挥哲学社会科学的优势，做好释疑解惑和教育引导工作。要把思想政治教育融入到专业学习的各个环节，渗透到教学、科研和社会服务各个方面，做到全员育人、全过程育人、全方位育人，切实使全体教师尤其是专业课教师履行育人职责。

要积极拓展民族院校思想政治教育的有效途径。深入开展社会实践，不断丰富社会实践的内容和形式，提高社会实践的质量和效果。大力建设校园文化，开展丰富多彩、积极向上的学术、科技、体育、艺术和娱乐活动，寓教育于文化活动之中。主动占领网络这一思想政治教育新阵地，形成网络思想政治教育工作体系，牢牢把握网络思想政治教育主动权。开展深入细致的思想政治教育工作和心理健康教育及心理咨询工作，努力解决实际问题，引导学生健康成长。

十六、积极帮助贫困家庭学生完成学业

民族院校贫困家庭学生的比例一直高于其他高校，要按照有关政策的规定切实加以解决，帮助他们完成学业，不使学生因贫困而辍学。在国家助学贷款方面，对民族院校予以适当照顾；国家助学金、奖学金向民族院校贫困学生倾斜。各民族院校要确保学费收入的10%用于资助家庭贫困学生，进一步完善并全面落实以"奖、贷、助、补、减"为主要内容的资助家庭困难学生的政策与制度。

十七、加强领导班子建设

要按照党的十六届四中全会通过的《中共中央关于加强党的执政能力建设的决定》（中发〔2004〕18号）精神，加强民族院校领导班子的执政能力建设。

有关部门要高度重视民族院校的领导班子建设，进一步深化民族院校领导干部选拔任用制度改革，在条件成熟的院校中可试行在国内公开竞聘选拔校级领导。

学校领导班子要不断加强思想、组织建设和作风建设，提高管校治校和驾驭学校改革与发展的能力，努力建设团结奋进、求真务实、勤政廉洁、开拓创新的坚强领导集体。

要坚持党委领导下的校长负责制，进一步完善内部议事和决策机制，完善校务公开制度，理顺行政管理与学术管理的关系，充分发挥教授在治学、治校方面的作用。

十八、加强对民族高等教育的领导

各级政府及教育和民族工作部门，要充分认识进一步办好民族院校，加快我国民族高等教育事业发展的重大意义，加强对民族院校的领导和指导。

国家有关部门和各级政府要在人力、财力和物力上继续对民族院校给予扶持，为民族院校的发展多办实事。各级政府及教育部门要将民族院校教育事业发展规划纳入议事日程，结合当地经济、社会发展规划通盘考虑和安排民族高等教育工作。切实加强领导和指导，及时解决民族院校存在的实际困难，为民族院校创造良好的发展环境。

财政部　教育部　国家民委
关于下达 2006 年秋季补助人口较少
民族农村义务教育阶段寄宿生生活费
预算的通知

（2006 年 9 月 18 日）

各省（自治区）财政厅、教育厅、民（宗）委：

为贯彻落实《国务院关于深化农村义务教育经费保障机制改革的通知》（国发〔2005〕43 号，以下简称《通知》）和《扶持人口较少民族发展规划（2005—2010年）》精神，体现中央对 22 个人口较少民族教育事业发展的关怀和支持，中央财政安排专项资金，按每人每年 250 元标准，补助人口较少民族农村义务教育阶段寄宿制贫困学生生活费。经研究，现一次性下达你省（自治区）2006 年秋季人口较少民族农村义务教育阶段寄宿制贫困学生生活补助费中央专项资金　万元。请相应增列 2006 年 "13 教育支出"（2007 年 "205 教育"）相应款项。

请按照《通知》要求，确定寄宿生生活费的补助对象、标准及方式，统筹使用中央专项资金和你省（自治区）应承担的寄宿生生活费补助资金，加强资金管理，确保专项专用，并及时将人口较少民族农村义务教育阶段寄宿制学生生活费补助资金的发放情况报告财政部、教育部和国家民委。

附件：2006 年秋季补助人口较少民族寄宿生生活费　预算表（不发地方）

附件：

2006 秋季补助人口较少民族寄宿生生活费预算表　　　　　单位：万元

序号	地　区	小　计	寄宿生人数		寄宿生生活费
			小学	初中	补助资金
	合　计	98318	66368	31950	1229
1	内蒙古	5538	2446	3092	69
2	广　西	5470	2858	2612	68
3	贵　州	5035	3233	1802	63
4	云　南	39742	25645	14097	497
5	西　藏	3085	2514	571	39
6	甘　肃	18229	14540	3689	228
7	青　海	12957	9554	3403	162
8	新　疆	8262	5578	2684	103

国家民委关于加强民族院校
民族理论和政策科教学的意见

（2006 年 10 月 12 日）

各民族院校：

　　根据《中共中央国务院关于进一步加强民族工作加快少数民族和民族地区经济社会发展的决定》（中发〔2005〕10 号）（以下简称《决定》）和《中共中央国务院关于进一步加强和改进大学生思想政治教育的意见》（中发〔2004〕16 号）（以下简称《意见》）的有关精神，现就有进一步加强民族院校民族理论和政策课教学提出如下意见：

一、充分认识新形势下加强民族院校民族理论和政策课教学、加强马克思主义民族观教育的重要性

　　我国是一个统一的多民族国家，民族问题关系到国家的发展与稳定。正确认识和妥善处理民族问题意义重大。

2005 年 5 月，中共中央和国务院召开了中央民族工作会议，会后发布的《决定》中将我们党关于民族问题的基本理论和政策概括为十二条。认真学习、领会这"十二条"的精神实质，对进一步推动我国马克思主义民族理论的创新和发展，促进我国各民族共同团结奋斗、共同繁荣发展具有十分重要的意义。

大学生是国家和民族的希望，是我国社会主义事业的建设者和接班人。在大学生中加强马克思主义民族观教育，使他们正确认识民族问题，了解我们党关于民族问题的基本理论和政策极其必要。《意见》中明确提出，要在大学生中"开展各民族平等团结教育"。胡锦涛同志在中央民族工作会议上指出："要大力加强对马克思主义民族理论、党的民族政策和民族基本知识的宣传教育。"他还在全国加强和改进大学生思想政治教育工作会议上指出，要在大学生中"倡导一切有利于民族团结、祖国统一、人心凝聚、社会和谐的思想和精神"。

加强马克思主义民族观教育是民族院校的一项重要工作，是民族院校大学生思想政治教育工作的重要内容，是保证民族团结进步事业持续向前发展的重要因素。

二、加强民族院校民族理论和政策课教学的指导思想和总体要求

加强民族院校理论和政策课教学的指导思想是：坚持以邓小平理论和"三个代表"重要思想为指导，深入贯彻中央民族工作会议精神，系统地进行党的民族理论和民族政策的宣传教育，帮助大学生树立正确的民族观，理论联系实际，讲求实际效果，不断增强马克思主义民族观教育的时效性和针对性。

加强民族院校民族理论和政策课教学的总体要求是：全面反映在邓小平理论和"三个代表"重要思想指导下党的民族理论和民族政策研究的最新成果，全面反映党领导各族人民建设中国特色社会主义的生动实践和基本经验。用马克思主义民族观武装大学生，把马克思主义民族观教育同思想政治教育工作相结合，建立和完善教师培训制度和激励机制，更新教学内容，使大学生掌握我国民族理论和政策的基本内容。

三、加强教材建设，不断丰富和完善民族理论与政策课的教学内容

为把党关于民族问题的基本理论和政策的最新概括融入到课堂教学中去，保证教材的严肃性和统一性，国家民委根据中央文件精神，组织专家编写了《中国民族理论新编》。经商教育部同意，从 2006 年秋季学期开始，《中国民族理论新编》作为马克思主义民族观教育的教材在民族院校中使用。为了保证教学质量，民族理论与政策作为一门公共课开设，课时不得少于 36 学时。

四、切实改进民族理论与政策课的教学方式与方法

要建立民族理论与政策公共课教研室，负责课程的教学组织和科研工作。积极推

进民族理论与政策课的教学改革，研究探索和切实改进教学方式方法，不断提高教学质量。

充分发挥教师的主导作用，激发学生学习的积极性和主动性，贴近学生，联系实际，增强课程的说服力和感染力。

大力推进多媒体和网络技术的应用，改进教学手段。要建立教学资料数据库，实现资源共享，各院校在"精品课程"建设中，把民族理论与政策课逐步打造成在全国有影响的精品课程。

五、努力造就一支高水平的马克思主义民族观教育课教师队伍

师资队伍水平是决定教育教学质量和水平的关键因素。各院校要按照专兼结合的原则，建设一支精通专业、知识面宽、爱岗敬业、教学水平高的民族理论与政策课教师队伍。

有计划地安排民族理论与政策课教师参加专业知识的培训，鼓励教师进行理论研究和理论创新，使任课教师能对民族理论与政策有比较深入和全面地把握，并及时了解其新的的发展动态，汲取最新的研究成果，不断提高教学水平和科研能力。

关于印发《国家民委高等教育事业"十一五"规划》的通知

(2006 年 12 月 25 日)

委属各院校：

现将《国家民委高等教育事业"十一五"规划》印发给你们，请结合实际认真组织实施。

附：《国家民委高等教育事业"十一五"规划》

附件：

国家民委高等教育事业"十一五"规划

一、"十五"以来委属民族院校事业发展回顾

"十五"期间，我国高等教育事业的发展取得了巨大的成就，实现了历史性突破。2000—2005 年，全国各类高等教育在校生总规模从 1100 万增长到 2300 多万人，其中研究生从 30 万人增加到 98 万人，普通高校本专科生从 556 万人增加到 1562 万人。2000—2005 年，我国高等教育毛入学率从 10.5% 提高到 21%，跨入了国际公认的高等教育大众化阶段。

在委党组的正确领导下，"十五"期间委属院校以邓小平理论和"三个代表"重要思想为指导，各项工作取得了显著的成绩。

1. 办学规模迅速扩大

委属院校年招生规模从 2001 年的 14406 人上升到 2005 年的 23575 人，其中本科生 19800 人，硕士生 1290 人，博士生 150 人，预科生 1935 人，高职生 400 人。并招收成人教育学生 9322 人。截至 2005 年底，六所院校全日制在校生总数达到 87460 人。

2. 教学质量稳步提高

各院校把提高教学质量放在学校工作的中心地位，全面推进素质教育，不断深化课程体系、教育内容、教学方法、人才培养方式和学校内部管理体制等方面的改革，加强各项教学基本建设。在 20 世纪 90 年代正式建校的西北第二民族学院、大连民族学院通过了教育部本科教学合格评估。中南、西南民族大学先后在教育部组织的本科教学工作评估中获得优秀等次。人才培养的社会适应性明显增强，委属院校毕业研究生初次就业率达到了 95% 以上，本科毕业生初次就业率在 70% 左右。

3. 办学层次不断提升

"十五"之前，委属院校中只有一所学校命名为"大学"，经过多年建设，教育部先后于 2002 年、2003 年批准中南、西北、西南三所民族学院更名为大学。"十五"之前，委属六所院校中只有中央民族大学拥有博士学位授予权和 9 个博士学位授予专业，中央、西北、中南、西南四所学校共有 66 个硕士学位授予专业。国务院学位委员会于 2003 年 9 月批准同意增列西北、西南民族大学为博士学位授权单位，新增西北第二民族学院为硕士学位授予单位。2005 年又新增中南民族大学为博士学位授权单位。至 2005 年底，委属院校共有博士学位点 19 个，硕士学位点 115 个。中央民族大学继进入

"211 工程"后，2004 年又被列入"985 工程"二期建设大学行列。委属院校已形成了包括本科、硕士、博士、民族预科、高职、成人和干部培训在内的民族高等教育体系。

4. 师资队伍建设得到加强

2001 年以来，六所院校新增专任教师 1570 人。2005 年底，专任教师达到 4551 人，其中正高职人员 529 人，副高职人员 1467 人，具有研究生学位的 2305 人，其中博士 533 人，硕士 1772 人，具有副高以上职称和具有研究生学位教师分别占专任教师总数的 43.86% 和 50.65%，形成了一支包括学术带头人和中青年骨干教师在内的结构合理、素质较高的师资队伍。

5. 专业结构日趋优化

2000 年底，委属院校共设置本科专业 147 个，至 2005 年底，委属院校已开设涵盖 11 各学科门类的本科专业 272 个。在重视保持传统学科优势的同时，较大幅度地增加了应用类专业。学科专业结构从以人文为主向文理渗透和综合性方向发展，初步形成了各具特色、布局合理的学科专业体系。

6. 科学研究取得丰硕成果

"十五"期间委属院校共取得国家级科研项目 108 项，其中包括国家自然科学基金 36 项，国家社会科学基金 68 项，取得科研经费 14404.56 万元；共出版著作、教材 1769 部，发表论文 19080 篇；特别是民族大学、人类学、民族理论政策、民族历史文化和少数民族语言文字信息化处理等方面取得了重要成果，在国内外学术界产生了较大的影响。

7. 办学条件显著改善

国家逐年加大对委属院校基础设施和教学科研的投入。六所院校固定资产总值到 2005 年底为 23.17 亿元，教学科研试验设备总值 5.75 亿元，馆藏图书资料 694.3 万册。各院校教学用房、学生生活设施、体育场馆、图书馆、实验室、实践基地及仪器设备等办学指标基本达到或超过了教育部规定的生均办学条件标准。

8. 合作共建取得成效

自 2002 年起，我委陆续与各委属院校所在地政府签订了共建协议，合作建设委属院校。实施共建之后，委属院校以服务求支持，以贡献求发展，坚持办学与当地的科技创新、经济建设、文化繁荣、社会进步紧密结合。地方政府则对委属院校的教学科研、学科学位点建设、校园规划用地、周边环境治理、资助贫困生等工作都给予了大力支持。多种形式的共建为委属院校今后的发展创造了更好的政策环境与外部条件，同时也为不断增强委属院校的综合实力和社会服务能力搭建了新的平台。

二、"十一五"期间委属民族院校发展面临的形势

1. 构建社会主义和谐社会对委属院校的发展提出了更高要求

21世纪头20年是我国发展重要战略机遇期，全面建设小康社会的推进，建设创新型国家目标的实现，社会主义和谐社会的构建对我国高等教育的发展和改革提出了新的更高的要求。加快少数民族和民族地区经济社会发展，促进各民族共同繁荣，是全面建设小康社会的必然要求，是构建和谐社会的重要内容，也是我国民族工作的主要任务。这为担负着为少数民族和民族地区培养高级专门人才重要任务的民族院校提供了发展机遇，也对今后的发展提出了更高的要求。

2. 民族地区经济社会的发展和少数民族群众不断增长的对优质高等教育的需求，是委属院校发展所面临的新的形势

我国的民族高等教育在党和国家的大力扶持下已取得巨大的成就。但由于民族地区经济社会发展相对落后，民族高等教育的整体水平仍较低。根据"五普"统计，我国少数民族人口比例为8.41%，而普通高校中少数民族大学生所占比例2004年底仅为5.91%。我国民族高等教育事业发展水平，无论在数量还是在质量上既落后于整个国家高等教育水平，也落后于少数民族和民族地区的需求水平。要贯彻落实科学发展观，就是要把教育作为民族地区发展的重要内容，落实教育优先发展的战略地位，使之与经济社会协调发展。因此，委属院校提高教育质量，满足广大少数民族对优质高等教育的需求，是加快我国民族地区和少数民族发展的必然选择。

3. 高等教育发展重点的转变对委属院校今后的发展提出了更为严峻的挑战

党中央、国务院已明确提出"十一五"期间发展高等教育的重点是提高质量。人才培养质量成为高等学校之间竞争的关键因素。委属院校经过"十五"期间的迅速发展，虽具备了较好的发展条件，但应对挑战和参与竞争的能力仍然需要进一步提高。随着高等教育发展重点的转移，社会对高等教育的质量提出了新的更高要求。委属院校要进一步提高质量、提升综合实力，师资队伍水平的提高、人才培养方式的转变及教育教学改革等都面临着巨大的挑战。只有加强管理，从严治教，健全教学质量保证和监控体系，才能满足社会的需求。

三、"十一五"期间委属院校教育事业发展的指导思想、发展思路和主要目标

1. 指导思想

把握各民族"共同团结奋斗，共同繁荣发展"的主题，以中央民族工作会议精神为指导，根据全国民族院校工作会议要求，以科学发展观统领委属院校工作全局，全面贯彻党的教育方针和民族政策，坚持"巩固、深化、提高、发展"的方针，进一步提高委属院校的综合实力，不断增强自主创新能力，为民族地区的经济社会发展和全面建设小康社会培养更多的合格人才。

2. 发展思路

以发展为主题。坚持把发展作为兴教兴校的第一要务，坚持科学发展观，在适度扩大规模的同时，走内涵式发展、可持续发展之路，抓住机遇、增强委属院校的实力。

以改革为动力。继续深化内部管理体制改革，努力学习和逐步建立现代大学管理制度；深化人事分配制度改革，大力推行全员聘用制和劳动合同制，形成充满活力的竞争激励机制。

以提高人才培养质量为中心，坚持正确的质量观和人才观，走质量兴校、人才强校之路，提高教师素质，改善办学条件，优化资源配置，深化教学改革，提高教学质量和人才培养质量。

以学科建设为龙头。按照学科建设的要求进行体制、机制创新。优化学科专业结构，打造学科品牌，彰显学科特色。

以师资队伍建设为重点。进一步加大师资队伍建设力度，大力引进和培养学科带头人、学术骨干和中青年骨干教师，努力建设一支水平高、结构合理、数量充足的教师队伍。

以突出办学特色、巩固学科优势、做大做强委属院校为追求。大力培植和凝练学科特色、人才培养特色、科学研究特色、校园文化特色，以特色求生存、求发展。

3. 主要目标

（1）办学规模

立足于满足少数民族和民族地区对高等教育尤其是优质高等教育资源的需求，继续适度扩大本科教育规模，大力发展研究生教育。

委属院校全日制本专科在校学生年递增5%左右。到2010年各院校的具体规模为：中央民族大学14500人，中南民族大学23000人，西南民族大学23000人，西北民族大学18000人，西北第二民族学院13000人，大连民族大学15000人，总规模10.65万人左右。

积极发展研究生教育，稳定预科教育规模、专科教育规模，稳步发展成人教育。

（2）办学条件

到"十一五"末委属各院校的各项办学条件指标在原有基础上继续提高。

完成中央民族大学、大连民族学院新校区的征地和建设工作，完成西北民族大学新校区、西南民族大学新校区二期建设工程。

如期完成西北第二民族学院更名北方民族大学的筹建工作并正式挂牌。争取大连民族学院更名为大连民族大学。

（3）学科建设

保持传统优势和特色，科学规划，拓展学科发展空间，促进学科交叉融合，坚持学科建设的高水平和人才培养的高质量。使民族院校真正成为适应少数民族和民族地区发展要求的人才培养和科学研究基地。

整合各院校民族类学科资源，创新发展民族学科，形成协调发展的高水平民族类学科体系，实现优势互补，资源共享。

通过努力，使委属院校的国家级重点学科达到 10 个，省部级重点学科达到 70 个。

继续推进中央民族大学"211 工程"、"985 工程"的建设。积极争取增列大连民族学院为硕士学位授权单位。

大力加强硕士点、博士点建设。提高现有硕士点、博士点的水平，新增一批硕士点和博士点。

（4）师资队伍

大力培养、积极引进一批能够带领本学科进入国内先进水平或在国内具有一定影响力、竞争力的学科带头人、学术骨干。通过高层次创新团队的建设，带动师资队伍整体水平的提高。

有计划、有重点地优化教师队伍的学缘结构、学历结构、职称结成、年龄结构。各院校具有硕士以上学位的教师达到 50% 左右，其中中央民族大学具有博士学位的教师达到 60% 左右，高级职称教师比例达到 50% 左右。

大力加强师德建设。进一步提高教师的社会责任感，完善师德规范，强化师德教育，提高教师队伍的整体素质。

（5）教学质量

牢固确立教学工作在学校各项工作中的中心地位，采取有效措施，不断提高办学质量，培养合格人才。

加大教学经费投入，确保教学运行需要。各学校要调整经费支出结构，用于日常教学的经费支出占学费收入的比重不低于 30%。同时要大幅度增加实践教学专项经费。国家民委要确保高校生均教育事业费拨款及时、足额到位。

强化教学管理，确保教学工作正常秩序。要健全和完善各项教学工作规章制度，促使教师把主要精力投入教学工作，正确处理教学与科研的关系。规范教学管理人员的岗位职责，规范学生的行为，促使学生把主要精力投入学习活动。要采取措施，确保各项规章制度严格执行，保证教育教学质量的提高。

做好迎评促建工作，力争取得优良结果。

（6）科学研究

合理确定并逐步提高科研经费在教育经费中所占的比重，保证科研经费随着事业经费的增加而增长。

承担省部级以上科研项目、获得省部级以上特别是国家级及省部级成果奖项、国家级重点实验室及人文社会科学重点研究基地等方面有较大增长和突破。

紧密结合我国民族工作和民族地区发展面临的现实问题，增强科研工作的针对性和实效性。力争产生一批在国内外有重大影响、解决重大理论问题和现实问题的标志性学术成果。

面向少数民族地区经济建设的主战场，产学研相结合，加快科研成果在民族地区转化为生产力的步伐，进一步增强服务民族地区的能力。

（7）切实加强招生、毕业生就业和资助困难学生工作

继续实施招生工作"阳光工程"，遵循公平、公正、公开原则，深化招生制度改革，加强招生规章制度的系统化建设，建立并完善招生考试工作责任制和责任追究制，加强对招生工作的监督与检查。保证招收录取少数民族学生的比例。

完善以助学贷款为主，奖学金、助学金、减免学费、勤工俭学为支撑的贫困生资助体系，确保家庭困难学生顺利完成学业。

进一步完善就业指导工作机制，构建系统、规范的毕业生就业指导和服务体系。加强对学生的职业技能培养，增强学生就业竞争能力。

加强学校收费管理和制度建设，稳定高等学校收费标准，坚决制止乱收费现象。

四、保障措施

1. 从促进我国民族高等教育事业发展的战略高度出发，积极主动争取对委属院校建设发展的扶持政策

认真落实《中华人民共和国宪法》、《高等教育法》、《国务院关于深化改革加快发展民族教育的决定》、中央民族工作会议及全国民族院校工作会议精神。要根据民族地区经济社会的发展需要，结合委属院校的实际情况，做好调查研究，提出对策建议，争取国家对加快民族高等教育发展的政策法规的制定和实施。

贯彻落实《国家民委　教育部关于进一步办好民族院校的意见》。认真落实高水平大学对口支援民族院校工作。通过教师培训、干部挂职、联合培养研究生、合作科研等方式，促进委属院校办学理念、管理水平、教育质量等的进一步提高。

与教育部合作在民族院校中重点建设一批实验室和人文社会科学研究基地，使委属院校实验室有较高的装备水准和实用功能，更好地服务于教学科研工作，培养和造就一批学术骨干和学科带头人。

进一步推动合作共建委属院校的工作。以服务求支持，以贡献求发展，力争使学校获得更大的发展空间和更好地外部条件。

2. 财政继续优惠，努力拓宽经费来源渠道，加大经费投入

国家政策性银行在贷款方面积极支持民族院校的建设与发展，并在贷款利息、还

款年限等方面给予政策性优惠。财政上继续按照优惠民族院校的原则，随着经济的发展和财力的增长增加对民族院校的投入，在生均定额拨款和专项补助方面继续给予优惠政策，促进民族院校各项事业的健康发展。国家民委和教育部的有关专项资金对民族院校给予倾斜。

加强和改进经费管理，建立完善科学、规范的教育经费管理制度，确保经费安全使用，提高经费使用效益，控制学校贷款规模，确保学校财务状况保持良好运行。要有所为，有所不为，将更多的经费投入到学科专业建设、人才队伍建设中去，增强内涵发展、自我发展、持续发展的能力。有计划、有重点地解决教学、科研、基本建设、教职工生活待遇等所需费用。

多渠道筹措教育经费，积极争取社会力量、个人、团体对教育的资助。

3. 进一步采取有力措施，确保教学质量的提高

"提高高等教育质量"是"十一五"期间高等教育发展的目标任务，委属院校要继续推进高等教育质量工程，全面提高教育教学质量。

深化教学改革，优化人才培养模式，因材施教。把拓宽专业口径与灵活设置专业方向有机结合，把加强基础与强调适应性有机结合。要继续推进课程体系、教学内容、方法和手段的改革，探索适应民族地区经济社会发展需要、符合时代要求的人才培养模式，鼓励学生参与社会实践和科学研究，增强学生的创新能力和实践能力。

以高校本科教学工作评估为契机，完善教育质量保障体系，通过积极参与评估促进委属院校树立现代教育教学观念，落实教学中心地位，加大投入，规范管理。国家民委将有计划地开展专业教学评估，引导形成良性的激励竞争机制，促进委属院校教学管理水平质量的提高。

加强学风建设，营造良好的育人环境。加大对学生的法制教育、诚信教育和心理健康教育。形成严谨的学术风气。坚持学习纪律，严格考试管理。

4. 深化管理体制改革，强化内部管理

坚持和完善党委领导下的校长负责制，积极推进科学决策、民主办学、依法治校和现代大学制度的建立，建立起自我发展、自我约束的良好运行机制，科学民主的决策机制。

正确处理行政权力和学术权力的关系，大力推行竞争上岗、全员聘任和劳动用工合同制，建立健全考核评价指标体系。

进一步完善分配激励机制，认真协调解决广大师生最关心、最现实、最直接的利益问题，促进和谐校园建设。

5. 不断扩大民族院校的国际合作与交流

不断拓宽国际交流与合作的形式与途径，努力提高合作交流的层次。落实《中外

合作办学条例》及其实施办法，积极探索委属院校对外合作办学模式。

注重吸收国外先进的教育思想、教育观念、教育方法、教育手段；注重在重点学科建设、人才培养和重大科研项目实施中，寻求对外合作和智力引进。

6. 进一步加强党的建设和学生的思想政治工作

按照科学发展观和政绩观的要求，不断提高高校领导班子的领导干部的思想政治素质和驾驭学校改革与开放的能力。坚持党委领导下的校长负责制，健全民主集中制，切实加强各级领导班子的党风廉政建设，不断增强拒腐防变的能力。

深入贯彻《中共中央、国务院关于进一步加强和改进大学生思想政治教育的意见》精神，进一步加强和改进民族院校大学生思想政治理论课建设。深化民族理论与民族政策的研究，加强马克思主义民族观教育。积极拓展思想政治教育的有效途径，努力造就一支高素质的思想政治理论课教师队伍和理论研究队伍。

深入开展社会实践，不断丰富社会实践的内容和形势，提高社会实践的质量和效果。大力建设校园文化，开展丰富多彩，积极向上的学术、科技、体育、艺术和娱乐活动，寓教育于文化活动之中。开展深入细致的思想政治教育工作和心理健康及心理咨询工作，努力解决实际问题，引导学生健康成长。

教育部办公厅　国家民委办公厅
《关于在中小学切实抓好民族
团结教育工作的通知》

（2008 年 3 月 4 日）

各省、自治区、直辖市教育厅（教委）、民（宗）委（厅、局），各计划单列市教育局、民（宗）委（局），新疆生产建设兵团教育局、民宗局：

我国是统一的多民族的社会主义国家。党和国家历来高度重视在青少年中开展以马克思主义民族观、宗教观和党的民族、宗教政策为重点内容的民族团结教育工作。从中小学生入手扎实抓好民族教育工作，让各民族学生从小树立科学的马克思主义民族观、宗教观是巩固和发展"平等、团结、互助、和谐"的社会主义民族关系，维护各民族的紧密团结和国家统一的有效措施，是和谐社会的建设的重要基石。近几年来，各地教育和民族（宗教）部门根据中央统战部、教育部、国家民委和国家宗教局等相关要求，逐步深入地在中小学开展了民族团结教育活动，丰富了中小学爱国主义、国情教育和素质教育的内容，促进了 56 个民族优秀文化传统的相互交流、继承和发扬，增进了学生对我国各族共同缔造社会主义伟大祖国历史的认识，增强了各民族学生自觉维护民族团结、维护国家统一，反对分裂的思想意识，引起了积极的社会反响，取得了良好的教育和社会效果。为贯彻党的十七大精神，深入落实《中共中央 国务院关于进一步加强民族工作加快少数民族和民族地区经济社会发展的决定》（中发〔2005〕10 号，以下简称《决定》）和《教育部关于贯彻落实〈中共中央 国务院关于进一步加强民族工作加快少数民族和民族地区经济社会发展的决定〉做好民族教育工作的通知》（教民〔2005〕13 号，以下简称《通知》）有关要求，进一步切实抓好中小学民族团结教育工作，现就有关要求通知如下：

一、统一思想，提高进一步做好中小学民族团结教育工作的思想认识。国家的稳定和中国特色社会主义建设各项事业的顺利开展，国家的团结统一和繁荣富强，社会和谐、科学发展，都要求必须切实维护民族团结。在新形势下，增强民族团结、维护祖国统一、反对民族分裂，是我国各族人民的共同责任，是我国综合国力的重要基础。在深入学习贯彻党的十七大精神，高举中国特色社会主义伟大旗帜，全面建设小康社会新的历史时期，在中小学加强民族团结教育具有极为重要的现实意义和历史意义。各级教育、民族（宗教）部门要进一步认真学习党和国家关于在各民族学生中大力开展民族团结教育工作的重要精神，进一步明确在各级各类学校加强民族团结教育的必要性和重要性，把思想和认识自觉地统一到党和国家的要求上来。并按照《决定》精神，在中小学教育中，有重点、分层次、有针对性地大力加强民族团结教育，要把它列入爱国主义教育、公民道德教育和素质教育的重要内容，重点加强马克思主义民族观、宗教观和党的民族、宗教政策的教育。

二、加强领导，把中小学民族团结教育工作纳入重要工作安排。各级教育、民族（宗教）部门要进一步加强对做好中小学民族团结教育工作的领导，把中小学民族团结教育工作纳入重要工作安排。各级教育行政部门要建立健全领导机构、制定相应管理办法，对工作开展情况进行不定期督导检查。各级民族（宗教）部门要适时对各中小学开展民族团结教育工作给予指导，并协调各级教育部门做好督导检查，切实保障中小学民族团结教育活动不流于形式、不走过场。

三、加大力度，把中小学民族团结教育工作进一步抓好、抓实、抓出成效。各级教育、民族（宗教）部门要按照《决定》和《通知》精神，进一步落实《教育部办公厅 国家民委办公厅关于在中小学进一步大力推进民族团结教育工作的通知》（教民厅〔2004〕7 号）有关要求，继续将民族团结教育有关课程列入地方课程。各地要从当地的实际出发，做好工作计划，加强专兼职师资培训，总结经验，不断提高此项教育活动的质量和效果。鉴于此项教育活动内容的政治敏锐性较强，同时为确保活动开展的严肃性，各中小学开展民族团结教育活动的有关教材和音像资料由教育部、国家民委等部门组织编写，经全国中小学教材审定委员会审定后统一使用。各地要按照《教育部　财政部关于全面实施农村义务教育教科书免费提供和做好部分教科书循环使用工作的意见》（教基〔2007〕23号）要求，将民族团结教育教材及音像资料纳入地方课程教材使用规划予以落实。同时，各地要创造条件逐步在高中及大学阶段开展马克思主义民族、宗教观和党的民族、宗教理论的教育。

在中小学广泛深入地开展民族团结教育活动是一项长期的工作，只能加强，不能削弱，更不能中断。教育部、国家民委将按照中央有关要求，不定期对各地中小学开展民族团结教育活动进行检查，确保整个工作有序、有效开展。

国务院办公厅
《关于严格执行党和国家民族政策有关问题的通知》

（2008年4月23日）

各省、自治区、直辖市人民政府，国务院各部委、各直属机构：

我国是各族人民共同缔造的统一的多民族国家。党和国家历来高度重视保护少数民族合法权益，保障各民族一律平等。为了加快少数民族和民族地区经济社会发展，党和政府制定了一系列优惠政策，采取许多特殊的扶持措施，使广大少数民族群众共享改革发展的成果，形成了各民族共同团结奋斗、共同繁荣发展的局面，各族人民正在同心同德地为全面建设小康社会而努力奋斗。但是，在近期维护藏区稳定和加强反恐怖工作中，有少数单位在工作中发生违反民族政策的行为，有的机场在安检保卫工作中以民族作为划分对象，有的出租车、宾馆、商店等出现拒载、拒住、拒卖等侵害少数民族群众正当权益的现象，这些做法伤害了少数民族群众的感情，引起少数民族群众的不满。这些问题虽然发生在少数地区和单位，但是如果任其发展，将严重损害民族团结，影响社会稳定，必须引起高度重视，坚决予以纠正，杜绝类似事情的发生。

经党中央、国务院同意，现就有关问题通知如下：

一、深刻认识民族政策的极端重要性，切实履行维护民族团结的政治责任

民族平等是党和国家民族政策的基石。我国宪法明确规定，各民族一律平等，国家保障少数民族的合法权利和利益；禁止对任何民族的歧视和压迫，禁止破坏民族团结和制造民族分裂的行为。根据宪法这一规定，有关法律法规对保障各民族一律平等做出了一系列规定。比如，选举法规定每一聚居的少数民族都应有代表参加当地的人民代表大会，保障各少数民族群众的选举权利；出版管理条例规定国家扶持少数民族语言文字出版物出版发行，保障各少数民族群众的出版权利；诉讼法规定各民族公民都有使用本民族语言、文字进行诉讼的权利，保障各少数民族群众的诉讼权利；义务教育法规定适龄儿童、少年，不分性别、民族、种族、家庭财产状况、宗教信仰等，享有平等接受义务教育的权利，保障各少数民族群众的受教育权利；劳动法、就业促进法规定劳动者就业，不因民族、种族、性别、宗教信仰不同而受歧视，各民族劳动者享有平等的劳动权利，保障各少数民族群众的劳动权利等。

为了促进少数民族和民族地区的繁荣发展，党和政府还出台了一系列特殊的、优惠的政策措施。比如，在财政方面，国家逐步加大对民族地区的转移支付力度，设立各种专项资金和少数民族发展资金；在教育方面，设立专门的民族学校和民族教育补助专款，对少数民族考生适当放宽录取标准和条件；在医疗卫生方面，着力解决民族地区缺医少药和少数民族群众看病难问题；在就业方面，切实保障少数民族在求职就业上的平等权利，民族自治地方录用聘用国家工作人员给予照顾；在生活方面，制定了保障少数民族群众生产生活特需用品的优惠政策；在干部培养使用方面，制定了配备少数民族领导干部的规定，等等。

有关保障民族平等、促进少数民族和民族地区繁荣发展的法律法规和政策措施，对维护民族团结，维护祖国统一，维护社会和谐稳定，促进各民族共同繁荣发展具有十分重要的意义。各地区、各部门都要深刻认识民族政策的极端重要性，站在全局和战略的高度，进一步提高贯彻落实民族政策的自觉性，切实肩负起维护民族团结的政治责任，坚定不移地落实好各项民族政策，最大限度地团结依靠各民族干部群众，加快少数民族和民族地区的发展，切实防范影响民族团结事件的发生，防止授人以柄，坚决维护民族团结、祖国统一和社会稳定。

二、严格执行民族平等政策，坚决纠正和防止发生损害民族团结的行为

地方各级人民政府和政府各部门要切实贯彻落实民族平等政策，严格执行有关法

律法规。在履行发放许可证书、开展执法检查、实施行政处罚、采取强制措施等职责中，尤其是在车站、机场、码头、出入境等安全检查中，不得歧视少数民族群众，不得有影响民族关系的言行，一经发现违法情况，要立即纠正，严肃查处。

生产经营者和服务提供者必须严格遵守法律法规有关保障民族平等的规定，在招收员工时，不得歧视少数民族群众；在生产经营活动中，不得生产经营含有歧视、侮辱少数民族的产品；在提供有关服务中，不得歧视少数民族群众。各类宾馆、商店、餐饮等单位不得拒绝少数民族群众入住、购物、饮食；各类交通工具经营者不得拒载少数民族群众。各级各类学校在招生中不得针对少数民族学生增加录取条件、提高录取标准；在考试等教学活动中，要保障少数民族学生的平等权利。各类医院对少数民族患者要一视同仁，不得歧视。地方各级人民政府和政府各部门要依照各自职责对生产经营者和服务提供者执行民族平等政策的情况进行检查。对违反有关法律法规的，要坚决予以纠正，依法严肃处理，情节严重的，要依法追究刑事责任。

各级民族工作部门要认真履行职能，加强调查研究和综合协调，组织开展对贯彻执行民族政策的情况进行监督检查，并向本级人民政府报告。

三、加强宣传教育，营造民族团结进步的良好社会氛围

地方各级人民政府和政府各部门要紧密结合当前维护民族团结和社会稳定的形势和任务，加强马克思主义民族观教育，加强民族政策、法律法规的学习宣传，增强各族干部群众的法律政策观念，提高维护民族团结的自觉性。

宣传教育工作要有针对性，注重实效。要用各民族共同繁荣发展的成就，用模范遵守民族政策的事例，用少数民族对祖国做出的贡献，宣传民族政策的重要意义。要采取多种方式，让有关法律法规走进基层、走进群众，走进生产经营和服务单位。各族人民群众都要互相团结、互相友爱，共同建设国家，共同维护社会稳定，共同维护祖国统一。要采取多种形式，深入开展民族团结进步创建和表彰活动，表彰先进，树立正气，在全社会营造宣传民族政策、落实民族政策、促进民族团结进步的良好社会氛围。

四、加强领导，强化责任，确保各项民族政策落到实处

地方各级人民政府和各有关部门要增强政治敏锐性和政治责任感，切实把贯彻执行民族政策，维护民族团结和社会稳定，作为一项突出的政治任务来抓。地方各级政府的主要负责同志要亲自过问，亲自部署，加强督促检查；分管负责人要在职责范围内认真抓好落实。要明确工作责任，一级抓一级，确保各项民族政策落到实处。对于责任不落实、工作不到位，导致发生侵犯少数民族权益、影响民族团结后果的，要严

肃追究有关地方和部门负责人的责任。

要制订和完善处理违反民族政策突发事件应急预案，切实加强信息工作，及时了解有关动向，努力把各种苗头性、倾向性问题解决在基层、解决在萌芽状态。重要情况要及时上报。

接到本通知后，各地区、各部门要组织对本地区、本部门贯彻执行民族政策尤其是民族平等政策的情况，开展一次全面检查，发现问题，及时纠正。

教育部办公厅　国家民委办公厅
关于印发《学校民族团结教育指导
纲要（试行）》的通知

（2008 年 11 月 26 日）

各省、自治区、直辖市教育厅（教委）、民（宗）委（厅、局），各计划单列市教育局、民（宗）委（局），新疆生产建设兵团教育局、民宗局：

为深入贯彻《国务院关于深化改革加强发展民族教育的决定》和《中共中央国务院关于进一步加强民族工作加快少数民族和民族地区经济社会发展的决定》精神，落实《教育部关于贯彻落实〈中共中央国务院关于进一步加强民族工作加快少数民族和民族地区经济社会发展的决定〉做好民族教育工作的通知》要求，开展和加强学校的民族团结教育工作，现将《学校民族团结教育指导纲要（试行）》印发给你们请遵照执行。

附件：

学校民族团结教育指导纲要
（试行）

目　　录

我国是各族人民共同缔造的统一的多民族国家。在新时期，在科学发展观指导下，实现我国经济社会事业又好又快发展、促进我国团结统一和繁荣富强、全面构建和谐社会等，都要求必须大力加强学校的民族团结教育工作。在各级各类学校扎实抓好以马克思主义民族观、党和国家的民族政策为重点内容的民族团结教育工作，培养各族学生的民族团结意识，提高各族学生维护祖国统一、民族团结、反对分裂的自觉性，增强各民族的向心力和凝聚力，是关系中华民族伟大复兴的战略任务，是巩固和发展"平等、团结、互助、和谐"的社会主义民族关系，维护社会稳定和国家统一的必然要求。根据《中华人民共和国宪法》、《中华人民共和国民族区域自治法》、《中华人民共和国教育法》、《爱国主义教育实施纲要》、《中共中央国务院关于进一步加强民族工作加快少数民族和民族地区经济社会发展的决定》、《国务院关于深化改革加快发展民族教育的决定》和《中共中央国务院关于加强和改进未成年人思想道德建设的若干建设》有关精神和规定，为在新时期进一步加强和规范各级各类学校的民族团结教育工作，在认真总结经验的基础上，特制定本纲要。

一、民族团结教育的指导思想、课程性质和基本原则

1. 开展学校民族团结教育工作，必须高举中国特色社会主义伟大旗帜，坚持以邓小平理论、"三个代表"重要思想和科学发展观为指导；全面贯彻党的教育方针和民族政策；坚持育人为本，把民族团结教育贯穿于学校教育工作的各个环节，维护"祖国统一，反对民族分裂"的意识。

2. 民族团结教育课程是根据国家统一要求列入地方课程实施的重要专项教育，是学校教育的组成部分。

3. 开展学校民族团结教育，要立足引导，重在教育。遵循各族学生的认知特点和良好发展规律，注重理论与实践相结合，有重点、分层次、有针对性地进行教育。坚持专项教育与在其他学科教学中的渗透相结合；课堂教育与寓教于乐的实践活动相结合；掌握知识、培养能力与正确人生观、价值观的养成相结合；过程、方法与目标相结合；学校教育家庭、社会教育相结合；统一要求与体现各民族和地区的特点相结合；贴近生活、贴近实际、贴近学生情感；开展民族团结教育工作，要做到由浅入深，循序渐进，不断巩固，注重实效。

二、民族团结教育的目标与任务

4. 民族团结教育的目标是，使各族学生思想认识和行为自觉地统一到党和国家的要求上来，增进对中华民族的认同和历史、文化的了解，促进56个民族优秀文化传统的相互交流、继承和发扬；增进各族学生对我国各民族共同缔造伟大祖国历史的认识，增强各族学生维护民族团结、维护国家统一、反对分裂的责任感和自觉性；认识和理解马克思主义关于民族问题的基本理论及党和国家的民族政策；在社会交往中，具备正确对待和处理民族问题得到基本素质；自觉维护我国各族"平等、团结、互助、和谐"社会主义关系，促进各民族的共同进步和祖国繁荣昌盛。

5. 民族团结教育的主要任务是全面贯彻党的教育方针、民族政策，按照素质教育的基本要求，重视中华历史文化和爱国主义教育，加深师生对民族团结必要性和重要性的认识。不断丰富学校民族团结教育的内容和形式，使各族学生牢固树立正确的祖国观、民族观、文化观；加强"三个离不开"（汉族离不开少数民族，少数民族离不开汉族，各少数民族之间也相互离不开）教育；了解和把握在处理影响民族团结问题的事件中坚持"四个维护"（维护人民利益，维护法律尊严，维护民族团结，维护祖国统一）原则；开展具有民族特色的教育活动，促进各民族之间的平等团结，树立民族自尊心和自豪感，不断增强中华民族的向心力、凝聚力。

三、民族团结教育的主要内容

6. 民族团结教育的主要内容包括：正确认识中华和各民族的特征，普及民族知识，树立民族团结意识；知道党和国家的民族政策及其必要性和重要性，了解我国民族问题的基本特点，学习马克思主义和党的民族基本理论，树立马克思主义民族观；从历史的、世界的视野分析和探讨各种民族现象，进一步认识党和国家的民族政策的优越性；联系实际进行思考、探讨，在思想和行为上培养贯彻执行党和国家民族政策的基本素质和能力。

7. 开展民族团结教育必须贯彻育人为本的原则，必须从不同地区的实际和各族学生不同年龄阶段身心发展的特点出发，分阶段、分层次、有重点、有针对性地设置具体教育内容。要把不同学段的民族团结教育内容有机地整合起来，统筹安排。

四、民族团结教育的实施途径和方法

8. 中小学要设置专门的民族团结教育课程。学校是对各民族学生进行民族团结教育的重要场所，应将民族团结教育的各项活动规范有序安排，保证活动质量。要通过课堂教学、专题教育活动和实践活动等多种方式，把民族团结教育贯穿到小学至高中教育阶段的教学、育人全过程中，特别要发挥好课堂教学主渠道的作用，确保教学时间和教学质量。要因地制宜组织好教学活动，教学活动形式的选择要符合各族学生的年龄特征，将课堂教学和实践活动有效结合起来，在学习和生活中践行马克思主义祖国观、民族观、文化观，增强中华民族大家庭的民族自豪感。

小学高年级阶段（三、四年级）

	内 容 标 准
民族知识启蒙教育	①了解我国是一个由 56 个民族组成的统一得多民族社会主义国家；
	②知道中华民族是由 56 个民族共同组成的大家庭，中华民族是我国 56 个民族的总称；
	③初步了解 56 个民族的基本特征；
	④了解自己所属民族的分布区域、人口数量，以及语言、文字及主要的文化特点和风俗习惯等；
	⑤形成民族团结的基本意识。

小学高年级阶段（五、六年级）

	内 容 标 准
民族常识教育	①了解 56 个民族的地域分布及居住特点；
	②了解各民族的主要风俗习惯；
	③了解各民族语言文字特点；
	④知道各民族著名人物；
	⑤了解各民族在文化艺术、科技等方面的特色与成就；
	⑥知道中华各族人民凭借勤劳、勇敢和智慧，共同开拓了祖国的疆土，发展了祖国的经济和文化；
	⑦了解各民族之间应当平等相待以及各民族人民需要和谐相处，共同进步；
	⑧形成"促进民族团结、维护国家统一、反对民族分裂"必要性的基本认识；

初中阶段（七、八年级）

	内 容 标 准
民族政策常识教育	①了解党和国家制定的坚持民族平等、维护民族团结、实行民族区域自治、培养少数民族干部和各类人才、发展民族地区经济和科教文卫事业、各民族有使用和发展本民族语言文字的权利、各民族有保持和改革本民族风俗习惯的权利、依法保障少数民族宗教信仰自由等民族政策的基本内容；
	②知道党和国家制定上述政策的历史背景和取得的巨大成就；
	③正确认识与对待党和国家的民族政策，在日常生活中，能遵循并运用民族政策分析和解决实际问题，进一步树立和巩固促进民族团结、维护国家统一、反对民族分裂的意识；

高中阶段（普通高级中学十、十一年级）

	内 容 标 准
民族理论常识教育	①学习和掌握我们党关于民族问题的基本理论，具备一定的理论素养；
	②从中华民族的历史演变、现状和特点，了解我国现阶段民族问题的特点及其原因，牢固树立马克思主义民族观；
	③初步了解世界各国多民族国家进退兴衰的历史和现状，在比较中进一步认识我们党和国家民族政策的优越性，坚定中华民族伟大复兴的信心。

高中阶段（中等职业技术学校一、二年级）

	内 容 标 准
民族理论常识实践教育	①学习马克思主义和党的民族理论，提高理论素养；
	②从中华民族的历史演变、现状和特点，了解我国现阶段民族问题的基本国情及其原因，牢固树立马克思主义民族观；
	③初步了解世界各国多民族国家进退兴衰的历史和现状，在比较中进一步认识我们党和国家民族政策的优越性，坚定中华民族伟大复兴的信心；（以上标准在整体篇幅中可适当压缩）
	④对在职业生涯中注意贯彻党的民族政策的重要意义有较全面的认识；
	⑤在职业生涯和交往中具备较强正确处理民族关系的能力。

9. 除课堂教学主渠道外，不同学校应根据自身的实际情况，因时因地制宜，灵活选择、使用多种形式、途径和方法开展学校民族团结教育。注意发挥各种民族团结教

育方法和途径的综合作用，提高民族团结教育的效果。要充分利用班会、团队活动、升旗仪式、专题讲座、墙报、板报等方式，组织开展"民族知识、绘画与手工、演讲、民族歌舞"等丰富多彩生动活泼的竞赛活动；定期表彰民族团结先进校、班集体和个人；相关学科渗透，与艺术教育与素质教育紧密结合起来；组织师生参观互访，相互学习，积极开展各民族学生之间结对帮学等活动。

10. 民族团结教育是学校、家庭和社会的共同责任。各级各类学校、家庭和社会要密切配合，充分利用各种社会资源、自然资源，从学生所在地域的实际生活中捕捉有教育意义的内容。要通过地域性民族特点的介绍，使学生知道家乡的民族特色、风俗文化，关心本地区民族的经济与社会的发展变化，尊重各民族的风俗习惯。同时，通过对各地区民族特点和发展现状的了解，振奋民族精神，凝聚各民族人民的力量，不断增强不同民族学生对中华民族优秀文化的认同，不断增强民族自尊心、自信心和自豪感。

11. 融合多种教育资源，加强民族团结教育基地建设。各地要充分利用现有资源，如博物馆、纪念馆、文物古迹等，建立民族团结教育基地，有效配制文本资源（如图书、报纸、杂志、照片、地图、图表等）和音像资源（如电影、电视节目、录像、VCD、磁带和各类教育软件）。聘请各民族为民族团结进步事业作出突出贡献的先进模范人物为顾问或校外辅导员，充分发挥民族团结教育基地的作用，保证民族团结教育工作的顺利和有效开展。

五、民族团结教育的师资培养与培训工作

12. 开展民族团结教育，师资队伍建设和师资培训工作是关键。要致力于培养一支爱党爱国，政治上与党中央保持高度一致，有比较丰富的人文社会科学知识、民族知识和民族理论素养，具备一定的思想政治教育经验，献身民族团结教育事业的教师队伍。

13. 应对承担民族团结教育的教师组织专门培训。各级各类学校的校长、政教主任、团队工作者和思想品德课教师及相关学科教师，都可以承担民族团结教育的教学工作。教育部和国家民委将组织有关专家编写民族团结教育方面的教师培训用书，并有计划、分期分批地培训民族团结教育的骨干教师。各级教育行政部门和学校要积极组织教师从事民族团结教育的专业培训列入当地和学校师资培训计划以及在职教师继续教育的培训系列。

14. 各级教育行政、民族工作部门和学校要根据本地教师队伍建设规划和教育教学实际，制订本地区民族团结教育教师队伍建设的具体计划。根据各级各类学校实际情况，逐步建立主管校长领导下，以政教主任、思想品德课和思想政治课教师、班主任和团队干部为主体，聘请一定数量的兼职教师，全体教师共同参与的民族团结教育教

师队伍。

15. 各级教育行政、民族工作部门和学校要根据学科建设、教材建设和教育骨干队伍建设的长远需求，采取切实可行的具体措施。如开展岗前培训、教学研究、集体备课、集体教研、教学竞赛和教学经验交流等，有计划地组织优秀教师考察学习、参加学术会议、调查研究，不断提高教师从事民族团结教育的思想素质和业务水平。对各学科教师要提出民族团结教育的具体要求，使每个教师将民族团结教育自觉地渗透到学校教育教学活动的各个环节，充分发挥教师的主导作用，增强民族团结教育的效果。

六、民族团结教育的组织实施

16. 加强对学校民族团结教育工作的指导与管理。民族团结教育工作是学校工作的重要组成部分，各级教育行政、民族工作部门要进一步加强对做好民族团结教育工作的领导，把民族团结教育工作纳入重要工作安排。加强工作指导、制订相应管理办法，积极组织各级各类学校开展民族团结教育工作，帮助学校解决工作中的问题和困难，使学校民族团结教育工作朝着科学化、规范化和制度化的正确方向发展。

17. 各级教育行政、民族工作部门都应有相关机构和人员专门负责或分管学校民族团结教育工作，各级教（科）研部门要积极配合、支持搞好学校民族团结教育。各级各类学校要建立由分管校长负责、有关职能部门相互配合、学校有关教师具体实施的民族团结教育工作机制。要加强对民族团结教育工作的日常检查和督促工作，定期举行民族团结教育的总结和表彰。各级教育行政部门和学校必须保证民族团结教育课程的时间安排，小学和初中阶段每学年要保证 10 ~ 12 个学时的教学活动时间，高中阶段的普通高中每学年保证 8 ~ 10 个学时的教学活动时间，高中阶段的中等职业技术学校每学年保证 12 ~ 14 个学时的教学活动时间。

18. 加强民族团结教育教学资源建设。在学校开展民族团结教育活动，不是权宜之计，而是一项长期的战略任务，同时又是一项政策性很强的工作。为此，各地开展民族团结教育活动的文本和音像教材等，由教育部和国家民委组织专家编写和制作，经全国中小学教材审定委员会民族团结教育教材审查专门委员会审定后统一使用。未经审定的有关民族团结教育方面的资料、图书、音像等一律不得进入。上述教材的使用由地方各级教育行政部门纳入课程教材使用规划予以落实。同时，要重视和加强民族团结教育教师教学网络资源库的建设和共享。

19. 各级教育科研单位和学校要加强民族团结教育的科研活动和课题研究。把民族团结教育研究列入当地课题研究规划，及时总结和交流研究成果。学校在进行民族团结教育教学活动时，要从学生实际出发，采用多种方法，提高教育质量。学校要充分调动教师的积极性，有针对性地开展民族团结教育的校本研究；坚持理论与实践相结合，通过带课题培训与合作研究等方式，推广优秀科研成果。

20. 要重视对学校民族团结教育活动的评价和督导工作。各级教育行政、民族工作部门要制订科学的民族团结教育评价方案，加强对教学效果的考察考评工作，切实保障学校民族团结教育活动不流于形式、不走过场。

21. 民族团结教育是一项长期的系统工程。这也是一项政治性强、政策性强、涉及知识面广的教育工作。各级教育行政、民族工作部门和学校要注意从政治的高度掌握政策，既要积极稳妥做好把关、指导工作，又要统筹安排、加强协调，积极争取相关部门的配合支持，妥善解决教育、教学活动中的有关问题。同时，各地教育行政、民族工作部门和学校要及时总结经验，发现问题，推广典型，以便为深入推进这项工作创造更好的条件。

中共中央宣传部　国家民委
党和国家民族政策宣传教育提纲

（2009 年 2 月 5 日）

搞好民族关系，加强民族团结，事关实现全面建设小康社会的奋斗目标，事关建设中国特色社会主义事业全局，事关国家的长治久安。为帮助广大干部群众正确理解执行党和国家的民族政策，切实维护民族团结、祖国统一和社会稳定，特编写本宣传教育提纲。

一、民族团结是关系国家前途命运的重大问题

1. 我国是各族人民共同缔造的统一的多民族国家。各民族的前途命运与祖国的前途命运始终紧密联系在一起。尽管中国历史上也曾出现过若干次分裂的局面，但都是短暂的，最后总是归于统一。国家统一始终是中国历史发展的主流，符合各族人民的根本利益，得到各族人民的衷心拥护。在我们这个多民族的大家庭，少数民族有一亿多人口，占全国总人口8%以上，分布在全国各地；民族自治地方占国土总面积的64%左右，西部和边疆绝大部分地区都是少数民族聚居区；有三十多个少数民族与境外的同一民族毗邻而居。这一基本国情，决定了民族问题始终是我们建设中国特色社会主

义必须认真处理好的一个重大问题，决定了民族工作始终是关系党和人民事业发展全局的一项重大工作，决定了加强民族团结始终是关系祖国统一、领土完整、边防巩固的一项重大任务。

2. 我们党始终高度重视搞好民族关系，高度重视维护民族团结。新中国的建立和社会主义制度的确立，开辟了民族团结的新纪元。毛泽东同志深刻指出："人民的团结，国内各民族的团结，是我们的事业必定要胜利的基本保证。"并发出了"中华人民共和国各民族团结起来"的伟大号召。邓小平同志指出，我国现阶段的民族关系是各族劳动人民之间的关系。江泽民同志提出，汉族离不开少数民族，少数民族离不开汉族，各少数民族之间也相互离不开。胡锦涛同志指出，各民族共同团结奋斗、共同繁荣发展是新世纪新阶段民族工作的主题。强调民族关系是我们这个多民族国家至关重要的政治和社会关系。强调民族团结是国家长治久安、兴旺发达的保证，促进民族团结、实现共同进步是民族工作的根本任务，无论在什么情况下，都要坚定不移的维护民族团结，大力宣传民族团结的先进典型，进一步构建平等团结互助和谐的民族关系。党的十七大要求，牢牢把握各民族共同团结奋斗、共同繁荣发展的主题，不断巩固和发展全国各族人民的大团结，壮大爱国统一战线，增强中华民族的凝聚力，新中国成立近六十年来特别是改革开放三十年来，少数民族的面貌，民族关系的面貌，民族团结进步事业的面貌发生了历史性的巨大变化，为发展中国特色社会主义伟大事业奠定了坚实基础。

3. 我国正处于并将长期处于社会主义初级阶段，工业化、信息化、城镇化、市场化、国际化趋势深入发展，正确处理民族问题涉及我国现代化建设的各个方面，切实维护民族团结的任务繁重而艰巨。各民族在社会主义制度下当家作主，在政治完全平等，但历史上民族歧视和民族隔阂所遗留的一些影响并没有彻底消除，一有条件还会表现出来。各民族的根本利益是一致的，但在不少具体权益方面，尤其是经济文化发展水平上存在较大差距，民族之间仍会发生一些矛盾和摩擦；各民族相互关爱、情同手足，共同性不断增多，但由于在风俗习惯、语言文字、宗教信仰等方面相互了解不够，加上地区、城乡、民族之间人员流动加快，误会、纠纷不时出现；民族法制建设不断加强，但由于有些人法制观念淡薄、执行政策片面偏颇等原因，伤害民族感情、损害民族团结的事情时有发生；和平、发展、合作是当今世界的主题，但国际敌对势力对我国实行西化和分化的政治图谋一刻也没有放松，与国内民族分裂势力遥相呼应，处心积虑地利用所谓民族、宗教、人权等问题，加紧对我进行渗透、分裂、破坏和颠覆活动。今年发生的拉萨"3·14"事件再次给我们敲响了警钟。

二、党的民族政策是民族团结的生命

4. 我们党以马克思主义民族理论为指导，制定和实施正确的民族政策，开创了适合中国国情、具有中国特色的解决民族问题的正确道路。我们建立了新中国，彻底结束了旧中国四分五裂的局面，实现了国家的高度统一和各民族的翻身解放；引导各族人民共同走上社会主义道路，实现了中华民族发展史上最广泛最深刻的社会变革；确认56个民族成分，实现了各族人民共同当家作主、管理国家事务；建立、巩固和发展社会主义民族关系，实现了空前的民族大团结；实行民族区域自治，实现了民族自治地方在国家统一领导下自主管理本地区内部事务的权利；支持和帮助民族地区发展生产力，实现了少数民族群众生产方式和生活水平的历史性飞跃；大力发展民族地区社会文化事业，实现了少数民族群众思想道德素质、科学文化素质和健康素质的全面提高；大力培养少数民族干部和人才，密切了党同少数民族群众的联系。新中国成立近六十年来，不管面对什么样的风险和考验，我国始终保持了民族团结、政治安定、社会稳定。

5. 党的民族政策，既全面考验了我们这个多民族的统一国家走上社会主义道路的基本事实，又全面考虑了我国五十六个民族在发展水平和文化风俗上存在多样性与差异性的基本事实；既深刻总结了我国历史上处理民族问题的经验教训，也积极借鉴了世界上一些国家处理民族问题的经验教训；既保持基本原则、基本理念的稳定性、一贯性，又随着工作重心的转移和实践的发展而不断充实、不断更新、不断完善，因而具有历史和现实的科学依据，具有强大生命力和感召力。我们党的民族政策，凝聚了几代中国共产党人处理民族问题的智慧和心血，是党的基本理论、基本路线、基本纲领、基本经验的重要组成部分，是党和国家民族工作最可宝贵的精神财富，是我们不断推进民族团结进步事业发展的根本保证。

6. 严格执行民族政策，直接关系到党在少数民族中的威信和形象，直接影响到党的民族工作的成败，直接决定着民族之间的信任和团结。历史经验证明，我国的民族关系和民族团结，只有在全面贯彻执行党和国家的民族政策的前提下，才能得以真正搞好和切实加强；党和国家的民族政策，也只有在搞好民族关系、加强民族团结的基础上，才能得到真正的贯彻执行。凡是民族政策执行得好的时候，民族关系就健康发展，民族团结就不断巩固；凡是民族政策执行得不好的时候，民族关系就遭遇波折，民族团结就受到破坏。

三、全面理解、准确把握党和国家民族政策的基本内容

7. 民族平等、民族团结、民族区域自治和各民族共同繁荣，是《中华人民共和国宪法》和《中国共产党章程》明确规定的处理我国民族问题的基本原则。这些基本原则，体现了马克思主义的基本原理，体现了社会主义的本质要求，体现了党的根本宗旨。我们党坚持这些基本原则，走出一条有中国特色解决民族问题的正确道路。

8. 民族平等，是党的民族政策的基石。在我国，民族平等是指各民族不论人口多少，居住地域大小，经济发展程度如何，语言文字和宗教信仰、风俗习惯是否相同，社会地位一律平等，享受相同的权利，承担相同的义务。汉族和少数民族一律平等，各少数民族之间也一律平等；任何民族都没有特权，任何民族的权利也没有被限制；民族平等不仅包括政治、法律上的平等，而且包括经济、文化各个方面的平等。

宪法、民族区域自治法和有关法律法规，对民族平等作出了明确规定。各民族都有平等参与国家事务管理的权利。各少数民族在全国人民代表大会中都有适当名额的代表，至少有代表一人。各民族都有使用和发展本民族语言文字的权利。中国共产党全国代表大会、全国人民代表大会、中国人民政治协商会议等重要会议，都提供有关民族语言文字的文件或语言翻译。少数民族有权用本民族语言文字进行诉讼和辩护。国家保障少数民族公民在受教育、就业等方面的平等权利。各少数民族都有保持或改革风俗习惯的自由。

为照顾少数民族在饮食、丧葬等方面的特殊需求，国家专门作出了相关的规定。为防止发生侵犯少数民族风俗习惯的问题，党和政府对新闻、出版、文艺、学术研究等有关单位和从业人员提出明确的要求。刑法专门设有"非法侵犯少数民族风俗习惯罪"，对侵犯少数民族风俗习惯的行为可以进行刑事处罚。为保障少数民族欢度本民族节日的权利，民族自治地方人民政府可以按照有关少数民族的习惯规定放假办法；少数民族职工参加本民族重大节日活动，可以按照国家有关规定放假，并照发工资。国家尊重和保障少数民族公民宗教信仰自由的权利。任何国家机关、社会团体和个人不得强制公民信仰宗教或者不信仰宗教，不得歧视信仰宗教的公民或不信仰宗教的公民。

需要特别指出的是，尊重少数民族风俗习惯，对于保障民族平等具有特殊的重要意义。风俗习惯是构成民族特别和民族差异的重要标志，尊重民族风俗习惯，就是尊重民族感情；尊重民族感情，必须尊重民族风俗习惯。风俗习惯的保持或改革，都应该由本民族成员自己去决定，别的民族和个人不得干预，更不能以行政命令强迫改革。

9. 民族团结，是解决我国民族问题的重大原则。加强民族团结，就是要搞好民族关系，促进各民族和睦相处、和衷共济、和谐发展，增强中华民族的凝聚力。党和国家采取各种有力措施，不断加强各民族的大团结。要大力加强"三个离不开"的宣传教育，全面促进民族团结进步。依法保障城市和散居少数民族群众的正当权益，加强对城市少数民族流动人员的服务和管理。充分发挥少数民族干部、民族宗教界代表人士的协调民族关系、维护民族团结和社会稳定中的重要作用。

坚持维护人民利益、维护法律尊严、维护民族团结、维护国家统一的原则，妥善处理影响民族团结的问题。我国现阶段民族之间的矛盾和影响民族团结的问题基本上属于人民内部矛盾，处理这类矛盾和问题，必须讲原则、讲法制、讲政策、讲策略。

坚持具体问题具体分析，是什么问题就按什么问题处理。建立健全处理影响民族团结问题的长效机制，努力把各类突发事件解决在当地、解决在基层、解决在萌芽状态。维护民族团结和祖国统一，必须旗帜鲜明地反对和抵制国际敌对势力打着"民族"、"宗教"、"人权"等旗号对我国进行的西化、分化活动，必须严密防范和坚决打击民族分裂势力、宗教极端势力、暴力恐怖势力通过各种手段对我国进行的渗透、破坏活动。

10. 民族区域自治，是解决我国民族问题的基本政策，是我国的一项基本政治制度。我国的民族区域自治，是在国家集中统一领导下，在少数民族聚居的地区，建立自治地方，设立自治机关，行使自治权。目前，我国已建立 155 个民族自治地方，包括 5 个自治区、30 个自治州、120 个自治县。此外，还建立了 1173 个民族乡，作为民族区域自治的重要补充形式。

坚持和完善民族区域自治，必须保证民族自治地方依法行使自治权。中央和国家机关各部门、地方各级党委和政府，在制定有关决议、决定、命令时，要适合民族自治地方的实际，照顾民族自治地方的特点和需要；要充分尊重民族自治地方的变通执行或停止执行的权利，并给予积极的指导和帮助；要按照民族区域自治法的要求，制定配套的法律法规、具体措施和办法。与此同时，民族自治地方既要保证党和国家的大政方针在本地的贯彻执行，又要从实际出发，切实行使好宪法和民族区域自治法赋予的自治权。

11. 实现各民族共同繁荣，是我们党在民族政策上的根本立场。要牢固树立和全面落实科学发展观，切实抓好发展这个党执政兴国的第一要务，千方百计加快少数民族和民族地区经济社会发展，既要投入更多的资金，又要给予更优惠的政策；既要帮助他们把经济搞上去，又要帮助他们发展各项社会事业。既要继续发挥中央政府的主导作用，又要坚持抓好各地区各部门的对口支援。通过各方面的努力，不断提高各族群众的生活水平，不断提高各民族的整体素质。

为促进各民族共同繁荣，党和国家制定出来了一系列重大政策措施。国家在基础设施建设上对民族地区倾斜。中央财政性建设资金、其他专项建设资金和政策性银行贷款适当增加用于民族地区基础设施建设的比重。国家安排的基础设施建设项目，需要民族地区承担配套资金的，适当降低配套资金比例；对民族地区的国家扶贫开发工作重点县，免除配套资金。国家在财政金融政策上对民族地区倾斜。上级财政支持民族地区财政保证党政机关正常运转、财政供养人员工资按时足额发放和基础教育正常经费支出。对民族贸易和民族特需商品定点生产企业实行流动资金贷款优惠利率、技术改造贷款财政贴息和税收减免等三项照顾政策。

国家建立保障民族地区合理利益的生态建设和环境保护补偿机制。对在建立自然保护区、重要生态功能保护区和生态环境建设等方面的作出贡献的民族地区给予合理补偿。在民族地区开发资源时，给予配套产业、社会服务业、劳动用工等方面的照顾。国家在扶贫政策上对民族地区给予倾斜。优先把特困民族地区贫困村纳入国家整村推进的扶贫开发规划，对缺乏基本生存条件地区贫困民族群众实施易地搬迁。国家实施扶持人口较少民族发展、兴边富民行动、少数民族事业等加快少数民族和民族地区发展的专项规划。

国家支持少数民族和民族地区教育事业发展，兴办民族院校和民族中小学，开展"双语"教学，在内地举办各种民族班、预科班，实施少数民族高层次骨干人才培训计划。国家支持少数民族和民族地区文化事业发展，设立专门民族文化工作机构，对民族地区文化基础设施建设投资和文化事业实行经费单列，实施"广播电视村村通工程"、"万里边疆文化长廊建设工程"、"文化资源共享工程"、"农村电影放映工程"、"万村书库"等，扶持传统通用的民族语言信息化和新闻出版、广播影视、翻译，保护少数民族文化遗产，整理、出版少数民族古籍。

国家支持少数民族和民族地区医疗卫生事业的发展，对民族地区地方病和传染病的防治经费投入予以倾斜，在自治区和一些少数民族较多的省举办医学院校或开办民族班，组织对民族地区卫生骨干队伍的对口支援培训，扶持民族医药的基地建设、队伍建设和开发利用。国家在执行计划生育政策时对少数民族适当放宽要求，民族自治地方的自治机关可以根据法律规定，结合本地的实际情况，制定实行计划生育的办法。

12. 少数民族干部是党和国家干部队伍的重要组成部分，是党和政府联系少数民族群众的重要桥梁和纽带。培养选拔少数民族干部，是解决民族问题的关键，是管根本、管长远的大事。对少数民族干部要大力培养、大胆选拔，充分信任、放手使用。要加强对少数民族干部的培养和管理，选拔大批优秀少数民族干部担任各级领导职务。要在民族地区广大干部中深入进行爱国主义教育，使爱国主义牢牢扎根在各族干部心中，引导他们树立正确的世界观、人生观、价值观，不断增强维护祖国统一、民族团结的自觉性和坚定性。对于在条件苦边远地区和条件困难地区工作的各族干部，给予更多的关心，注意培养通晓本地民族语言文字的汉族干部。民族地区各族干部都要相互学习、彼此尊重、充分信任、密切合作，共同为加快民族地区经济社会发展作贡献。

四、把党和国家的民族政策落到实处

13. 贯彻落实党和国家的民族政策，维护民族团结和社会稳定，是一项政治性、政策性、群众性很强，涉及全局、关系长远的重要工作。要广泛深入地开展中国特色社会主义教育，开展党和国家民族政策的宣传教育，既要教育少数民族，更要教育汉族；既要教育群众，更要教育干部；既要教育一般干部，更要教育领导干部。各级领导干

部和广大群众要认真学习中国特色社会主义理论体系，认真学习党和国家民族理论、民族基本知识，掌握民族政策、民族法律法规，不断增强法律政策观念，不断增强贯彻执行党和国家民族政策的自觉性，不断增强维护民族团结的责任感。

14. 党和国家的民族政策，体现在经济、政治、文化、社会等各个方面，社会各行各业都要严格执行党和国家的民族政策。各类生产经营者，交通、宾馆、饭店、商店等窗口服务行业，以及教育、医疗卫生、劳动就业、城市管理等与群众生活密切相关的部门，要遵守法律法规有关保障民族平等的规定，对各民族一律平等、一视同仁，不得生产经营含有歧视、侮辱少数民族的产品，不得拒载、拒住、拒餐、拒售，不得针对少数民族学生增加录取条件，提高录取标准，不得歧视少数民族群众，防止出现伤害民族情感、损害民族团结的情况。

15. 要为贯彻执行党和国家的民族政策营造良好氛围。要充分发挥大众传媒的作用，宣传党和国家的民族政策和有关法律法规，宣传党和国家对民族地区经济社会发展和少数民族生产生活的关怀，宣传维护祖国统一、民族团结的先进典型及其感人事迹，运用各种方式在全社会大力倡导各民族互相信任、紧密团结、互帮互学、共同发展进步的良好风尚，不断巩固和发展全国各族人民的大团结。

教育部办公厅　国家民委办公厅
关于印发《全国中小学民族团结教育工作部署视频会议纪要》的通知

（2009 年 7 月 7 日）

各省、自治区、直辖市教育厅（教委）、民（宗）委（厅、局），新疆生产建设兵团教育局、民宗局：

2009 年 5 月 11 日，教育部、国家民委组织召开了全国中小学民族团结教育工作部署视频会议。现将会议纪要印发给你们，请予以贯彻落实。

附件：全国中小学民族团结教育工作部署视频会议纪要

附件：

全国中小学民族团结教育工作部署
视频会议纪要

为认真贯彻中央关于切实做好民族团结教育的有关精神，全面部署新时期、新阶段全国中小学民族团结教育工作，根据教育部办公厅国家民委办公厅印发的《学校民族团结教育指导纲要（试行）》有关要求和工作安排，2009 年 5 月 11 日，教育部、国家民委共同召开了全国中小学民族团结教育工作部署视频会议。

一、会议的基本情况

（一）会议形式：会议在北京设立了视频主会场。教育部党组织成员、副部长鲁昕，国家民委党组成员、驻委纪检组组长杜鹃出席会议并作了重要讲话。中央统战部二局，国家宗教局业务四司，教育部基础教育一司、基础教育二司、职业教育与成人教育司、民族教育司、思想政治工作司，国家民委教育科技司和北京市教委，内蒙古自治区教育厅，广东省民委有关负责人参加了北京主会场会议。除主会场外，各省、自治区、直辖市和新疆生产建设兵团设立了视频分会场，各教育厅（教委、教育局）、民（宗）委（厅、局）分管领导和有关处室负责人以及部分学校教师代表参加了分场会议。

（二）会议的目的和任务：会议以邓小平理论、"三个代表"重要思想和科学发展观为指导，认真贯彻党的十七大精神和《中共中央国务院关于进一步加强民族工作加快少数民族和民族地区经济社会发展的决定》、《国务院办公厅关于严格执行党和国家民族政策有关问题的通知》，深入分析做好中小学民族团结教育工作的重要性、紧迫性和长期性。会议按照中宣部、国家民委印发的《党和国家民族政策宣传教育提纲》和教育部办公厅、国家民委办公厅联合印发的《学校民族团结教育指导纲要（试行）》（以下简称《指导纲要》）有关要求，对今后一个时期中小学全面开展民族团结教育工作的目标任务、方法和具体措施进行全面部署。

（三）会议的基本内容：会议听取了鲁昕副部长和杜鹃组长的重要讲话。北京市教委、内蒙古自治区教育厅和广东省民委的负责同志就本地中小学开展民族团结教育工作的情况及进一步做好中小学民族团结教育工作的思想作了会议发言。

二、要深刻认识在中小学开展民族团结教育工作的重要性、紧迫性和长期性

1. 要始终坚持用党和国家民族理论和民族政策教育青少年，为全面构建社会主义和谐社会打下坚实的思想基础。会议指出，我们党以马克思主义民族理论为指导，制定和实施正确的民族政策，开创了适合中国国情、具有中国特色的解决民族问题的正确道路。党带领各族人民推翻"三座大山"，建立了新中国，彻底结束了旧中国四分五裂的局面，实现了国家的统一和各民族的翻身解放；领导各族人民走上社会主义道路，实现了发展史上最深刻的社会主义变革；确立了各民族的平等地位，实现了各民族人民共同当家作主，共同管理国家事务。党和国家不断完善法律法规和政策措施，大力巩固发展"平等、团结互助、和谐"的社会主义民族关系，实现了我国各族人民的空前大团结。新中国成立 60 年来的实践证明，国家的稳定和中国特色社会主义建设各项事业的顺利开展，国家的团结统一和繁荣富强，社会和谐、科学发展，都要求必须切实维护民族团结。维护祖国统一、反对民族分裂，是我国各族人民的共同责任，是我国综合国力的重要基础。各地要胸怀大局、放眼长远，要站在全局的、战略的、历史的高度，面向现代化、面向世界、面向未来，增强贯彻落实《指导纲要》的自觉性和坚定性，通过深入扎实地推进中小学民族团结教育，在青少年中牢固树立以维护祖国统一和民族团结为荣、以危害祖国统一和民族团结为耻的良好氛围。深刻认识民族团结教育事关建设中国特色社会主义事业全局，事关实现全面建设小康社会的奋斗目标，事关国家长治久安。

2. 加强学校民族团结教育，自觉维护各民族的紧密团结，是中华民族核心利益的根本要求。会议指出，我国是各族人民共同缔造的统一的多民族国家，各民族的前途命运与祖国的前途命运始终紧密联系在一起。尽管中国历史上也曾出现过若干次分裂的局面，但都是短暂的，最后总是归于统一。国家统一始终是中国历史发展的主流，符合各族人民的根本利益，得到各民族人民的衷心拥护。在我们这个多民族的大家庭里，少数民族有 1 亿人口，占全国总人口 8.41%，分布在全国各地。民族自治地方占国土总面积的 64%，蕴藏着支撑中华民族可持续发展不可缺少的丰富的自然资源和丰富多彩的社会人文资源；西部和边疆绝大部分地区都是少数民族聚居区，有 30 多个少数民族与境外的同一民族毗邻而居。这一基本国情，决定了民族问题始终是我们建设中国特色社会主义必须认真处理好的一个重大问题，决定了不断增强民族团结始终是关系党和人民事业发展全局的一项重大工作，是关系祖国统一、领土完整、边防巩固的一项重大任务。在全国中小学全面、深入、持续地开展民族团结教育是中华民族核心利益的根本要求。

3. 大力推进学校民族团结教育不断增强各民族的凝聚力和向心力，是中国特色社会主义伟大事业取得最终胜利得到根本保证。会议指出，我们党力量高度重视维护祖国统一和民族团结。新中国的建立和社会主义制度的确立，开辟了民族团结的新纪元。毛泽东同志深刻指出："国家的统一，人民的团结，国内各民族的团结，这是我们的事业必定要胜利的基本保证"，并发出了"中华人民共和国各民族团结起来"的伟大号召。邓小平同志指出，我国现阶段的民族关系是各族劳动人民之间的关系。江泽民同志提出，汉族离不开少数民族，少数民族离不开汉族，各少数民族之间也相互离不开。胡锦涛同志指出，民族关系是我们这个多民族国家至关重要的政治和社会关系，民族团结是国家长治久安、兴旺发达的保证，促进民族团结、实现共同进步是民族工作的根本任务，无论在什么情况下，都要坚定不移地维护民族团结，大力宣传民族团结的先进典型，进一步构建平等团结互助和谐的民族关系。要让各民族中小学生从小就受到良好的教育，尤其是维护祖国统一和民族团结的教育，这个规划要早拿快拿，一年不行，坚持数年，必有效果，这是百年大计，尤为重要。党的十七大要求，牢牢把握各民族共同团结奋斗、共同繁荣发展的主题，不断巩固和发展全国各族人民的大团结，壮大爱国统一战线，增强中华民族的凝聚力。新中国成立 60 年特别是改革开放 30 年来少数民族的面貌，民族关系的面貌，民族团结进步事业的面貌发生了历史性的巨大变化，为发展中国特色社会主义伟大事业奠定了坚实基础。在中小学开展民族团结教育是确保中国特色社会主义伟大事业最终取得胜利的基本保证，是一项长期的战略工程。

4. 不断提高学校民族团结教育的实际效果，是正确处理民族问题，防止境外渗透，大力发展"平等、团结、互助、和谐"的社会主义民族关系的长远大计。会议指出，我国正处于并将长期处于社会主义的初级阶段，工业化、信息化、城镇化、市场化、国际化趋势深入发展，正确处理民族问题涉及我国现代化建设的各个方面，切实维护民族团结的任务繁重而艰巨。各民族在社会主义制度下当家作主和政治上的平等，但历史上民族歧视和民族隔阂所遗留的一些影响并没有彻底消除，在一定情况下还会表现出来：各民族的根本利益是一致的，但在某些方面，尤其是经济文化发展水平上存在较大差距，民族之间仍会发展一些矛盾和摩擦；各民族相互关爱、情同手足，共同性不断增多，但由于在风俗习惯、语言文字、宗教信仰等方面的差异，加上地区、城乡、民族之间人员流动加快，误会和纠纷不时出现；民族法制建设不断加强，但由于有些人法制观念淡薄、执行政策片面偏颇等原因，伤害民族感情、损害民族团结的事情时有发生；和平、发展、合作是当今世界的主题，但国际敌对势力对我国实行西化和分化的政治图谋一刻也没有放松，与国内民族分裂势力相互勾结，处心积虑地利用所谓"民族"、"宗教"、"人权"等问题加紧对我进行渗透、分裂、破坏和颠覆活动。在中小学大力加强民族团结教育工作，就是内和各民族、外防渗透的长远大计。

会议强调，民族团结教育工作是学校育人工作的重要组成部分，在全国中小学全面、深入、持续地开展民族团结教育，不是权宜之计，而是一项长期的战略任务，同时又是一项政策性、敏感性很强的工作，只能加强，不能削弱，更不能中断。各级教育行政部门、民族工作部门和各级各类中小学校要从维护国家长治久安全局的高度，深刻认识大力加强中小学民族团结教育工作的重要性、紧迫性和长期性，进一步加强对民族团结教育工作的领导，把民族团结教育工作作为一项重要的工作常抓不懈。

三、扎实推进全国中小学民族团结教育工作

1. 要确立民族团结教育在中小学教育中的重要地位。会议指出，民族团结教育课程是根据国家统一要求列入地方课程实施的重要专项教育，是学校教育的组成部分。在中小学开展民族团结教育工作，其目标就是要使各族学生通过对马克思主义民族问题基本理论及党和国家民族政策的学习理解，促进 56 个民族优秀文化传统的相互交流、继承和发扬；引导各族学生对我国各民族共同缔造伟大祖国历史的认识，不断增进对中华民族大家庭的认同感，增强各族学生维护民族团结、维护国家统一、反对民族分裂的责任感；具备在社会交往中正确对待和处理民族问题的基本素质；不断提高巩固和发展我国"平等、团结、互助、和谐"的社会主义民族关系的自觉性，促进各民族的共同进步和祖国繁荣昌盛。民族团结教育和主要任务是全面贯彻党的教育方针、民族政策，按照素质教育的基本要求，重视优秀的中华传统文化和爱国主义教育，加深师生对民族团结必要性和重要性的认识，引导各族学生牢固树立正确的祖国观和民族观；加强汉族离不开少数民族，少数民族离不开汉族，各少数民族之间也相互离不开的教育；不断提高各族学生维护人民利益，维护法律尊严，维护民族团结，维护祖国统一的自觉性，不断增强中华民族的向心力、凝聚力。开展学校民族团结教育，要立足引导，重在教育。要遵循各族学生的认识特点和身心发展规律，注重理论与实践相结合，有重点、分层次、有针对性地开展教育活动。坚持课堂教育与丰富多彩的实践活动相结合；掌握知识、培养能力和树立正确人生观、价值观相结合；过程、方法与目标相结合；学校教育与家庭、社会教育相结合；统一要求与体现各民族和地区的特点相结合；贴近生活、贴近实际、贴近学生情感，做到由浅入深，循序渐进，不断巩固，注重实效。

2. 按照素质教育的要求，科学安排各阶段的教育教学活动。会议要求，各中小学要按要求设置专门的民族团结教育课程，科学安排从小学到高中阶段各年级各环节的教育、教学活动。要通过课堂教学、专题教育活动和实践活动等多种方式，把民族团结教育贯穿到育人全过程中，要确保教学时间和教学质量。要因地制宜组织好教学活动，教学活动形式要符合各族学生的年龄特征，将课堂教学和实践活动有效结合起来，

在学习和生活中践行马克思主义民族观。除课堂教学主渠道外，采用多种形式和途径开展学校民族团结教育，不断提高民族团结教育的效果。要充分利用班会、团队活动、升旗仪式、专题讲座、墙报、板报等方式，组织开展民族知识、绘画与手工、演讲、民族歌舞等丰富多彩、生动活泼的体验式教学活动；定期表彰民族团结先进校、班集体和个人；组织师生参观互访，促进各民族学生相互学习，共同进步。各地要充分利用现有资源，如博物馆、纪念馆、文物古迹等，建立民族团结教育基地，有效配制文本和音像等资源。要聘请在民族团结进步事业中做出突出贡献的先进模范人物做校外辅导员，充分发挥民族团结教育基地的作用，保证民族团结教育工作有效开展。

3. 有效开展学校民族团结教育工作，加强教师队伍建设是关键。会议要求，各级各类学校的校长、政教主任、团队工作者和思想品德课教师及相关学科教师，经过专门培训可以承担民族团结教育的教学工作。教育部和国家民委将组织有关专家编写民族团结教育方面的教师培训教材。各级教育行政部门和学校要把民族团结教育课教师的培训列入计划，加大培训力度，建设一支合格的教师队伍。要根据学科建设、教师队伍建设的长远需求，由教育部等部门采取远程教育方式，组织学校民族团结教育教师培训讲座和教学实践案例课程，引导教学人员掌握教材教法和提高教学效果；同时，要加强校本培训工作，由学校采取切实可行的具体措施，如组织开展教学研究、集体备课、集体教研、学术研讨、调查研究和教学经验交流等，不断提高教师的思想素质和业务水平。各地要把民族团结教育研究列入当地课题研究规划，保证经费投入，及时总结教学经验，加强科研成果的交流。

4. 建立保障机制，促进学校民族团结教育有序、有效开展。会议指出，民族团结教育课程是根据国家统一要求列入地方课程实施的重要专项教育，是学校教育的组成部分。各地中小学要按照《指导纲要》的要求，一是在小学三、四年级开设《中华大家庭》课程，在小学五、六年级开设《民族常识》课程，在初中一、二年级开设《民族政策常识》课程，在普通高中一、二年级开设《民族理论常识》课程，在中等职业学校开设《民族理论常识实践教育》课程，按规定的课时安排教学；二是根据《指导纲要》对教学的基本要求，将各阶段民族团结教育全国统编教材的教学内容纳入小学的阶段考察和中、高考及中职毕业考试范围，试题分值不低于政治科目分数的15%；三是为体现国家统一意志、确保中小学开展民族团结教育工作的严肃性，学校的文本和音像教材等要按照少而精的要求，由教育部和国家民委统一组织编写和制作，经审定后统一使用未经审定的不得进入学校；四是将经国家审定的中小学民族团结教育教材纳入地方课程教材使用规划予以落实。

5. 加强领导，大力推进学校民族团结教育工作顺利开展。会议要求，各地教育行政部门和民族工作部门要认真传达、学习、领会会议的重要意义，把握精神实质，把思想和认识自觉地统一到中央的要求上来，统一到促进各民族共同发展、共同维护社会稳定的大局上来。要进一步加强对工作的领导，建立健全学校民族团结教育领导机构、制定相应管理办法，对工作开展情况进行不定期督促检查，及时协调解决工作中面临的突出困难和问题。由教育部、国家民委与省级教育行政部门和民族工作部门签订学校民族团结教育工作目标责任书。同时，从今年起实行工作年报制度，由各省级教育行政部门于每年 11 月底前将本地区中小学开展民族团结教育工作的基本情况，以工作总结的形式报教育部和国家民委，由教育部和国家民委发布全国中小学民族团结教育工作年度报告，推动整体工作有序、有效地开展。

会议要求，各地要认真归纳总结自 1994 年试点、2000 年正式开展中小学民族团结教育活动以来，本地区中小学开展民族团结教育工作的基本情况，以实事求是的态度，既要总结工作中取得的成绩和经验，又要认真查找工作中存在的不足和薄弱环节。在对本地区中小学排列民族团结教育工作深入调研的基础上，根据会议精神以及《指导纲要》要求，结合本地区实际，统筹规划，由各地教育行政部门牵头制订本省（区、市、兵团）进一步做好中小学民族团结工作的具体措施和实施方案，并于 2009 年 9 月 10 日前报教育部民族教育司和国家民委教育科技司。

中央宣传部　教育部　国家民委
《关于在学校开展民族团结教育
活动的通知》

（2009 年 8 月 20 日）

各省、自治区、直辖市党委宣传部门、教育工作部门、教育厅（教委）、民（宗）委（厅、局），新疆生产建设兵团党委宣传部、教育局、民宗局，教育部直属各高等学校：

为贯彻落实中央要求，在学校广泛开展民族团结教育，现将有关事项通知如下：

一、深刻认识在学校开展民族团结教育的重要性和紧迫性

我国是各族人民共同缔造的统一的多民族国家，中华民族是由各民族共同组成的大家庭，各民族共同发展了灿烂的中华文明，各民族的大团结具有深刻的历史渊源和

广泛的现实基础。加强民族团结，事关实现全面建设小康社会的奋斗目标，事关建设中国特色社会主义事业的全局，事关国家的统一和长治久安。青少年学生是祖国的未来、民族的希望。在学校全面、深入、持续地开展民族团结教育，引导各族青少年学生牢固树立正确的国家观、民族观，牢固树立中华民族是一个大家庭的思想，牢固树立汉族离不开少数民族、少数民族离不开汉族、各少数民族之间也相互离不开的思想，是加强和改进未成年人思想道德建设、大学生思想政治教育，培养德智体美全面发展的中国特色社会主义合格建设者和可靠接班人的必然要求，是不断增强中华民族凝聚力和向心力，确保中国特色社会主义事业不断前进的根本保证。

我国正处于并将长期处于社会主义初级阶段，正确处理民族问题涉及我国现代化建设的各个方面，切实维护民族团结的任务繁重而艰巨。去年以来，境内外敌对势力策划组织拉萨"3·14"和乌鲁木齐"7·5"严重暴力犯罪事件，加紧对学校的渗透，与我争夺人心、争夺青少年，充分暴露他们破坏民族团结、煽动民族仇恨、制造民族分裂的险恶用心，充分说明反分裂斗争的严峻性、复杂性和长期性。在学校开展民族团结教育，使民族团结意识深深根植各族青少年学生的心中，是当前一项十分紧迫的工作，更是一项长期得到战略任务。必须增强政治意识、大局意识、责任意识，以对国家和民族高度负责的态度，切实把在学校开展民族团结教育工作抓紧抓好。

二、立足当前，深入开展"民族团结教育"主题活动

各级各类学校要充分利用暑期时间，认真研究制定有针对性的活动方案，精心准备、精心部署，在今年秋季开学后立即开展"民族团结教育"主题活动。着重进行维护国家统一和热爱伟大祖国的宣传教育、党的民族理论的宣传教育、民族政策和民族区域自治制度的宣传教育、各民族团结友爱的宣传教育、民族地区发展成就的宣传教育、维护社会稳定和社会主义法制的宣传教育，把民族团结进步事业的主流讲充分，把乌鲁木齐"7·5"事件的性质和危害讲清楚，把"团结稳定是福、分裂动乱是祸"的道理讲透彻，引导广大学生进一步增强稳定压倒一切意识、民族团结意识、遵纪守法意识和社会责任的意识，人人争做民族团结的维护者、促进者。

各级各类学校要紧紧围绕活动主题，抓住课堂教学、社会实践、校园文化等重要环节，把教育活动开展到每一个班级、覆盖到每一个学生。要组织学习《民族团结教育通俗读本》。结合"我爱我的祖国主题暑期社会实践"活动，有针对性地增加民族团结教育的内容；结合今年"中小学弘扬和培育民族精神月"活动，在秋季开学之际上好民族团结教育第一课；结合"爱国歌曲大家唱"——教育系统"祖国万岁"歌咏活动，积极学唱、传唱民族团结歌曲。组织学生集中开展一次民族团结教育主题党日、主题团日、主题班（队）日活动；充分利用升旗仪式、报告讲座、墙报板报等多种形

式，增强教育活动的吸引力、感染力；积极开展各族师生互访，增进互相学习、共同进步。高等学校要加大民族团结教育力度，适当调整政治理论课教学计划，增加讲授课时，在"形势与政策"课中集中安排不少于3学时的民族团结专题教育；邀请有关部门领导干部为学生作民族团结的报告。注意做好穆斯林留学生的教育引导工作。

新疆维吾尔自治区各级各类学校要在自治区党委、政府的领导下，从当前实际出发，有针对性地开展民族团结教育活动。要利用暑期时间，集中进行学校领导班子、教师的民族团结教育全员培训，把思想和行动进一步统一到党中央对形势的分析判断和对工作的决策部署上来。组织教师进行家访，对各族学生进行心理抚慰。秋季开学后专门安排一段时间集中对全体学生进行民族团结教育。开发地方课程的现实感和针对性。发挥学校党团组织优势，深入细致地做好学生思想政治工作，增强广大学生对祖国的认同、对中华民族的认同、对中华文化的认同、对中国特色社会主义的认同，其他民族地方各级各类学校，内地各民族院校和民族中小学，内地有民族班、预科班的学校，要结合本地本校的特点和实际，结合学生返校的思想动态，把"民族团结教育"主题活动抓实抓好。

三、着眼长远，进一步加强学校民族团结教育工作

充分发挥课堂教学的主渠道作用，扎实推进民族团结教育进教材、进课堂、进学生头脑。各中小学要根据各学科课程标准，在思想品德类课程的框架内，在小学进行中华民族大家庭教育，在初中进行民族团结政策教育；在高中阶段进行民族团结政策教育；在语文、历史、地理等课程中加强民族团结方面的教学。高等学校要将民族团结教育内容有机融入《思想道德修养和法律基础》、《毛泽东思想和中国特色社会主义理论体系概念》和"形势与政策"等思想政治理论课教育教学中；要结合民族团结教育要求，加强哲学社会科学有关课程的教材建设和教学方法改革；民族院校要专门开设民族团结教育有关课程。

切实加强民族团结教育教材建设和师资队伍建设。有关部门和各地、各级各类学校要组织力量抓紧编写高质量的教材和学习辅导材料。将民族团结教育教学内容纳入小学阶段考察和中考、高考及中职毕业考试范围。加强民族团结教育理论和实践研究，推出一批有价值、有分量的研究成果。加强对教师队伍的教育培训，不断提高思想政治素质和教学水平，更好地发挥他们在民族团结教育中的主导作用。

充分运用多种形式、途径和方法开展民族团结教育。各级各类学校要根据自身实际和学生思想情况，因时因地制宜，注意综合运用各种民族团结教育方法和途径，增强民族团结教育的针对性、实效性和吸引力、感染力。中小学要组织开展生动活泼的民族团结体验活动。高等学校要积极引导广大学生通过社会调查、志愿服务等形式、

深入了解民族地区的不发展变成，积极投身民族地区的生产建设；邀请各级党政领导、专家学者定期为师生作民族团结教育专题形势报告。各级各类学校要抓住重要纪念日、民族传统节日特别是少数民族传统节日等契机，组织开展民族歌曲传唱、民族舞蹈演出、少数民族特色文化展示等形式多样的文体活动，充分展示各族人民团结一心、共创和谐的精神风貌。充分利用爱国主义教育基地和民族团结进步教育基地开展专题教育和实践活动。积极聘请各民族为民族团结进步事业做出突出贡献的先进模范人物担任民族团结教育的工作顾问和校外辅导员，促进民族团结教育活动的有效开展。

四、切实强化对在学校开展民族团结教育工作的组织领导

开展民族团结教育政治性、政策性、敏感性强，各级党委宣传部门、教育工作部门和民族工作部门要切实加强对在学校开展民族团结教育工作的领导，把民族团结教育作为围绕庆祝新中国成立 60 周年加强爱国主义教育的重要工作，作为一项关系长远的战略任务，摆在重要位置，周密细致地做出安排。各级各类学校要利用暑期做好充分准备，既立足当前又着眼长远，采取切实可行的措施，在今年秋季开学后，迅速掀起民族团结教育活动的热潮。要建立完善学校、家庭、社会相结合的民族团结教育网络，推动民族团结教育制度化、经常化。要充分利用报刊、广播、电视、互联网等媒体，做好在学校开展民族团结教育活动的宣传报道，大力营造加强民族团结的浓厚氛围。要关注社会舆情和学生思想动态，加强工作指导和督促检查，及时评估民族团结教育的效果和影响，协调解决工作中遇到的问题。通过扎实有效的工作，把各族青少年学生凝聚在党的周围，为实现中华民族伟大复兴贡献智慧和力量。

各地各校开展民族团结教育的情况请及时报教育部。

（二）

北京市文件汇编

北京市教育局
关于转发北京市民族事务委员会
北京市人民政府文教办公室
《关于贯彻落实全国民族教育工作会议
精神的意见》的通知

京教小字〔1992〕第 8 号

有关区、县教育局：

　　现将北京市民族事务委员会、北京市人民政府文教办公室京族字（1992）第 071 号文《关于贯彻落实全国民族教育工作会议精神的意见》转发给你们，望结合本区县实际，贯彻执行。

附件：《关于贯彻落实全国民族教育工作会议精神的意见》

一九九二年十一月二十四日

附件：

北京市民族事务委员会
北京市人民政府文教办公室
关于贯彻落实全国民族教育工作会议精神的意见

（1992）京族字第 071 号

各区县政府、市属各有关委办局、高等学校：

　　根据全国民族教育工作会议提出的 20 世纪 90 年代民族教育工作的任务，结合我市的具体情况，经研究，特提出以下贯彻意见：

307

1. 要把马克思主义民族观、党的民族政策和民族知识的教育，列入中小学"两史一情"的教育内容中，文法类高等学校和中专学校应把党的民族政策、宗教政策列入法制课教学计划。

2. 重点扶持郊区和经济不发达地区的民族学校，每年由市民委在调查研究的基础上提出意见，与市政府文教办协商，议定重点补助改善办学条件的学校名单，有计划地对民族学校给予扶助，以当地财力为主改善办学条件，使绝大多数部分民族中小学及托幼园所的办学条件和教学水平逐步达到本市和当地普通教育的标准。

3. 继续办好回民学校的民族师范班，自 1992 年起，每年给该校一名师范院校保送生的名额，逐步提高民族中学的师资水平。

4. 办好民族职业教育培训，远郊区县的民族中学应尽快实行"3＋1"的职业技术培训，使大部分未能升入高中的初中毕业生能接受一定的职业技术培训，为当地经济建设培养初级技术人才。

5. 积极创造条件，使民族职业高中成为市级重点职业高中。

6. 为少数民族优秀青年积极创造更多的深造、学习机会，在高等院校办少数民族优秀青年进修班，培训少数民族干部。

7. 办好西藏中学，继续改善办学条件，充实教学设备，提高教学质量，提高生源质量，搞好毕业分配。

8. 配备好各民族小学的干部队伍，凡缺乏领导干部的民族小学，各区、县要力争在 1993 年暑假前配齐，注意配备少数民族的领导干部。加强民族小学的师资队伍，提高师资水平，改善办学条件。在 1995 年前，民族小学教师达到学历标准，取得专业合格证书。

9. 自远郊县选配优秀高中毕业生进行英语培训，结业后定向分配到民族中学担任英语教师，使各民族中学的初中均开设英语课。

10. 建立民族教育基金，采取以奖代补，奖补结合的办法，支持民族教育的发展。

一九九二年八月

北京市教育委员会
北京市民族事务委员会
关于重新印发贯彻落实全国民族教育
工作会议精神的意见的通知

京教基〔1996〕053号

各区县教委、教育局，民宗办（科）、各高等学校：

　　根据全国民族教育工作会议提出的20世纪90年代民族教育工作的任务，结合我市的具体情况，北京市民族事务委员会、北京市人民政府文教办公室于1992年联合制定了《关于贯彻落实全国民族教育工作会议精神的意见》（京族字〔1992〕071号，以下简称《意见》）。几年来，在各级教育部门和民族部门共同努力下，《意见》得到较好地贯彻落实，产生了良好的影响和效果，促进了我市民族教育事业的发展。

　　鉴于市教委成立，以及《意见》中部分条款已经落实，我们对《意见》中的部分条款进行了修改。现将修改后的《意见》印发给你们，望根据本区县的实际，认真贯彻落实。

一九九六年六月二十二日

关于贯彻落实全国民族教育工作
会议精神的意见

　　根据全国民族教育工作会议提出的20世纪90年代民族教育工作的任务，结合我市的具体情况，经研究，特提出以下贯彻意见：

　　一、抓好民族常识教育。要把马克思主义民族观、党的民族政策和民族知识的教育，渗透到中小学"两史一情"及相关学科的教育内容中，文法类高等学校和中专学校应把党的民族政策、宗教政策列入法制课教学计划。

二、重点扶持郊区和经济不发达地区的民族学校，每年由市民委在调查研究的基础上提出意见，与市教委协商，议定重点补助改善办学条件的学校名单，有计划地对民族学校给予扶助，以当地财力为主改善办学条件，使绝大部分民族中小学及托幼园、所的办学条件和水平逐步达到本市和当地普通教育的标准。

三、继续办好回民学校的民族师范班，每年给该校一名师范院校保送生的名额，采取乡来乡去的办法，充实远郊区县民族中学的师资，逐步提高民族中学的师资水平。

四、办好民族职业教育培训，远郊县的民族中学应尽快实行"3＋1"的职业技术培训，使大部分未能升入高中的初中毕业生能接受一定的职业技术培训，为当地经济建设培养初级技术人才。

五、民族职业高中成为市级重点职业高中后，应积极创造条件，争取成为国家级重点学校。

六、为少数民族优秀青年积极创造更多的深造、学习机会，在高等院校办少数民族优秀青年进修班，培养少数民族干部。

七、办好西藏中学。继续改善办学条件，充实教学设备，提高教学质量，提高生源质量，搞好毕业分配。

八、抓好各民族小学的干部队伍建设，注意配备少数民族的领导干部。加强民族小学的师资队伍，提高师资水平，使民族小学教师达到学历标准，取得专业合格证书。

九、选派具有合格学历的英语专业师范院校毕业生，充实到远郊区县民族中学，提高远郊区县民族中学的英语教学质量。

十、建立民族教育基金，采取以奖代补、奖补结合的办法民族支持民族教育的发展。

北京市教育委员会
北京市民族事务委员会
关于贯彻落实第五次
全国民族教育工作会议精神的意见

京教基〔2002〕35 号

各区县教委、民委（民宗办）：

为全面落实《国务院关于深化改革加快发展民族教育的决定》（国发〔2002〕14号，以下简称《决定》）和第五次全国民族教育工作会议精神，加速推进首都民族教育的改革与发展，提出如下贯彻意见，请结合本地区实际，认真贯彻执行。

一、提高认识，加强对民族教育工作的领导

民族教育是整个教育事业的重要组成部分，也是党和国家民族工作的重要内容。北京是全国政治、文化和国际交往的中心，是我国 56 个民族的首都，也是多民族散杂居的地方。首都民族教育工作关系到少数民族群众的根本利益，关系到首都乃至全国的稳定，关系到民族团结和国家的统一。各级领导要从讲政治的高度、从大局的和战略的高度，提高对民族教育工作重要性的认识，把民族教育工作摆到重要位置来抓。要认真学习、领会第五次全国民族教育工作会议精神，学好《决定》，结合实际，认真总结民族教育工作的基本经验，分析民族教育发展中遇到的新情况、新问题，提出新形势下做好民族教育工作的新思路。

要切实加强对民族教育工作的领导，树立民族教育优先发展的观念，将民族教育事业的发展纳入到教育发展的整体规划之中，将民族学校的建设纳入基础设施建设计划，给予优先安排。要在部署、总结年度工作时把民族教育工作作为一项重要内容，把民族教育工作开展情况列入教育督导检查项目，并建立通报制度。要有相应的机构和人员负责民族教育工作，确保民族教育工作的政策、措施落到实处。

二、优化资源配置，办好每一所民族学校、幼儿园

根据经济和社会发展需要及人口和生源变化情况，进一步加强民族学校的规划与建设，合理调整民族学校布局，促进教育资源的优化配置。对于一些生源少、办学规模过小，继续办学较为困难的民族学校可采取与相邻办学条件较好的学校合并的方式进行调整，调整后仍可保留民族学校的牌子。布局调整后保留的民族学校要依据新的办学条件标准加强建设，要建设一所，达标一所。凡撤并、置换民族学校需做好当地少数民族群众工作，并征得区县工作部门同意后分别报市教委、市民委备案。要加强民族职业学校和示范高中建设。适当发展寄宿制学校，满足少数民族群众多层次的教育需求。

积极发展少数民族学前教育，在少数民族聚居区，至少要办好一所符合市颁标准的民族幼儿园。

三、加强干部、教师队伍建设，提高素质和水平

要把干部、教师队伍建设摆在民族教育发展的优先位置。采取倾斜政策，优先为民族学校（幼儿园）配备优秀师资，优先考虑民族学校（幼儿园）骨干教师的培养。2003年起，市教委、市民委将通过依托有关部门举办民族学校骨干校长、教师研修班；适时选派优秀干部、教师国内考察，出国培训；组织城区与郊区县民族学校对口支援等多种形式，提高民族学校干部、教师的能力和素质，培养一批民族教育教师和学科带头人。要继续组织好"民族教育烛光杯奖"评选表彰活动，激励民族教育工作者立志民族教育工作，无私奉献，扎实工作，勇于创新。各区县也要从实际出发，紧密结合教学改革对教师教学思想、业务知识、教学能力提出的新要求，做好学校教师培养、继续教育和培训工作。加强民族学校校长队伍建设，提高校长依法治校和科学管理的意识、能力和水平。

四、深化教育教学改革，增强办学活力

从少数民族群众需求出发，积极探索与民族经济和社会发展相适应的民族学校办学模式。抓住当前基础教育课程改革的契机，从课程设置，教学内容、教学组织形式、管理方式、考试制度等方面深化改革，办出少数民族教育的特色。使民族教育切实为提高少数民族人口素质服务，为民族地区经济和社会发展服务。

要积极引导各级各类民族学校深化办学体制、管理体制改革，通过改革提高自身发展能力。进一步调动起社会各界关心民族教育，支持民族教育的积极性，鼓励和支持社会力量办学，形成以各级政府办学为主，多渠道办学的风格。

五、广泛深入开展民族团结教育活动，搞好民族团结教育

要将民族团结教育列为中小学教育工作的重要内容。充分利用相关学科，社会实践基地、课外、校外、民族传统活动等灵活多样的方式，有重点、分层次、有针对性地在中小学生中开展民族团结教育。重点加强马克思主义民族、宗教观和党的民族、宗教政策的教育，加强我国各族人民为中华民族统一多民族国家的形成浴血奋斗的历史教育，加强各民族人民在党的领导下建设社会主义伟大国家的教育，使各族师生进一步增强"汉族离不开少数民族，少数民族离不开汉族，少数民族之间也互相离不开"思想，牢固树立自觉维护国家统一，反对民族分裂的思想意识，增强学生的社会主义法制观念、道德观念。

六、加大投入、进一步增强对民族教育的扶持力度

市教委将继续在市级教育费附加中设立民族教育专项经费，用于支持民族学校改善办学条件。全市组织实施的示范高中建设、农村中小学建设、教育信息化建设等项工程也要对民族学校给予倾斜。

各区县要积极创造条件，保障对民族学校的投入。在安排教育资金时应当考虑对民族学校的扶持。已经设立专项经费的，要充分发挥资金的使用效益。还未设立专项经费的要按照国务院的文件要求尽快设立，用于帮助民族学校和民族托幼园（所）加强教师队伍建设，改善办学条件，提高教育质量，解决贫困民族学生就业困难。区县要在分年度实施公用经费达标计划时，保障民族学校优于普通学校率先达到新修订的《北京市普通教育事业公用经费定额标准（试行）》

七、加快教育信息化建设，为民族教育发展构建现代化技术支撑平台

根据我市提出的"十五"期间中小学教育信息化建设目标要求，大力推进民族学校办学手段现代化。充分发挥现代信息技术特有的优势为民族学校的教学及教师培训服务，推动办学形式、教学模式、学习方式等方面的变革。民族中小学应优先建成校园网，实现校校通；优先做到小学、初中学生平均十人拥有一台计算机，高中学生平

均八人拥有一台计算机。加强对民族学校信息技术骨干教师的培养，促进信息技术在教育教学和管理中广泛应用。努力提高干部教学应用信息技术的能力和对优质教育资源的共享能力，提高教育管理的现代化程度。

八、继续做好对口支援西部工作，办好北京西藏中学和潞河中学新疆高中班

要按照中共中央、国务院《关于推动东西部地区学校对口支援工作的通知》精神，发挥北京教育资源优势，加大对口支援西部教育。积极开展教育系统与西部地区的合作，扩大在西部地区的招生规模，为西部地区经济社会发展培养急需人才。进一步落实北京与内蒙古教育对口，提高对口支援的效益。

要下力量办好北京西藏中学和潞河中学新疆高中班。注意总结办校、办班工作的经验，解决办学、招生中遇到的新问题，进一步完善有关管理办法。在资金投入、硬件设施配置、师资配备等方面继续给予政策倾斜。努力把西藏中学、潞河中学新疆高中班建设成为办学条件、管理水平处于全国领先地位的一流的民族教育示范窗口。

二〇〇二年十一月一日

北京市教育委员会
北京市民族事务委员会
关于对长期从事民族教育工作的同志予以
荣誉表彰的决定

京教基〔2002〕48 号

各区县教委、民委（民宗办）：

近年来我市民族教育工作在市委、市政府的正确领导下，各级教育、民族工作部门密切配合，坚持从北京实际出发，认真贯彻执行党的教育方针和民族政策，在全市民族教育工作者的共同努力下，取得了可喜的成绩。这些成绩的取得，是与长期工作在民族教育第一线，热爱民族教育事业、勤于探索、勇于奉献的教育工作者的辛勤工作分不开的。为贯彻落实《国务院关于深化改革加快发展民族教育的决定》和第五次全国民族教育工作会议精神，北京市教育委员会、北京市民族事务委员会决定对房园英等53名长期从事民族教育工作的同志予以荣誉表彰。

附件：荣誉表彰名单

二〇〇二年十一月一日

附件：

荣誉表彰名单

序号	姓名	性别	民族	单　位
1	房园英	女	汉	西城区回民幼儿园
2	王惠芬	女	汉	西城区回民幼儿园
3	李崇德	男	回	崇文区回民小学
4	刘笠筠	女	回	宣武区教子胡同民族小学
5	杨惠芳	女	汉	宣武区回民小学

序号	姓名	性别	民族	单　位
6	李旭琪	男	回	宣武区教子胡同民族小学
7	王得华	女	汉	宣武区教子胡同民族小学
8	薛建军	女	汉	宣武区回民学校
9	王桂兰	女	汉	宣武区回民学校
10	李相臣	男	汉	宣武区回民学校
11	董荣利	男	汉	宣武区回民学校
12	田子贺	男	汉	宣武区回民学校
13	张云铨	男	汉	宣武区回民学校
14	李玉华	男	回	宣武区回民学校
15	程艳云	女	汉	宣武区回民学校
16	苏宝生	男	回	宣武区回民学校
17	刘玉东	男	汉	朝阳区杨闸民族小学
18	代文凤	女	回	朝阳区民族学校
19	金连宾	女	满	通州区民族幼儿园
20	钱秀英	女	回	通州区张湾镇民族小学
21	马淑珍	女	回	通州区张湾镇民族小学
22	赵民	男	汉	通州区于家务中心小学
23	陈德贵	男	汉	通州区于家务中心小学
24	付云录	男	汉	通州区于家务中心小学
25	马万山	男	汉	通州区于家务中心小学
26	王庆生	男	回	通州区于家务中心小学
27	赵士龙	男	汉	通州区于家务中心小学
28	曾志学	男	汉	房山区新街民族学校
29	高品政	男	回	昌平区西贯市回民小学
30	肖德义	男	回	大兴县狼各庄民族小学
31	马士俊	男	汉	怀柔区长哨营满族校小学
32	李玉珍	女	汉	怀柔区长哨营满族校小学
33	刘朝军	男	汉	怀柔区长哨营满族校小学

续表

序号	姓名	性别	民族	单　位
34	高庆江	男	汉	怀柔区长哨营满族校小学
35	刘凤云	女	满	怀柔区长哨营满族校中学
36	于文福	男	汉	怀柔区长哨营满族校中学
37	彭光宝	男	满	怀柔区长哨营满族校中学
38	崔加忠	男	汉	怀柔区长哨营满族校中学
39	赵永兴	男	汉	怀柔区长哨营满族校中学
40	李方春	男	汉	怀柔区长哨营满族校中学
41	周立光	男	满	密云檀营满蒙族中心小学
42	许淑琴	女	汉	密云檀营满蒙族中心小学
43	马凤茹	女	回	西城民族团结小学
44	李丽君	女	回	宣武牛街回民小学
45	李乃成	男	汉	崇文回民小学
46	陈振英	男	回	朝阳民族学校
47	陈祥	男	汉	朝阳康营民族小学
48	孟书享	男	汉	朝阳万民子营民族小学
49	尹式曾	男	回	朝阳民族职高
50	张国志	男	回	大兴薛营民族小学
51	王淑清	女	满	密云韩各庄满族小学
52	王国凤	女	汉	中央民族大学附中
53	王文山	男	蒙古	中央民族大学附小

北京市教育委员会办公室
2002 年 11 月 4 日

北京市教育委员会
北京市民族事务委员会
关于转发北京市民族教育研究会
《关于举办北京市民族教育第六届
"烛光杯"奖表彰会的通知》的通知

京族字〔2004〕第 19 号

各区县民委、民宗办（科）、教委、各有关高校：

现将北京市民族教育研究会《关于举办北京市民族教育第六届"烛光杯"奖表彰会的通知》转发给你们，请根据北京市民族教育第六届"烛光杯"奖评奖办法，做好本区县出席表彰会先进个人的推选工作。

北京市民族事务委员会
北京市教育委员会
二〇〇四年五月二十六日

关于举办北京市民族教育第六届"烛光杯"奖
表彰大会的通知

为推动民族教育和民族团结活动的开展，宣传为民族教育事业做出显著成绩的民族教育工作者，我会拟定于九月份召开北京市民族教育第六届"烛光杯"奖表彰大会。此届"烛光杯"奖主要表彰 2002 年度至 2004 年度民族学校中在教育、教学、管理上有显著成绩的民族教育工作者。表彰范围包括本市民族幼儿园、民族小学、民族中学（含民族职高、民族中专）、市民研会特邀的非民族学校和有民族班的高等院校。各区县接到通知后，请将推选名单和事迹材料务必在 6 月 30 日以前报送民族教育研究会。

联系人：王秀民　文　英

联系电话：63041242　65249233

联系地址：宣武区广内大街 223 号（北京市回民学校内）

邮编：100053

附：北京市民族教育第六届"烛光杯"奖评讲办法及登记表

北京市民族教育研究会
2004 年 5 月 25 日

北京市民族教育第六届"烛光杯"奖
评奖办法

一、评奖范围

本市民族幼儿园、民族小学、民族中学（含民族职高、民族中专）、市民研会特邀的非民族学校、有民族班的高等院校。

二、评奖名额

全市拟推选 56 名先进个人。

三、评奖标准

1. 忠诚党的教育事业、认真贯彻党的民族政策。

2. 精通业务、勇于进取、锐意改革、成绩突出的各校学科带头人、骨干青年教师等。

3. 荣获过 1999—2001 年度市、区（县）以上的"优秀教师"、"优秀校长"、"先进教育工作者"等光荣称号。

四、评选办法

1. 获奖名额分配到各区（县）以后由各区县民委、民宗办（科）与各区县教委共同协商，负责本区县民族中小学、幼儿园的推选工作。

2. 市教委负责高等院校的推选工作。

3. 各区（县）将推选名单加盖两委印章后，务必于 6 月 30 日前将北京市民族教育第六届"烛光杯"奖先进个人登记表一式三份报北京市民族教育研究会。

4. 推选名单上报后，由市教委、市民委、市民族教育研究会审定。

五、分配名额（单位：名）

区　县	中学	小学	幼儿园	合计
东　城	1	1	1	3
西　城	1	1	1	3
崇　文		1	1	2
宣　武	1	2	1	4
朝　阳	3	4		7
海　淀	2	1	1	4
房　山		2		2
门头沟	1			1
大　兴		3		3
通　州	2	4	1	7
顺　义		1		1
怀　柔	2	2		4
密　云		3		3
昌　平		1		1
延　庆	1	1		2
特邀单位				3
高等院校				6
总　计				56

北京市民族教育研究会
2004 年 5 月 25 日

姓　　名＿＿＿＿＿＿
工作单位＿＿＿＿＿＿
填表日期＿＿＿＿年＿＿＿＿月＿＿＿＿日
北京市民族教育研究会

姓　名		性　别		年　龄	
民　族		文化程度		政治面貌	
工作单位		职　务		职　称	
通讯地址					
邮　编		电　话			
曾任、现任社会职务					
曾受何种奖励					
主要事迹					
所在单位意见	年　月　日 （盖章）				
区教委、区民委审批意见	年　月　日 （盖章）		年　月　日 （盖章）		
市教委、市民委审批意见	年　月　日 （盖章）		年　月　日 （盖章）		

说明：本表一式三份，一律用钢笔填写。

北京市教育委员会办公室
北京市民族事务委员会办公室
转发教育部办公厅
国家民委办公厅
关于在中小学进一步大力推进民族团结
教育工作文件的通知

京教基办〔2005〕2 号

各区县教委、民宗办（科）：

为进一步贯彻《国务院关于深化改革加快发展民族教育的决定》，全面落实第五次全国民族教育工作会议和北京市民族教育工作会议精神，在全市中小学进一步大力推进民族团结教育工作，现将《教育部办公厅国家民委办公厅关于在中小学进一步大力推进民族团结教育工作的通知》（教民厅〔2004〕7 号）转发给你们。结合我市开展民族团结教育的实际情况提出如下要求，请一并贯彻落实。

一、各区县教委和民宗办（科）要充分认识当前形势下在我市中小学进一步大力推进民族团结教育工作的重要性、必要性和迫切性，进一步统一思想，提高认识，加强领导，切实把在中小学进一步推进民族团结教育工作作为增强民族团结、维护祖国统一、保持国家长远稳定工作的一项重要举措，在各级各类中小学中，有重点、分层次、有针对性地推进民族团结教育工作。

二、认真落实《通知》精神，切实增强民族团结教育的针对性和实效性。各区县要从本区县实际出发，将推进民族团结教育工作纳入本区县中小学教育教学的总体规划，制定结合实际的措施和办法，强化落实，不断提高此项教育活动的质量和效果。

三、各区县教委和民宗办（科）在工作过程中，要及时将本区县推进中小学民族团结教育工作的有效做法、典型经验及其他有关情况报市教委基础教育处和市民委宣传处。

二○○五年五月十六日

北京市教育委员会办公室
北京市民族事务委员会办公室
关于做好我市教育援藏暨内地西藏班（校）
办学总结表彰筹备工作的通知

京教基办〔2005〕3号

各区县教委，各有关高等学校：

为落实《教育部办公厅关于做好全国教育援藏暨内地西藏班（校）办学20周年庆祝表彰筹备工作的通知》精神，总结我市教育援藏暨内地西藏班（校）办学以来的经验，表彰先进，展示成果，促进我市教育援藏工作的深入开展，经研究，拟于今年12月召开全市教育援藏暨内地西藏班（校）办学总结表彰会议。为做好总结表彰会议筹备工作，现将有关事项通知如下：

一、各区县教委和各有关高等学校要结合本部门实际对教育援藏工作开展以来的情况进行全面总结，办有西藏班的普通中学也要对举办内地西藏班（校）以来的工作进行系统总结。

二、认真做好上报市教委的北京市教委援藏工作先进集体和先进个人的评选、推荐工作（详见评选表彰办法）。

三、各相关部门要结合总结表彰会议筹备工作，认真贯彻落实国办发〔2004〕6号文件精神，对内地西藏班（校）的办学工作进行一次全面检查，提出解决问题的措施。

附件：

1. 北京市教育援藏先进集体和先进个人评选、表彰办法
2. 北京市教育援藏先进集体和先进个人表彰指标分配表
3. 北京市教育援藏先进集体申报表
4. 北京市教育援藏先进个人申报表

二〇〇五年十一月十八日

附件1

北京市教育援藏先进集体和
先进个人评选、表彰办法

一、评选范围、评选条件

（一）评选范围

1. 北京市教育援藏先进集体

在教育援藏内地办学和教育对口支援西藏工作中取得突出成绩的内地西藏班（校）、行政和企事业单位（部门）、高等院校（含部委所属院校）。

2. 北京市教育援藏先进个人

在内地西藏班（校）工作3年以上（含3年，截至2005年9月）的在岗教学人员、管理人员、工勤人员；从事教育援藏工作的行政和企事业单位（部门）、高等学校（含部委所属院校）的人员。

（二）评选条件

1. 北京市教育援藏先进集体

（1）坚持邓小平理论和"三个代表"重要思想，认真贯彻"全国支援西藏"的方针，为西藏稳定、发展和全面建设小康社会做出了突出贡献；

（2）高度重视教育援藏和西藏班（校）工作，把它作为一项关系到祖国统一、民族团结、国家安定的政治任务来抓，并做出突出贡献；

（3）认真落实第三次全国教育援藏工作会议精神，从人力、物力、财力上确保教育援藏工作的顺利进行；

（4）全面贯彻党的教育方针和民族政策，全面推进素质教育，突出民族教育特点，探索民族教育规律，形成了办学特色，为西藏培养全面发展的合格人才；

（5）学校教育教学管理科学、规范，没有出现过恶性事故。

2. 北京市教育援藏先进个人

基本条件：认真学习邓小平理论，努力实践"三个代表"重要思想，遵守国家法律法规和规章制度，维护祖国统一和民族团结，忠诚党的教育事业，热爱教育援藏工作，模范履行职责，无私奉献，为教育援藏工作做出突出贡献。

具体条件如下：

（1）高度重视教育援藏工作，把它作为一项维护祖国统一、民族团结的政治任务来抓，确保教育援藏工作的顺利进行；

（2）全面贯彻党的教育方针，积极实施素质教育，以人为本，热爱学生，促进学生的全面发展，高质量地完成教育、教学工作，事迹突出；

（3）在教育援藏及学校管理、服务工作中表现突出；

（4）在学校德育工作、教学改革和管理方面有一定的研究成果。

二、评选原则和工作要求

（一）评选工作要坚持实事求是的原则，要严格评审，认真把关。

（二）受表彰人员的评选推荐，应采取自下而上逐级审核申报的方式进行。

（三）坚持公开、公正的原则，做到民主评选，公开推荐，保证评选、推荐工作的公正性和透明性。

三、申报材料要求

为保证评选工作顺利进行，请各有关部门于 11 月底前将申报表和典型事业材料（先进集体、先进个人）一式三份报市教委基础教育处（典型事迹材料要有电子文稿）。典型事迹材料要准确、生动、翔实，具体代表性、典型代表性、典型性、时代感。先进集体典型实际材料文字控制在 3000 字以内，先进个人典型事迹材料文字控制在 1500 字以内。

填写表格一律使用钢笔（使用碳素或蓝黑墨水）和签字笔，书写清晰、工整。表内的年、月、日一律用公历和阿拉伯数字、"照片"用近期二寸免冠彩色照片。

附件 2

北京市教育援藏先进集体和先进个人表彰指标分配表

部　　门	先进集体	先进个人
市教委直属		2
朝阳区（含重点高中插班学校）	1	4
内地西藏班（校）	1	12
高等学校	1	2
合　　计	3	20

附件3

北京市教育援藏先进集体申报表

申报单位＿＿＿＿＿＿＿＿

年　月　日

单　　位	
所承担的教育援藏工作任务	
主要先进事迹	（单位公章） 年　月　日
区县教育主管部门意见	（公章） 年　月　日
市教委和市民委审批意见	（公章） 年　月　日

附件4

北京市教育援藏先进个人申报表

工作单位＿＿＿＿＿＿＿＿

姓　　名＿＿＿＿＿＿＿＿

年　月　日

姓名		性别		民族		出生年月	
政治面貌		教龄		学历		专业技术职称	
所在单位						现任行政职务	
个人简历							
主要典型事迹							
曾受到的表彰情况							

续表

单位推荐意见	（公章） 年　月　日
区县教育主管 部门意见	（公章） 年　月　日
市教委和市民 委审批意见	（公章） 年　月　日

北京市教育委员会
北京市民族事务委员会
关于表彰北京市教育援藏暨内地
西藏班（校）办学先进集体和
先进个人的通知

京教基〔2006〕2 号

各区县教委，各有关高等学校：

根据《北京市教育委员会办公室　北京市民族事务委员会办公室关于做好我市教育援藏暨内地西藏班（校）办学总结表彰筹备工作的通知》（京教基办〔2005〕3 号）精神，经市教委和市民委评选认定，决定授予北京西藏中学等 3 个单位北京市教育援藏先进集体、于龙等 20 名同志北京市教育援藏先进个人称号。

希望受表彰的先进集体和先进个人坚持邓小平理论和"三个代表"重要思想，全面贯彻党的教育方针和民族政策，认真落实"全国教育支援西藏"的方针，解放思想，开拓进取，再接再厉，切实做好我市地教育援藏和内地西藏班（校）办学工作，为西藏稳定、发展和全面建设小康社会做出更大贡献。

附件：
1. 北京市教育援藏先进集体名单
2. 北京市教育援藏先进个人名单

二〇〇六年一月十一日

附件1

北京市教育援藏先进集体名单

1. 北京市西藏中学
2. 北京市第八十中学
3. 北京师范大学

附件2

北京市教育援藏先进个人名单

1. 李士成	北京西藏中学	
2. 史文波	北京西藏中学	
3. 张丽雪	北京西藏中学	
4. 余砚玲	北京西藏中学	
5. 王　晶	北京西藏中学	
6. 田普生	北京西藏中学	
7. 赵耀华	北京西藏中学	
8. 李旭东	北京西藏中学	
9. 史伟玲	北京西藏中学	
10. 张丹青	北京西藏中学	
11. 吴福生	北京西藏中学	
12. 施全民	北京西藏中学	
13. 于　龙	北京市第八十中学	
14. 卢月波	北京市第八十中学	
15. 齐丽荣	北京市第八十中学	
16. 蔡志成	北京市朝阳区教育委员会	
17. 张思堂	北京市校办产业管理中心	

18. 陈　锦　　　　　北京教育音像报刊总社
19. 刑富冲　　　　　中央民族大学
20. 吴铁雄　　　　　北京大学

北京市教育委员会
北京市发展和改革委员会
北京市财政局、北京市人事局
北京市规划委员会、北京市建设委员会
北京市国土资源局、北京市民族事务委员会
关于做好扩大内地新疆
高中班招生工作的意见

京教基〔2006〕11号

朝阳、海淀、通州、顺义、昌平、怀柔区人民政府：

为做好我市内地新疆高中班的扩招工作，为新疆培养和造就优秀建设人才，切实促进新疆经济发展和社会进步，根据《教育部、国家发展改革委、财政部关于扩大内地新疆高中班招生规模的意见》（教民〔2005〕10号）和教育部"扩大内地新疆高中班办班规模工作部署会议"精神，现就做好我市内地新疆高中班的扩招工作提出如下意见：

一、充分认识做好内地新疆高中班扩招工作的重要性

举办内地新疆高中班并适当扩大规模，支援新疆加快培养和造就一大批坚定地维护祖国统一，反对民族分裂，密切联系群众，具有强烈革命事业心和一定业务能力的少数民族优秀人才，增进各民族的大团结和凝聚力，是党中央、国务院为促进新疆经济社会发展和国家长治久安作出的重大战略决策。各级政府及其相关部门要深刻认识内地新疆高中班扩招工作的重要性和紧迫性，高度重视，努力做到思想认识到位，政策措施到位，领导管理到位，办学经费到位，切实把这项工作作为一项长期性的重要工作和重大政治任务完成好。

二、明确相关部门的职责和任务

（一）市、区发展改革委、规划委、建委、国土局等部门对内地新疆高中班扩招的

相关工程建设要全力支持，按照特事特办的原则，按程序加快各项审批手续的办理工作，确保各项工程建设顺利进行，按时投入使用。

（二）因承担新疆高中班扩招任务而进行的校舍改扩建工程，由市发展改革委根据有关规定、有关标准，按照政府投资项目进行审批管理，并安排市政府固定资产投资予以保障，优先解决学生宿舍、食堂、教学、实验等设施；市财政局负责内地新疆高中班办班所需经费，保证新疆班办学经费及时到位，对承担新疆班教学任务的学校，在投入方面要予以倾斜。

（三）市人事局对内地新疆高中班办班学校在引进骨干教师方面要给予倾斜政策，切实保证内地新疆高中班师资队伍的数量和质量。

（四）市教委在做好相关协调工作的基础上，协调各区县提出教师增编计划，抓紧报相关人事部门审批。市教委和市民委要共同做好内地新疆高中班学生的爱国主义的教育，马克思主义民族观、宗教观教育和党的民族政策教育，大力开展民族团结教育。定期举办干部和教师的研讨培训，切实加强对内地新疆高中班干部和教师的培训。

（五）承担扩招任务的朝阳、海淀、通州、顺义、昌平、怀柔区人民政府要成立由常务副区长牵头，区教育、发改、财政、规划、建设、人事、民族等部门参加的内地新疆高中班工作领导小组，全面负责本区新疆班的建设、开办、管理及相关协调工作。

（六）承担扩招任务的各区要在配套工程建设上，抓紧报批各项规划、立项和建设手续。要高度重视工程质量问题，确保新建和改扩建的教学楼、宿舍、食堂等工程质量，不得出现任何安全问题。

（七）北京铁路局和首都机场对内地新疆高中班学生用票要优先解决，并为学生进出港、站提供便利。内地新疆高中班学生入学的接站、回疆探亲和高中毕业回家的组织工作，由办班学校负责，学校应派专人将回疆探亲和高中毕业回家的学生送往乌鲁木齐，确保学生安全返回。

三、做好内地新疆高中班扩招工作的保障措施

（一）经费

内地新疆高中班的基建、教学设备经费除中央安排的一次性经费补贴外，不足部分由市发展改革委和市财政局予以补助解决。学生的年人均教育经费除新疆维吾尔自治区承担和学生缴纳的 2300 元以外，由市财政局、市教委按照有关文件精神，另行规定。

（二）人员编制

各内地新疆高中班办班学校要按照教育部文件要求以 1：8 （一班 8 个教职工）的

教职工编制标准，提出教职工增编计划，由区教委、区人事局按相关程序予以审批。

（三）学生保险

各内地新疆高中班办班学校要给每位内地新疆高中班的在校生统一上校方责任保险、住院医疗保险。

四、切实加强对内地新疆高中班工作的领导和管理

举办内地新疆高中班并适当扩大规模是党中央、国务院交给北京市的一项政治任务，也是我们义不容辞的责任和义务。办好内地新疆高中班政治性强，涉及面广，事关大局，责任重大。各相关委办局和承担扩招任务的各区政府要站在讲政治、讲大局的高度，加强对内地新疆高中班扩招工作的领导和管理，认真落实《教育部、国家发展改革委、财政部关于扩大内地新疆高中班招生规模的意见》精神，确保扩招任务顺利完成。承担内地新疆高中班办班任务的各区政府要切实加强对办班工作的领导，高度重视新疆班开办后的日常工作，特别要做好学校周边地区的环境治理工作，确保学校教学和学生学习环境的稳定。区教委和各相关学校要按照《教育部关于印发〈内地新疆高中班管理办法（试行）〉的通知》（教民〔2000〕8号）要求，坚持"爱、严、细"的管理原则，切实做好内地新疆高中班学生的日常管理和教育教学工作，在随时和学生家长保持沟通的基础上，做好假期学生的家访工作。

二〇〇六年六月六日

北京市民族事务委员会办公室
北京市教育委员会办公室
关于做好北京市民族教育第七届
"烛光杯"奖表彰会的通知

京族办字〔2006〕3号

各区县民委、民宗办（科），各区县教委：

为了贯彻落实中央及北京市民族工作会议精神，进一步推动民族团结教育活动的

开展，宣传为民族教育事业做出突出成绩的民族教育工作者。形成学习进步、崇尚先进的优良风尚。经与市教委研究，定于九月召开北京市民族教育第七届"烛光杯"奖表彰会。请你单位接此通知后，要按照下发的《评奖办法》，精心组织、认真实施。

附：

1. 北京市民族教育第七届"烛光杯"奖评奖办法
2. 先进个人登记表（略）

二〇〇六年六月二十日

北京市民族教育第七届
"烛光杯"奖评奖办法

一、指导思想

本届"烛光杯"奖用以奖励基础教育的民族学校在教育、教学和管理工作上做出突出成绩和显著贡献的教育工作者。

二、评奖范围

本市民族幼儿园、民族小学、民族中学（含民族职高、民族中专）、内地新疆班。

三、获奖名额

全市拟评选 25 名先进个人。

四、评奖标准

（一）忠诚党的教育事业、认真贯彻党的民族政策。

（二）精通业务、勇于进取、锐意改革、成绩突出的各校学科带头人、骨干青年教师等。

（三）荣获过 2002—2005 年度区级以上"优秀教师"、"先进教育工作者"等光荣称号者。

（四）在民族学校从事民族教育工作 20 年以上的教师、特别是农村边远困难学校的教师优先评选。

五、评选办法

（一）推荐名额分配到各区县，由各区县民委牵头，教委和民委或民宗办（科）共同按评奖范围做好推荐工作。

（二）各区县必须依据评选标准在所属民族教育单位认真组织推选，按分配名额择优报送。

（三）各区县务必于7月26日前将推荐北京市民族教育第七届"烛光杯"奖先进个人登记表一式三份、个人事迹材料（3000字）及获奖证书影印件，报市民委宣教处。推荐报表上报后，由市教委、市民委、市民族教育研究会评定。

六、分配名额（区：名）

区　县	本届名额	区　县	本届名额
东城	2	大兴	2
西城	2	通州	2
崇文	1	顺义	2
宣武	2	怀柔	2
朝阳	2	密云	2
海淀	1	昌平	1
房山	1	延庆	1
门头沟	1	平谷	1

联系地址：北京市枣林前街70号市民委宣教处

联系电话：83979358

联系人：卞恒青

北京市民族事务委员会办公室

北京市教育委员会办公室

2006年6月20日

北京市教育委员会
北京市民族事务委员会
关于印发《北京市民族团结教育示范学校评选办法》（试行）的通知

京教基〔2007〕40 号

各区县教委、民委（民宗办）：

为贯彻中央民族工作会议和第五次全国民族教育工作会议精神，全面落实北京市教育大会和北京市民族教育工作会议提出的各项任务，总结、宣传本市民族团结教育的典型经验，促进中小学民族团结教育工作的深入开展，市教育、市民委制定了《北京市民族团结教育示范学校评选办学》（试行），现印发给你们，并将有关事项通知如下：

一、提高认识，加强领导

在全市开展民族团结教育示范学校评选活动是促进本市民族团结教育工作深入开展的一项重要举措，各区县要充分认识当前形势下在中小学进一步大力推进民族团结教育工作的重要性，必要性和迫切性，进一步统一思想，提高认识，加强领导，把在中小学进一步推进民族团结教育工作作为增强民族团结、维护祖国统一、保持国家长远稳定的一项重要举措，切实加强对民族团结教育示范学校活动评选活动的领导和管理。

二、认真组织实施，积极开展争创活动

各区县要高度重视，从本区县实际出发，积极开展民族团结教育示范学校争创活动，严肃认真地落实好各项工作要求，严格评选条件，确保评选活动的公开、公平、公正，配合市教委和市民委做好相关组织工作；符合条件的参评要积极参与，通过参加评选活动，推动本校民族团结教育工作的进一步开展。

三、全面总结经验，切实提高工作水平

在全市开展民族团结教育示范学校评选工作尚属首次，还处于起步阶段，希望各区县在开展此项工作的过程中，注意总结经验，研究解决存在的问题，不断提出改进意见和建议，并以此为契机，对本区县民族团结教育工作的开展进行宏观规划，科学管理，促进民族团结教育工作整体水平的提高。

首届北京民族团结教育示范学校评选工作将从 2008 年开始，具体工作要求另行通知。

二〇〇七年十一月二十七日

北京市民族团结教育示范学校
评选办法（试行）

一、评选目的

（一）认真贯彻落实《国务院关于深化改革加快发展民族教育的决定》、《教育部办公厅国家民委办公厅关于在中小学进一步大力推进民族团结教育工作的通知》精神，进一步推进民族团结教育工作在全市中小学的开展；

（二）树立民族团结教育的先进典型，努力提高全市中小学民族团结教育工作水平，不断增强做好民族团结教育工作的主动性和自觉性；

（三）全面深入总结、推广我市中小学开展民族团结教育工作的经验，为进一步推进民族团结教育工作提供学习示范。

二、参评范围

北京市普通中小学和职业高中。

三、评选周期

北京市民族团结教育示范学校评选活动每 4 年开展一次，每次根据申报情况评出符合条件的民族团结教育示范学校若干所。

四、评选条件

（一）坚持社会主义办学方向，全面贯彻党和国家的教育方针，以"三个面向"

为指导，坚持全面育人，依法办学；

（二）具备一定的办学规模和较好的办学条件，管理规范，整体办学水平较高，在长期办学历史中享有一定的社会声誉；

（三）高举民族团结进步的旗帜，从学校实际出发，有重点、分层次、有针对性地加强民族团结教育；将民族团结教育作为爱国主义教育、公民道德教育和素质教育的重要内容，按规定的课时组织教学活动；民族团结教育工作有特色，民族团结教育活动有创新，在本地区县具有一定的示范、辐射作用。

五、推荐申报程序

（一）各区县教委和民委（民宗办）按要求全面检查区县各中小学民族团结教育工作开展情况，确定申报学校；

（二）申报学校按照民族团结教育示范学校评估指标体系要求，填写申报表，写出书面申报材料。填写申请表时内容要真实、完整。申报材料要全面、具体、有特色（评估指标体系和申请表见附件）；

（三）各区县教委和民委（民宗办）认真审查申请表与申报材料，填写申请表中的推荐栏，加盖公章，并按要求将上述全部材料一式两份上报评审机构。

六、评选认定办法

（一）市教委和市民委将组建北京市民族团结教育示范学校评选工作领导小组和评选工作组；

（二）评选工作领导小组对上报材料、表格进行审查，对照民族团结教育示范学校评估指标体系协商确定参评学校名单；

（三）评选工作领导小组组织评选工作组按照名单深入学校进行评定和检查，写出评选意见；

（四）评选工作领导小组对评选工作组的评选意见进行审定，并将审定后的意见分别上报市教委和市民委，确定北京市民族团结教育示范学校名单。

七、命名与表彰

市教委和市民委联合召开总结表彰会通报评选结果，命名"北京市民族团结教育示范学校"，并颁发奖牌。

八、撤销

市教委和市民委将定期对民族团结教育示范学校进行复查，对违反有关规定，不符合条件，未能发挥示范、辐射、带动作用的，取消其民族团结教育示范学校称号。

附件：

1. 北京市民族团结教育示范学校评估指标体系
2. 北京市民族团结教育示范学校申请表

附件1：

北京市民族团结教育示范学校评估指标体系

评估项目	评估内容	分值	评估方法
运行机制（20分）	1. 认真贯彻落实党和政府的各项民族政策、法律法规，依法保障少数民族的合法权益。	4分	查看章程和配套制度
	2. 对民族团结教育工作高度重视，摆上议事日程，纳入学校规划，有组织机构保证，有人员经费保障。	4分	查看章程和配套制度
	3. 民族团结教育相关的规章制度健全完善，做到有检查、能落实、有总结、见成效。	4分	查看章程和配套制度
	4. 民族团结教育工作评价标准和激励措施科学规范，做到奖惩制度化、规范化。	4分	查看章程和配套制度
	5. 定期排查民族团结领域的不安定因素，妥善处理影响民族团结的问题，建立健全处理影响民族团结的预警机制、快速反应机制和长效机制。	4分	查看章程和配套制度
队伍建设（16分）	6. 领导班子带头学习、认真贯彻、积极宣传党的民族宗教政策，班子成员积极参加各级民族工作部门组织的民族宗教政策培训。	4分	查看学法安排、领导讲稿，教师学法笔记、试卷、成绩单
	7. 注意培养少数民族领导干部和教师，并将培训计划纳入整体规划之中。	4分	查看实施方案、普法规划，年度工作计划、总结
	8. 定期组织全体教职员工学习有关民族政策，有条件的学校应定期开设民族团结教育课程，每年至少开展一次民族团结教育讲座，并应认真记录，民族团结教育普及面达100%。	4分	查看学习记录和学校各项管理记录
	9. 招收教职员工在同等条件下优先考虑少数民族成员。	4分	查看原件和备案记录

续表

评估项目	评估内容	分值	评估方法
教育活动（40分）	10. 学校成为在青少年中进行民族团结教育的主渠道、主阵地，民族团结教育的内容进学校、进教材、进课堂，将民族团结教育渗透于各学校教学和学校各项活动。	4分	查看课表、教师教案，学生试卷、成绩单以及备案记录
	11. 在课堂教学中注意挖掘教材中民族团结教育方案的内容，了解各民族人民为缔造多民族国家，维护祖国统一做出的历史贡献，了解本民族、热爱大家庭。	4分	查看课表、教师教案，学生试卷、成绩单以及备案记录
	12. 按要求开设民族团结教育课程，在小学开设民族常识课，在中学开设民族政策课，按规定民族团结教育课程开齐、开足、开好，使用好统一配备的教材。	4分	查看课表、教师教案，学生试卷、成绩单以及备案记录
	13. 努力开发民族团结教育方面的校本课程，加强民族团结教育方面的校本教材建设，认真编写民族团结教育案例。	4分	查看课表、教师教案，学生试卷、成绩单以及备案记录
	14. 将民族团结教育作为德育工作的一项重点工作来抓，有工作机构和队伍，由专人负责。	4分	查看课表、教师教案，学生试卷、成绩单以及备案记录
	15. 根据不同地区，不同类型的学校，适应不同民族、不同对象的心理特征和接受能力，有针对性、有重点、分层次通过各种途径、方式和手段开展丰富多彩的民族团结教育活动。	4分	查看课表、教师教案，学生试卷、成绩单以及备案记录
	16. 每学期至少开展一项全校民族团结教育活动，充分重视课外活动、社会实践等第二课堂对民族团结教育的作用，注重发挥各种教育基地、各类博物馆、展览馆在开展民族团结教育工作中的作用。	4分	查看原件和备案记录
	17. 积极开展民族体育项目，体育课中至少有一项是民族体育项目，有条件的学校应开展形式多，群众性和民族体育活动，建立民族体育运动队，积极参加各项少数民族体育运动会。	4分	查看原件和备案记录
	18. 重视民族特色的教育工作，将民族艺术教育融入艺术课教学之中，开展丰富多彩的民族文艺活动，组织各类民族特色的文艺社团，并通过各科教学渗透民族美育。	4分	查看原件和备案记录
	19. 大力开展民族教育的研究，并将其纳入整体工作规划。有一定数量的各级民族教育课程，并做到有领导、有组织、有计划、有经费保障。	4分	查看原件和备案记录

续表

评估项目	评估内容	分值	评估方法
校园管理（12分）	20. 校园规划建设体现各具民族特色的风格，校园环境建设有民族的特点和民族团结的立意，在校园内营造出一种民族团结、和谐向上的氛围。	4分	现场考察、查看原件和备案记录
	21. 创造有利于学生观察和体验的民族团结教育窗口、走廊、园地、展板、"教育景点"等，将民族文化融入校园文化建设之中，并配置一定比例的民族团结教育书籍。	4分	现场考察、查看原件和备案记录
	22. 抓好学校的饮食管理，具备清真饮食习惯的少数民族学生达到一定比例的学校应开设清真餐厅，没有条件的学校也应提供清真餐。	4分	现场考察、查看原件和备案记录
示范作用（12分）	23. 学校办学有特色，特别是形成民族团结教育的特色，并在社区、全市乃至全国有一定影响力。	4分	查看原件和备案记录
	24. 发挥学校的辐射作用，通过开展民族团结教育活动来带动家庭、推动社区、辐射全社会。	4分	查看原件和备案记录
	25. 有特殊贡献者应鼓励。	4分	查看原件和备案记录

附件2：

北京市民族团结教育示范学校申请表

区县		学校名称		（盖章）	
年纪总数		学生总数		少数民族学生数	
班级总数		教师总数		少数民族教师数	
申报条件	（按照评估指标体系简要填写）				
区县教委推荐意见					
				（盖章）　　年　月　日	
区县民委推荐意见					
				（盖章）　　年　月　日	
备注					

北京市教育委员会办公室
北京市民族事务委员会办公室
转发教育部办公厅等部门
关于在中小学切实抓好民族团结
教育工作文件的通知

京教基办〔2008〕1号

各区县教委、民宗办：

现将《教育部办公厅、国家民委办公厅关于在中小学切实抓好民族团结教育工作的通知》（教民厅〔2008〕1号）转发给你们，结合本市中小学开展民族团结教育工作的实际情况提出如下要求，请一并遵照执行。

一、充分认识当前形势下在本市中小学抓好民族团结教育工作的重要性和紧迫性，把进一步大力推进民族团结教育工作作为增强民族团结、维护祖国统一、保持国家长治久安的一项重要举措。在全市中小学中有重点、分层次、有针对性地推进民族团结教育工作，将其列入爱国主义教育、公民道德教育和素质教育的重要内容纳入学科建设，大力推动民族团结教育进教材、进课堂、进头脑，更好地体现到学校教学的日常教学管理各个方面、各个环节。

二、切实增强民族团结教育工作的针对性和实效性。要从本区县实际出发，将推进民族团结教育工作作为重要工作安排，纳入本区县中小学教育教学的总体规划，做到年初有计划、年中有检查、年底有总结。制定切合实际的措施和办法，强化落实，不断提高此项教育活动的质量和效果。

三、2008年本市将开展民族团结教育示范学校评选活动，以此推动民族团结教育工作深入开展。各区县教委、民宗办要做好督导检查工作，及时将本区县推进中小学民族团结教育工作的典型经验，有效做法及存在问题报市教委基础教育处和市民委宣传教育处。

二〇〇八年五月十九日

北京市教育委员会办公室
关于转发教育部关于各级各类学校
在各项工作中严格执行党和国家
民族政策文件的通知

京教办〔2008〕3号

各区县教委，各市属高等学校、中等职业学校、各民办高校及独立学院、各民办非学历高等教育机构，市教委有关直管直属单位：

现将《教育部关于各级各类学校在各项工作中严格执行党和国家民族政策的通知》（教民〔2008〕2号）转发给你们，请结合本地区、本学校实际贯彻落实。

各区县和各学校要对照教育部通知要求，开展一次全面深入的民族政策落实情况的检查，发现问题，及时纠正。市教委将适时进行检查。

二〇〇八年五月二十日

教育部关于各级各类学校在各项工作中
严格执行党和国家民族政策的通知

教民〔2008〕2号

各省、直辖市、自治区教育厅（教委），新疆生产建设兵团教育局，有关部门（单位）教育司（局），部属各高等学校：

我国是各族人民共同缔造的统一的多民族国家。党和国家历来高度重视和保护少数民族合法权益，保障各民族一律平等。针对近期少数单位和在工作中发生违反民族政策的行为，国务院办公厅下发了《关于严格执行党和国家民族政策有关问题的通知》，（国办发〔2008〕33号）。现就教育系统严格执行党和国家民族政策的有关要求通知如下：

一、进一步提高对党和国家的民族政策重要性的认识，严格执行民族平等政策。民族平等是党和国家民族政策的基石，民族团结是社会繁荣进步的基础。各地、各部门、各学校要深刻认识民族政策的极端重要性，进一步提高贯彻落实民族政策的自觉性，肩负起维护民族团结的政治责任。要严格执行民族平等政策，切实防范影响民族团结的事件发生。各级各类学校在教育教学等各项工作中，要切实保障少数民族学生的平等权利。

二、积极营造民族团结进步的良好校园氛围。增进民汉学生和各民族学生之间的友谊，促进各民族学生共同文化心理素质的培养，坚决防止歧视少数民族学生和影响民族关系的言行发生。要充分发挥课堂主阵地和校内广播、电视、报纸、网络和宣传橱窗等校园媒体的作用，广泛宣传马克思主义民族观和我国民族政策、法律法规，增强广大教职工和学生严格执行民族政策、法律法规的观念和思想意识，提高维护民族团结的自觉性。加强对学校讲座、论坛、校园网和出版物的管理，防止出现影响民族团结的错误言论传播。

三、严格执行民族平等政策。各级各类学校在招生工作中，要严格执行少数民族优惠政策，不得针对少数民族学生增加录取条件，提高录取标准。在考试等教学活动中，要保障少数民族学生的平等权利。要认真贯彻落实党的民族政策和有关精神文件，充分尊重少数民族生活习惯，办好学校的清真食堂和清真灶。同时，积极做好家庭经济困难的少数民族学生的资助工作。

四、妥善处理涉及少数民族学生的事端。积极做好学生安全教育和安全保卫工作，防止在校园里发生伤害民族学生的治安事端和刑事案件发生。对涉及少数民族学生的事端。要严格按照党和国家的民族、宗教政策办事，采取积极稳妥的方式进行处理，防止普通事件转化成民族关系事件，并做好教育疏导工作。

五、加强领导，强化责任，确保各项民族政策落到实处。要把贯彻执行民族政策，维护民族团结和社会稳定，作为一项突出的政治任务来抓。各地、各学校主要负责同志要作为第一责任人，亲自过问；要明确工作责任，一级抓一级，确保各项民族政策落到实处。要制定和完善处理违反民族政策突发事件的应急预案，切实加强信息工作，及时了解有关动向，妥善化解矛盾，重要情况及时上报。

接到本通知后，各地、各学校要认真组织对本地区、本学校贯彻执行民族政策的情况开展一次全面检查，发现问题，及时纠正。

二○○八年四月三十日

北京市教育委员会
北京市民族事务委员会
关于开展北京市民族团结教育示范学校
评选工作的通知

京教函〔2008〕340 号

各区县教委、民委（民宗办）：

为贯彻中央民族工作会议和第五次全国民族教育工作会议精神，全面落实北京市教育大会和北京市民族教育工作会议提出的各项任务，总结、宣传本市民族团结教育的典型经验，促进中小学民族团结教育工作的深入开展，市教委、市民委制定并下发了《北京市民族团结教育示范学校评选办法》（试行）（京教基〔2007〕40 号，以下简称《评选办法》）。按照《评选办法》要求，市教委、市民委决定在全市普通中小学和职业高中开展北京市民族团结教育示范学校评选活动，现将具体要求通知如下：

（一）各区县教委和民委（民宗办）按《评选办法》全面检查本区县各学校民族团结教育工作开展情况，严格按照评选标准确定 2 所申报学校，中小学总数超过 130 所的区县可申报 3 所学校；

（二）申报学校按照民族团结教育示范学校评估指标体系要求，填写申报表（见附件），提交不超过 5000 字的书面申报材料；

（三）各区县教委和民委（民宗办）需认真审查申请表与申报材料，填写申请表中的推荐栏，加盖公章，并于 7 月 20 日前按要求将上述全部材料一式两份上报市教委基础教育处；

（四）市教委、市民委将组织有关人员成立北京市民族团结教育示范学校评选工作领导小组和评选工作组，对申报学校进行初评，并于 2008 年秋季开学后，对通过初评的学校采取实地检查等形式进行评估，根据评估结果确定北京市民族团结教育示范学校名单。

请各区县按照《北京市民族团结教育示范学校评选办法》（试行）中的有关规定，认真做好评选申报工作。

市教委联系人：陆小红　　联系电话：51994928　　传真：66074792

市教委联系人：黄　维　　联系电话：83979358　　传真：83979359

附件：北京市民族团结教育示范学校申请表

二〇〇八年六月十八日

附件：

北京市民族团结教育示范学校申请表

区县		学校名称		（盖章）	
年级总数		学生总数		少数民族学生数	
班级总数		教师总数		少数民族教师数	
申请条件					
区县教委 推荐意见					
区县民委 推荐意见		（盖章）　　　年　月　日			
备注		（盖章）　　　年　月　日			

北京市教育委员会办公室
北京市民族事务委员会办公室
关于开展北京市民族团结教育
示范学校检查评估工作的通知

京教办函〔2008〕17 号

各区县教委、民委（民宗办）：

根据市教委、市民委关于《印发〈北京市民族团结教育示范学校评选办法〉（试行）的通知》（京教基〔2007〕40 号）精神，2008 年 6 月，市教委，市民委联合下发了《北京市教育委员会北京市民族事务委员会关于开展北京市民族团结教育示范学校评选工作的通知》（京教函〔2008〕340 号），要求各区县按规定申报参评学校及相关材料。

经考评工作小组评审，评选工作领导小组认定，东城区回民小学等 16 所学校通过初审。市教委和市民委将于 9 月下旬至 10 月底组织考评工作小组对经过初审的学校进行检查评估，检查评估时间为每校一天。现将具体安排通知如下：

一、听取区县开展民族团结教育工作情况汇报（15 分钟）。

二、听取申报学校校长开展民族团结教育工作具体情况汇报（25 分钟）。

三、考评工作小组分两组对学校开展民族团结教育工作情况进行检查评估。

（一）第一组评估内容：

1. 上午对主管民族团结教育工作的校领导进行访谈，查看校园民族文化环境；

2. 下午查阅三年内开展民族团结教育工作的档案资料。

（二）第二组评估内容：

1. 上午听一节民族团结教育或民族团结教育进课堂（民族团结教育学科渗透）示范课，课题后对教师进行访谈。

2. 下午观摩民族团结教育特色展示活动，观摩后对学生进行访谈。

请各区县认真做好接受检查评估的准备工作。

联系人：市教委基教处　陆小红　电话：51994928
　　　　市民委宣教处　黄　维　电话：83979358

附件：北京市民族团结教育示范学校检查评估日程安排表

二○○八年九月十一日

附件：

北京市民族团结教育示范学校检查评估日程安排表

所属部分	学　　校	检查评估时间
东城	回民小学	9月25日
西城	民族团结小学	9月26日
	北京市第五十六中学	9月28日
崇文	回民小学	10月6日
宣武	回民小学	10月7日
	北京市回民学校	10月8日
朝阳	北京市民族文化艺术职业学校	10月9日
海淀	民族小学	10月10日
通州	于家务回族乡中心小学	10月13日
	潞河中学	10月14日
顺义	杨镇第一中学	10月20日
延庆	新华民族中学	10月23日
怀柔	喇叭沟门满族乡中心小学	10月24日
大兴	礼贤镇第一中心小学	10月27日
	兴海学校	10月30日
市教委	北京西藏中学	10月31日

（注：上午9：00开始，下午5：00结束）

北京市教育委员会
北京市民族事务委员会
关于命名北京市民族团结教育
示范学校的通知

京教基〔2009〕4号

各区县教委、民委（民宗办）：

为贯彻落实中央民族工作会议和第五次全国民族教育工作会议精神，总结、宣传本市民族团结教育的典型经验，促进中小学民族团结教育工作的深入开展，进一步提高首都民族教育总体水平，根据市教委、市民委《关于开展北京市民族团结教育示范学校评选工作的通知》（京教函〔2008〕340号）和市教委办公室、市民委办公室《关于开展北京市民族团结教育示范学校检查评估工作的通知》（京教办函〔2008〕17号精神），经北京市民族团结教育示范学校评选活动考评工作小组评审，市教委和市民委决定命名东城区回民小学等16所学校为"北京市民族团结教育示范学校"（名单附后）。

希望受表彰的学校以党的十七大精神为指导，认真学习实践科学发展观，全面贯彻党的教育方针和民族政策，解放思想，开拓创新，在民族团结教育工作中再创佳绩，切实发挥示范、辐射作用，进一步推动本市民族团结教育工作的深入开展。

各区教委和民委（民宗办）要全面深入总结、推广民族团结教育示范学校的经验，大力推进民族团结教育工作的深入开展，切实做好民族教育工作，促进首都民族教育事业持续、健康、协调发展，为全面建设繁荣、文明、和谐、宜居的首善之区，率先在全国基本实现教育现代化作出应有的贡献。

附件：北京市民族团结教育示范学校名单

二〇〇九年三月十八日

附件

北京市民族团结教育示范学校名单

1. 东城区回民小学
2. 西城民族团结小学
3. 北京市第五十六中学
4. 崇文区回民小学
5. 宣武区回民小学
6. 北京市回民学校
7. 北京市民族文化艺术职业学校
8. 海淀区民族小学
9. 通州区于家务回族乡中心小学
10. 通州市潞河中学
11. 顺义区杨镇第一中学
12. 大兴区礼贤镇第一中心小学
13. 大兴区兴海学校
14. 怀柔区喇叭沟门满族乡中心小学
15. 延庆县新华民族中学
16. 北京西藏中学

北京市教育委员会办公室
北京市民族事务委员会办公室
关于转发《学校民族团结教育
指导纲要（试行）》的通知

京教基办〔2009〕2号

各区县教委、民宗办：

现将教育部办公厅、国家民委办公厅《关于印发〈学校民族团结教育指导纲要（试行）〉的通知》（教民厅〔2008〕9号）（以下简称《通知》）转发给你们，结合我市民族团结教育工作开展的实际情况提出如下要求，请一并贯彻落实。

一、充分认识在本市中小学抓好民族团结教育工作的重要性、必要性、迫切性。在各级各类学校有重点、分层次、有针对性地推进以马克思主义民族观、党和国家的民族政策为重点内容的民族团结教育工作，培养各族学生的民族团结意识，提高各族学生维护祖国统一和民族团结、反对分裂的自觉性。

二、切实增强民族团结教育工作的针对性和实效性。认真落实《通知》精神，根据国家统一要求，将民族团结教育工作纳入本区县中小学教育教学总体规划，列入爱国主义教育、公民道德和素质教育的重要内容，更好地体现到学校日常教育教学和管理的各个方面、各个环节。

三、切实做好督导检查工作。及时总结工作中的有效作法、典型经验，进一步推动民族团结教育工作在中小学的深入开展。

二〇〇九年四月二十九日

附件：《学校民族团结教育指导纲要（试行）》（略）

图书在版编目(CIP)数据

民族教育政策法规选编/司永成主编. —北京:民族出版社,2011.1
(北京民族教育丛书)
ISBN 978 - 7 - 105 - 11282 - 1

Ⅰ.①民… Ⅱ.①司… Ⅲ.①少数民族教育—教育政策—汇编—中国
②少数民族教育—教育法—汇编—中国 Ⅳ.①G759.2②D922.169

中国版本图书馆 CIP 数据核字(2011)第 002503 号

责任编辑:康厚桥
封面设计:吾 要
出版发行:民族出版社出版发行
地   址:北京市和平里北街 14 号   邮编100013
网   址:http://www.mzcbs.com
印   刷:北京市迪鑫印刷有限公司印刷
经   销:各地新华书店经销
版   次:2011 年 1 月第 1 版 2011 年 1 月北京第 1 次印刷
开   本:787 毫米×1092 毫米 1/16 字数:440 千字
印   张:22.75
定   价:58.00 元
ISBN 978 - 7 - 105 - 11282 - 1/G·1792 (汉 839)

该书如有印装质量问题,请与本社发行部联系退换
汉编一室电话:010 - 64271909   发行部电话:010 - 64224782